崔勤之 著

崔勤之文集

社会科学文献出版社
SOCIAL SCIENCES ACADEMIC PRESS (CHINA)

Collected Works of Cui Qinzhi

目　录

上　篇

中　篇

下　篇

上　篇 |

国营企业经营管理权是
新型的财产权

　　国营企业财产权的性质是民法上有重要意义、至今还没有定论的问题。究竟应该给国营企业什么样的财产权利？众说纷纭，莫衷一是。

　　当前，学术界对这个问题存在的不同看法，主要有以下几种：

　　一、企业享有所有权。企业的财产归企业所有，企业在遵守法律、尊重社会利益、保证扩大和增值企业财产的前提下，有权对其财产独立地占有、使用和处分。这种意见实际上就是取消国家所有权，是不适合我国国情的。

　　二、企业享有占有权。企业享有占有权是指在所有人（国家）保留最终处置权的条件下，占有人（企业）对所有人的财产所享有的充分支配权。这种意见也是欠妥的，它形成在国营企业财产上同时存在着国家所有权和企业所有权两个主体的基础上。提出这样看法的同志不了解，在同一物上只有在共有关系的情况下才能同时存在两个或两个以上的所有权主体。而国家与国营企业对国营企业的财产并不存在共有关系。

　　三、企业享有法人所有权。这种意见认为，企业法人在法律和国家指令性计划规定的范围内享有法人所有权，对它的财产行使占有、使用和处分权。这是根据资本主义企业法人享有财产所有权的情况而提出的主张。但我国国营企业对其财产所享有的权利与资本主义企业法人的所有权是根本不同的。国营企业财产是由国家拨给的，所有权是属于国家的。只是基于国家的授权，企业在法定范围内对其财产享有一定的占有、使用、处分的权利，而不能按照自己的意志，像对待自己所有的财产一样来自由支配企业的财产。

四、企业享有财产用益权。这种意见认为,国营企业成立后,对国家交付的财产获得了用益权,国家则对企业的财产保留最终收回的权力。我们认为,用益权是指对他人的物有使用和收益的权利。显然用益权不能完全概括国营企业所享有的财产权利,因国营企业对其财产还有一定的处分权。

五、企业享有经营管理权。即企业在服从国家统一领导和全面完成国家计划的前提下,由国家授权,在法律规定的范围内对其管理的国家财产享有占有、使用、处分的权利。我们基本上赞成这种意见,因为它符合我国实际情况,有利于国民经济的健康发展。但对经营管理权的含义、性质和作用等,我们还有不同的看法。

我国的社会主义经济是计划经济。在现阶段,还存在着国家计划指导下的商品生产和商品交换。在现实经济生活中,国家是领导者和组织者。列宁指出:"没有一个使千百万人在产品的生产和分配中最严格遵守统一标准的有计划的国家组织,社会主义就无从设想。"国营企业是国家的基本生产经营单位。它的主要经济活动必须按照国家的统一计划进行。由于国家将一部分财产交国营企业经营管理,就决定了国营企业要对国家负有一定的经济责任。而企业的经济责任只有同企业的经济权利以及适当的物质利益同时存在,相辅相成,才能调动企业和职工的积极性。为此,必须使国营企业具有相对的独立性,每个国营企业都以相对独立的商品生产者的身份参与经济活动。

要保证国家在国民经济中处于领导地位,国家就必须对基本的生产资料拥有所有权,这样才能充分发挥其经济职能,掌握全国的经济命脉,把握住整个国民经济的运行和方向。又由于"每一个社会的经济关系首先是作为利益表现出来"(《马克思恩格斯选集》第2卷,第537页),按照社会主义的物质利益原则,除全社会的整体利益外,企业和劳动者又有各自相对的物质利益。为了首先保证全国人民的整体利益,国家就要保持对基本生产资料的所有权。与此同时,为了经营管理好国家财产,调动国营企业的积极性,国家必须授权给国营企业,使国营企业在法律、计划及政府其他指示所规定的范围内，对其财产享有占有、使用、处分的权利，即享有经营管理权，以保障国营企业相对独立的经济权利和物质利益。综上所述，我们认为现阶段全民所有制经济中出现的财产所有权与经营管理权之间的分离，正是我国社会主义公有制和社会生产力发展的客观要求。这样，既能保证国家对国民经济的统一领导，又能充分发挥每个企业的积极性，使"四化"建设顺利进行。

一些同志不同意国营企业享有经营管理权，主要有以下理由：第一，认为这种办法使企业实际上处于无权的地位，窒息企业内在的动力，造成吃"大锅饭"现象。第二，经营管理权不是法学概念，它体现不出明确的权利和义务关系。第三，经营管理权不是独立的财产权，没有体现出企业的独自利益。第四，经营管理权缺乏财产权利作为依据，只不过是对国家应尽的责任和义务而已。这四点理由可以归结为两个问题：一是如何看待改革之前我国经济管理体制弊端存在的主要原因，二是如何理解经营管理权这个概念。

（一）实行改革前，我国经济管理体制存在的问题，主要是由于长期以来"左"倾错误的影响，否认社会主义社会仍存在着商品生产和商品交换。把生产资料的统一调拨和产品的统购包销看作是国营企业管理的唯一形式，忽视国营企业相对独立的物质利益，使国营企业经营管理活动几乎全部都要听从于国家，没有或很少有自主权。

（二）一个概念能否成为法律概念，既要从文字上看它能否体现其所包含的意思，又要从内容上看它能否体现出明确的权利和义务。当前，对经营管理权这个概念的理解确实存在着问题。这是因为：我国的法制还不完备，对国营企业应享有的财产权利和所承担的义务没有作出明确规定；再者，国内外虽也有些人提出过国营企业享有经营管理权的看法，但对其内容说法不一，致使经营管理权这个概念含混不清。目前，我国学术界对这个概念的说法大体有以下四种：（1）经营管理不仅是企业的权利，而且也是它的义务；（2）经营管理权是同占有权、使用权并列的一种权能；（3）经营管理权是生产资料所有权的具体体现；（4）经营管理权是对国家财产行使占有、使用、处分的权能。为确保国营企业应享有的财产权利,国家需要通过有关法律、法令明确规定国营企业经营管理权的性质和内容。

我们认为,国营企业的经营管理权是一种类似物权性质的新型财产权。财产权是指具有经济内容的权利。经营管理权是国营企业对其财产所享有的权利,它具有经济内容,因而国营企业的经营管理权是财产权。这种财产权又具有物权的某些特征。物权是对物直接管领并排除他人干涉的权利。国营企业的经营管理权具有类似物权的性质主要表现在:国营企业经营管理权的标的是国家拨给的一部分国家财产,也就是说,这种权利的标的是物,是财产。国营企业享有经营管理权,可以在法定范围内对其财产直接行使占有、使用、处分的权利,并可以向第三人直接主张这种权利,而不是请求第三人做某种行为。之所以称国营企业经营管理权为新型的财产权,是因为:(1)这种财产权是我国社会主义全民所有制经济建立以后才出现的,它具有社会主义性质。(2)国营企业经营管理权的内容是权利、义务和责任相结合,即国营企业在享有财产权利的同时又承担着义务和责任。国营企业的权利是在法定范围内,对其财产享有占有、使用、处分的权利,国营企业的义务和责任是保证国有财产不受损害,在国家统一计划指导下,通过财产权利的行使,完成国家规定的生产任务、上缴利润和税收任务,努力提高企业的经济效果。(3)国营企业的经营管理权由国家所有权派生,是国家授予的,具有从属性质。国营企业行使这种权利不仅仅是为了自己的利益,而首先是为了国家的利益。(4)国营企业的经营管理权是与企业的地位密切联系的。在我国经济生活中,国营企业既是被领导者(它的主要经济活动必须按照国家统一计划进行),又是相对独立的经济单位,具有相对独立的经济权利和物质利益。国营企业所处的这种地位,决定它在承担义务的同时,享有一定的财产权利。

采取国营企业对其财产享有经营管理权的办法,第一,有利于维护国家所有权,保证国家对国民经济的计划领导。由于国营企业在组织上处于从属地位,其财产所有权属于国家,国家就可以向国营企业直接下达指令性的经济计划,这是国家对国民经济实行计划领导的强有力的手段。同时，国家通过国营企业与集体企业签订经济合同，可以把集体企业的生产经营间接纳入国民经济计划轨道，从而使国民经济有计划按比例地发展。第二，有利于确立、保障国营企业相对独立的地位，调动企业的积极性。由于国营企业对其财产享有经营管理权，可以使企业对其财产处于有权的地位，就能相对独立地进行生产经营活动，使企业对国家的义务、责任同企业应有的权利统一起来，从而调动起企业和职工的积极性，促进生产发展。

当前，调整国民经济、改革经济管理体制的工作正在全国深入地进行着。为使作为上层建筑的法学起到促进生产关系的改革、变化和巩固的作用，我们应该从国家的实际情况出发，对国营企业财产权的性质继续进行深入研究，作出科学的结论，使之切实为巩固社会主义经济基础、促进"四化"建设服务。

本文原载于《现代法学》1984年第1期。

论国营企业厂长的法律地位

厂长的法律地位是企业制度中的一个重要问题。随着经济体制改革的不断深入，企业自主权扩大，改革现行企业领导制度已成为当务之急，而明确、具体地确认厂长权利和义务相当的法律地位，又是搞好企业领导制度改革的关键所在。本文试就以下问题作些探讨：（1）实行厂长负责势在必行，（2）实行厂长负责制后厂长的法律地位，（3）如何完善厂长负责制。

一

新中国成立三十五年来，国营企业领导制度不断变动，厂长的法律地位也相应地经历了多次变更。

从新中国成立到1952年，全国正值国民经济恢复时期，国营企业按照《中国人民政治协商会议共同纲领》第三十二条规定，实行厂长领导下的管理委员会制度。管理委员会是企业的行政组织，由厂长、副厂长、总工程师以及其他生产负责人和相当于以上人数的职工代表组成，以厂长为主席。管委会有权决定企业一切有关生产和管理的重大问题，管委会的决议以厂长的命令颁布实施。① 这个时期，企业是由管委会集体决

---

① 参见《政务院财政经济委员会关于国营、公营工厂建立工厂管理委员会的指示》（1950年2月28日）的附件：《华北人民政府关于在国营、公营工厂企业建立工厂管理委员会与工厂职工代表会议的实施条例》。

策，但厂长作为管委会主席有对生产行政工作的最后决定权。

1953 年，全国开始执行第一个五年计划。为了整顿企业的生产秩序，学习苏联的企业管理制度，全国各地区、各工业部门先后在国营企业中推行了"一长制"。如《重工业部关于在生产厂矿建立责任制的指示》中规定："一个工厂（矿山）在行政上由厂长（矿长）负责全厂的生产领导，一个车间（坑口）由车间主任（坑长）负责全车间（坑口）的生产领导，一个工段由工长负责全段的生产领导，每个工厂（矿山）、车间（坑口）、工段的行政上、技术上的工作人员及工人，必须服从其领导，以统一指挥，保证国家计划的完成。""一长制"比较清楚地指明了厂长在生产行政指挥系统中的首脑地位。但该制度推行时间不长，没有来得及解决厂长同企业其他机关（如职工代表会议）的关系问题，也没有对厂长应有的权利和义务作出较明确的规定。

1956 年，我国基本上完成了生产资料所有制方面的社会主义改造，并新建了一大批国营企业，面临着如何有效地进行经济管理和企业管理的新课题。为了解决实行"一长制"带来的一些新问题，同年 9 月，刘少奇同志在党的八大政治报告中指出："在企业中，应当建立以党为核心的集体领导和个人负责相事的领导制度。凡是重大的问题都应当经过集体讨论和共同决定，凡是日常的工作都应当由专人分工负责。"八大决定，国营企业都实行党委领导下的厂长（经理）负责制。1961 年 9 月，党中央发布的《国营工业企业工作条例（草案）》，对这一制度又进一步明确规定："在国营工业企业中，实行党委领导下的行政管理上的厂长负责制，这是我国企业管理的根本制度。""文化大革命"期间，由于规章制度废弛，党组织停止了活动，厂长职称被废除了，因而党委领导下的厂长负责制实际上也就被取消了。粉碎"四人帮"后，中共中央于 1978 年 4 月颁布了《关于加快工业发展若干问题的决定（草案）》，再次肯定并恢复实行党委领导下的厂长负责制。党的十一届三中全会以后，国务院于 1983 年颁布了《国营工业企业暂行条例》，它的要点是：党委集体领导，职工民主管理，厂长行政指挥。28 年来，党委领导下的厂长负责制，形式虽几经变动，对它的表述也随之而有所不同，但实质内容没有变化。它作为一种法律形式，较多地强调了党委集体对企业生产行政的直接干预，而不注重确认厂长依法独立自主地进行生产指挥的地位。

上述事实告诉我们，国营企业领导制度曾采用过不同的法律形式，但哪种形式都没有使企业厂长具有应有的法律地位。我们应该从中得出什么经验教训呢？

第一，确认厂长的法律地位，应着眼于国营企业是生产、经营单位这一特点。新中国成立以来，国营企业多次变更内部领导体制，都只着眼于解决具体问题，没有把国营企业作为相对独立的生产、经济实体加以研究，并据此确定企业的领导体制。国营企业的领导体制长期没有找到适宜形式，厂长的法律地位问题也没有得到解决。这些问题的存在，主要是由于整个经济战线"左"的指导思想的影响。长期以来，由于对阶级和阶级斗争形势估计错误，国营企业不是被作为一个经济组织去认真经营，而是被作为阶级斗争的场所来较多地注意什么"反修防变"。于是，党委的集体领导扩及对生产行政一系列问题作决定，似乎十分必要。到了"文化大革命"时期，国营企业像其他机关、事业单位一样，更是成了"无产阶级专政"落实到基层的阵地，先是党组织停止了活动，由革委会包揽一切。党组织恢复活动后，又由党委包揽一切，厂长即使恢复了职称，也只能居于第二位。再者，由于经济管理体制的高度集中，企业成为国家机关的附属物，企业相当一部分生产、经营指挥权被主管机关掌握，厂长应具有的部分权利也被剥夺。党的十一届三中全会以后，党和国家工作的重点转移到了现代化建设上来，同时开始对经济体制进行改革，国营企业成为生产、经营相对独立的经济实体，生产工作成为企业的中心工作，生产指挥的地位也相应发生了变化。人们对国营企业的特点有了真正的认识，也使确认厂长的法律地位有了重要依据。

第二，现行党委领导下的厂长负责制存在着不少弊端，不宜继续实行，应进行彻底的改革。

党委领导下的厂长负责制是国家用法规形式加以规定的，但厂长的法律地位并不明确。这种不明确首先表现在法规对厂长的权利和义务的规定上。固然，《国营工厂厂长工作暂行条例》对厂长的权利、义务均有规定，但它并没有很好地体现社会主义法制所确认的权利、义务相一致的原则。目前厂长是承担义务多，享有权利少，或者是承担了义务，却没有相应的权利，或者是被义务的规定冲掉了应享有的权利。如：根据《国营工厂厂长工作暂行条例》，厂长承担组织职工全面完成主管单位下达计划的任务，但却缺少应具有的人事劳动管理权和对职工的奖惩权。又如：厂长有权任免行政和职能科长、副科长，但须报党委作出决定等。这样，厂长就无法对工厂生产经营活动行使统一指挥权，从而也就不能得到充分履行所承担的义务的条件。对厂长规定权利，应使他确能实现这些权利。这就要具备这样几个条件：（1）厂长在一定限度内具有完成某种行为的可能性；（2）厂长有要求他人作出一定行为（或不作为）的权利，以保证自己权利可能实现；（3）权利不能实现时，有请求国家机关以强制力量保证其实现的可能性。而从有关法规的规定看，并不具备这些条件。如《国营企业工作条例（草案）》（1961 年 9 月）规定"企业生产行政工作的指挥，由厂长负责"，但同时又规定"企业党委对生产、技术、财务、生活等重大问题作出决定后，……由厂长负责组织执行"。这就使厂长依法独立行使指挥权成为不可能。特别是当厂长的权利不能实现时，由于法律没有规定相应的诉讼程序和审理机关，因而也不能以国家强制力量来保证其权利的实现。厂长的法律地位不明确还表现在，《国营工业企业暂行条例》虽规定"厂长是法人代表"，但企业的一切重大问题都由党委决定，一切权力集中于党委，厂长有名无实，对企业的生产经营活动没有决定权，实际上他难以作为法人代表对外参与经济活动。

党委领导下的厂长负责制不仅在理论上已为人们所否定，而且在实践中也暴露出越来越多的弊病：（1）由于厂长有职无权，相当多数的企业长期不能建立起强有力的生产行政指挥系统。表面上应由厂长抓生产，而厂长却无必要的权利；党委不负责组织实施生产经营中的任何一个方案，却有权对生产中一系列重大问题作出决定，结果形成生产大家抓、大家又不管的局面。（2）企业中的一切重大问题都由党委讨论作出决定，而确定重大问题的界限又无章可循。这就难免出现企业党委包揽生产行政事务过多，陷入日常事务，以致党政不分、以党代企；另外，党委不能集中精力学习研究党的方针政策，检查企业执行政策的情况，不能抓好思想政治工作，"党不管党"，从而削弱了党在企业中的领导地位。

正是由于党委领导下的厂长负责制在实践中暴露了不少弊病，所以，它不可避免地要由适当的形式来代替。赵紫阳总理在六届人大二次会议上宣布的厂长（经理）负责制，就是这种有效的形式。实行厂长负责制就是国营企业的厂长（经理）由国家委托，对企业的生产指挥、经营管理全权负责。这一体制能较好地适应社会化大生产的客观要求，使企业生产中的"成百成千人的意志服从于一个人的意志"①，也能更好地落实经济责任制，在企业中实行"法治"，保证企业生产行政工作高效率地进行。

二

国营企业实行厂长负责制后，如何确认厂长的法律地位呢？这一方面要反映厂长的身份，另一方面要用具体的权利、义务规定明示厂长应有的地位。

厂长总是由一定的公民担任的。要弄清厂长的法律地位，不能靠从公民的法律地位进行推导而得出结论，必须从厂长的身份以及厂长同企业的关系来认真分析。国营企业是全民所有制的经济组织，依照法定程序设立，有自己的组织机构和独立经营的财产，并能以自己的名义依法享有权利和承担义务，因此，它享有法人地位。国营企业作为法人，同其他法人组织一样，其权利能力和行为能力的实现，要通过组成它的法人机关的公民的活动。厂长就是代表国营企业的法人机关，他代表企业对外活动，如代表企业同其他企业签订合同，到银行贷款，以及到人民法院起诉、应诉等。在实行"利改税"的第二步改革之后，国家对国营

---

① 《列宁选集》第3卷，第521页。

企业除征收税款外，还须进行一系列不同于对待集体企业的监督管理。在这方面，厂长又是国家在这一企业的代表，他代表国家经营管理国家授权的财产，并对国家负责。从第三个方面看，厂长是企业生产指挥、行政管理的全权负责人，企业的一切生产、技术和经营管理，都由他统一组织、统一指挥，企业的所有职工在行政上都应服从他的领导。我们通常说厂长应该有职有权，他的职权就是由上述法人代表、国家代表、企业全权负责人三方面的职权构成的。有关企业的法规就应从厂长的这三重身份来确认。

厂长的法律地位，还应反映在法规对他的权利和义务的规定上。也就是说，厂长享有哪些权利，承担哪些义务，权利和义务的性质如何，都清清楚楚地反映厂长法律地位的实质。

厂长的主要权利包括两个方面：

第一个方面，厂长行使企业拥有的经营、管理自主权。

我国国营工业企业自 1976 年以来扩大自主权。特别是国务院 1984 年 5 月 10 日发布了《关于进一步扩大国营工业企业自主权的暂行规定》，企业作为独立经营的经济实体，在生产经营方面将会拥有更多的自主权。企业的自主权要由厂长来行使，主要有以下三项。

1. 对企业生产经营行使统一指挥权。为适应生产、经营的需要，企业必须建立起有效的生产行政指挥系统。厂长就是这个指挥系统的最高指挥，拥有统一指挥权。根据多年的实践经验，厂长的统一指挥权应包括这样几个要点：（1）企业在生产经营方面的指令，只能由厂长发布；（2）企业生产、经营的方案，只能由厂长组织制订并提出；（3）企业的生产、技术和经营，都可建立相应的职能机构，但它们都应在厂长领导下活动，厂长的指挥权不可分割；（4）企业根据需要可设副厂长，但副厂长只宜协助厂长工作，或由厂长授权作为厂长代表处理工作，不能与厂长分享生产指挥权；（5）企业在生产行政指挥方面应发扬民主，广泛征求意见，但最后决定权属于厂长。

2. 人事劳动管理权。多年的经验证明，厂长只管生产、经营、不管人事，其生产经营指挥权就要落空。本来，广义的企业生产、经营指挥权就应该包括人事劳动管理权。只有既管人事，又管生产、经营，才能使人事的管理服务于生产、经营的需要。在实行党委领导下的厂长负责制的很长时期内，企业的干部和工人分别由党委主管政治工作的副书记和人事副厂长负责。因此，目前应特别强调并确定厂长的人事劳动管理权。根据《关于进一步扩大国营工业企业自主权的暂行规定》，厂长（经理）由上级主管部门任命，但厂长一经任命即拥有人事劳动管理权。他可以提名行政副职，报主管部门批准，还可以任免中层行政干部。这样做，既可以保证生产行政指挥系统组成人员的质量，又可以保证步调一致，避免工作中的推诿和拖拉。

3. 对职工的奖惩权。企业要始终保持旺盛活力，能在国内市场乃至国际市场具有竞争力，必须具有的重要条件之一就是要发挥每一个职工的积极性和创造性。为此，厂长就有权使用各种有效的手段，包括运用奖惩手段，表彰先进、帮助后进。这样，即使不增加职工，也可以形成新的生产力。企业的生产只能在良好的生产程序中进行，而对犯错误的职工采用必要的惩罚手段，正是防止出现危害生产秩序的现象所必需的。

第二个方面，厂长行使企业的法人代表权。

企业的法人代表权，通常表现为在企业之间发生经济往来时企业给予厂长的一种权力。在社会主义社会化大生产的条件下，各个企业为了满足自己的需要和社会的需求，必须发展同其他企业之间的经济往来。厂长的法人代表权就是适应这种需要而产生的。厂长作为法人代表，他是法人组织的一部分，其法人代表的范围及其内容，要受法人权利能力和行为能力的限制。厂长在对外活动中，并不是任何行为都属于行使法人代表权，而只是当他的行为符合法人的意思，即符合企业登记时所确定的企业业务活动范围的要求，才是在行使其法人代表权。

厂长的法人代表权主要有三个方面：一是可代表本企业对外签订合同。通常，经济合同的订立往往并非厂长本人亲自所为，而是企业中一些管理购销业务或其他方面业务的人出面办理。但是，这些出面订立合同的人必须受到厂长的委托，没有厂长的委托所订立合同是无效的。即使委托代理人出面订立合同，在合同文本上也应该同时加盖法人及其代表（厂长）的印鉴。二是代表本企业出面解决与其他企业单位之间的经济纠纷。三是代表本企业到人民法院起诉、应诉。厂长在起诉中被法院保护的权益，属于企业；被法院所判明的义务，也应由企业履行。

上述这些，只是就厂长执行工作所必需的基本权利而言。我们说让厂长有职有权，就是让厂长能顺利地行使这些权利。当然，我们必须坚持权利和义务相一致的原则。加大厂长权利，并非不要厂长履行义务，相反，他享有的权利越大，承担的义务也就越多。厂长履行的义务是：

第一，厂长必须负责在本企业贯彻党和国家的方针、政策、遵守法律，执行主管单位的指令、决定。

我国的国营企业是整个国民经济活动的基层单位，它的活动不能离开更不能损害国民经济全局的利益，它必须在坚决维护国家利益的前提下，正确处理国家、企业和职工三者之间的关系。这一原则，体现在党和国家的方针、政策中，体现在国家制定的法律中，有些内容还具体地体现在主管部门的指令和决定中。厂长应带领企业广大职工认真贯彻党和国家的方针政策，遵守国家法律，执行主管部门的指令、决定。当然，这三种规范的约束力不同，不能同等看待。企业解决生产经营中遇到的问题时，凡是法律和国务院行政经济法规有规定的，应依照法律和行政经济法规执行；凡是法无规定的而政策上有规定的，应依政策规定办理；如果法和政策均无规定，即依主管部门的指令和决定执行，但这种指令和决定不能与有关政策法律规定的原则相违背。目前企业正处于改革之中，经济关系尚不完全稳定，很难用"履行守法义务"一句话把实际情况全部概括。到底哪些必须依法，哪些只能依政策，或者依部门的指令、决定，厂长有加以辨别的义务，违反了就应承担责任。厂长履行的守法义务中需要特别强调的是履行纳税义务，这是保证国家财政收入，使现代化建设顺利进行的重要保障。

第二，厂长应组织职工确保完成国家计划和国家供货合同。

国家计划体现在各项经济指标中，这些指标是国家对企业生产经营的综合要求，只有全面实现各项经济指标的要求，才算真正履行了完成计划的义务。当前，特别要注意加强经营管理，做到增产增收，使企业实现利润和产值、产量同步增长。同时，要认真履行供货合同义务，对于合同中规定的供货数量、质量，都应根据要求按时实现。

第三，厂长有接受职工代表大会监督的义务。

厂长应定期向职工代表大会报告工作，把生产建设计划、财务预算以及重大挖潜革新改造方案和经营管理方面的重大问题，交职工代表大会讨论，接受职工代表大会的审议、检查、批评和提出的合理化建议。厂长在处理有关职工切身利益的问题时，尤其要听取工代表大会的意见，以保证这些问题得以合理解决，从而更好地调动广大职工的积极性。

第四，厂长应注意改善职工的劳动和生产条件。

厂长不仅要管生产，也要保证职工的劳动环境适宜，劳动条件不断改善，使职工在安全卫生的条件下劳动，并尽可能地降低劳动强度。绝对不能只抓生产，不抓安全，对安全生产问题熟视无睹、漠不关心，让职工在十分危险的条件下劳动。在发展生产的基础上，要逐步改善职工的生产条件。如果一个厂长只抓生产，不过问职工的生活，不去解决职工生活中存在的又可以解决的那些困难，那他就不是一个称职的厂长。

三

要实行厂长负责制，就必须完善厂长负责制。

（一）制定国营工业企业法，用法律的形式确认厂长负责制

目前，我国有许多国营工业企业法规，如《国营工业企业暂行条例》、《国营工厂厂长工作暂行条例》和《国营工业企业职工代表大会暂行条例》等。这些法规，对国营工业企业厂长都有规定，但是这些条例所确认的体制是党委领导下的厂长负责制。亟需制定国营工业企业法代替这些条例，以肯定厂长负责制。

根据我国国营工业企业多年的实践，笔者认为，在制定国营工业企业法时需要解决以下问题：

1. 明确规定厂长的权利和义务

规定厂长的权利和义务，必须遵循明确、具体的原则，这样做既便于厂长行使权利，又便于职工对厂长实行监督。现行法规把厂长的权利规定在"职权"之中，厂长的权利和厂长的义务混在一起，既不便于厂长行使权利，也不便于国家有关机关和企业职工对其监督。在制定国营工业企业法时，应将权利和任务分别加以规定。同时，规定还要保证厂长能顺利无阻地依法行使权利。这一方面需要使厂长的权利内容完备配套；另一方面则要简化厂长行使权利的程序。目前，厂长行使权利往往要经过几道关口。如对生产经营活动行使统一指挥权，但企业的经营决策和生产计划都要报告党委决定；职工代表大会有关企业生产、行政方面的决议也要由厂长负责执行。这样，厂长处于被动地位，很难顺利地行使权利。匈牙利国营企业法规定，在法律规定的范围内，"经理可独立地、个人负责地对企业的事务作出决定……"① 这种规定很值得借鉴。我们可考虑明文规定厂长依法独立行使对企业生产经营的统一指挥权。

目前的法规把厂长的义务规定为"责任"，这一方面容易和法律责任相混淆，另一方面也没有突出对厂长的约束性。因此，在制定国营工业企业法的时候，应明确规定厂长的义务是什么，把现行法规中厂长"责任"中不属于义务的内容剔除，把应该由厂长履行的义务进行明确规定。

2. 明确厂长和企业其他机关的关系

厂长的法律地位不仅要通过有关厂长的权利、义务的规定提示出来，还要靠确定他同企业其他机关的关系来加以明确。一个企业能够存在与发展，必须有它自己的决策机关、指挥机关和监督机关。决策机关应负责企业的生产、经营指挥，正确实施决策机关的决策。监督机关则应对决策和指挥机关进行监督。在实行厂长负责制后，厂长当然应成为指挥机关的首脑。厂长固然要执行决策机关的决策，尊重监督机关的监督，但在生产、经营指挥中还应有权对具体问题作出决定，使企业能适应瞬息万变的经济形势和国内外的市场形势，决策机关不应干预。同样，监

---

① 《匈牙利人民共和国国营企业法》第 12 条。

督机关的监督活动也不能妨碍和干涉厂长正常的生产、经营指挥。如厂长的决定有问题,可向厂长提出,也可向上级主管机关反映,使之改正。至于国营工业企业法对决策机关、监督机关如何规定的问题,则不属本文论述范围,在此不予赘述。

3. 明确规定厂长的违法责任

为了使厂长正确行使权利,不滥用权利,认真履行法律规定的义务,不逃避履行义务甚至失职、渎职,规定厂长的违法责任是十分必要的。现行的《国营工厂厂长工作暂行条例》已经规定了对厂长失职行为的处罚,但需改进:(1)应明确规定厂长承担违法责任的原则和范围,工作中的一般错误不属于违法行为的,不应追究其法律责任。(2)规定厂长违法责任的形式,即厂长发生违法行为时给予的法律制裁形式,包括民事责任、行政责任和刑事责任。具体的责任形式应包括:罚款、行政处分和刑事处分。哪些违法行为适用哪种责任形式,也应作出具体的规定。(3)厂长违法责任条款中所列的违法行为,应是厂长没有履行或不适当履行法律规定义务的结果。这样做,可促使厂长自觉地履行义务。

(二) 完善其他有关的立法

在制定国营工业企业法的同时,要完善其他有关立法,这是保证厂长能有效行使权利的需要。企业的生产、经营工作涉及的范围很广,包括计划管理、产品质量管理、人事劳动和工资管理、财务管理、企业技术改造、产品责任等许多方面,这些方面都需要有相应的完善的法律规定才行。仅以人事劳动管理为例,依《国务院关于进一步扩大国营工业企业自主权的暂行规定》,厂长有权对职工进行奖惩,包括给予晋级奖励和开除处分。但职工具备什么条件才能给予奖励和处分,特别是具备何种条件才能给予开除处分,以及出现这方面的劳动纠纷如何处理等,现行劳动法规的规定很难适应需要。这样,厂长在行使其权利时就难免会遇到困难。因此,应该尽快制定劳动法。

(三) 加强和改善党的领导

由党委领导下的厂长负责制改为厂长负责制,无疑是一个重大改革。

这一改革能较好地解决国营企业中长期存在的党政不分、党企不分，以及难以解决的厂长地位问题。随着这一改革的进行，企业党委不再具体管理企业的生产和行政工作，是不是削弱甚至取消党对国营企业的领导呢？不是的。我们国家是社会主义国家，我们的一切工作都在中国共产党的领导下进行，坚持党的领导，是宪法所确认的四项基本原则之一，任何单位、组织和个人都必须遵守这个原则。现在的问题不是要不要加强党对国营企业的领导，而是如何改善党对国营企业的领导。胡耀邦同志在谈到正确解决党对政府机构和企业、事业单位的领导问题时指出，"党不是向群众发号施令的权力组织，也不是行政组织和生产组织"，"党的领导主要是思想政治和方针政策的领导，是对于干部的选拔、分配、考虑和监督，不应当等同于政府和企业的行政工作和生产指挥。党不应当包办代替它们的工作。只有这样，党才能保证政府和企业独立地、有效地进行工作，自己也才能集中精力研究制定重要的政策，检查政策的执行，加强对党内外干部和群众的思想政治工作"。① 企业实行厂长负责制之后，党委将从包办代替厂长工作的具体事务中解放出来，而去做党章确定的应由他做的工作。这样，党的领导不仅不会削弱，实际上则是大大加强和改善了。

还必须看到，实行厂长负责制之后，厂长在生产和经营中独立地指挥，是依照党的政策和作为政策条文的国家法律进行的，而政策和国家法律都反映了党的领导的要求。所以说，厂长独立负责地进行生产和经营的指挥，并不是脱离党的领导，而恰恰是在党的领导下进行的。同时，相当多数的厂长是共产党员，他们理所当然地要执行党的路线，接受党的纪律约束，在政治上和组织上同党中央保持一致，并接受企业党组织的监督。这些，都可以有效地保证党对企业的有力领导。

本文原载于《法学研究》1984 年第 5 期，同王保树教授合作完成。

---

① 《中国共产党第十二次全国代表大会文件汇编》，第 57 页。

论确认国营企业厂长法律
地位的基本原则

国营企业厂长的法律地位问题虽然在企业领导制度中具有十分重要的意义，但一直没能得到真正的解决。这主要是由于在过去相当长的时期里，我国整个经济战线存在着"左"的指导思想以及实行高度集中的管理体制使然。这表现在对企业统得太多，管得太死。企业的全部经营管理活动几乎都要听从于国家。企业生产什么由国家规定，生产所需的原料、设备、资金由国家提供，生产的产品由国家包销，经营成果由国家包干，等等。企业没有或很少有自主权，完全成了行政机构的附属物。在这种情况下，国营企业本身尚且谈不上有一定的法律地位，厂长的法律地位也就更加无从确立了。

党的十一届三中全会以来，随着经济体制改革的发展，企业自主权逐步扩大，国营企业成为自主经营、自负盈亏、相对独立的经济实体。1983年4月国务院颁布的《国营工业企业暂行条例》明确规定了国营企业的法律地位。正在制定的《中华人民共和国国营工业企业法》，确认企业实行厂长（经理）负责制。[①] 这就使得明确规定国营企业厂长法律地位的条件日趋成熟。

如何确认国营企业厂长的法律地位呢？笔者认为，应体现以下基本原则。

---

① 参见《袁宝华向全国人大常委会第九次会议作企业法（草案）说明》，《经济日报》1985年1月16日第3版。

一 所有权同经营权适当分开的原则

《中共中央关于经济体制改革的决定》指出："根据马克思主义的理论和社会主义的实践，所有权同经营权是可以适当分开的。"过去，我们对企业管得太多太死的一个重要原因，就是把国家对企业财产享有所有权同国家机构直接经营企业混为一谈，因而造成政企不分，条块分割，忽视商品生产，企业没有应有的自主权。加上分配中存在严重的平均主义，企业吃国家的"大锅饭"、职工吃企业的"大锅饭"，严重抑制了企业和广大职工群众的积极性、主动性、创造性，使企业缺乏应有的活力。

要增强企业的活力，首先，必须将所有权同经营权适当分开。由于国家对国营企业财产享有所有权，因此，国家可以委派、任免或批准聘选企业的主要领导人，有权决定企业的创建和关、停、并、转、迁等，从而使各个企业的经营活动符合国民经济发展的总体要求。而国营企业在服从国家的统一领导和全面完成国家计划的前提下，在法律规定范围内，又有经营管理自主权，从而保证各个企业生产经营的多样性、灵活性和进取性，有利于整个国民经济的发展和社会主义全民所有制的巩固和完善。其次，按照政企职责分开的原则，各级政府部门原则上不再直接经营管理企业。国家机构可以通过制订计划和运用经济的、行政的、法律的手段对企业进行必要的管理、检查、指导和调节，通过税收等形式从企业集中必须由国家统一使用的纯收入，在全体规模上保证整个国民经济的统一性。国营企业在服从国家计划和管理的前提下，有权安排自己的产、供、销活动，有权依照规定自行任免、聘用和选举本企业的工作人员等。这样，企业就能够真正成为具有自我改造和自我发展能力的社会主义商品生产者和经营者，成为具有一定权利和义务的法人。

国营企业作为法人同其他法人组织一样，其权利能力和行为能力要通过特定自然人的活动才能实现。而国营企业的权利能力和行为能力的实现，从一定意义上讲也就是企业经营管理自主权的实现。为此，法律必须确认厂长是企业的法人代表，有权代表企业对外进行活动，如签订合同，出面解决与其他组织之间的经济纠纷，到人民法院起诉、应诉等。这样做有利于国营企业经营管理自主权的实现。

需要说明的是，国营企业厂长法人代表权的范围和内容，要受法人权利能力和行为能力的限制。厂长代表企业对外所进行的活动，不得损害国家利益和其他组织及公民的合法权益。

二 正确处理国家、企业和职工个人
三者利益关系的原则

在我国，国家利益、企业利益和个人利益是密切相联的。我们在任何工作中，都必须同时兼顾这三个方面。这是社会主义制度的本质和社会主义物质利益规律的反映。同时，我们还应该看到，在这三者之中，国家利益是最根本的，它代表着全体人民的整体利益和长远利益，是企业利益和职工个人利益的源泉。只有国家繁荣昌盛，企业才能兴旺发达，人民才能富裕幸福。国营企业是社会主义经济的基本生产经营单位。它的利益对国家利益来说是局部利益，国营企业的利益必须服从国家利益，在任何时候都不能超越于国家利益之上。因此，国营企业要在坚决维护国家利益的前提下，处理好国家、企业和职工个人三者之间的关系。

为了保证做到这一点，在企业内部就必须有国家利益的代表。谁能作为国家利益的代表呢？由于厂长由国家委派、任免或批准聘选①，厂长"受国家委托，负责工厂的经营管理"。② 这就决定了厂长在经营管理国家授权的财产方面，当然是国家利益的代表。法律应该对厂长的这一地位给予明确规定。把厂长维护国家利益的责任作为他的义务规定下来，这样才能使国家的利益得到实现。厂长要当好国家利益的代表，就必须在自己的工作中做到：带领企业广大职工认真贯彻执行党和国家的方针、

---

① 参见《中共中央关于经济体制改革的决定》。
② 《国营工厂厂长工作暂行条例》第2条。

政策以及国家法律；组织全体职工按照国家下达的指令性计划规定的数量、品种、规格和质量全面完成任务；管好、用好由企业经营的国家财产；严格遵守财政纪律，等等。

我们说，厂长应该是国家利益的代表，要维护国家利益，即便法律确认了厂长的这一地位，也并不等于说每个国营企业的厂长都能在工作中自觉地代表国家利益，使国家的利益得以实现，这就需要对厂长进行经常性的政治思想教育，增强其全局观念和守法观念，提高维护国家利益的自觉性。同时还需要从各方面加强对企业、对厂长的监督，特别要充分发挥企业党组织和职工代表大会对厂长的监督作用。国家财政、银行、审计、工商行政管理等部门也要加强对企业的监督和检查，以达到实现国家利益的目的。

三 领导者的权威同劳动者的主人翁地位相统一的原则

在社会主义条件下，企业领导者的权威同劳动者的主人翁地位相统一是办好企业、增强企业活力的必要条件，也是劳动者的生产积极性能够有效发挥的必要前提。国营企业是现代企业，是社会化生产的集体。就每一个企业来说，不仅在企业内部是一个既分工又协作的统一体，而且企业之间也有着广泛的横向经济联系。同时，国营企业作为商品生产者和经营者，需要灵敏地掌握市场信息，及时作出决策。这些情况都要求国营企业必须要有一个及时决策、统一指挥的领导权威。这个领导权威就是厂长。法律应该确认厂长是企业生产指挥和经营管理工作的全权负责人。

厂长的这一职权，可以说是他作为国家利益代表的延伸。按照我国企业法律制度的权利、义务相一致的原则，厂长享有的权利和承担的义务应该是相当的。厂长作为国家利益的代表，对国家承担了一定的义务，就必然要求有一定的权利与之相适应。厂长对企业生产经营活动统一指挥全面负责，是他履行国家义务的必要条件和前提。因此，厂长行使国家赋予国营企业的经营管理自主权。

厂长作为企业生产指挥、经营管理的全权负责人，他所行使的企业经营管理权，主要内容包括：

（1）生产经营统一指挥权。企业的一切生产和经营管理，都由厂长统一组织、统一指挥，企业的所有职工在行政上都要服从他的领导。比如：厂长有权组织制订并提出企业生产经营方案；有权发布生产经营方面的指令；有权决定管理机构的设置、调整和撤销等。

（2）人事劳动管理权。根据国务院《关于进一步扩大国营工业企业自主权的暂行规定》，厂长由上级主管部门任命。厂长一经任命即拥有人事劳动管理权。厂长可以提名行政副职，报主管部门批准；可以任免中层行政干部。

（3）对职工的奖惩权。厂长有权对职工进行奖励和惩罚。对在生产、工作中作出显著成绩的职工给予奖励，对有特殊贡献的职工有权晋级；对违反劳动纪律的职工，经批评教育不改者，厂长有权给予处分，直至开除。

我们还要看到，国营企业是社会主义性质的企业，劳动者的主人翁地位在企业的各项制度中必须得到切实保证。这就要求国营企业实行集中领导的时候，要保证广大职工和他们选出的代表参加企业民主管理的权利，真正实现职工当家做主，才能使劳动者的积极性、智慧和创造力完全发挥出来。因此，厂长作为企业的全权负责人，在行使经营管理权时，要保证职工在企业中的主人翁地位。法律必须规定，厂长在生产行政指挥方面，要发扬民主，广泛征求意见，自觉地接受职工代表大会的监督。厂长应该定期向职工代表大会报告工作，把企业生产经营管理方面的重大问题，交职工代表大会审议；有关职工切身利益的问题，厂长更要听取职工代表大会的意见，以使问题得到合理解决。厂长还应该注意改善职工的劳动条件，使职工在安全卫生的条件下工作。在发展生产的基础上，逐步改善职工的生活。

综上所述，国营企业厂长的职权是由法人代表、国家利益代表、企业全权负责人三方面构成的，只有在法律上确认厂长的这三重身份，才能用法律的强制力来保证实现，才能体现上述三项基本原则，增强企业的活力；才有利于巩固和完善社会主义的全民所有制。

当前，应该抓紧制定国营工业企业法，用法律形式确认国营企业厂长一身三任的地位。笔者认为，该法在确认厂长的法律地位方面还应规定：（1）厂长的权利和义务。这样既便于厂长行使权利、履行义务，又便于职工对厂长实行监督。同时还要规定保证厂长能够顺利依法行使权利的条款。（2）明确厂长与职工代表大会的关系。既要保障厂长在生产指挥和经营管理方面充分行使职权，又要保证职工行使民主的权利。（3）规定厂长的违法责任。违法责任应包括厂长承担违法责任的原则、范围、责任形式等条款，以促使厂长正确地行使权利，认真地履行义务。

由于国营企业的生产经营工作涉及面很广，包括计划管理、产品质量管理、人事劳动管理、工资管理、财务管理等许多方面，所以在制定国营工业企业法的同时，还要制定和完善其他有关方面的法律法规，如国民经济计划法、财政法、劳动法，等等。这样，才能全面、具体地确认国营企业厂长的法律地位，保证其权利的有效行使，促进企业生产的发展。

本文原载于《中国法学》1985年第2期。

国有工业企业厂长（经理）地位的法律分析

经济体制改革使国有企业出现了复杂的情况，本义试就不同情况的国有工业企业厂长（经理）的地位，从法律的角度作些分析。

一

在我国，国家是国有企业财产的所有人。根据马克思的理论，所有权和经营权是可以适当分开的，即国家对国有企业财产享有所有权，企业享有经营权。通过经济体制改革的实践，绝大多数国有企业在法律地位上，形成了两个最基本的事实。

（一）国有企业享有经营权，绝大多数国有企业具有法人资格

国有企业的财产所有权属于国家。但这种财产同国家国库的财产是分开的。国家将它授权由企业经营管理，则使企业享有了依照国家法律规定，独立地对其财产行使占有、使用、处分的权利。国有企业可以用其财产服务于企业设立的特定经济目的，可以直接对它的经营管理受益，如税后留利。国有企业在行使上述财产权利时可以排除第三人的干涉，并可以向第三人直接主张这种权利。按照国家有关法规的规定，国有工业企业对其固定资产不仅可以占有、使用，并享有一定的处分权，如把多余、闲置的固定资产出租或有偿转让（其中属于上级主管部门的高、精、尖设备，在出

租或转让时，要报主管部门批准。出租转让所得收益必须用于技术改造和设备更新）。企业对流动资金可以更充分占有、使用从事生产经营活动，并有较大的处分权。例如，除国家有规定外，企业分成的产品、国家计划外超产的产品、试制的新产品、购销部门不收购的产品、库存积压的产品，企业都可以自销。对自留资金，国有企业依照主管部门规定的比例，分别建立生产发展基金、新产品试制基金、后备基金、职工福利基金和奖励基金，并有权自行支配使用。对于暂时不用的生产发展基金，企业可以按自愿互利的原则，通过合营、联营、补偿贸易等形式，向企业外投资。这一财产的相对独立性，使国有企业具有法人资格，能同其他民事权利主体一样，参加商品流转，从事商品经济活动，行使企业法人所享有的民事权利，承担他应履行的民事义务。

（二）国家对国有企业财产行使所有权，使国有企业成为被管理者

国有企业享有的经营权，并不是完全脱离国家所有权的一种财产权利，更不意味着国家对企业财产所有权的丧失。它恰恰是国家行使所有权的一种特有方式，而企业享有的经营权只不过是国家所有权派生出来的一种新型物权。虽然这两种财产权利是紧密联系的，这两种财产权的行使人都具有主体资格，但两者不是平行的，它们之间存在着从属关系，即国家所有权派生出国有企业的经营权，国有企业的经营权从属于国家所有权。这种财产权利的从属关系，决定了国有企业法律地位的另一个层次，即国有企业只能是相对独立的经营实体，它必须接受财产所有人——国家——对它的管理，从而使国有企业处于一个接受管理的地位。

国有企业接受国家作为财产所有人的管理，集中表现在国家行使国家所有权上。首先，国家规定企业经营管理权的权能范围、权利界限，并保留对企业财产最后处分的权利。财产最后处分包括事实上的处置和法律上的处分。前者即消灭企业的资产，如为进行基本建设，摧毁需摧毁的厂房等。后者即变更、限制或消灭国有企业财产的权利，如撤销在某一企业设定的经营权。其次，所有权和经营权的适当分开，并不意味着两者彻底分开。相反，国家仍保有一定的经营权，作为行使所有权的手段之一。国有企业自主经营后，在经营决策上仍有一个不同层次的问题。通过经营体制改革，中层次、低层次的经营决策权从国家转给了企业，而高层次的经营决策权仍属于国家，并通过国家授权机关行使。如进行基本建设，即使是使用自筹资金，其建设项目的确定需由国家指定的机关批准；企业中长期技术改造方案，也要由主管机关批准；如果是在国民经济全局中有重大影响的大型企业，还需要由国务院批准；企业的关、停、并、转也需由国家作出决定。再次，国家作为财产所有人，要求企业保护和使用好它所经营的财产，实现不断增值，并通过缴纳有关税金，使国家享有应享有的经济利益，等等。

如何实现国家作为财产所有人的上述权利？其手段固然可以多种，但关键是国有企业自觉地接受国家的管理和履行相应的义务。在社会经济生活中，为了保证国有企业履行义务，国家采取了日益完善的行政的、经济的和法律的措施，并以法律形式确认了对国有企业的行政监督、财政监督、审计和会计监督、银行监督等。但是，任何措施的实现，都需要在企业中有代表国家利益的公民去执行和实施，这就是国家利益在这一企业的代表。这一代表应反映国家利益的要求，能正确处理国家利益、企业利益和职工利益之间的关系。当然，这绝不意味着这一代表可以放弃维护本企业合法权益的责任，国家对于维护企业合法权益的行为应予尊重和保护。当三者利益发生矛盾时，应主动维护国家利益。为实现这一要求，又有利于调动企业的积极性，这一代表不宜由国家另行派出，只宜由企业领导人充任。

由此看来，所有权和经营权的适当分开，使国有企业在法律地位上必然表现为上述两个层次，而这两个层次又必然要求在企业领导人的法律地位上得到充分的反映，包括法人代表和国家在这一企业代表的确定。法人代表应是以法人的名义实施法律行为。所谓国家在企业中的代表，是仅就在法律规定的范围内，反映国家利益，实施国家对企业的经营决策、计划而言的。

二

国有企业厂长（经理）的法律地位，不仅由国有企业法律地位决定，也为企业领导体制的法律形式所影响。如果说企业法律地位是决定国有企业厂长（经理）法律地位的实质性要素；那么，企业领导体制的法律形式，则是具体地影响国有企业厂长（经理）法律地位的因素。

由于国有企业实行不同的经营方式，企业的所有权和经营权分离的程度也就不同，从而使不同经营方式的国有企业的领导体制呈现出不同的法律形式。这直接影响着厂长的法律地位。当前，我国国有企业的经营方式基本上有三种：

（1）全民所有，国家经营。国家对这种企业直接下达指令性计划。

（2）全民所有，企业经营。国家对这些企业主要是下达指导性计划，实行间接控制。

（3）全民所有，职工承包或租赁经营。国家对这些企业不下达计划，实行市场调节。

正是因为国有企业出现上述不同的经营方式，从而导致了实行不同经营方式的国有企业其领导体制的法律形式也有所区别。而不同法律形式的企业领导体制直接影响着国有企业厂长（经理）的法律地位。

目前，我国国有工业企业内部领导体制的法律形式主要有四种。

（一）厂长负责制

企业设厂长（经理）、管理委员会和职工代表大会。厂长作为企业的行政领导人；管理委员会由厂长任主任，是以厂长为首的集体决策机构；职工代表大会是审议企业重大决策、监督行政领导、维护职工合法权益和行使民主权利的机构。在这一体制中，厂长作为法人代表，对外进行经济活动，对企业负责；同时，贯彻实施国家对企业高层次的经营决策，并在经营中反映国家的利益和要求，对国家负责。这就是说，采用厂长负责制这种法律方式的国有企业，厂长的法律地位集中反映国有企业法律地位的要求，集法人代表和国家在这一企业代表于一人。

（二）董事会制

在这种企业中，法人代表因董事会职权和经营决策的深度不同而不同。如果说，董事会享有了法人意思相关的全部职权，能够决定企业的一切行动，则董事长为法人代表。如果董事会只对企业重大问题决策，而日常经营决策仍属于总经理（厂长），则总经理（厂长）应为法人代表。

（三）承包型企业领导体制

承包型国有工业企业一般是由国家主管机关代表国家同集体签订承包合同，双方的权利和义务由合同规定，企业厂长的权限也由合同作出规定。这种企业仍具有法人资格，厂长只是企业的法人代表。

（四）租赁型企业领导体制

租赁型企业是国家主管机关代表国家，以企业财产为标的物，同职工个人签订租赁合同，并以此方式让与其经营的企业。这种企业，因个人经营，便不再具有法人资格。因而领导该企业的承租人，只具有租赁合同当事人的地位。

三

厂长（经理）的法律地位还反映在法规对他的权利、义务的规定上。

厂长（经理）的主要权利是：

（一）行使经营管理权。厂长（经理）行使的经营管理权主要包括生产经营指挥权和人事劳动管理权。

（二）行使法人代表权。厂长（经理）作为企业的法人代表，行使法人代表权。即代表本企业对外进行经营活动，代表本企业进行诉讼活动。厂长作为企业的法人代表，有权代表本企业到人民法院起诉、应诉。厂长代表本企业在诉讼活动中所有的行为，都是本企业的行为。

厂长（经理）的义务主要是：

（一）厂长（经理）必须在本企业认真贯彻党和国家的方针、政策，遵守国家的法律。

（二）厂长（经理）应当组织职工完成国家计划，严格履行经济合同。

（三）厂长（经理）要自觉接受职工代表大会的监督。

（四）厂长（经理）应当不断改善企业的劳动条件，注重智力投资和人才的开发。

从以上不难看出，厂长（经理）享有的权利和承担的义务，都鲜明地反映了他作为企业法人代表和国家在这一企业代表地位的双重要求，只要他能正确地行使权利，自觉地履行义务，就能保障厂长的法律地位得以实现。

本文原载于《现代企业家》1986年第4期，同王保树教授合作完成。

对国有企业法人财产
"两权分离"的质疑

增强企业活力特别是增强全民所有制大中型企业活力，是经济体制改革的中心环节。十年来的企业改革，就是围绕着这个中心展开的。扩大国有企业①自主权，试行经济责任制，进行利改税，特别是实行国有企业财产所有权与经营权的分离，使国有企业呈现出生机和活力。

一　"两权分离"的提出及其意义

（一）"两权分离"提出的背景

我国在经济体制改革前，长期以来不承认社会主义经济是商品经济，把计划经济同商品经济对立起来，当然也就谈不上承认国有企业是具有独立法人资格的经济实体。在这种旧的观念的指导下，国有企业的财产所有权与经营权都统一由国家行使，国家机构直接经营、管理企业。由于政企职责不分，使国家对企业统得过多、管得过死，企业实际上成了行政机构的附属物。实践证明，这种经济体制压抑了企业的生机和活力，不适应社会生产的发展。

经济体制的改革不仅是经济运行机制的改革，而且也是所有制关系

---

① 本文中提到的国有企业和全民所有制企业是同一个概念。在我国，由于国家代表全体人民的利益和意志，所以我国的国有企业又称为全民所有制企业。

的改革。经济体制改革以来，随着传统旧观念被突破和我国社会主义经济是有计划的商品经济理论的提出，催促着人们对国有企业在国民经济中的地位问题进行认真的研究和思考。

企业应是独立从事生产经营活动的基本经济单位。在存在商品经济的现代社会中，企业从事的经济活动就是商品生产和经营活动。这意味着，企业必须是商品生产者和经营者。那么，要增强国有企业的活力，就必须改变其行政机构附属物的地位，使它成为社会主义商品的生产者和经营者，这是企业改革的重要课题。而国有企业地位根本性转变的关键，则在于国有企业有自己独立的财产，这是商品生产者和经营者从事生产经营活动的物质基础。这就涉及国有企业财产所有制关系的变革。所有制关系反映在法律上就是所有权关系。从法律角度讲，这就涉及国有企业财产所有权关系的变革。国有企业财产所有权和经营权可以适当分开的理论和决策，就是在这种情况下提出的。

（二）"两权分离"的内容

中央的有关决定和我国的有关法律对国有企业财产"两权分离"的内容作了规定。《中共中央关于经济体制改革的决定》明确指出，过去国家对企业管得太多太死的一个重要原因，就是把全民所有同国家机构直接经营企业混为一谈。根据马克思主义的理论和社会主义的实践，所有权同经营权是可以适当分开的。

有关法律对国有企业财产的"两权分离"予以确认。《中华人民共和国民法通则》规定："国家财产属于全民所有。""全民所有制企业对国家授予它经营管理的财产依法享有经营权，受法律保护。"《中华人民共和国全民所有制工业企业法》规定："企业的财产属于全民所有，国家依照所有权和经营权分离的原则授予企业经营管理。企业对国家授予其经营管理的财产享有占有、使用和依法处分的权利。"

（三）"两权分离"的意义

按照我国法律规定，所有权和经营权都属于财产权。所有权是指所有人依法对自己的财产享有占有、使用、收益和处分的权利。① 经营权是指国有企业对国家授予其经营管理的财产享有占有、使用和依法处分的权利。② 所有权与经营权的关系是，经营权是从所有权派生的，是从属于所有权的。

实行财产所有权和经营权的分离，这是国有企业财产权利方面的重大变革，它打破了几十年来国有企业财产权利只能由国家独享的局面，使国有企业对其财产享有了一定的权利。依照法律和国务院的规定，国有企业有权出租或者有偿转让国家授予其经营的固定资产；有权自行销售本企业的产品；有权支配使用留用资金；有权提取使用分成的外汇收入，等等。这就使国有企业摆脱了行政机构附属物的地位，向成为真正独立的商品生产者和经营者方面迈出了可喜的一步。

然而，经济体制改革的目的是为了建立充满生机的社会主义经济体制。所以，企业的改革也远远不是仅使国有企业摆脱行政机构附属物的地位，而是要使国有企业"成为自主经营、自负盈亏的社会主义商品生产者和经营者，具有自我改造和自我发展能力，成为具有一定的权利和义务的法人"。③

"法人是具有民事权利能力和民事行为能力，依法独立享有民事权利和承担民事义务的组织。"④ 国有企业具有法人资格，就能够以商品生产者和经营者的身份独立地从事生产经营活动，就能在商品经济活动中独立地与其他企业、组织或公民个人发生各种经济往来。这样，国有企业及企业广大职工群众的积极性才能真正调动起来，经济效益才会提高。

笔者认为，实行国有企业财产所有权与经营权的分离，国有企业的财产仍归国家所有，这妨碍了国有企业法人地位的真正确立，不利于社会主义商品生产的发展和社会生产力水平的提高。为此，在当前深化企业改革之时，对"两权分离"的理论和实践进行认真的分析和总结是非

---

① 《中华人民共和国民法通则》第71条。
② 《中华人民共和国全民所有制工业企业法》第2条。
③ 《中共中央关于经济体制改革的决定》。
④ 《中华人民共和国民法通则》第38条。

常必要的。为说明问题，下面先对企业法人制度和马克思关于"两权分离"的理论作扼要的阐述。

二　企业法人制度与马克思的"两权分离"理论

（一）企业法人制度

企业法人制度萌芽于古罗马的奴隶社会，它的真正形成和发展是在资本主义社会。也就是说，企业法人制度是伴随着商品生产的产生、发展而出现、形成和发展的。在资本主义社会，股份有限公司是企业法人的最高组织形式。

企业法人是由法律创设的，具有独立人格的权利主体。它具有以下特征：（1）企业法人是依法定程序设立的营利性的经济组织。（2）企业法人有自己独立的财产。（3）企业法人能以自己的名义享有民事权利、承担民事义务。

在上述三个特征中，企业法人有自己独立的财产是区别于非法人企业的最重要特征。企业法人有自己独立的财产，是指企业的财产与其投资者的财产相分离而存在，企业对其财产享有所有权。企业法人的财产是其作为民事权利主体、从事经济活动的物质基础。企业法人作为商品生产者和经营者要独立从事商品生产和商品交换活动，就必须要有属于自己的财产，才能按照自己的意志进行经营和管理。企业法人作为民事权利主体，要独立承担民事责任，就必须要对其财产享有所有权，才有权利用这些财产偿还债务，承担财产责任。可见，企业法人只有对其财产享有了所有权，才能独立从事商品生产经营活动，也才能享有真正的经营权。企业法人对其财产所享有的所有权和经营权是不可分离的。这就是企业法人制度的真谛所在。

（二）马克思的"两权分离"理论

马克思"两权分离"的理论是在评价股份有限公司的作用时提出来的。

马克思说:"在股份公司内,职能已经同资本所有权相分离。"① "资本主义生产本身已经使那种完全同资本所有权分离的指挥劳动比比皆是。因此,这种指挥劳动就无须资本家亲自担任了。一个乐队指挥完全不必就是乐队的乐器的所有者。"② 不难看出,马克思所说的"两权分离"包含两层意思:第一,对资本家来说,由于股份有限公司的出现,资本家只要把自己的财产投入法人企业,而不必自己亲自经营,便可获得收益。第二,没有向法人企业投资的人,也可以从事企业的经营管理工作。

这从资本家在私人独资企业和在股份有限公司里所处地位的不同便可得到说明。在私人独资企业里,资本家既是所有者又是经营者,他对企业的财产享有所有权和经营权。私人独资企业在法律上没有独立的人格,它与资本家即企业主是同一个权利主体,它不能脱离资本家而独立存在。私人独资企业的债权、债务都与资本家个人直接相关。企业的财产作为资本家财产的一部分而存在。资本家要用包括企业财产在内的自己的全部财产承担财产责任。在股份有限公司里,资本家把自己的财产全部投入后,就成为公司的股东,享有股东权。仅从股东应享有财产权利的角度讲,就是当公司盈利时,公司的股东便可以获得股息和红利。股份有限公司的经营管理工作,可以聘请公司股东以外的人来承担。股份有限公司在法律上是具有独立人格的权利主体,即是法人。当资本家把自己的财产投入股份有限公司后,就成为公司的财产,公司对其全部财产享有所有权。资本家股东对公司的财产不享有所有权,公司的债权债务与资本家无关,他仅以其投入的财产即股金分享收益并对公司负责,即承担有限责任。从法律的实质上讲,企业法人制度使资本家从原来意义上的企业财产所有者转变成为企业股票的持有人。

以上分析可以归结为两点:第一,企业法人制度的根基在于企业法人对其财产享有所有权,企业财产的所有权与经营权统一掌握在企业法人手中。第二,马克思所说的"两权分离"与我国国有企业法人财产的"两权分离"不是一回事。

① 《马克思恩格斯全集》第25卷,第494页。
② 《马克思恩格斯全集》第25卷,第435页。

三　国有企业现状分析

（一）"两权分离"的弊端

自 1984 年提出"两权分离"理论并开始实践，至今已有四年多的时间了。实践表明，国有企业财产实行"两权分离"除上面已提到的积极意义外，也存在着一些问题。主要表现在：

1. "两权分离"后，国有企业不能成为真正的法人

首先，由于"两权分离"使国家既是行政权的行使者，又是国有企业财产的所有者。国家对国有企业有行使行政权和所有权的双重权利。国家机关特别是国有企业上级主管机关，在与国有企业发生关系时，往往把这两种权利不加区分、融合行使，导致对企业生产经营活动的干预，使"政企不分"、"以政代企"的现象时有发生。

其次，虽然法律上对财产所有权和经营权作了规定，但在实际行使上仍然是界限不清。造成这种状况主要有两个原因：其一是法律对这两种财产权内涵的规定过于简单、笼统，使人们难以明确区分；其二是这两种财产权是设立在同一财产即国有企业财产上的权利。这就容易造成国家机关特别是企业上级主管机关为了行使对企业财产的所有权，而限制甚至抹杀企业应享有的财产权利，妨碍国有企业独立自主地从事商品生产和经营活动。

再次，实行"两权分离"后，国有企业财产所有权属于国家，企业对其财产不享有所有权。企业没有属于自己的财产，便失去了独立从事生产经营活动的物质基础，特别是处分财产就会更加困难。按照民法原理，对其物享有所有权的人，才有处分该物的权利。国有企业不是其财产的所有人，它与财产所有人——国家——之间又没有代理与被代理关系，那么，它也就无权将属于国家所有的企业财产转让给第三人。再者，一个国有企业将其财产有偿转让给另一个国有企业时，是否要发生财产

所有权的转移呢？如果发生转移，则于理不通。因为财产权利是享有财产权利的人通过对财产的占有、使用、处分等来实现的，财产转移了，失去了行使权利的物质基础，也就谈不上再对其享有权利了。

最后，国有企业作为企业法人，首先应该是财产的主人，然后才能谈及财产的经营。因为经营权是从所有权派生的，是从属于所有权的。而实行"两权分离"后，国有企业财产所有权属于国家，就使企业的经营权没有了根基。国家作为企业财产所有权人，有权对企业享有经营权的权能范围、权力界限作出规定。这样的经营权是不完整的或残缺不全的。

上述种种弊端，其根源在于国有企业法人财产的"两权分离"，它使国有企业法人的权利能力和行为能力都受到了一定的限制，这样的企业也就不是真正的法人企业。

2. "两权分离"妨碍了国有企业参与正常竞争

在我国，由于存在着商品经济，企业之间也必然存在着竞争。为使企业之间的正当竞争顺利进行，重要的是要保障企业商品生产者地位和创造均等的竞争条件。而"两权分离"的实行，却给国有企业参与竞争制造了障碍。

第一，由于国有企业财产属于国家，国家行使所有权并向国有企业下达指令性计划，委派、任命或批准国有企业厂长（经理），使国家的意志直接体现为企业的经营决策。国有企业独立的商品生产者地位得不到保障。

第二，按现行法律规定，能依法取得法人资格的企业有：全民所有制企业即国有企业、集体所有制企业、联合企业、中外合资经营企业、中外合作经营企业、外资企业和私营有限责任公司。法律规定，上述企业法人除国有企业法人外，均对企业的财产享有所有权。而国有企业法人因实行"两权分离"，仅对其财产享有经营权。可见"两权分离"使国有企业法人比其他企业法人所享有的财产权利要小，造成国有企业法人与其他企业法人之间不均等的竞争条件，不利于社会主义市场竞争的正常开展。

3. "两权分离"不利于国有资产的保护和增值

"两权分离"理论提出的重要目的之一在于巩固和完善社会主义的全

民所有制。而"两权分离"的实行却事与愿违。首先，国有企业与国家在根本利益上是一致的。除此以外，它又有自己独立的物质利益。实行"两权分离"，国有企业对其财产不享有所有权，只享有经营权，容易出现企业经营行为的短期化。企业为追求短期利益和职工消费利益，使国有机械设备超负荷运转，不注意维修和更新。这样，国有资产得不到应有的保护，也不利于国有企业的长期发展。

其次，国有企业法人作为民事权利主体，其权利与义务应该是相对应的。但事实上，国有企业对其财产享有一定的权利，却不承担财产责任。因为"两权分离"后，法律规定，国有企业以国家授予其经营管理的财产承担民事责任。也就是说，国有企业用国家的财产来清偿自己的债务。这也是助长企业经营者行为短期化的因素之一，也会使国家财产遭受损失。

（二）企业财产结构的变化

按照"两权分离"的理论，国有企业财产的所有权属于国家，企业只能享有经营权。事实上，随着国有企业自主权的不断扩大，经营方式多样化，以及企业资金来源方式的改变，国有企业财产结构发生了变化，与之相适应的企业财产所有权的性质也随之改变，国家已不再是国有企业财产所有权的唯一主体。

经济体制改革前，国有企业的财产即固定资产和流动资金都是由国家拨给的，由企业无偿占有、使用。国有企业全部财产的所有权属于国家。

经济体制改革后，按照有关规定①国家对拨给国有企业的固定资产和流动资金，实行有偿占有制度，即国有企业要向国家缴纳固定资产税和流动资金占用费。尽管国家拨给国有企业的固定资产和流动资金由无偿占用改为有偿占用，但其所有制的性质并没有改变。因此，这部分企业财产所有权仍属于国家。

---

① 指国务院发布的《关于开征国营企业固定资产税的暂行规定》和《关于国营工业企业实行流动资金全额信贷的暂行规定》。

问题在于，国有企业按照《关于国营工业企业实行流动资金全额信贷的暂行规定》，用银行贷款进行扩大再生产，如购置机械、更新设备等，不仅要还本，而且要付息。那么，国有企业用银行贷款所增加的企业资产，其所有权就不能再属于国家，而应属于企业。

按照国务院批转财政部《关于在国营企业推行利改税第二步改革的报告》和《国营企业第二步利改税试行办法》的规定："企业依法纳税后，利润归企业支配。""企业从增长利润中留用的利润，一般应将50%用于发展。"《中共中央关于经济体制改革的决定》明确规定，国有企业"有权拥有和支配自留资金"。这样，国有企业用税后留利资金发展生产所增加的企业资产，其所有权也应归于企业。

正是由于国有企业财产结构的变化，从全部是国家财产的一元化结构，变为既有国家财产又有企业财产的二元化结构，导致了国有企业财产所有权的变化，从一元化的国家财产所有权，变为国家财产所有权和企业财产所有权共存，即二元化财产所有权。

（三）对国有企业现状的思考

国有企业的现实状况告诉我们，"两权分离"对提高国有企业的活力起了积极作用，但也存在严重弊端。国有企业财产结构变化的事实表明，国有企业财产所有权已由一元化的国家所有权变为二元化的所有权，即国家所有权与企业所有权共存。那么，企业的改革如何深入，"两权分离"是否还要继续坚持，值得深思。

在社会历史发展的范围内，判断一个事物是进步还是落后的基本准则，是看它对生产力发展起着什么作用。对生产力发展起着积极的推动作用，就是进步的，就应该肯定和支持；反之，对生产力发展起着阻碍和限制的作用，就是落后的，就应该排除和克服。这就是马克思主义的唯物史观。

用这种观点对"两权分离"加以分析，便可得出结论。必须指出，"两权分离"理论是建立在国有企业财产必须属于国家所有这个既定前提之上的。实践已证明，国有企业的财产权仍属于国家，必然使国有企业的经营权受到种种限制，不可避免地会出现企业经营行为的短期化和国有资产遭到破坏和侵蚀等弊病，阻碍着生产力的发展。可见，对国有企业的改革，如果不触及企业财产所有制关系，不变更财产所有权形式，仅仅进行企业经营方式的变革，是不可能使国有企业现有生产力得到最大限度的发挥和最有效的发展。

我们应该从改革国有企业财产所有权上着手，把企业财产所有权归于企业，使财产所有权与经营权统一由企业行使。这是当前深化企业改革的关键所在。只有这样，企业才能成为独立的商品生产者和经营者，成为真正的法人，经济效益才能提高。

四　国有企业实现"两权统一"的途径

如何才能使国有企业的财产所有权和经营权统一呢？笔者的初步设想是通过拍卖和实行股份制来实现。

（一）拍卖小型国有企业

将小型国有企业拍卖给公民个人，使企业归公民个人所有。公民个人既是企业财产的所有者，又是经营者。使企业财产所有权与经营权统一归于企业主。当然小型国有企业卖给公民个人后，其所有制性质就要发生变化，由国有企业变为私营企业。

拍卖小型国有企业，应有领导、有计划、有步骤地进行；应建立各有关方面代表参加的拍卖组织，认真进行清产核资，合理确定定价，实行公开拍卖，以免国家资产流失。

（二）大中型国有企业实行股份制

大中型国有企业通过实行股份制，变为具有法人资格的股份制企业。企业的资本通常由国家投入的股金、集体投入的股金和个人投入的股金所组成。投资人成为企业的股东，享有股东权。这样，国家不再是企业财产的所有者，企业的财产归企业法人所有，由企业法人经营，使财产所有权和经营权统归于企业。

国有企业实行股份制，当前大都不是新组建股份制企业，而是将原有国有企业改为股份制企业。这涉及对原有企业财产所有权的确认。这是一项难度大又复杂的工作。应该面对现实，尽量做到合情合理，既不侵蚀国家资产，又不侵犯企业职工的合法权益。可以先通过试点，进行摸索，总结经验，然后再逐步铺开。

国有企业变为股份制企业后，企业所有者性质是否发生变化呢？股份制企业所有制性质取决于股金的来源。笔者认为，对大中型国有企业实行股份制，应该坚持股份制企业的公有制性质。因此，必须坚持国家和集体股份的数量在企业全部股份中占优势的原则，以保证企业的公有制性质。

那么，是否还存在国有企业呢？笔者认为，对于关系国计民生的或公共服务性的国有企业实行股份制时，国家投资的股份应占企业全部股份的51%或51%以上，使国家成为企业的主要股东，甚至是唯一股东。国家为了社会利益的需要，就能够通过控股权来影响或参与企业的重大决策。这种类型的股份制企业可称为国有企业。

而对于大多数国有企业实行的股份制，则不必强调国家股份应占企业全部股份的比例，只要国家股份、集体股份的数量在企业全部股份中占有优势，保持企业的公有制性质即可。这样做有利于公有制的股份制企业为适应市场变化决定自己的经营方针，增强企业的竞争力。

　　本文是向1989年4月召开的"社会主义产权理论与实践研讨会"提交的会议论文。

《全民所有制工业企业法》的
制定及其特色

《全民所有制工业企业法》（以下简称《企业法》）是一部企业大法，是我国的基本法律之一。该法于 1988 年 4 月 13 日由第七届全国人民代表大会第一次会议通过，同年 8 月 1 日起施行。

《企业法》是规定全民所有制工业的设立、权利义务、领导体制以及调整其在生产经营活动中与第三者发生的关系的法律。在我国，工业企业是指开采自然资源和制造、加工产品及处理生产用品的经营单位；电力、煤气、自来水等生产经营单位；教育、科研等事业单位从事商品生产的实验工厂（室）；以手工劳动为主，或从事传统工艺生产的手工业企业等。在上述工业企业中，由国家投资兴办的，称为国有工业企业，也叫作全民所有制工业企业。

一 《企业法》的制定

（一）制定过程

《企业法》是经过较长时间的酝酿、调查、试点之后产生的。从邓小平同志 1973 年 12 月提出立法建议到 1988 年 4 月《企业法》颁布历时 9 年零 4 个月，近 10 个年头。

用 10 年的时间制定一部法律，这在我国企业立法上是没有过的，这是由于一方面《企业法》的内容比较复杂，其中有许多是在经济体制改革中需要研究探索的问题；另一方面《企业法》的制定工作是在改革过程中新旧两种体制并存的情况下进行的，必须采取积极慎重的方针。

10年间，企业法的制定工作是随着经济体制改革的进程边酝酿、边实践、边拟订、边试点逐步进行的。在此基础上广泛征求对企业法草案的意见，召开了各种形式的座谈会，听取了企业领导干部，有关部门和经济界、法律界专家的意见。特别是六届全国人大常委会对企业法草案进行了五次审议，提出了许多重要的修改意见；另外还将企业法草案公开登报，在全国人民中进行讨论，人们在充分肯定企业法草案的同时，提出了许多意见。然后由有关部门对企业法草案进行反复修改，最后提交七届人大一次会议审议通过。

（二）立法宗旨

为什么要制定《企业法》？制定《企业法》是"为保障全民所有制经济的巩固和发展，明确全民所有制工业企业的权利和义务，保障其合法权益，增强其活力，促进社会主义现代化建设"。[①] 也可以说，制定企业法是保护企业改革成果，深化企业改革和理顺企业各种关系的客观需要。

首先，企业的改革成果需要法律保护。经济体制改革以来，国家对全民所有制企业先后采取了扩大企业自主权、利改税、承包经营等重大改革步骤，给企业带来了新的生机和活力，经济效益普遍提高。而已有的企业改革成果需要得到法律保护。制定《企业法》就是为了把行之有效的企业改革的各种措施用法律的形式固定下来，使之规范化，为全民所有制工业企业的巩固和发展提供法律上的保障。

其次，企业改革的深化需要法律依据。当前，企业改革虽取得了显著成效，但还需进一步发展，使企业真正成为自主经营、自负盈亏的法人，这就需要提供法律依据。通过制定《企业法》来明确企业的法律地位、权利和义务，规范企业的行为，为企业的经营活动提供良好的法律环境，有助于企业改革的深入发展。

最后，企业各种关系的理顺需要法律确定。几年来，我们在改革企

---

① 《中华人民共和国全民所有制工业企业法》第1条。

业内部领导体制方面虽有一定进展，但各种关系并没有完全理顺。政府和企业之间、企业和企业之间都必须严格依法办事。这就需要制定《企业法》，用法律把企业的各种关系加以确定。

（三）立法依据

一般说来，立法总有两个方面的依据，一方面是法律依据，另一方面是事实依据。法律依据是指制定某项法律时所依据的上个层次的法律；事实依据是指立法者生活在其中的社会经济关系，以及由这种社会经济关系所决定的立法者利益和意志。《企业法》的立法依据也不例外。

《企业法》以《中华人民共和国宪法》为依据，宪法规定的国家各项根本制度、根本任务，确立的我国社会主义经济制度，以及对企业的有关规定，都是制定《企业法》的指导思想。这表明，宪法与《企业法》的关系是母子法的关系。子法要以母法为依据来制定，母法的基本内容要靠子法来具体化。例如宪法中与企业有直接关系的规定，"国营企业在服从国家的统一领导和全面完成计划的前提下，在法律规定的范围内，有经营管理的自主权。""国营企业依照法律规定，通过职工代表大会和其他形式，实行民主管理。"就要由《企业法》使之具体化。

《企业法》贯彻经济体制改革的决定和十三大精神，从实际出发，它总结了新中国成立以来正反两方面的经验，特别是十一届三中全会以来改革开放的成功经验，对全民所有制工业企业的若干重大问题作出了法律规定。同时，制定《企业法》也是从我国现有9万多个全民所有制工业企业的实际情况出发的，围绕着增强企业活力，理顺企业各种关系，力求法律的规定符合企业实际，符合我国国情。

二 《企业法》的特色

《企业法》共分为8章，计69条。8章各自独立，又互相联系。它具有以下主要特点。

（一）肯定了"两权分离"的原则

实行所有权和经营权的分离是《企业法》的灵魂。《企业法》第二条明确规定："企业的财产属于全民所有，国家依照所有权和经营权分离的原则授予企业经营管理。"

企业财产所有权和经营权相分离是搞活全民所有制企业的客观要求。经济体制改革前，由于全民所有制企业所有权与经营权统一由国家机构行使，政企职责不分，使国家对企业统得过多、管得过死，企业实际上成了行政机构的附属物。为了建立充满生机的社会主义经济体制，特别是增强全民所有制企业的活力，1982 年党的十二大明确提出了系统地进行经济体制改革的任务。党的十二届三中全会又提出全民所有制企业的财产所有权同经营权可以适当分开的理论和决策。党的十三大报告进一步明确指出，"全民所有制企业不可能由全体人民经营，一般也不适宜由国家直接经营，硬要这样做，只能窒息企业的生机和活力"。应当"实行所有权与经营权分离，把经营权真正交给企业"。《企业法》肯定了"两权分离"的原则，为企业真正享有经营权提供了法律依据和法律保障。

那么，国家对全民所有制企业的财产享有所有权，全民所有制企业对其财产享有经营权，两者之间是什么关系呢？其一，全民所有制企业的经营权是由国家所有权派生出来的，是从属于国家所有权的。全民所有制企业的财产属于国家所有，国家将其交给企业经营管理，并赋予经营权。企业享有经营权的权能范围、权利界限都是由作为所有人的国家规定的。其二，国家所有权与企业经营权是在同一财产即全民所有制企业财产上享有的不同层次的权利。国家对全民所有制企业的财产享有的所有权，是最完整的一种物权。国家作为企业财产的所有人，完全可以按照自己的意志行使这种财产权利。而全民所有制企业对其财产享有的经营权是仅低于所有权层次的一种新型物权。企业应在财产所有人即国家授权范围内支配其财产。其三，全民所有制企业享有的经营权具有相对独立性。由国家所有权派生的全民所有制企业的经营权，一经产生便可相对独立存在，企业在国家法律和政策规定的范围内可以自由行使。

企业经营权的基本内容是"企业对国家授予其经营管理的财产享有占有、使用和依法处分的权利"。① 全民所有制企业依法享有的经营权受国家法律保护，任何组织和个人都不得干预和侵犯。

（二） 明确了全民所有制工业企业的法律地位

《企业法》的制定，结束了全民所有制企业法律地位不明确的状况，该法确认了全民所有制工业企业的法人地位。

《企业法》在总则中规定，"企业依法取得法人资格，以国家授予其经营管理的财产承担民事责任"。《企业法》在第二章规定了全民所有制工业企业取得法人资格的程序，即"设立企业，必须依照法律和国务院规定，报请政府或者政府主管部门审核批准。经工商行政管理部门核准登记、发给营业执照，企业取得法人资格"。《企业法》在第三章规定了企业有关的民事权利和民事义务。第四章规定了"厂长是企业的法定代表人"。上述规定表明：第一，全民所有制工业企业的法人资格只能依法取得。第二，全民所有制工业企业作为法人具有民事权利能力和民事行为能力，能以自己的名义享有民事权利和承担民事义务，以国家授予它经营的财产承担有限责任。第三，全民所有制工业企业作为企业法人同其他企业法人的地位是平等的。这就从法律上保障了全民所有制工业企业成为自主经营、自负盈亏、独立核算的社会主义商品生产和经营单位。

（三） 确认了厂长负责制

《企业法》确认了厂长负责制。这是第一次用法律对厂长负责制进行规定。该法写明，"企业实行厂长（经理）负责制"，"厂长在企业中处于中心地位，对企业的物质文明建设和精神文明建设负有全面责任"。具体表现如下。

厂长是企业生产经营管理系统之首。企业日常的生产经营管理工作都应在厂长的领导下进行。《企业法》规定："厂长领导企业的生产经营

---

① 《中华人民共和国全民所有制工业企业法》第2条。

管理工作，行使下列职权：（1）依照法律和国务院规定，决定或者报请审查批准企业的各项计划。（2）决定企业行政机构的设置。（3）提请政府主管部门任免或者聘任、解聘副厂级行政领导干部。法律和国务院另有规定的除外。（4）任免或者聘任、解聘企业中层行政领导干部。法律另有规定的除外。（5）提出工资调整方案、奖金分配方案和重要的规章制度，提请职工代表大会审查同意。提出福利基金使用方案和其他有关职工生活福利的重大事项的建议，提请职工代表大会审议决定。（6）依法奖惩职工，提请政府主管部门奖惩副厂级行政领导干部。"

厂长是企业管理委员会主任。企业的管理委员会是协助厂长决策的机构。管理委员会由企业各方面的负责人和职工代表组成。厂长任管理委员会主任。企业的重大问题由经营管理委员会成员民主讨论后，最后决策权属于厂长。企业管理委员会讨论的重大问题包括：（1）经营方针、长远规划和年度计划、基本建设方案和重大技术改造方案，职工培训计划，工资调整方案，留用资金分配和使用方案，承包和租赁经营责任制方案。（2）工资列入企业成本开支的企业人员编制和行政机构的设置和调整。（3）制订、修改和废除重要规章制度的方案。

厂长对企业负有全面责任。以上所说的是《企业法》规定厂长享有的职权即经营决策权、经营指挥权和人事权。与此同时，《企业法》还规定了厂长要对企业的生产指挥、经营管理负责，厂长必须依靠职工群众履行《企业法》规定的各项义务，支持职工代表大会、工会和其他群众组织的工作，执行职工代表大会依法作出的决定。另外，厂长也要对企业职工队伍的建设负责。认真抓好企业职工的培养、教育、使用工作，建立一支有理想、有文化、有道德、有纪律的职工队伍。

由于《企业法》确认了厂长负责制，使它成为一项法律制度，这就确保了厂长在企业的中心地位，以适应企业经营组织的性质和社会化大生产的需要。

（四）保障了企业职工的主人翁地位

《企业法》对企业职工和企业民主管理的规定，使职工的主人翁地位得到了法律保障。其主要表现如下。

第一，《企业法》以明确的语言肯定了企业职工的主人翁地位。该法第九条规定，"国家保障职工的主人翁地位，职工的合法权益受法律保护"。《企业法》第四十九条和第五十条还分别规定了体现职工主人翁地位的权利和义务。

第二，《企业法》确认职工代表大会是企业实行民主管理的基本形式，是职工行使民主管理的权力机构。职工代表大会行使下列职权：

（1）听取和审议厂长关于企业的经营方针、长远规划、年度计划、基本建设方案、重大技术改造方案、职工培训计划、留用资金分配和使用方案、承包和租赁经营责任制方案的报告，提出意见和建议。

（2）审查同意或者否决企业的工资调整方案、资金分配方案、劳动保护措施、奖惩办法以及其他重要的规章制度。

（3）审议、决定职工福利基金使用方案、职工住宅分配方案和其他有关职工生活福利的重大事项。

（4）评议、监督企业各级行政领导干部，提出奖惩和任免的建议。

（5）根据政府主管部门的决定选举厂长，报政府主管部门批准。

职工代表大会的工作机构是企业的工会委员会。企业工会委员会负责职工代表大会的日常工作。

第三，《企业法》关于职工参加民主管理具体形式的规定，除了职工代表大会外，还有两种形式：

（1）职工代表直接参加企业重大问题的决策。《企业法》规定，"企业设立管理委员会或者通过其他形式，协助厂长决定企业的重大问题。管理委员会由企业各方面的负责人和职工代表组成"。职工代表由职工代表大会推选，直接参加厂长主持的管理委员会，表达全体职工对企业大政方针的意见。职工代表参加决策，是企业决策的民主管理。

（2）工人直接参加车间和班组的民主管理。《企业法》规定，"车间通过职工大会、职工代表组成其他形式实行民主管理。工人直接参加班组的民主管理"。班组民主管理是企业民主管理的基础，是企业民主管理的一个重要层次。

（五）规定了政府管理企业的方式和手段

《企业法》体现了政府对企业的管理由直接管理为主向间接管理为主过渡的要求。《企业法》对政府间接管理企业的方式作了如下规定。

（1）对企业进行指导，即通过制定、调整产业政策指导企业制订发展规划，运用产业政策引导企业科学的决策和组织生产经营工作，下达国务院审定批准的指令性计划，审查批准企业提出的基本建设计划和重大技术改造计划等。

（2）依据法律、政策为企业提供服务。主要包括：为企业的经营决策提供咨询服务、信息；逐步完善与企业有关的公共设施；维护企业正常的生产秩序，保护企业经营管理的国家财产不受侵犯。

（3）对企业进行考核。主要是考核企业的经营管理，考核厂级行政领导干部。

（4）对企业实施监督。即财务监督、会计监督、税务监督、银行监督、审计监督等。

（5）协调企业与其他单位之间的关系，调解纠纷，为企业的发展创造良好的外部环境。

《企业法》还规定，政府有关部门根据各自的职责，依照法律法规的规定，对企业实行管理和监督。这一规定突破了政府用单一行政手段管理企业的做法，要求政府或者政府主管部门管理企业应该遵循法律法规的规定。也可以说，政府管理企业的手段，无论是经济的还是行政的，都需要采用一定的法律形式。这样，在间接管理企业中，法律手段将成为一种主要的和重要的手段。

综上所述，《企业法》的规定，确立了现阶段具有中国特色的企业制度，它的贯彻和实施使我国企业体制走上了法制的轨道。

本文是向 1990 年 8 月 22 日在北京召开的 "中日企业经营管理研讨会" 提交的会议论文。

城镇与乡村集体企业法律
特征之比较

一

城镇企业与乡村企业都是集体所有制企业，因而具有共同的法律特征。如：财产都属于集体所有；都实行自主经营、独立核算、自负盈亏；都遵循按劳分配的原则，等等。与此同时，城镇企业与乡村企业两者相比，它们又具有某些不同的特点。这主要表现在以下几个方面。

企业设立人的范围不同。城镇企业设立人的范围是不特定的。按照《城镇企业条例》规定，城镇企业的设立人有以下三种情况：其一，由城镇劳动群众自行筹资设立。作为城镇企业设立人的劳动群众的人数没有法定限制。其二，由城镇企业的联合经济组织出资设立。其三，由两个或两个以上的城镇企业为投资主体设立。一般情况下，劳动群众集体所有的财产应占主导地位，即作为投资额应占所设立企业全部财产的15%以上。而乡村企业设立人的范围则是特定的。按照《乡村企业条例》规定，乡村企业的设立人必须是农民集体，而且必须是在乡（含镇，下同）或者村（含村民小组，下同）范围内的全体农民集体。单独的农民个人以及大于或者小于乡或村范围的农民集体都没有资格开办乡村企业。

企业财产的归属和企业享有财产权利的性质不同。《中华人民共和国城镇集体所有制企业条例》（以下简称《城镇企业条例》）第四条规定："城镇集体所有制企业是财产属于劳动群众集体所有、实行共同劳动、在分配方式上以按劳分配为主体的社会主义经济组织。"这表明，城镇企业的财产既不属于企业某个劳动者个人所有，也不属于企业部分劳动群众所有，而是属于集体所有，即属于城镇企业所有。由此可以得出，城镇企业对其财产享有所有权的结论。也就是说，城镇企业对其财产依法享有占有、使用、收益和处分的权利。《中华人民共和国乡村集体所有制企业条例》（以下简称《乡村企业条例》）规定："企业财产属于举办该企业的乡或者村范围内的全体农民集体所有，由乡或者村的农民大会（农民代表会议）或者代表全体农民的集体经济组织行使企业财产的所有权。"还规定，乡村企业在生产经营活动中享有占有和使用企业资产的权利。上述规定表明，乡村企业财产属于举办该企业的乡或者村范围内的全体农民集体所有。由乡（村）农民（代表）大会行使企业财产的所有权，乡村企业对其财产享有经营权。这就在企业财产归属和企业享有财产权利性质的问题上呈现出城镇企业与乡村企业的明显区别。概括地说，城镇企业其财产归企业所有，财产所有权与经营权统由企业行使。乡村企业其财产不归企业所有，在企业财产权利上形成了所有权与经营权的分离。

企业职工的身份不同。一般来说，城镇企业和乡村企业的职工都具有双重身份，但双重身份的内容却不相同。即城镇企业职工既是企业的投资者又是企业的劳动者，乡村企业职工既是工人同时又保留农民身份。所以，从企业职工作为企业的劳动者这种身份来讲，城镇企业与乡村企业职工是相同的。而从另一种身份来讲，城镇企业与乡村企业职工就完全不同了，城镇企业职工作为企业的投资者即企业的股东，享有《城镇企业条例》规定的以下权利：职工股权归职工个人所有；可依法转让或继承；企业盈利，按股分红。乡村企业职工同时又是农民，《乡村企业条例》明确规定："乡村集体所有制企业职工有返回其所属的农民集体经济组织从事农业生产的权利。"

企业组织机构的设置不同。这主要表现在两个方面：第一，机构设置的结构不同。城镇企业的组织机构为，职工（代表）大会是企业的权力机关；厂长（经理）是企业的执行机关。乡村企业的组织机构为，乡

（村）农民代表大会是企业的权力机关；厂长（经理）是企业的执行机关；职工（代表）大会是企业的民主管理机关。第二，所设置机构的职权不同。特别提及的是职工（代表）大会，这是在城镇企业和乡村企业中都设有的机关，但其职权却不相同。《城镇企业条例》第九条规定："职工（代表）大会是集体企业的权力机构，由其选举和罢免企业管理人员，决定经营管理的重大问题。"这表明，城镇企业的职工（代表）大会享有决策权。《乡村企业条例》第二十六条规定："企业职工大会或者职工代表大会有权对企业经营管理中的问题提出意见和建议，评议、监督厂长（经理）和其他管理人员，维护职工的合法权益。"这表明，乡村企业的职工代表大会享有民主管理权。

企业的法律地位不同。城镇企业全部具有独立的法律地位，享有法人资格，即为企业法人。《城镇企业条例》第六条明确规定："集体企业依法取得法人资格，以其全部财产独立承担民事责任。"而乡村企业并不全部都是企业法人，只有具备法人条件的，才能获得法人资格，具有独立的法人地位。《乡村企业条例》第十条规定："乡村集体所有制企业经依法审查，具备法人条件的，登记后取得法人资格，厂长（经理）为企业的法定代表人。"

二

通过以上城镇企业与乡村企业法律特征的比较，可以看出以下问题：

第一，企业设立人的投资能力往往制约着企业的规模。从目前已举办的城镇企业与乡村企业的规模来看，大多数为中小企业，这通常是受到企业设立人投资能力所制约。比如，有些乡村企业会因举办该企业的乡或村的财力限制，其规模不会很大。又如，有些由城镇劳动群众集资筹举的企业，也会因个人投资能力所限，而举办中小型规模的企业。

第二，企业财产所有权的归属对企业组织机关设置结构起着决定性的作用。企业财产的所有者总是要通过一定的组织机构来行使自己的财产权利。正是由于城镇企业和乡村企业财产所有权的归属不同，因而导致了它们的权力机关有所差异。

第三，同属集体所有制企业但公有化程度有所不同。这包含三层意思：其一，城镇企业与乡村企业公有化程度不同。城镇企业公有化程度不统一，由投资者的身份来决定。乡村企业公有化程度基本统一在一个范围内，即为举办该企业的乡村农民集体所有。其二，同为城镇企业但公有化程度不同。城镇企业公有化程度分为三种情况：企业归举办该企业的劳动群众集体所有，企业归联社所有，企业归除上述两种情况外的投资者所有。其三，同为乡村企业但公有化程度不同。主要有以下四种情况：企业归乡范围内农民集体所有，企业归镇范围内农民集体所有，企业归村范围内农民集体所有，企业归村民小组范围内农民集体所有。

第四，乡村企业与城镇企业相比，在自然资源和劳动力的使用方面，具有一定的优势。首先，乡村企业通常在当地农村举办，可以开发和利用本地的自然资源，如土地、矿产、森林等发展生产。《乡村企业条例》第九条规定："国家鼓励和支持乡村集体所有制企业依法利用自然资源，因地制宜发展符合国家产业政策和市场需要的产业和产品，增加社会有效供给。"其次，乡村企业的劳动力通常来自当地集体农民。他们既是乡村企业的成员，同时又是农民集体经济组织的成员。这样，既可招之即来，挥之即去，农闲做工，农忙务农，又没有后顾之忧，不必担心职工的出路问题。

第五，城镇企业和乡村企业各具不同的法律特征，因而应用不同的法规分别对其进行调整。也就是说，《城镇企业条例》规范城镇企业的行为，《乡村企业条例》规范乡村企业的行为。

三

当前，我国的城镇企业和乡村企业正在蓬勃发展。而集体所有制企业的存在和发展同国家集体所有制企业方面的法律息息相关、密不可分。

为了更好地运用法律手段保障集体所有制企业的巩固和发展，进一步完善集体所有制企业立法是当务之急。从目前我国集体所有制企业立法的现状来看，笔者认为主要存在以下两个方面的问题：

一方面，现已颁行的法规适用范围过窄，不少类型的集体所有制企业的行为至今没有相应的法律进行规范。例如，按照《城镇企业条例》附则的规定，该条例不适用对集体企业联合经济组织、集体所有制的各类公司、供销合作社、劳动就业服务性集体企业、集中安置残疾人员的福利性集体企业、军队扶持开办集体企业的管理。又如，《乡村企业条例》第二条规定："农业生产合作社、农村供销合作社、农村信用社不适用本条例。"

另一方面，现已颁布的法规是针对不同类型的集体所有制企业分别立法的。这样做虽然及时、灵活、易行，突出了各自不同的特点，但却忽略了集体所有制企业的共同特征，缺乏统一的宗旨和原则，容易出现不协调的情况。例如，《劳动就业服务企业管理规定》（以下简称《管理规定》）与《城镇企业条例》就有不协调之处。《管理规定》是1990年11月22日由国务院发布，于发布之日起施行。《城镇企业条例》是1991年9月9日由国务院颁布，于1992年1月1日起施行。《城镇企业条例》第六十六条规定："劳动就业服务性集体企业应当遵循本条例规定的原则，具体管理办法按国务院发布的《劳动就业服务企业管理规定》执行。"这表明，作为城镇企业的劳动就业服务企业应当遵循《城镇企业条例》规定的原则、服从《管理规定》的管理。但上述两个法规却在设立企业的投资主体和企业法律地位的规定方面出现了不协调，给劳动就业服务企业在遵循和服从上造成了困难。具体表现为：其一，关于设立企业投资主体的规定不协调。《城镇企业条例》规定，城镇企业的投资主体如果是单位的话，只能是城镇集体企业。而《管理规定》则写明，设立劳动就业服务企业，其投资主体可以是企业、事业单位、机关、团体、部队等单位。其二，关于企业法律地位的规定不协调。《城镇企业条例》第六条规定："集体企业依法取得法人资格，以其全部财产独立承担民事责任。"这条规定表明，城镇企业都是法人企业。而《管理规定》第八条规定："开办劳动就业服务企业，须经审批机关批准，并经同级工商行政管理机关核准登记，领取《企业法人营业执照》或者《营业执照》后始得经营。"这意味着劳动就业服务企业不都是法人企业，即有些是法人企业，有些是非法人企业。

因此，我们应当根据宪法中有关集体所有制经济的规定，结合集体所有制企业的共同特点，制定一部集体所有制企业的基本法律，对立法的依据和宗旨，集体所有制企业应遵循的基本原则，集体所有制企业的设立、变更和终止及其基本的权利和义务，集体所有制企业的种类和组织机构以及法律责任等基本问题加以规定。再辅之一些必要的单行法规，建立合理的集体所有制企业法的科学体系，以适应我国集体所有制企业的发展要求。

本文原载于《法学评论》1992 年第 6 期。

论企业兼并引起的产权
转让法律问题

　　我国经济体制改革的目标是建立社会主义市场经济体制。这意味着每个企业都要进入市场参与竞争，优胜劣汰，企业兼并常有发生。这对转换资产运行机制，实现整个社会资源运用效益最大化，解放和发展生产力，有着积极的作用。兼并通常是指一家现有企业被并入另一家现有企业，后者继续存在，前者则不复存在。《全民所有制工业企业转换经营机制条例》规定，企业可以自主决定兼并其他企业。企业兼并是一种有偿的合并形式。可见，企业兼并必然涉及企业产权转让的问题。对此国家虽然颁布了一些有关的法规和专门规章进行调整，但目前仍有一些理论和实际问题尚待解决。本文拟就如何完善企业产权转让法律制度，以解决转让中存在的实际问题作些探讨。

一　企业产权转让的法律特征

　　企业产权转让的概念涉及企业产权定义的问题。对什么是企业产权，人们说法不一，因而对企业产权转让也就有不同的解释。笔者认为，企业产权转让是指企业财产所有权在不同主体之间的转移，包括企业部分财产所有权的转让和企业全部财产所有权的转让。本文所涉及的因企业兼并而引起的产权转让是对于后者而言的。目前，转让产权的企业主要是资不抵债和接近破产的企业；长期经营不善，连续多年亏损或微利的企业；以及为了优化结构，当地政府认为需要出售产权的小型国有企业。

从法律角度讲，企业产权转让是一种具有特殊性的民事法律关系。第一，产权转让的主体既多元化又特定化。主体的多元化是说，参加产权转让法律关系的当事人的成分是多种多样的，既可以是法人，也可以是自然人；既可以是企业主管机关，也可以是企业；既可以是国有企业、集体企业，也可以是"三资"企业，甚至私营企业。主体的特定化是指对每个具体的产权转让法律关系的当事人来说，必须有一方是特定的，即出让企业产权的一方当事人必须是企业财产所有者。第二，产权转让行为要式化，转让内容既定化。即为实现产权转让，双方当事人所订立的企业财产买卖合同，应依照《经济合同法》的规定采用书面形式；产权转让法律关系的内容只能是有关企业全部财产买卖双方当事人的权利和义务。第三，产权转让客体确定化。这是指被兼并企业的全部财产是企业产权转让法律关系的客体，是双方当事人权利义务所共同指向的标的物，包括有形财产，如厂房、机器设备、原料等；还包括无形财产，如发明、实用新型、外观设计专利、专有技术以及土地使用权等。

二　企业产权转让存在的主要问题

近几年来，随着企业兼并而出现的产权转让，对调整企业产品结构和组织结构，适应市场经济要求，提高经济效益，起到了积极的作用。但也存在一些问题，主要是：

（一）企业产权归属不明确

企业产权归属必须明确，这是企业兼并、产权转让的前提，而目前我国的国有企业和集体企业恰恰在这方面存在问题。

首先，产权界定不明确。就国有企业财产而言，《企业国有资产所有权界定暂行规定》和《全民所有制工业企业转换经营机制条例》均规定，企业国有资产是指国家以各种形式对企业的投资和投资收益形成的财产。但是，国有企业以借贷方式——不论向银行借款，还是发行企业债券向社会借款——形成的财产应该归谁所有？再看集体企业，由于其资金来源复杂，致使企业产权模糊不清。像有的企业有国家投资，有的企业有联社投资，还有的企业既有国家投资也有联社投资，这些投资与劳动群众个人集资混在一起，形成企业财产。这些集体企业的财产归该集体企业所有吗？

其次，出售企业所得资金归属不合理。这是由企业产权界定不明确而引发的问题。目前国有企业产权出售所得资金归属按照《关于出售国有小型企业产权的暂行办法》办理。即出售国有小企业所得净收入（包括利息收入），除国务院另有规定外，由国有资产管理部门组织上缴国库。这意味着，出售包括用贷款形式形成的财产在内的国有企业全部财产所得，都应归缴国库。而集体企业产权出售所得资金，通常是全部归联社所有。这两种做法显然都不尽合理。

再次，被买入的企业财产产权归属不明确。第一，国有企业用留利中的消费基金购买企业财产，是否与国家投资形成的财产同等看待？其产权应归谁所有？第二，集体企业兼并国有企业其产权归谁所有？有的地方规定，这种兼并后的企业性质为国集合营，按全民所有制企业管理。① 第三，集体企业之间进行兼并，被兼并企业产权归谁所有？归联社所有？归兼并企业所有？这些都需要探讨。

最后，国有企业之间的兼并，所转让的财产权利是经营权还是所有权性质不明确。如果说转让的是经营权，这与因兼并所引起企业产权转让的一般原理不符。在兼并前，是对被兼并企业的资产②进行评估，兼并企业所支付的是购买被兼并企业资产的价款，理应取得所有权。如果说转让的是所有权，那么，被兼并企业与兼并企业都是国有企业，同属国家所有，为同一所有权人。从学理上讲，同一所有权人的财产，就无所谓有偿转让和进行所有权转移了。由此可见，产权归属的解决对理顺

---

① 田源主编《中国企业产权转让》，经济日报出版社，1998，第246页。
② 本文中所用"资产"和"财产"的含义相同，为行文方便，两个概念有时互用。

国有、集体企业的产权关系，使其明确化、具体化、可交易化至关重要。

（二）企业产权转让约束机制不完善

企业产权转让法律制度是指有关企业产权转让方面的一系列法律规定。它包括规定企业产权转让方面的法律法规，也包括某些法律法规中的有关规范。目前，我国虽已颁行了一些有关法规和规章，但还有不少方面没有作出规定，已有的一些规定也不够具体，主要表现为：

第一，对企业产权转让条件没有确定。虽然，《关于出售国有小型企业产权的暂行办法》规定，长期经营不善，连续多年亏损或微利的小型国有企业产权可以出售，但这样规定太笼统，不利于执行。如经营不善多长时间为长期经营不善？对于连年亏损怎么衡量？亏损的年限如何确定？亏损的量度如何界定？企业盈利多少算做微利？等等。再者，从实际情况看，被转让产权的企业基本上是经济效益不好的企业。可是，有些企业虽然目前经济效益不好，但社会又确实需要，这样的企业是否允许转让？另外，经济效益好的企业是否可以转让其产权，以求得更高的经济效益呢？以上都没有明文规定。

第二，对企业产权转让管理没有全面规定。国家如何从宏观上对企业产权转让加以调控和管理，是企业产权转让中亟待解决的重要课题之一。目前我国还没有设立企业产权转让管理的专门机构，产权转让常常是在企业主管部门的参与下进行的。这就容易出现产业结构的不良倾斜和只顾本位利益的倾向。

（三）企业资产交易市场发育不健全

当前，我国企业资产交易市场还处在初级发展阶段，有些地方缺乏必要的市场环境和信息沟通的媒介。由于企业资产交易市场发育不健全，没有形成公开竞争的市场环境，国家对企业产权转让的规则和程序等又缺少系统配套的法律规定，致使企业产权转让出现了行政干预过多和国有资产遭受损失的情况。

三　完善企业产权转让法律制度的对策

我国现在所进行的企业产权转让，采取的是实物转让形式。随着经济体制改革的深入，股份制企业会逐渐增多，企业资产日益证券化，因而企业产权转让也将主要通过企业股票的买卖来完成。针对当前企业产权转让的现状，应尽快颁布规范企业产权转让的法律法规，着重规范以下问题。

（一）　阐明界定企业产权的原则和方法

企业产权应当按照谁投资归谁所有的原则进行界定。现有大中型国有企业和集体企业，通过股份制的方法改组为具有法人资格的公有制股份公司。投资者成为公司的股东，享有股东权，公司财产归法人所有，以使大中型企业产权明晰化。

（二）　确定企业产权转让应遵循的原则

（1）有利于资源的合理配置和产业结构的合理调整；有利于开展公平竞争，防止垄断；有利于解放和发展生产力。（2）产权转让必须在国家的指导和监督下进行，必须保证国家财产不受损失；维护社会公共利益和双方当事人的合法权益。（3）转让应自愿、平等、等价有偿。

（三）　建立企业产权转让机构

这是企业产权转让得以顺利进行的组织保证。为此，应设立企业产权转让专门管理机关，如设立企业产权转让管理局，负责该项工作的组织、指导、协调和监督工作。成立企业资产经营机构，如成立企业资产经营公司，该公司为企业法人，从事企业自营买卖，以及作为企业资产买方与卖方之间的中介机构，代理买卖业务。需要指出的是，同时经营企业资产自营买卖和代理买卖业务的企业资产经营机构，必须将这两项业务公开进行。企业资产经营机构和工作人员不得在代理客户买卖资产时，为自己做对应买卖。开办企业资产交易所，为企业资产集中交易提供固定场所。它作为非营利性的事业法人，应维护交易市场的经济秩序，使双方当事人公开、公平、公正地进行交易。企业投资交易所不得以自己或他人的名义从事企业投资的买卖活动。

（四）明确企业产权转让程序

这是完善企业产权转让法律制度的一项重要内容。产权转让须经以下程序：（1）企业作出决定。要进行产权转让的企业应写出书面报告，交其最高权力机关讨论并形成决议。（2）政府主管部门批准。要进行产权转让的企业向政府主管部门提交企业产权转让申请书并附书面报告及对此形成的决议，由该部门审查批准。如果被审查的是国有企业，政府主管部门还应将该企业所报材料连同审查意见移交同级国有资产管理部门，由其进行审核。当政府主管部门与被审查企业意见不一致时，由企业产权转让管理机关进行仲裁。（3）资产评估。被批准转让产权的企业要进行资产评定和估算。企业资产的评估工作应由专门的资产评估机构进行。（4）资产交易。企业资产进行交易的方式有三种。一种是委托企业资产经营机构代为交易，另一种是自行进行交易，还有一种是竞价转让方式。企业资产进行交易的场所有两种：一种是在企业资产交易所内，以公开竞争方式进行交易。另一种是在交易所外，由买卖双方亲自寻找相对人，以非公开竞争方式进行交易。（5）办理登记并公告。企业资产买卖完毕，产权进行了转让，双方当事人应按照法律规定到工商行政管理部门办理相应登记并进行公告。

（五）规定法律责任

规定法律责任是凭借国家强制力加强对企业产权转让进行管理的一种法律手段。

1. 有关单位的法律责任。（1）企业产权转让管理机关在办理机构设立申请、企业产权转让争议仲裁等事项时，超过法定时间，应负行政责任。因此给管理相对人造成经济损失的，应予赔偿。（2）资产评估机构因作弊或玩忽职守，致使企业资产评估结果失实的或因此造成损失的，根据情节轻重，给予警告、通报、处以一定数额的罚款、停业整顿、吊销资产评估资格证书的处罚。（3）企业资产经营机构不履行或不按委托合同规定履行义务，给委托方造成损失的，应负责赔偿；超出批准业务范围经营的，处以警告、停业整顿、吊销营业执照。（4）企业资产交易所超出批准业务范围进行活动时，给予警告、停业整顿、解散的处罚。

2. 有关个人的法律责任。（1）企业产权转让管理、企业资产评估、经营以及交易机构的工作人员，玩忽职守或者采取舞弊、欺诈、收受贿赂等非法手段牟取私利者，由其所在单位给予行政处分，并可处以相应的罚款。情节严重构成犯罪的，由司法机关依法追究刑事责任。（2）企业产权转让一方当事人不履行或不按约定条件履行义务的，应负法律责任，因此给对方造成损失的，应负赔偿责任。其损失赔偿额应相当于对方因此受到的实际损失。出售企业产权一方当事人提供虚假情况和资料，或与资产评估机构串通作弊，致使资产评估结果失实的，由有关部门对其主管人员和直接责任人员给予行政处分，并可处罚款。转让双方都违反约定条件的，应当分别承担各自应负的法律责任。

本文原载于《中央政法管理干部学院学报》1993 年第 3 期。

略述合伙企业的特征及其设立

1997 年 2 月 23 日八届全国人大常委会第 24 次会议通过，自 8 月 1 日起施行的《中华人民共和国合伙企业法》（以下简称《合伙企业法》），是继《中华人民共和国公司法》颁行后，又一部按照企业组织形式制定的法律。这对规范合伙企业的行为，保护合伙企业及其合伙人的权利和合法利益，维护社会经济秩序，促进社会主义市场经济的发展，具有重要的意义。为配合《合伙企业法》的贯彻实施，本文仅就什么是合伙企业、合伙企业具有哪些法律特征以及如何举办合伙企业的问题略作阐述。

一 合伙企业的概念及其法律特征

合伙企业是指依照《合伙企业法》在我国境内设立的，由各合伙人订立合伙协议、共同出资、合伙经营、共享收益、共担风险，并对合伙企业债务承担无限连带责任的营利性组织，它具有以下法律特征。

（一）合伙企业是由合伙人订立合伙协议、共同出资而设立的营利性组织

首先，通过合伙人之间订立合伙协议而设立，这是合伙企业具有的重要特征之一，合伙企业是一种人的集合体，合伙人之间的相互信任是其设立的基础，合伙人通过订立合伙协议，将出资方式及数额、利润分配和亏损分担、合伙企业事务执行、入伙与退伙、解散与清算等事项作

出明确规定，然后按照合伙协议来设立企业并运营。

其次，合伙企业的设立要由合伙人共同出资，也就是说，合伙人对合伙企业有出资的义务。《合伙企业法》第十二条规定，"合伙人应当按照合伙协议约定的出资方式、数额和缴付出资的期限，履行出资义务。"合伙人的出资和所有以合伙企业名义取得的收益，在合伙企业存续期间均为合伙企业的财产。这是合伙企业从事经营活动的前提和基础。合伙人在合伙企业存续期间，要转让其在合伙企业中的全部或部分财产份额时，必须做到：如在合伙人之间转让，应当通知其他合伙人；如向合伙人以外的人转让，应当经过其他合伙人一致同意。在同等条件下，其他合伙人有优先受让的权利。

最后，合伙企业是营利性的组织。营利性是企业最本质的特征，也是它与其他组织最根本的区别。合伙企业作为企业的一种，当然具有这一种特征，即合伙企业是以营利为目的进行经营活动的，其实施的营利行为是为谋求超出投资的利益，也就是在于获取利润。

（二）合伙企业由合伙人合伙经营

合伙企业由合伙人合伙经营，主要表现在以下两个方面。

1. 合伙企业的事务由合伙人共同决定。其一，合伙企业的财产由全体合伙人依法共同管理和使用。其二，合伙企业存续期间，经全体合伙人决定可以增加对合伙企业的出资，用于扩大经营规模或弥补亏损。其三，合伙企业的下列事务必须经全体合伙人同意：（1）处分合伙企业的不动产，（2）改变合伙企业的名称，（3）转让或者处分合伙企业的知识产权和其他的财产权利，（4）向企业登记机关申请办理变更登记手续，（5）以合伙企业的名义为他人提供担保，（6）聘任合伙人以外的人担任合伙企业的经营管理人员，（7）接受新合伙人入伙，（8）决定合伙企业解散，（9）依照合伙协议约定的有关事项。

2. 各合伙人对执行合伙企业事务享有同等的权利。这就是说，每个合伙人对合伙企业都享有同样的参与经营管理的权利。虽说每个合伙人对合伙企业的事务都享有执行的权利，但具体到一个合伙企业，其事务如何执行却不尽相同。主要有三种情况：（1）由全体合伙人共同执行合伙企业事务。（2）委托一名或数名合伙人执行合伙企业事务。这是大多数合伙企业为经营上的方便而采取的做法。委托执行合伙企业事务要由合伙协议约定或由全体合伙人决定。被委托执行合伙企业事务的合伙人，对外代表合伙企业，其他合伙人不再执行合伙企业事务。被委托执行合伙企业事务的合伙人，应当依照约定向其他不参加执行事务的合伙人报告事务执行情况以及合伙企业的经营状况和财产状况。不参加执行事务的合伙人有权监督执行事务的合伙人，检查其执行合伙企业事务的情况，对不按照合伙协议或全体合伙人的决定执行事务的被委托执行事务的合伙人，可以决定撤销委托。（3）由合伙人分别执行合伙企业事务。按照合伙协议约定或者经全体合伙人决定，合伙人分别执行合伙事务的，合伙人可以对其他合伙人执行的事务提出异议。提出异议时，应当暂时停止该项事务的执行。如果发生争议，可以由全体合伙人共同决定。另外，合伙企业可以对合伙人执行合伙企业事务以及对外代表合伙企业的权利作出限制性的规定。但这些限制性的规定不得对抗善意第三人。

（三）合伙企业由合伙人共享收益、共担风险

合伙人按照合伙协议或者全体合伙人的决定执行合伙企业事务，所产生的收益归全体合伙人，所产生的亏损或者民事责任由全体合伙人承担。

合伙企业的利润和亏损，由合伙人依照合伙协议约定的比例分配和分担；合伙协议未约定利润分配和亏损分担比例的，由各合伙人平均分配和分担。合伙企业年度的或者一定时期的利润分配或者亏损分担的具体方案，由全体合伙人协商决定或者按照合伙协议约定的办法决定。

为维护合伙企业的合法利益，合伙人必须履行《合伙企业法》规定的下列义务：（1）竞业禁止义务。合伙人不得自营或者同他人合作经营与本合伙企业相竞争的业务。（2）私人交易限制义务，除合伙协议另有约定或者经全体合伙人同意外，合伙人不得同本合伙企业进行交易。（3）合伙人不得从事损害本合伙企业利益的活动。

与此同时，合伙人对合伙企业的债务，要承担无限连带责任。合伙企业对其债务应先以其全部财产进行清偿。合伙企业财产不足清偿到期债务时，不足的部分由各合伙人用其合伙企业出资以外的财产，依照合伙协议约定的比例承担清偿责任；合伙协议未约定比例的，由各合伙人平均承担清偿责任。合伙人由于承担连带责任，所清偿数额超过其应当承担的数额时，有权向其他合伙人追偿。当合伙企业解散后，原合伙人对合伙企业存续期间的债务仍应承担连带责任，但债权人在五年内未向债务人提出偿债请求的，该责任消灭。

从上述合伙企业所具有的特征可以看出，合伙企业设立简便、结构简单，是适合中小企业所采取的一种组织形式。由于合伙企业与其合伙人不可分离，所以，在法律上合伙企业不是独立于合伙人之外的权利、义务主体，它不具有法人资格，是非法人企业。

二 合伙企业的设立

合伙企业的设立又称合伙企业的开办，是指合伙企业的设立人为取得企业运营资格，依照法定程序所实施的行为。

（一）合伙企业设立的条件和原则

1. 合伙企业设立的条件

设立合伙企业要具备法律规定的条件。《合伙企业法》第八条规定，"设立合伙企业，应当具备下列条件：①有二个以上的合伙人，并且都是依法承担无限责任者；②有书面合伙协议；③有各合伙人实际缴付的出资；④有合伙企业的名称；⑤有经营场所和从事合伙经营的必要条件。"从以上规定看到，开办一个合伙企业上面的五个条件必须同时具备，缺一不可。

（1）合伙人的人数和资格。设立合伙企业，合伙人的人数和资格必须符合法律规定。《合伙企业法》对设立合伙企业合伙人的人数只作了最低数额的规定，即 2 人，而对其最高数额没有限制。这说明，设立合伙企业至少应有两个合伙人。

《合伙企业法》对合伙人的资格作了限制性规定：①合伙人都是依法承担无限责任者；②合伙人应当为具有完全民事行为能力的人；③法律、行政法规禁止从事营利性活动的人不得成为合伙企业的合伙人。上述规定意味着：其一，合伙人只能是自然人，法人不能成为合伙人，因为只有自然人才能承担无限责任。其二，作为合伙人的自然人，通常应是 18 周岁以上的人，因为《中华人民共和国民法通则》第十一条规定，"18 周岁以上的公民是成年人，具有完全民事行为能力，可以独立进行民事活动，是完全民事行为能力的人"。其三，国家公务员等法律、行政法规禁止从事营利性活动的自然人不得作为合伙人。综上所述，合伙人应为 18 周岁以上的自然人。

（2）合伙协议的订立。订立合伙协议是合伙企业设立的必要条件之一。合伙协议由合伙人遵循自愿、平等、公平、诚实信用的原则共同制定。由于订立合伙协议是多数人的共同行为，所以合伙协议的订立要经过参加订立的全体合伙人协商一致并采用书面形式。

合伙协议应当依照《合伙企业法》的规定，载明下列事项：①合伙企业的名称和主要经营场所的地点，②合伙目的和合伙企业的经营范围，③合伙人的姓名及其住所，④合伙人的出资方式、数额和缴付出资的期限，⑤利润分配和亏损分担方法，⑥合伙企业事务的执行，⑦入伙与退伙，⑧合伙企业的解散与清算，⑨违约责任。此外，合伙协议可以载明合伙企业的经营期限和合伙人争议的解决方式。参加订立协议的合伙人都应在合伙协议上签名、盖章以示负责。

（3）合伙人的出资方式及其缴付。《合伙企业法》规定，合伙人的出资方式主要有五种：①货币即金钱；②实物，如房屋、机器设备等；③土地使用权；④知识产权，包括商标权、专利权和版权（著作权）；⑤其他财产权利，如非专利技术、债权等。上述出资应当是合伙人的合法财产及财产权利。对于货币以外的出资需要评估作价的，可以由全体合伙人协商确定，也可以由全体合伙人委托法定评估机构进行评估。此外，经全体合伙人协商一致，合伙人也可以用劳务出资，其评估办法由全体合伙人协商确定。

各合伙人应当按照合伙协议约定的出资方式、数额及期限缴付出资。合伙人按照合伙协议实际缴付的出资为对合伙企业的出资。

（4）要有合伙企业的名称。合伙企业的名称是一个合伙企业区别于其他合伙企业的特定标志。要有自己的名称也是设立合伙企业应当具备的条件之一。按照有关法律规定，设立合伙企业在确定其名称时应注意以下两点：

第一，合伙企业不得使用下列名称：对国家、社会或者公共利益有损害的名称，外国国家（地区）名称，国家组织名称，以外国文字（外商投资的合伙企业除外）或汉语拼音字母组成的名称，以数字组成的名称。

第二，合伙企业在其名称中不得使用"有限"或者"有限责任"字样。

（5）要有经营场所和从事合伙经营的必要条件。经营场所是指企业进行经营活动的地方或实际占用的空间。所以，设立合伙企业必须有经营场所，否则无法从事经营活动。同时，也便于国家有关部门对其进行必要的行政管理和监督。

此外，设立合伙企业还要有从事合伙经营的必要条件。这主要包括：有与其经营范围和规模相适应的必要设备、设施，有与其经营规模和业务相适应的从业人员等。

2. 合伙企业设立的原则

按照《合伙企业法》的规定，合伙企业的设立基本采取准则设立原则，即设立合伙企业，除特别规定外，只要符合《合伙企业法》规定的条件，不必经有关部门审批，即可直接设立登记为合伙企业。

（二）合伙企业设立登记的程序和效力

1. 合伙企业设立登记的程序

设立合伙企业通常是具备法律规定的条件后，由全体合伙人指定的代表,向合伙企业住所地的工商行政管理局提出设立登记申请,提交登记申请书、合伙协议书、合伙人身份证明等文件。法律、行政法规规定须报有关部门审批的,还要提交批准文件。

工商行政管理局应当自收到申请登记文件之日起 30 日内,作出是否登记的决定。对符合《合伙企业法》规定条件的,予以登记,发给营业执照;对不符合《合伙企业法》规定条件的,不予以登记,并给予书面答复,说明理由。

此外,合伙企业要设立分支机构的,应当向分支机构所在地的工商行政管理局申请登记,领取营业执照。

2. 合伙企业设立登记的法律效力

合伙企业设立申请经工商行政管理登记注册后,即发生以下法律效力。

(1)合伙企业取得了从事经营活动的合法凭证。合伙企业的设立申请,经工商行政管理局核准登记注册发给营业执照后,该合伙企业即告成立。合伙企业营业执照签发日期为合伙企业成立日期。合伙企业凭据营业执照可以刻制公章,开立银行账户,依法进行经营活动,受国家法律的保护。合伙企业领取营业执照前,合伙人不得以合伙企业名义从事经营活动。

(2)合伙企业取得名称专用权。申请设立登记的合伙企业,其名称经工商行政管理局核准登记后,受国家法律的保护。合伙企业的公章、银行账户所使用的名称,应与核准登记的名称相符。经工商行政管理局核准登记的合伙企业的名称,在法律法规规定的范围内享有名称专用权。

本文原载于《中国工商》1997 年第 6 期。

深化国企改革的法律思考

当前，国有企业改革已进入攻坚阶段。如何充分发挥法律的功能，依法规范和保障国有企业的改革与发展，尽最大努力实现近期目标，是实施依法治国方略和贯彻十五届四中全会精神的重大课题。1999 年 12 月 25 日五届全国人大常委会第 13 次会议对 1994 年出台的《公司法》进行了修改。笔者认为，落实新修改的《公司法》时，有关国有企业改革立法方面，应当着重抓好以下三项工作。

一 不合时宜的法律应继续修改或废止

随着国有企业改革的深入进行，一些现行调整国有企业的法律已经不能适应深化国有企业改革的要求。因此，立法机关应当及时通过立法程序将不合时宜的法律进行修改或废止，否则会阻碍国有企业改革的进程。以《中华人民共和国企业破产法（试行）》为例。优胜劣汰是市场经济的客观规律，通过企业破产可以达到优化资源配置，促使资产向优势企业转移，推动企业转换经营机制的目的。现行的《中华人民共和国企业破产法（试行）》是 1986 年颁布的，是与计划商品经济体制相对应的国有企业破产制度，如规定"国有企业为债务人的，经其上级主管部门同意后，可以申请宣告破产；企业由申请人申请破产的，被申请破产的企业的上级主管部门可以申请对该企业进行整顿……"笔者认为，立法机关应当将该法律废止，并抓紧制定一部适用于所有企业的新的破产法，就破产预防制度、破产程序规则以及保护破产债权人的措施等作出明确具体的规定。

二 一些法律应当适时补充完善

法律的规定必须适应需要、明确具体。为此，立法机关应根据国有企业改革深化的进展情况，不失时机地对现行调整国有企业方面的法律进行补充完善，以使国有企业改革能够依法进行。《中华人民共和国公司法》（以下简称《公司法》）虽经修改，但还应进一步完善。这是因为，力争到 21 世纪末大多数国有大中型骨干企业初步建立现代企业制度，是国有企业改革和发展的近期目标之一。公司是现代企业中重要的、典型的组织形式。建立现代企业制度对大多数国有大中型企业来说，就是实行规范的公司制改革。国有大中型骨干企业建立现代企业制度必须依照《公司法》规范进行。由于立法规范的不完善，也影响了《公司法》的贯彻实施。为使国有企业更好地依照《公司法》深化改革，建立现代企业制度，应对《公司法》在 1999 年 12 月修改的基础上，从以下两个方面进一步完善。

1. 与《公司法》配套的法规应尽快出台

1994 年 7 月《公司法》实施时，国务院曾经计划制定一批配套法规，但时至今日，仅出台了《中华人民共和国公司登记管理条例》等少数几个法规，影响了《公司法》的实施。关于现有国有企业改建为公司的问题，《公司法》只规定了现有国有企业改建为公司的形式，写明"国有企业改建为公司的实施步骤和具体办法，由国务院另行规定"。因此，国务院应当抓紧制定与《公司法》配套的法规。

2.《公司法》自身应进一步完善

《公司法》作为规范市场经济主体的重要法律，其自身也需修改和完善。

（1）建立现代企业制度，对国有大中型企业实行规范的公司制改革，其核心是公司法人治理结构问题。法律对公司治理结构进行规制，就是把股东对公司的控制权及董事、经理对公司的经营管理权，用法律明确化、法定化，做到既不使股东失去对公司的控制，又使董事、经理享有充分的经营管理权，确保公司正常健康地运营，达到保护股东、公司债权人及社会公共利益的目的。《公司法》虽规定了股东会（股东大会）、董事会、监事会、经理的职责，基本上反映了公司内部机构之间分权制衡的关系，但也存在一些问题，主要是：①国家股股权代表不确定，权利义务不对应。②对小股东的权益保护较弱。③董事和经理的行为缺少董事会的监督。④对监事会职权的规定欠充分等。

要完善公司法人治理结构的法律规制，除应制定国有资产法对国家股股权代表问题作出明确规定外，《公司法》需进行完善，增加下列内容：①为防止大股东操纵股东大会，在一定程度上平衡小股东与大股东之间的利益关系，应当借鉴外国经验，建立限制表决权行使制度和累积投票制度。②完善董事会的组成及职能，即董事会由内部董事和外部董事所组成；董事会行使监督董事和经理执行职务的职权。③强化监事会的监督职能，监事会成员中必须有精通公司业务、财务、法律的人员；监事会享有事先监察和代表公司提起诉讼的权利。

（2）着力培育实力雄厚、竞争力强的大型企业和企业集团，是推进国有企业战略性改组的一项重要工作。《企业集团登记管理暂行规定》写明，企业集团是指以资本为主要联结纽带的母公司为主体，以集团章程为共同行为规范的母公司、子公司、参股公司及其他成员企业或机构共同组成的具有一定规模的企业法人联合体。我国企业集团的组建，实质上是企业集团公司化的构建。而企业集团的形成和发展，应当遵循客观经济规律，依法进行。目前，我国规范企业集团的法律不仅绝大部分是法规和规章，而且规范的内容较少；《公司法》与企业集团有关的，仅为转投资和子公司的简单规定，远不能适应企业集团发展的需要。笔者建议，借鉴德国和我国台湾地区的做法，在《公司法》中增设专章对企业集团进行规范，着重规定企业集团的内部关系，包括：①为防止虚增公司资本和董事、监事永久保有其职位等弊端，应对企业集团内公司之间相互持股作出限制性规定。②基于法律公平思想和保护弱者的观念，应规定控制公司要遵循合法经营规则，谨慎行使经营管理权，不得干预从属公司具体的经营活动。③为保护从属公司及其少数股东的利益，应规定控制公司使从属公司从事对从属公司不利的经营活动时，从属公司少数股东可代表从属公司对控制公司提起诉讼；因控制公司的行为致使从属公司少数股东个人利益受到损害时，从属公司少数股东有权请求控制公司予以赔偿。④为保护从属公司债权人利益，应规定因控制公司的行为致使从属公司债权人利益受到损害时，从属公司债权人有权请求控制公司予以赔偿。控制公司对从属公司的债务承担连带责任。

三　相关法律应当抓紧制定

国有企业的改革既涉及企业内部问题，也涉及企业外部问题。笔者认为，国有企业改革能否取得成功与其面临的外部环境有很大关系，应当抓紧时机，制定宏观调控法、反垄断法、社会保障法等与国有企业改革外部环境相关的法律，运用法律手段营造良好的社会环境，以利于国有企业的改革和发展。我们应该深刻理解与落实新修改的《公司法》，不断地总结经验教训，进一步完善《公司法》。我国是发展中国家，有些事物对我国来说是崭新的，比如高新技术股份有限公司进入证券市场直接融资问题，高新技术股份有限公司运用市场筹集发展资金问题，都是高风险的领域。我国在这方面的经验不足，但是又不能踟蹰不前，这就要求我们要有适时的对策，最后还得从立法上解决保障问题。当务之急是抓紧制定社会保险法。社会保险法律制度的建立和完善是国有企业深化改革、建立现代企业制度的前提条件和必要保障。国有企业在优胜劣汰的竞争中倒闭、破产，企业的职工失业；还有国有企业为适应市场经济的要求，进行结构性调整和劳动力资源的优化配置，裁减富余人员，也使一部分职工失去工作。

经济体制改革以来，国家及有关部门先后颁行了《关于职工医疗保险制度改革的意见》、《中华人民共和国劳动法》、《关于建立统一的企业职工基本养老保险制度的决定》、《企业职工工伤保险试行办法》和《失业保险条例》等有关社会保险方面的法律法规和规章。为确保社会稳定，推进国有企业改革创造了有利条件。也要看到，社会保险立法的现状还不能完全适应社会主义市场经济的要求和深化国有企业改革的需要，存在覆盖面窄、有些做法不统一、基金统筹层次化、管理制度不健全、社会化管理水平不高等问题。党的十五届四中全会明确提出，加快社会保障体系建设，是顺利推进国有企业改革的重要条件。要扩大社会保险覆盖范围，强化社会保险费的征缴，进一步完善基本养老保险省级统筹制度，要采取多种措施充实社会保障基金并严格管理，逐步推进社会保障管理服务的社会化。要做好上述工作，就必须抓紧制定社会保险法，把这些社会保险举措用法律形式固定下来，依靠国家的强制力保证实施，以促进和保障国有企业的改革和发展。

本文原载于《法学杂志》2000 年第 2 期。

论企业在经济法中的主体地位

所谓企业在经济法中的主体地位，是指企业是经济法的主体，亦即企业是经济法律关系的主体。我们这里所说的企业，不仅包括公司、合作社等法人企业，而且包括合伙企业、私人独资企业、企业集团以及企业的分支机构等非法人企业。它们在经济法中是否都具有主体地位，关系到政府如何运用经济法律手段适度干预市场，以保证国民经济健康运行的问题。因此，对企业在经济法中的主体地位问题进行探讨很有必要。

一 市场经济中企业的角色与经济法的作用

马克思主义法学理论认为，法律作为上层建筑的重要组成部分，是建立在一定的经济基础之上，并决定于这个基础的。与此同时，作为上层建筑的法律，又通过经济基础的中介，反作用于生产力。而法律对经济的这种反作用，则是通过人的有意识的活动实现的。笔者认为，探讨企业在经济法中的主体地位问题时，首先应根据马克思主义关于法律与经济相互作用的理论①，就市场经济条件下企业的角色与经济法的作用问题进行阐述。

党的十四大明确提出，我国经济体制改革的目标是建立社会主义市

---

① 孙国华：《法学基础理论》，法律出版社，1994，第61~62页。

场经济体制。市场经济与计划经济不同，市场经济是商品经济，是一种以交换为直接生产目的和联系方式的经济形态①。构成市场内容的经济关系，不是计划分配和无偿调拨关系，而是商品交换关系。要使商品交换得以进行，其前提是应有商品生产者和经营者，也就是说，市场参加者的存在是市场经济发生的首要条件。企业是重要的市场参加者，它作为商品生产者和经营者是市场经济的基本要素。

纵观人类发展的历史，企业作为人们进行生产经营活动的一种组织形式，作为社会的基本经济单位，其本身就是商品经济发展的必然产物。在商品经济不发达的时代，商品生产的方式以手工劳动为主，因此，单个的商品生产者和经营者是落后生产力状态下占统治地位的市场参加者。随着生产力水平的不断提高，机器生产代替了手工生产，商品经济得到迅速发展。特别是当人类进入了商品经济占统治地位的资本主义社会后，作为经济组织体的企业便成为现代社会的主宰。

在市场经济条件下，企业是连续从事经营活动、以营利为目的的组织。企业作为一种组织体是由人的要素和物的要素所组成的。所谓人的要素即劳动者，而物的要素则是指劳动资料和劳动对象，即表现为企业的财产。企业通过一定的组织形式把两者有机地结合起来，其经营活动主要是从事商品生产或商品经营，以及提供劳务或服务。企业的经营活动以营利为目的，即以牟取超出资本的利益并分配给投资者为目的。因此，企业在其存续期间，按照登记注册的经营范围，独立自主、持续不断地从事经营活动。企业有效而充满活力的经营活动，构成市场经济发展的微观基础。

其次，市场经济是市场在配置中起基础性作用的经济。资源的配置是由市场机制调节，通过企业的有效活动来实现的。市场机制是价格机制、供给机制和竞争机制相互作用的总和。其中，竞争机制处于核心地位。但只有在企业参与市场活动并具有独立地位和自身经济利益的条件下，竞争才会产生并发生作用。在市场竞争中，企业以营利为目的，按

---

① 王峻岩、王保树：《市场经济法律导论》，中国民主法制出版，1996，第 4 页。

照自己的意志，根据市场的需求，自主决定自身的行为取向，决策生产要素的组合及经营运行，充分利用各种资源，节约物化劳动和活劳动，提高资源的使用和配置效率，力争以最少的劳动消耗取得最大的劳动成果，实现利润最大化，以求得自身的生存和发展。如此相互竞争，优胜劣汰，从而推动整个资源配置和使用效益的不断提高。

最后，我们所要建立的社会主义市场经济体制，是在社会主义国家宏观调控下，通过市场对资源配置起基础作用。市场经济较之高度集中的计划经济而言，在优化资源配置、促进国民经济发展方面具有显著的优越性。但市场并不是万能的，其自身也存在着一定的缺陷和消极因素，这既不能靠市场自身的机制去克服，也不能指望受自身利益驱动的企业以自觉的行为来补救。为了克服和补救市场的缺陷和消极因素，维护公平的市场竞争秩序，保障国民经济供求总量的基本平衡，调节社会公共需求，节约社会资源，保护自然环境，以使国民经济健康发展，由政府代表国家对经济进行适度干预，建立和维护自由、公平的市场竞争秩序和宏观经济管理秩序是绝对必要的。

应当强调的是，市场经济条件下政府对经济的干预必须依法进行。这是因为，社会主义市场经济是法治经济。构成市场内容的商品交换关系决定了市场经济不可能通过行政手段来组织，而是受法律的规范、引导、制约和保障的，是严格按照法律来运作的。所以，在市场经济下，政府干预经济的行为直接表现为法律行为，其运作的手段为法律手段，这就是政府干预经济行为的法治化。而经济法就是确认和规范政府干预经济之法。经济法不仅确认政府干预经济的权力，同时规定制约政府干预经济权力的措施。主要是：规定政府管理经济的权限、行使权力的程序以及政府工作人员在管理中实施违法行为的处罚等。经济法作为对政府管理的必要规范，起到防止、制止和禁止政府对经济不适当和不必要干预的作用。而政府依照经济法对经济进行的干预，则是通过对企业行为进行引导、支持、保护或限制、禁止来实现的，以使企业行为做到有序、合法，从而推动和保障国民经济的健康发展。

上述情况表明，企业是市场经济的参加者，它的存在是市场经济发生的首要条件。企业的有效活动是市场得以发挥作用的途径。政府依照经济法规制企业的行为，以实现对经济的适度干预。可见，企业是社会主义市场经济的基本要素，是经济法规制的主要对象。

二　企业是经济法主体的法理分析

法的主体即法律关系主体，是指法律关系的参加者，包括自然人和组织。同样道理，经济法主体即经济法律关系主体，是指参加经济法律关系的自然人和组织。一般来说，作为组织要成为法律关系的主体须符合下列条件：(1) 必须是社会上存在的，适于享有权利、承担义务的组织体。(2) 必须经过法律认可，具有权利能力和行为能力。(3) 参加具体的法律关系，实施法律行为，取得权利和承担义务。基于此，企业要成为经济法律关系的主体，就必须由经济法律认可，具有经济权利能力和经济行为能力，并参与经济法律关系，取得权利和承担义务。下面就企业能否成为经济法律关系的主体，是否符合上述条件，作简要分析。

第一，法律作为上层建筑，其所作的规定均来自社会经济生活的需要。所以，一个组织要成为经济法的主体，其首要前提是，这个组织在现实社会中客观地存在着，同时这个组织适于享有权利和承担义务。前面已述及，企业是现代市场经济中存在的重要的经济组织。从一定意义上讲，没有企业的存在就没有市场经济。企业对外作为一个整体存在，而不是一个只能对其成员产生拘束力的内部单位。它作为组织体通常有资金、从业人员、组织机构和组织章程；企业的财产与投资者个人的财产相分离而存在；有自己的名称、固定的经营场所和住所。企业在市场经济中的有效经营活动，推动着整个资源的配置和使用效益不断提高。企业在市场经济中的地位和作用客观上需要经济法律对其主体资格给予承认。

第二，在社会中虽然有适于享有权利和承担义务的人存在，但要成为法律关系主体还须经法律的认可。例如：在奴隶社会，作为自然人的奴隶，法律不承认其具有主体资格，所以奴隶只能是奴隶主的财产，是奴隶主的"会说话的工具"。由此可知，作为市场经济中存在的、适于享有权利和承担义务的企业，要成为经济法律关系的主体，必须经过经济法律的认可。经济法律规定了企业的组织形式、设立原则、设立方式、设立条件和取得经济权利能力的程序。这表明，企业要想成为经济法的主体，必须具备以下几个条件：（1）采取经济法律规定的企业的组织形式。例如，《公司法》规定，公司的组织形式有两种，即有限责任公司和股份有限公司。如果要设立一个公司，采取无限公司这种组织形式是得不到法律承认的，当然也不能成为经济法的主体。（2）按照法定的设立原则和设立方式设立。如《公司法》规定，股份有限公司的设立，应采取准则设立原则以及发起设立方式或募集设立方式。（3）达到法定条件。如要设立一个合伙企业，应当按照《合伙企业法》的规定，具备下列条件：一是有两个以上合伙人，并且都是依法承担无限责任者；二是有书面合伙协议；三是有合伙人实际缴付的出资；四是有合伙企业的名称；五是有经营场所和从事合伙经营的必要条件。（4）进行设立登记。企业作为组织体，与有着血肉之躯和生命的自然人不同，不能靠母体自然发育出生即享有权利能力，它必须经由自然人创设。而组织体只有成立后才具有经济权利能力。经济权利能力是指经济法律关系主体享有经济权利和承担经济义务的法律资格。经济法律规定，企业必须办理设立登记才能成立。《公司登记管理条例》就规定，经公司登记机关核准设立登记并发给企业法人营业执照，公司即告成立。《合伙企业登记管理办法》第2、10条也规定，合伙企业经企业登记机关依法核准登记，领取营业执照，营业执照签发之日为合伙企业的成立日期。可见，企业设立登记是法律赋予企业具有经济权利能力的必经程序。根据有关规定，目前我国工商行政管理部门对企业的设立实行两种不同的登记制度，即法人企业登记和非法人企业营业登记。法人企业登记是具备法人条件的企业取得法人资格的一种法定程序，非法人企业登记则是指未取得法人资格而从事经营活动的企业应办理的登记。企业经设立登记领取了企业法人营业执照或营业执照即告成立。也就是说，无论是法人企业还是非法人企业，都从其成立之日起，取得以自己的名义从事经营活动的资格，这标志着企业具有了经济权利能力。由于组织体的权利能力和行为能力是同时产生的，所以企业成立之时也就具备了经济行为能力。经济行为能力是指经济法律关系主体以自己的行为取得经济权利和承担经济义务的法律资格。

第三，依照经济法律规定创设的企业，经设立登记成立后，具有了经济权利能力和经济行为能力，这仅仅意味着法律赋予了企业经济法的主体资格。企业享有这一主体资格，并不等于就是经济法律关系的主体。对每个企业来说，只有以自己的名义实施法律行为，参加具体的经济法律关系，才能成为具体的经济法律关系的主体。

经济法律关系是由经济法律规范确认的，具有公共经济管理内容的权利义务关系，它可分为宏观经济管理法律关系和市场管理法律关系。前者是指，经济法所确认的国家经济行政机关为实现社会总供给与总需求的总量平衡而采取调控措施，与企业或自然人之间缔结的经济法律关系。后者是指，经济法所确认的国家经济行政机关为维护自由公平竞争的市场秩序而采取干预措施，与企业或自然人之间缔结的经济法律关系。这不难看出，经济法律关系具有社会公共经济管理的性质。在市场经济条件下，作为以营利为目的的企业，在从事经营活动时，必须接受政府的管理，必然要参加到经济法律关系中去。而具体到每个企业应参加哪些经济法律关系，则需视经济法律的规定。例如，《中华人民共和国企业所得税暂行条例》规定，中华人民共和国境内的企业，除外商投资企业和外国企业外，应当就其生产经营所得和其他所得，依照本条例缴纳企业所得税。根据此规定，除外商投资企业和外国企业外，其他中国境内的企业，均须参加该税收法律关系，为企业所得税的纳税义务人。又如，依照《中华人民共和国反不正当竞争法》的规定，实施不正当竞争行为的企业，为市场管理法律关系的主体，要接受有关经济行政机关的检查和相应的处罚。

需要指出的是，在企业参加的经济法律关系中，经济行政机关和企业的地位是不平等的。经济行政机关作为管理者始终处于主导地位，它是权力主体，依法行使经济管理职权。而企业则作为被管理者始终处于接受管理的地位，企业是义务主体，依法履行义务。企业作为经济法的义务主体，依法应履行的经济义务主要分为两类。一类是履行接受宏观经济管理的义务。包括：服从产业政策；合理利用资源、节约能源；遵守有关财务、统计、审计的规定，准确填报各项统计、会计报表，如实反映情况，接受财政、统计、审计等部门的监督；依法缴纳税金和其他应缴纳的费用等。另一类是履行接受市场管理的义务，包括：严格执行统一技术要求的强制性标准；保证产品质量和服务质量，对用户和消费者负责；在市场交易中，服从市场管理部门依法实施的管理，不得采用不正当竞争手段损害竞争对手的利益，不得实施限制竞争行为等。

当然，我们将企业视为经济法律关系的义务主体，并不意味着它只履行义务而不享有权利。如，企业享有平等竞争的权利，享有不履行超出法律规定义务的权利，享有不受违法管理和不当管理侵害的权利等。但是，企业享有的经济权利却始终不能离开它所承担的经济义务。

三　涉及非法人企业是经济法主体的几个问题探究

人们在谈及企业是经济法律关系主体的时候，对法人企业是经济法主体的异议不大。但对非法人企业也是经济法主体，则存有不同的看法。为此，有必要对以下涉及非法人企业在经济法中主体地位的几个问题进行探讨。

（一）企业的主体地位与法人资格

人们一提到企业在法律上的地位，很自然地就联想到企业的法人资格。所以，对企业的主体地位与企业是否具有法人资格的关系，很有必要作些分析。经济法主体是指具有经济权利能力和经济行为能力，参加经济法律关系，享有经济权利、承担经济义务的"人"。笔者认为，企业能否具有经济法主体地位，与企业是否具有法人资格没有必然联系。换言之，企业能否成为经济法主体，不以其是否具有法人资格为前提条件。因为，谁作为经济法的主体，只是表明谁是经济法律关系的参加者，谁是经济权利和经济义务的直接承受者而已。所以，企业能否在经济法中处于主体地位，关键是看其是否有资格参加经济法律关系，直接承受经济权利和经济义务。这个资格不是以是否具有法人资格为标准，而是以经济法律规定为标准。

企业作为社会经济组织，不可能也无必要毫无例外地都是法人企业。在现实经济生活中，非法人企业大量存在着，不仅有合伙企业、私人独资企业、不具备法人资格的中外合作经营企业和外资企业，而且还有企业集团、企业的分支机构等。非法人企业都是依法成立，有相对独立的利益，有一定的财产，有自己的名称、组织机构和场所的组织体。经济法律赋予企业主体资格的标志是营业执照，包括法人企业的企业法人营业执照和非法人企业的营业执照。企业法人营业执照具有确认企业法人资格和赋予法人企业合法经营权的双重法律效力，而营业执照只具有赋予非法人企业合法经营权的法律效力。但是，经济法律对领取企业法人营业执照的法人企业和领取营业执照的非法人企业的经营许可效力却是同等的。可见，非法人企业只要被颁发并领取了营业执照，就具有了经济权利能力和经济行为能力，就可以参加经济法律关系，以自己的名义直接享有经济权利和承担经济义务，成为经济法律关系的主体。如《合伙企业登记管理办法》第 3 条规定，合伙企业经企业登记机关依法核准登记，领取营业执照后，方可从事经营活动。又如《企业法人登记管理条例》第 35 条规定，企业法人设立不能独立承担民事责任的分支机构，由该企业法人申请登记，经登记主管机关核准，领取营业执照后，在核准登记的经营范围内从事经营活动。笔者认为，国家通过经济立法，确认非法人企业的经济法主体地位，不仅是为了保护非法人企业的正当权益，而且是为了将其经营活动纳入法制轨道。如果经济法律无视非法人企业的存在，将这类企业排除在经济法调整范围之外，这必将是一个不完善和不符合社会主义市场经济要求的经济法律制度。实际上，政府和经济行政机关在实施经济管理时，也只考虑其依法管理的方便和公正性，并不着重区分法人企业与非法人企业。

当然，这并不意味着非法人企业与法人企业毫无区别。相反，同样作为经济法主体的法人企业与非法人企业，在承担财产责任方面却有所不同。法人企业是独立承担财产责任的，即以其全部资产对企业债务承担责任；而非法人企业当其全部资产不能清偿债务时，要由该企业的设立人承担连带责任。

（二）程序法上的主体与实体法上的主体

人们对非法人企业可以作为程序法即诉讼法上的主体是没有疑问的。对此，我国的行政诉讼法和民事诉讼法已作了明确规定。《中华人民共和国行政诉讼法》第 24 条规定，依本法提起诉讼的公民、法人或其他组织是原告。又如，《中华人民共和国民事诉讼法》第 49 条规定，公民、法人和其他组织可以作为民事诉讼的当事人。法人由其法定代表人进行诉讼。其他组织由其主要负责人进行诉讼。对"其他组织"，最高人民法院《关于适用〈中华人民共和国民事诉讼法〉若干问题的意见》第 40 条解释为，依法成立、有一定的组织机构和财产，但又不具备法人资格的组织，包括：（1）依法登记领取营业执照的私营独资企业、合伙企业；（2）依法登记领取营业执照的合伙型联营企业；（3）依法登记领取我国营业执照的中外合作经营企业、外资企业；（4）经民政部门核准登记领取社会团体登记证的社会团体；（5）法人依法设立并领取营业执照的分支机构；（6）中国人民银行、各专业银行设在各地的分支机构；（7）中国人民保险公司设在各地的分支机构；（8）经核准登记、领取营业执照的乡镇、街道、村办企业；（9）符合本规定条件的其他组织。上述规定表明，其他组织包括非法人企业。我国诉讼法将包括非法人企业在内的其他组织与公民（自然人）和包括法人企业在内的法人，并列规定为诉讼法上的主体。

那么，非法人企业在实体法即经济法上的地位如何呢？虽然前面已提到依照有关经济法律、法规的规定，非法人企业具备法定条件，经登记机关依法核准登记，领取营业执照后，具有经济权利能力和经济行为能力，可以成为经济法上的主体。但是，目前颁行的经济法律，却没有对企业的主体资格问题集中明确地作出规定，只是规定企业包括法人企业和非法人企业。如《公司法》规定，有限责任公司和股份有限公司是企业法人；《企业集团登记管理暂行规定》第 3 条规定，企业集团是指以资本为主要联结纽带的母公司为主体，以集团章程为共同行为规范的母公司、子公司、参股公司及其他成员企业或机构，共同组成的具有一定规模的企业法人联合体。企业集团不具有企业法人资格。而法人企业和非法人企业是否具有主体资格，只能准用《民法通则》的规定。按照《民法通则》的规定，我国的法定主体只有公民（自然人）和法人两种。法人企业又称企业法人，属于法人的一种，当然具有主体资格。而非法人企业呢？《民法通则》只规定个人合伙企业和合伙型联营企业，分别是公民（自然人）和法人这两种主体的特殊形式，其余的非法人企业均未规定。

实体法对非法人企业主体地位这样不完善和不一致的规定，势必导致诉讼法维护非法人企业正当权益的作用难以发挥。诉讼法作为程序法是保护实体权利的[1]，其核心是司法救济，它赋予每一个实体权利以相应的诉权和诉讼程序，从而使得实体法和实体权利能进入司法程序，并通过司法程序保证它们得到强制性的实现[2]。由此看来，非法人企业作为程序法主体，应是其作为实体法主体，为维护实体法赋予自己权利的保障。为此，笔者认为，既然法律已赋予非法人企业是诉讼法主体，理所当然也应赋予其是经济法主体。否则，诉讼法规定非法人企业主体地位，赋予其诉权，又有何价值呢？

（三）非法人企业主体地位的归属

当今，非法人企业在世界各国普遍存在着。如何科学地解决非法人企业主体地位的归属，是各国企业立法共同面临的课题。

---

[1] 江平：《共同经营体法律地位初探》，《中国法学》1986 年第 1 期。
[2] 周小明：《法与市场秩序》，贵州人民出版社，1995，第 90 页。

由于权利主体制度来源于民法，所以，要回答非法人企业主体地位的归属问题，需要借助民法关于权利主体的理论。民法关于权利主体的理论，有一个从单一主体到承认多元主体的发展过程。1804 年的法国《民法典》，只有关于自然人的规定，而不承认法人的主体地位。此后，各国民法反映市场经济的要求，确认法人为自然人之外的另一权利主体①。然而，法律拟制了法人这种形式的权利主体，并不意味着法人就是社会组织作为权利主体存在的唯一形式②，人们不能无视在社会生活中存在的未取得法人资格的组织体。这种未取得法人资格的组织体，在德国称为无权利能力社团，在日本称为非法人社团和非法人财团，在我国台湾称为非法人团体，在我国大陆则称为非法人团体或非法人组织。非法人团体既然无法人资格，其在法律上的地位又如何呢？各国首先采用的办法是准用关于合伙的规定。例如，德国《民法典》第 54 条规定："无权利能力之社团，是准用关于合伙之规定，以此种社团名义对第三人所为法律行为，由行为人自己负责。行为人有数人时，负连带债务责任。""二战"以后，民法关于非法人团体的认识已有重大发展，无论德国、日本，或我国台湾的学说、判例，均承认非法人团体具有权利能力、行为能力和诉讼能力，亦即肯定非法人团体的主体性。这里所说的非法人团体，当然包括非法人企业在内。

现在，西方国家对非法人企业主体地位归属的立法，主要采取两种方式：一种是扩大法人概念的外延，确认其为法人，但同时规定它与法人企业不同的特点。法国、比利时等大陆法系国家就采用这种方式，法国《民法典》第 1842 条第 1 款规定："除本编第三章所规定的共同冒险外，合伙自登记之日起享有法人资格。"比利时第 66～537 号法律第 10 条第 1 款规定："合伙成员对合伙债务负无限连带责任，合伙章程违反这一规定的，对第三者无效。"另一种是赋予非法人企业独立的法律地位。这是英美法系国家采用的方式。因为英美法没有法典式的民事主体制度，对非法人企业的规定极为灵活。按照英美法的规定，非法人企业可享有

---

① 梁慧星：《民法总论》，法律出版社，1996，第 135 页。
② 方流芳：《合伙的法律地位及其比较法分析》，《中国法学》1986 年第 1 期。

权利和承担义务，具有主体资格①，但仍与法人企业有所区别。如《美国统一合伙法》第6、8、15条规定："合伙是两个或更多的人作为共有人为营利进行营业的团体。""所有作为合伙人出资带进合伙的或以后通过购买或其他方式获得记入合伙账户上的财产，为合伙财产。""全体合伙人关于第13条和第14条规定的应由合伙承担责任的一切事项承担连带责任。"

我国对非法人企业主体归属的立法，采取将其作为公民（自然人）或法人的特殊形式，这体现在《民法通则》中。该通则将个人合伙企业放在公民（自然人）一章中规定；将合伙型联营企业放在法人一章中规定。这表明，我国关于权利主体的立法，在形式上仍采取了权利主体二分法的大陆法系传统立法模式，即只规定公民和法人两种主体。同时又有所突破，即确认非法人企业的主体地位，但它不独立于公民和法人之外，而是从属又不完全等同于公民或法人的主体。

从各国对非法人企业主体地位归属的规定看，笔者认为：其一，一些大陆法系国家立法，把非法人企业划归为法人的做法，虽然明确了非法人企业的主体地位，但非法人企业的设立人，对该企业债务承担连带责任。将其规定为法人的结果，便抽去了法人独立承担财产责任、与其设立人无关的基本属性，使法人概念的内涵变得含混不清。其二，我国立法将非法人企业作为从属于公民（自然人）和法人，但又不完全等同于二者的主体。这解决了非法人企业法律地位不明确的问题，却导致了公民（自然人）及法人概念的混乱。因为个人合伙企业不是自然人，它是组织体。《民法通则》本身就规定："个人合伙是指两个以上公民按照协议，各自提供资金、实物、技术等，合伙经营、共同劳动。""合伙人投入的财产，由合伙人统一管理和使用。""个人合伙可以起字号，依法经核准登记，在核准登记的经营范围内从事经营。"同样，合伙型联营企业也不是法人，不具有法人的全部特征。如法人独立承担财产责任，而合伙型联合企业则不然，《民法通则》第52条规定："企业之间或者企

---

① 孔祥俊：《论非法人组织》，《江海学刊》1992年第3期。

业、事业单位之间联营，共同经营、不具备法人条件的，由联营各方按照出资比例或者协议的约定，以各自所有的或者经营管理的财产承担民事责任。依照法律的规定或者协议的约定负连带责任的，承担连带责任。"其三，英美法系国家立法，把非法人企业作为与法人企业并列的另一类法律主体加以规定，既可使非法人企业获得主体地位，有效地把它纳入法律规范的轨道，又可避免在立法中出现多标准法人，保持了法律体系的一致性。

本文原载于《法学论坛》2000 年第 3 期。

社会经济组织的法律形态

在社会生活中进行活动的，除具有血肉之躯的自然人外，还有各种各样的社会组织，如机关、学校、企业、社会团体，等等。社会组织通常是指自然人之外的、以团体名义进行活动的主体。经济管理的对象就是组织。在建立社会主义市场经济体制和实行依法治国方略的形势下，我们认为，经济管理的研究应当与法学研究相结合。注重从法律的视角去观察社会组织，研究社会组织的法律形态，探求社会组织是如何依法设立的，明确社会组织享有哪些权利和履行哪些义务，等等。这是管理好社会组织的前提和基础。

社会组织是指由法律规定的社会组织的形态。法律对社会组织形态的规定主要包括两个方面：一是法律规定社会组织的组织形式；二是法律规定社会组织的法人资格和主体地位。按照法律的规定，社会组织分为具有法人资格的和不具有法人资格的两类。法人社会组织是指具有法人资格的组织体。由于相当一部分社会组织是法人组织，那么，为什么要设立法人？法人的本质是什么？究竟应该如何对法人进行科学的分类？下边先就这些问题进行阐述。

一　法人基本理论与我国法人的规定

（一）法人的本质

法人是依法设立的、具有民事权利能力的组织。① 至于法人与非法人

---

① 参见《中华人民共和国民法通则》第 37 条。

的区别在哪里，或者说为什么一定要引进法人制度，这看上去似乎是由于技术上节约的考虑，假如 100 个人组成了一个不是法人的组织，那么，当这个组织与其他组织发生交易或打官司时，就需要这 100 个人都签字才能生效，那样就比较麻烦。但更重要的是，法人具有与出资人相独立的资产，独立承担责任。即它的本质特征是：第一，不管资金的来源是资本、负债还是利润留成，法人的一切资产都归法人所有；第二，法人作为债务人，以其全部资产对债权人负责；第三，法人的所有人即出资者对法人有出资的义务，仅对法人负责，不对法人债务承担责任，即有限责任。[①]

（二）虚拟说与实体说

关于法人权利能力的范围，有两种基本的假说：法人虚拟说与法人实体说。如果站在只有自然人才具有权利能力的立场，那么，法人本来是不会产生的。因此，就产生了一种所谓的"法人虚拟说"，即认为法人是根据法律的规定，模拟自然人而具有了权利和承担义务。根据这种立场，就很容易将法人的活动加以明确的限制，要以法人章程以及赞助行为等明确规定的事项为中心，使之具有这方面的权利和义务，从事限定的活动，以及承担相应的责任。具体来说，事业法人不可以从事规定范围以外的事业，企业法人也必须在规定的业务范围内开展经营活动。

与之相反的法人实体说，就是假如能承认权利能力是指在社会上从事某种活动，那么，法人也将与自然人相并列，是一种能够从事各种活动的实在的主体。因此，不必要对之予以什么限定，应允许其具有与自然人相同的广泛的活动空间。也就是说，不仅是目的性活动本身，而且具有为完成目的的各种手段性活动的权利与义务，开展活动并承担责任。按照这种思想，法人可从事各种广泛的手段性活动，对于企业的经营范围甚至可以不必有所规定。

---

① 张承耀：《现代企业制度原理》，中国铁道出版社，1994，第 32 页。说"出资人以出资额为限对企业经营债务承担有限责任"是不正确的，因为出资者与企业经营债务没有直接的关系。与之相反的是无限责任制度。

根据虚拟说的观点，组织只能从事范围明确的目的性活动；而根据实体说的观点，组织可以从事相当广阔的手段性活动。当今，在实体说的影响下，企业以及其他组织的活动空间越来越大，如企业可以到处发布广告，赞助教育、出版、体育事业，在一些国家甚至还可以支持选举。现在看来，社会组织的活动是手段性与目的性紧密结合，难以严格区分其界限的。

（三）我国法人规定的实际

我国《民法通则》规定，法人为具有民事权利能力和民事行为能力、依法独立享有民事权利和承担民事义务的组织。法人应当具备以下4个条件：（1）依法成立，（2）有必要的财产或者经费，（3）有自己的名称、组织机构和场所，（4）能独立承担民事责任。这就是说，法人的债务应用其全部资产来承担，而与法人投资者的资产无关。

按照我国法律规定，我国社会组织的组织形式如下。

1. 企业。企业是营利性社会组织。我国企业的组织形式有（1）公司：这是《中华人民共和国公司法》规定的一种企业组织形式。（2）合作社企业：这是我国《宪法》第8条规定的一种企业组织形式。（3）合伙企业：这是《中华人民共和国合伙企业法》规定的一种企业组织形式。（4）个人独资企业：这是《中华人民共和国个人独资企业法》规定的一种企业组织形式。

2. 国家机关。国家机关是办理国家事务的社会组织。我国国家机关的组织形式有（1）行政机关：这是《中华人民共和国国务院组织法》规定的一种机关组织形式。（2）立法机关：这是《中华人民共和国全国人民代表大会组织法》规定的一种机关组织形式。（3）司法机关：包括检察机关和审判机关，分别是《中华人民共和国检察院组织法》和《中华人民共和国法院组织法》规定的一种机关组织形式。（4）军事机关：这是我国《宪法》第93条规定的一种机关组织形式。

3. 事业单位。事业单位是国家为了社会公益目的，由国家机关举办或者其他组织利用国有资产举办的，从事教育、科技、文化、卫生等活动的社会服务组织。这是《事业单位登记管理暂行条例》规定的一类社会组织形式。

4. 社会团体。社会团体是公民自愿组成、为实现会员共同意愿，按照其章程开展活动的非营利性社会组织。这是《社会团体登记管理条例》规定的一类社会组织形式。

此外，我国法律还对法人社会组织的种类作了规定，即（1）企业法人：具备法人条件，依法经工商行政管理机关核准登记的企业。（2）机关法人：有独立经费的机关从成立之日起具有法人资格。（3）事业单位法人。（4）社会团体法人：具备法人条件的事业单位、社会团体，依法不需要办理法人登记的，从成立之日起具有法人资格；依法需要办理法人登记的，经核准登记取得法人资格。

上述规定表明，社会组织的设立，必须服从相关的法律规定[1]，同时还要符合相应的程序。有些法人还要按照章程进行活动。[2] 这好比是体育比赛的"规定动作"，所有的社会组织都必须依法设立和运行。而传统的管理学却恰恰忽视了这一点，它似乎不考虑组织的"出生"，也不考虑法律形态的差异性。

二　国外法人的基本分类

这里将对一些国外法人分类情况作简要介绍，以利于我们借鉴和对此问题进行深入研究。国外一般将法人分为公法人与私法人，还可以区分为普通法人与特殊法人。

---

[1] 例如，《社会团体登记条例》规定，社会团体应该符合以下一些条件：具有 50 个以上的个人会员（或 30 个以上的团体会员、个人与团体混合会员的总数在 50 个以上）；有自己的名称、组织、住所、专职业务人员；有可靠的资产与经费来源；初始资金 10 万元以上（或 3 万元基本经费）；有独立承担民事责任的能力，等等。

[2] 所谓"章程"，是通过书面形式记载下来的团体或法人的组织与活动的根本规则。在章程中主要分成两大部分，一大部分是必须记载的事项（或绝对记载的事项），另一大部分是可记载可不记载的事项（或任意记载事项）。以民法的社团法人为例，组织的目的、名称、场所、资产等的规定、理事任免的规定、社员资格的得到和丧失等为必须记载的事项，对于没有规定的内容，由社员大会 4/5 以上同意，且由主管部门批准方可实行。

（一）公法人与私法人

这是一种以法人设立所依据的法律为标准的分类方法。顾名思义，所谓"公法人"即为依照公法设立的法人，而所谓的"私法人"即依照私法设立的法人。宪法与行政法都属于公法，因而国家以及地方政府属于公法人。这就是说，公法所规定的一方或两方为权力者。这样划分的意义在于决定法人设立时的法律依据，而且实际诉讼时的管辖权限也有所不同：公法诉讼靠行政法院，民事诉讼靠普通法院。

（二）普通法人与特殊法人

这是一种学理上的划分。一些国家的民法与商法是合一的，即商法不独立，按民法设立的为"普通法人"，民法典以外设立的法人为"特殊法人"。还有一些国家的民法与商法是分立的，那么，按照民法或商法设立的法人为普通法人，其他的为特殊法人。例如，日本是实行民商分立主义的，民法、商法以及有限公司法以外设立的非公法人即为特殊法人。

在这里，还需要特别注意的是，在公法人与私法人之间也不是截然分开的，特殊公法人就是一种巧妙的处理方法。所谓的特殊公法人是指由国家或政府出资的，按照特殊法律设立的法人。例如，在日本有"公团"、"公社"、"公库"、"事业团"、"营团"等各类的特殊公法人。日本在企业体制改革的过程中，还设立有更为特殊的公法人即所谓的特殊公司法人，这类法人名义上也叫公司，但它不是按照普通公司法而是按照特殊的法律设立的。因此，它是介于公法人与私法人之间的组织形态。一个典型的例子是"东京投资育成股份公司"，它是在 1963 年由东京都和另外 12 个地方政府依照《日本中小企业投资育成股份公司法》联合设立的特殊公司法人，其宗旨是投资于小型民营企业，等到股票上市后再出售其股份。①

在我国，由于没有明确地将法人划分为公法人和私法人，所以也就

---

① 张承耀：《中国需要这样的企业》，《资本市场》2001 年第 5 期。

没有明确地说依照《中华人民共和国公司法》设立的公司都属于私法人。在这里，我们可以看到两种组织制度的矛盾：按照政治经济学的理解，国有独资公司属于公有制企业，而按照法律形态，公司属于私法人。同样，按照行政体制，主要干部就是有级别，就是由上级任命;① 按照公司法，董事长要由董事选举，总经理要由董事会聘任。现在看来，所有国有企业都按照公司法进行改造也困难，比如将现有国有企业改建成国有独资公司，我们可以让其不按照公司法运作，而借鉴日本的做法，按照"特殊公法人"或"特殊公司法人"来处理。

三 私法人的分类

在社会经济生活中，相对公法人而言，私法人是更为活跃的社会组织，根据法人成立的基础，可以将私法人分成社团法人与财团法人两种。

（一）社团法人

所谓社团法人是一种具有权利能力、以一定目的结合起来的人的集合体。换句话说，所谓社团法人是一种为了共同目的、两个人以上结合的组织，其基础为个人，例如，公司、合作社、学会等都是以人为基础的。

社团法人根据机构的决定从事活动，最高的权力机构是社员大会（如股东会），每年最少要召开一次总会，在其他必要的情况下，只要是有1/5以上的社员要求召开时，就要召开临时大会。社团法人的执行机构是理事会（或董事会）。理事（或董事）的职责是处理法人内部的事务和对外代表法人，法人通过理事（或董事）开展活动。理事（或董事）作为法人代表者，在法人目的范围内进行的活动为法人的行为。假如所

---

① 一些国有独资公司和国有控股公司试点单位不仅要求明确他们公司是"国务院直接任命董事长"，因为董事长是"部级干部"；而且要求写明"国务院直接任命总经理"，因为总经理也是"部级干部"。

谓的目的范围在章程或资助行为中没有清楚写明的，只要是为了实现这一目的的各种行为，只要是赞助、慰问金等行为的话，都可算在其中。理事（或董事）的代表权是可以限定的。但如因第三方不知道理事（或董事）代表权的限定，而依据其外部职务条件与理事（或董事）进行交易，给第三方造成损害时，应当定为是法人自身的不法行为，法人与理事（或董事）同时负有损害赔偿的责任。另外，理事（或董事）如果出现了与法人利害相反的行为，则需要到法院提出申报，选择其他特别代理人，只能由特别代理人进行交易。此外，社团法人还可设置监事，其职责是调查监督法人的财产情况以及理事（或董事）的业务执行情况。当然，这并不是所有国家都要求社团法人必须设置的机构。

（二）财团法人

财团法人是一种具有权利能力的、为实现特定目的的财产的集合体。换句话说，财团法人是一种财产的集合，其合作的基础是财产，各种基金会、慈善机构等为典型的财团法人。

财团法人是对以一定的目的贡献出来的财产的集合赋予了法人的资格，这与按照构成者的意志从事活动的社团法人有所不同，它必须按照设立者所规定的目的来运用财产。民法的财团法人章程有一个特别名词叫作"资助行为"。为此，关于设立人、目的、名称、事务所、资产的规定、理事任免的规定等都要作为必要记载事项在章程中予以记载。关于资助行为，除了规定的变更资助行为的方式外，是不可以随便改动的。当然，这只是针对公益财团法人的。在民法之外，还有一些人要遵照学校法人法、宗教法人法等特别法的规定。

另外，财团法人内部没有社员或社员大会等机构，而是根据章程规定的赞助行为，由理事进行决策、执行业务和对外代表财团法人进行活动。

（三）传统法人分类面临的挑战

20 世纪以来，人类社会实践的发展对于传统私法人的分类即社团法人与财团法人的区分提出了挑战。这是因为，从 19 世纪末到 20 世纪就出现了一人公司，它陆续被一些国家的公司法所承认，在这些国家中，有一些国家只承认存续中的一人公司，即设立一人公司不可以，而社团性公司可以演变成一人公司；另外一些国家如美国、日本等则走得更远，承认设立时的一人公司。这样，本来应该由多数人集合起来的组织就变成了一个人的组织。

在这种情况下，继续将私法人分成社团法人与财团法人就不好区别了。因为一人公司不具有传统社团法人的意义，作为人的集合，至少也应该有两个以上的股东，所以很难再叫作社团法人；另外，一人公司也不能算作财团法人，因为一人公司并不是以财产为基础设立的。

在这方面，我国目前存在的问题则是，由于我们没有区分社团法人与财团法人，致使一些人在概念上常常产生混乱。比如，一些人所说的某些"社团"如基金会，在法律性质上则属于财团法人；反过来，他们所说的"财团"如国外的大公司，其法律性质却属于社团法人。

四 社团法人分类

国外对社团法人的分类有两种方法：一种是两分法，另一种是三分法。

（一）两分法

对于社团法人来说，可以将其分成非营利（公益）法人与营利法人两类。非营利法人是指以社会公共利益为目的即以社会全体人员的利益或不特定的多数人的利益为目的的，同时不向构成人分配利益的组织，例如各种学会、学校、医院等。营利法人是指为了谋求超出投资的利益，并将利益分配给构成人的组织，其典型代表是公司。这种分类的意义在于注重法人运行时的法律程序，而且对不同法人的管理也有着很大的不同。

（二）三分法

这种分类方法是将社团法人分成三类：第一类是私益法人，即以营利为目的，如由商法所规定的公司法人；第二类是公益法人，即以公益为目的，例如日本红十字会等民法所规定的法人；第三类是自益法人，既不是私益又不是公益，而是介于私益与公益之间的中间法人，例如工会等组织。

然而，上述区分也不是那么严格的。例如，行业协会或学会在本质上属于自益法人，其宗旨是为成员服务，但是，许多活动都是超出成员单位而对整个社会有益的。同样，就是作为营利性质的企业，也会开展某些公益性活动。当然，这种公益中也包含有某种提高企业知名度的私益的目的。因此，这种划分也是相对的。

五 营利性社团法人的分类

在国外，公司是营利性社团法人的典型形式。因此，从这种意义上讲，营利性社团法人的分类就是公司的分类。这里仅阐述以公司信用基础为标准，对公司进行学理上的分类。公司的信用通常是指公司履行义务的能力，尤其是偿债能力的一种社会评价。以公司信用基础为标准，可将公司分为人合公司、资合公司与人资兼合公司。[①]

（一）人合公司

这是一种以股东个人信用为基础的公司。对外部来讲，股东的信用度是重要的，每个股东都对公司债权人负有连带无限责任。人合公司为小资本公司，股东个性在公司中有较强的反映，个人结合色彩浓厚。因此，人合公司要重视每个股东的意志，在决定公司事项时，不能采取简

---

① 需要说明的是，一些国家不承认人合公司以及一些人资兼合公司具有法人资格。

单多数议决的办法，原则上要全体一致同意才行。同时，每个股东都享有执行权与代表权，所以，人合公司内部机构采取的是一种"直接机构制"或"亲临机构制"。无限公司就是典型的人合公司。

（二）资合公司

这是一种以资本信用为基础的公司。由于股东承担有限责任的结果，公司的债权人并不看重股东个人的信用，而将公司的财产视为担保财产。因此，在法律上规定公司必须保有一定限度的资产，这就是所谓的资本（金）制度。资本金总额是由社员出资汇集起来的，公司内部应保存这一限度的纯资产（净资产）。这也就是资本不变原则。特别需要注意的是，维护资本充实应是被严格要求的。又由于资合公司通常为大资本公司，股东人数较多（在日本，一个大公司的股东人数可以接近 50 万人），所以，在制度上不可能给每个社员业务执行权或代表权。这样，资合公司的经营便委托给董事进行，该公司的内部机构是一种委托—代理机构制。股份公司是资合公司的典型。

（三）人资兼合公司

这是一种兼具人的信用和资本信用两方面的公司。两合公司是典型的人资兼合公司，也可以被理解为一种介于人合公司与资合公司之间的组织。两合公司的成员由两部分人所组成，一部分为有限责任股东，另一部分为无限责任股东。有限责任股东仅以出资额对公司负责，无限责任股东对公司的债务承担无限连带责任。一方面，有限责任股东负有限责任，公司以其全部资产对其债务承担有限责任，具有资合公司的性质；另一方面，每个股东的个性也占据着重要的地位，因此也具有人合公司的性质。

（四）简短的小结

根据以上讨论，我们可以发现法人基本上是按照两个线索展开的，一个是按其所有者性质与其目的性分类，大致可以分为公法人与私法人，在其中间有特殊法人；私法人又可分为非营利性与营利性法人，在非营利性法人中又可分为公益法人与自益法人。另一个线索是按集合形成的基础与组织性的强弱分类，大致上可分为财团法人与社团法人，社团法人又可以分为人合、资合以及人资兼合三种类型。

在这里，我们特别关注一下股份公司。由于它在本质上属于资合公司，也就是说，出资者把资本交给经营者经营管理，出资者个人的色彩不那么浓厚。因此，股东个人作用受到一定的抑制，特别是在股份极大分散的情况下，股东的作用更加微弱。

本文原载于《经济研究资料》2001年第11期，与张承耀研究员合作完成。

中 篇 |

谈谈企业章程

企业章程是规定企业的组织及行为基本规则的重要文件。企业章程不仅对法人企业的设立而且对设立后的法人企业有十分重要的意义。

设立法人企业必须具备企业章程。也就是说，企业章程是设立法人企业必须具备的法定条件。对此有关的法律法规：《中华人民共和国企业法人登记管理条例》第七条、《中华人民共和国中外合资经营企业法》第三条、《中华人民共和国私营企业暂行条例》第九条都作了明确的规定。

制定企业章程必须遵循有关法律法规的规定，必须符合设立该企业的目的。企业章程应以书面形式订立，所制订的章程要经全体当事人同意，并签名或盖章才能最终形成。这里所说的当事人可因企业形态的不同而有所区别。如要设立股份有限责任公司，所制定的章程应经过全体发起人的同意。以上说明，制定企业章程是要式行为，是多数人的共同行为。

企业章程的内容可因企业的类型不同而不同。即便是同一类型的企业，也会因其具体情况不同而使企业章程的内容有所区别。一般来说，企业章程所记载的事项可以分为以下三大类。

第一，绝对记载事项。企业章程的绝对记载事项是指法律规定的每个企业章程都必须记载的事项。绝对记载事项一般都是涉及企业根本性质的重大事项。例如《中华人民共和国城镇集体所有制企业条例》第十三条规定，就是每个城镇集体所有制企业章程都要记载的绝对必要事项，即企业名称和住所、经营范围和经营方式、注册资金、资金来源和投资方式、收入分配方式、组织机构及其职权和议事规则、职工加入和退出企业的条件和程序、职工的权利和义务、法定代表人的产生程序及其职权范围、企业终止的条件和程序、章程订立日期。又如《中华人民共和国私营企业暂行条例》第十四条规定，有限责任公司章程应当包括下列事项：公司名称和住所，开办公司的宗旨和经营范围，注册资金和各个投资者的出资数额，投资者的姓名、住所及投资者的权利、义务，公司的组织机构，公司的解散条件，投资者转让出资的条件，利润分配和亏损分担的办法，公司章程的修改程序。这是每个私营有限责任公司章程都要记载的绝对必要事项。在企业章程中，绝对记载事项若有缺少或记载不合法，都会导致整个章程无效。

第二，相对记载事项。企业章程的相对记载事项是指法律列举的事项。这些事项是否记载于企业章程，由企业章程制定人抉择。目前，我国有关企业方面的法律法规还没有企业章程相对记载事项的规定。外国有关公司方面的法律大都写明公司章程的相对记载事项，如分公司的设立；有限责任公司用现金以外的财产出资时，其种类、数量、价格或估价的标准等事项。相对记载事项如果在企业章程中予以记载，则该事项将发生法律效力。如记载违法则仅该事项无效。倘若企业章程中没有记载相对必要事项，并不影响整个章程的效力。

第三，任意记载事项。这是指法律并无规定，凡与企业营业有关，又不违反公共秩序、善良风俗的事项都可以写入企业章程。任意记载事项一经写入企业章程，即发生法律效力。如记载违法则仅该事项无效。如果企业章程中没有任意事项的记载，也不影响整个章程的效力。

企业章程制定后并不立即生效，它是随着企业的建立而发生效力，即企业章程的效力从企业被核准登记取得企业法人营业执照即企业成立时发生。企业章程的效力不仅局限于制定章程的当事人之间，而且对以后加入企业的人也有约束力。在一定条件下，企业章程对第三人也产生一定的效力。企业章程效力的期限是同企业的生命相联系的。当企业终止进行注销登记时，企业章程的效力也就随之终止了。

除前面所说，企业章程是设立法人企业必须具备的法定要件外，企业章程在企业设立后还具有重要的作用。这主要表现在以下三个方面。

首先，对企业本身来说，企业章程是企业生产经营行为的具体规范。它反映了企业的个性，作为企业内部的规章，为本企业的生产经营行为提供了具体的依据。企业章程通常都规定了企业的生产经营范围和经营方式，规定了组织机构及其职权，规定了法人代表的产生程序及其职权范围等。企业只要严格遵守章程，依照章程从事生产经营活动，就可以保证企业行为的合法性，就会受到国家法律的保护。《中华人民共和国外资企业法》第十一条明确规定，"外资企业依照批准的章程进行经营管理活动，不受干涉。"

其次，对企业的投资者和职工来说，企业章程是使本企业投资者和职工享有合法权益的有力保证。企业章程规定了收入分配方式、投资者和职工的权利和义务。这就为本企业的投资者和职工应享有的合法权益提供了有效的保证，从而为本企业资金的稳定、职工主人翁责任感的增强创造了条件。

最后，对企业债权人来说，企业章程是保护本企业债权人利益的可靠基础。企业章程具有公开性的特点。人们可以从企业章程中知道企业的资金来源、经营范围以及承担债务能力等情况。这就便于人们在同企业进行经济交往中作出正确判断，可以使债权人增强安全感，避免承担不必要的风险。

一般来说，企业章程生效后应保持其内容的相对稳定，不得随意更改。但有时为了适应变化了的情况，特别是适应企业内部情况的变化，便不得不改变企业章程的某些内容。法律上把企业章程内容的改变称作企业章程的变更，变更企业章程应当注意的主要事项如下。

其一，变更企业章程必须在不违反法律、社会公共利益，不违反企业设立目的的情况下进行。企业章程是企业从事生产经营活动遵循的基本准则。企业的一切行为都应在法律规定的范围内，在不违背公共利益的前提下进行，变更企业章程的行为当然也不应例外。同时，设立企业的目的是制定企业章程的重要依据之一，章程要体现企业的目的。企业按照章程从事活动，使其目的得以实现。因而，企业章程的变更要在不违反该企业设立目的的前提下进行，否则，便失去了变更的意义。

其二，变更企业章程必须全体当事人同意。变更企业章程对每个企业都是一件大事。全民所有制企业和集体所有制企业变更企业章程，应当经过企业职工大会或职工代表大会讨论通过。《中华人民共和国城镇集体所有制企业条例》第二十八条就把制定、修改集体企业章程作为集体企业职工（代表）大会行使职权的一项重要内容加以规定。有限责任公司、股份有限责任公司变更公司章程，要由股东会讨论形成决议。总之，各种类型的企业对企业章程的变更都应持慎重的态度。

其三，若企业章程的变更涉及企业设立登记事项的变更时，企业要提出申请，报经原审批部门批准。在审批机关批准后30日内，到原登记机关申请办理变更登记并公告。

本文原载于《消费时报》1992年3月27日第3版。

股票、债券与风险

　　股票和债券是商品经济发展的产物。在发达资本主义国家，股票和债券的问题，通常由有关股份有限公司的证券交易方面的法律作出规定，像《证券法》、《证券交易法》等。目前，我国还没有颁布这样的法律，现行的有关法规和规章主要是《企业债券管理暂行条例》、《国务院关于加强股票、债券管理的通知》以及国家经济体制改革委员会发布的《股份有限公司规范意见》等。此外，深圳、上海还颁布了一些地方规章，如《深圳市股票发行与交易管理暂行办法》、《上海市企业债券管理暂行办法》等。

　　股票是股份的证券形式，是股份有限公司发给股东，证明其股权并作为分配股息和公司剩余财产依据的有价证券。《股份有限公司规范意见》第二十八条规定，"股票是股份有限公司签发的证明股东按其所持股份享有权利和承担义务的书面凭证。"一般来说，股票的合法持有者就是股东。股东享有的权利又称股东权，主要表现为：

　　第一，股东享有从公司得到经济利益的权利。即享有股息、红利分配请求权，新股认购权，公司剩余财产分配请求权等。

　　第二，股东享有参与公司管理、经营的权利。即享有出席股东会议的表决权，任免董事等公司管理人员的请求权，查阅公司账簿的请求权等。与此同时，股东也要承担一定的义务，主要是应按其认购股份的价额向公司缴纳股款。

　　债券在资本主义国家是对国家公债券和公司债券的简称。国家公债券是国家各级政府发行的债券。公司债券是股份有限公司向社会公众借债，发给债权人，证明其债权，并作为支付利息和偿还本金依据的有价证券。而在我国，目前债券包括国债券和企业债券。企业债券是企业依照法定程序发行，约定在一定期限内还本付息的有价证券。企业债券所有人作为发行该债券企业的债权人，享有债权。这表现为企业债券所有人有权向发行该债券的企业提出下列要求：第一，按照预先确定的企业债利率支付利息；第二，到清偿期限时，偿还原本。上述表明，当前我国债券概念的内涵和外延与资本主义国家的有所不同，即我国国家公债券仅为国债券；企业债券不仅包括股份有限公司发行的公司债券，而且还包括除股份有限公司以外的其他企业发行的债券。

其一，股票和企业债券既有相同之处，又有不同之点。股票和企业债券相同的地方主要是：第一，股票和企业债券都是有价证券。所谓有价证券通常是指具有一定票面金额，代表一定财产权利，并借以取得一定收入的证书。作为有价证券主要形式的股票和企业债券，既能给持有者带来收益，又能当作商品进行买卖转让。第二，股票和企业债券都是要式证券。这就是说，股票和企业债券的制定和记载事项，必须按照法律规定的方式进行。《股份有限公司规范意见》第二十八条规定，"股票应载明下列事项：（一）发行股票的公司的名称、住所；（二）公司设立登记或新股发行之变更登记的文号及日期；（三）公司注册资本、股份类别、每股金额、股票面值；（四）本次发行的股份数；（五）股东姓名或名称；（六）股票号码；（七）发行日期；（八）其他需要载明事项。"《企业债券管理暂行条例》第六条则规定，"企业债券的票面应当载明下列内容：（一）企业的名称、住所；（二）企业债券的面额；（三）企业债券的利率；（四）还本期限和方式；（五）利息的支付方式；（六）企业债券发行日期和编号；（七）企业的印记和企业法定代表人签章；（八）审批机关批准发行的文号、日期。"目前，我国企业发行的股票和债券，其票面事项必须分别按照上述规定记载，否则无效。

股票和企业债券的性质不同。股票所代表的是股东权。股票所有人是股份有限公司的股东，享有股东权并承担一定的义务。而企业债券所表示的是一种债权。债券所有人作为企业的债权人享有债权。

其二，股票与企业债券和企业经营好坏的联系不同。股票与股份有限公司经营的好坏有着直接的联系。只有在公司经营得好，有充分盈余时，持有该公司股票的股东，才能请求公司支付股息和红利。同时，支付股息和红利的数额要依据公司盈余的多少来确定。当公司经营不善，发生亏损或破产时，该公司股票持有者即股东不仅得不到任何股息，甚至连股本也保不住。可见，股票持有者的收益是不确定的。而企业债券则不同，它与企业经营得好坏没有任何联系。企业债券的所有者即企业债权人，不管发行该债券的企业经营好坏、是否盈余，都有权要求企业支付利息。企业债券的利息一般是固定的，企业盈利再多，企业债券持有人也不能分享。同样，企业亏损了，与企业债券持有人也无关，企业都要按照债券的票面利率向债券持有人支付利息。同时，企业债券是有期限的。当债券到期时，企业应将本金退还给债券持有人。此外，企业债具有优于股份的权利。在企业分配盈余或分配剩余财产时，应优先清偿企业债。在这方面，企业债券持有者比股票持有者享有优先权。

其三，股票持有者与企业债券持有者所承担的风险程度不同。认购股票是一种出资行为。股票持有者作为股东，必须承担出资范围内的有限责任，不能退股，也无权要求返还出资。同时，股东的经济利益与股份有限公司经营好坏紧密相连，收益不定，当然要承担一定的风险。而购买企业债券是一种出借行为。到清偿期限时，企业应将本息偿还给企业债券持有人，企业债券持有人作为企业债权人，即使企业破产或解散，也有权得到企业的清偿。可见，企业债券持有者是不承担或只承担较小的风险。

那么，是不是所有的企业都可以发行股票和债券呢？在资本主义国家，依照法律规定，发行股票和债券是股份有限公司特有的权利能力。但这并不意味着每个股份有限公司在任何时候都可以发行股票和债券。换言之，只有股份有限公司在具备法定条件时，才能按照法定程序发行股票和债券。在我国，按照现行有关的法规、规章和政策的规定，股票只有股份有限公司才能发行。但这并不意味着所有公司都可以发行股票。《股份有限公司规范意见》第二十五条规定："定向募集公司不得发行股票。"同时，股份有限公司向社会公开发行股票，必须具备一定条件并经中国人民银行批准后，方可进行。但企业发行债券的总面额不得大于该企业的自有资产净值。

而随着证券市场的开办和各类有价证券的发行，积极参与证券投资的人日渐增多。人们购买证券无疑是想获得比储蓄存款更多的收益。但人们必须明白，在购买证券的同时也就自动承担了相应的投资风险。因此，人们进行证券投资时，应当考虑流动性、收益性和安全性三个方面的因素。在一定条件下，资金应投向哪里，则主要应考虑安全性，宁可收益小点，但资金要安全一点。

目前，我国证券市场上的有价证券有国债券（又叫国库券）、企业债券和股票。三者相比，国债券是以国家信用作保证的，风险小。企业债券的风险相对大一些。而股票未来收益不定，风险更大。可见，购买国债券的安全性大。

那么，怎样购买企业证券，特别是股票，才能减少风险，获得收益呢？从事证券投资，首先，要具备投资意识、投资能力和投资心理。要学习和掌握投资知识和技术。其次，在购买企业债券或股票前，一方面要了解所购债券或股票的企业，其财务、资产、负债以及运营实绩等状况；另一方面要了解证券市场的状况，这包括证券供需、市场行情、参与交易特别是大户的动态等。在了解上述情况的基础上，进行综合分析，然后作出是否购买的决定。最后，为减少风险，获得收益，还可以进行分散投资，或购买几种不同公司的股票，或购买数种风险大小不同的证券等。总之，进行证券投资务必慎重抉择。

本文原载于《消费时报》1992 年 8 月 10 日第 4 版。

企业法人股的持有与转让

　　法人股特别是企业法人股在股份制企业中大量存在，是我国股份制企业的一大特色。企业法人股作为法人股的一种，是指企业法人以其依法可支配的资产向公司投资形成的股份。[①] 作为企业法人股份的投资，不一定是企业所有的资产；而且企业法人股也包括作为公司的企业法人向自己投入资产所形成的自有股份。

　　企业法人股以投资主体的身份为标准来划分，主要可分为以下四种：（1）国有企业法人股，是指全民所有制企业用国家授予其自主经营的国有资产向独立于自己的公司投资形成的股份。[②]（2）集体企业法人股，通常是集体企业以其所有的资产投入公司形成的股份。（3）混合所有制企业法人股，是指不同所有制的企业之间或企事业单位之间联营，组成新的具有法人资格的企业，以其所有的资产投入公司形成的股份。（4）股份制企业法人股，是指股份有限公司或有限责任公司，以不超过 50% 的本公司的净资产向独立于自己的公司投入形成的股份。[③]

　　目前，我国正在进行股份制企业的试点工作，一方面由于大部分股份制企业是由现有企业特别是现有国有企业改组而成的；另一方面由于要积极试行企业间相互参股、持股的股份制，[④] 这无疑使企业法人股成为我国股权的一种重要形式。下面仅就企业法人股的持有与转让作些探讨。

---

　　① 　国家体改委等：《股份制企业试点办法》。

　　② 　参见《股份制试点企业国有资产管理暂行规定》第 3 条。

　　③ 　参见《股份有限公司规范意见》第 4 条；《有限责任公司规范意见》第 6 条。

　　④ 　参见国务院批转国家体改委《关于在治理整顿中深化企业改革的意见》（1990 年 5 月）。

一 企业法人股的持有

企业法人股的持有，通常按照谁投资谁持有的原则办理。问题在于股份制企业能不能持有自己的股份，能不能设立企业股，能不能相互持股，这些特殊持有如何解决。

（一）关于持有自己的股份

对于公司能不能持有自己的股份，各国公司立法的规定不尽相同，主要有三种：

1. 有限度地允许公司持有自己的股份。荷兰、丹麦、奥地利、比利时等国家的公司法规定，允许公司持有自己的股份，但同时又规定了允许的限度或条件。如荷兰规定，在不违反章程的条件下，公司可以用其利润购买股款已全额缴足的自有股份，购买额可占授权资本的1/2。又如奥地利规定，公司可以获得自有股份，自有股份的数额不得超过整个股份资本的10%。这样做的目的是为了防止公司遭受重大损失。

2. 原则禁止例外允许公司持有自己的股份。美国、英国、法国、德国、日本、瑞典、瑞士、意大利等国家的公司法规定，公司原则上不得获取自有股份，但同时又规定在例外情况下，公司可以持有自己的股份。如法国规定，原则上公司不得获得自有股份，但在下列情况下，公司可以购买自有股份：（1）通过减少资本的方式取消股份；（2）按照利润分配方案将股份分配给雇员；（3）已在证券交易所入册的公司，在遵守有关支付价格的某些限制条件下，可以用自由储备金购买相当于其资本额10%以下的自有股份。

3. 没有作出规定。如卢森堡有关公司立法的法律中没有关于公司自有股份的条款。这意味着，该国公司可以持有自己的股份。

上述表明，在通常情况下，大多数国家是不允许公司持有自己的股份。我国对公司能否持有自己的股份，采取原则禁止例外允许的态度。《股份有限公司规范意见》第 32 条规定："公司非因减少资本等特殊情况，不得收购本公司股票，亦不得库存本公司已发行股票。特殊情况需收购、库存本公司已发行股票者，须报请体改部门、人民银行专门批准后方可进行。"

笔者认为，在通常情况下，公司不应持有自己的股份，这是由公司制度的基本原则，即公司不得成为自己公司的股东，股东不得退股和股东平等原则决定的。首先，如果允许公司以其资金有偿取得自己的股份，则股东与接受投资者同为一个主体，就会发生与返还已缴纳股款于股东，即股东收回投资的同一结果。这是违反股东不得退股原则的。这样做容易使公司萎缩，不利于资本的充实和公司财产的巩固，不利于维护公司及债权人的合法权益。其次，如果允许公司以其资金有偿取得自己的股份，就等于对出卖股份的股东予以优待，同时减少了公司资本额。这就违反了股东平等的原则。因为以任何方式减少公司资本额都必须给股东平等待遇。而允许公司以其资金有偿取得自己的股份，实质上损害了其他股东的利益。最后，如果允许公司持有自己的股份，容易使自有股份成为公司操纵股价的手段。因为公司能及时掌握自己的财务信息，当其股票价格下跌时，它可尽力收买，而当其股票价格上涨时，它又可再行卖出，这无疑助长了公司的投机行为，不利于股票交易的正常进行。因此可以说，目前我国法律规定的在法定特殊情况下，允许公司持有自己的股份，也只能是暂时持有而已。为此，在这方面的法律规定应当进一步完善，主要是：应当对允许公司持有自己股份的特殊情况作明确具体的规定，即公司有下列情况之一的可持有自己的股份：（1）为减少公司资本而消除股份的，（2）与持有本公司股份的其他公司合并的，（3）接受赠与或遗赠无偿取得的，（4）为达到实行公司权利的目的而有必要。同时还应当规定，在上述特殊情况下，公司持有自己的股份后，如不消除该部分股份，则应尽快出售，如规定应于持有后 6 个月内出售。否则，必须通过削减资本的方式予以取消。

（二）关于企业股

企业股是目前我国一些股份制企业中存在的一种特殊股份，它是指由现有公有制企业改组为股份制企业时，将其资产折合成属于该股份制企业自己持有的股份。

企业股是我国特殊情况下的产物。众所周知，我国的股份制企业试点工作是从 1984 年党的十二届三中全会后开始的，而全面规范股份制企业试点工作的规章却是相隔 8 年之后于 1992 年 5 月才颁布的。这就使得股份制企业试点工作在很长一段时间里处于无章可循的状态，出现了一些不规范的股份制企业，企业股的存在就是不规范的表现之一。我国的股份制企业多数是由现有公有制企业特别是由现有国有企业改组而成的，这是不同于传统公司设立的做法，必然会遇到一些新情况、新问题。企业股的出现就是其中之一。自扩大企业经营自主权以来，在企业中形成了国家资金与企业资金并存的局面。虽然企业资金属于全民所有，但它毕竟独立存在，企业对其享有充分的自主权，这一点已被现行的有关法规予以确认。如《关于国营企业实行利润留成的规定》（1979 年 7 月）规定："企业对提取的利润留成资金……有权自行安排使用。"《全民所有制工业企业承包经营责任制暂行条例》（1988 年 2 月）规定，承包期间的留利，以及用留利投入形成的固定资产和补充的流动资金，列为企业资金。实行承包经营责任制的企业，试行资金分账制度，划分为国家资金和企业资金，分别列账。正是由于企业资金的存在，导致了在规范股份制企业试点工作规章颁布前，不少现有国有企业改组为股份制企业时，企业资金折合成的股份成为企业股。据有关部门 1989 年上半年对上海、深圳、北京等 14 个城市 97 家股份制企业的调查，有企业股的企业有 72 家，占企业总数的 74% 左右。[1]

在股份制企业中可不可以设立企业股，从企业股一出现就引起了人们的争论，对此主要有三种不同意见：有人认为可以设立企业股；[2] 有人认为不应设立企业股；[3] 也有人认为企业股的存在本身是不合理的，但是作为一种过渡形式目前可以设立。[4] 与此同时，一些地方政府颁行的规

---

[1] 袁建国：《我国股份制及股份立法》，《中国法学》1991 年第 1 期。
[2] 宋养琰等：《企业股是社会主义股份制的重要特色》，《经济日报》1988 年 10 月 25 日。
[3] 张冀南：《企业股质疑》，《经济问题探索》1989 年第 8 期。
[4] 参见《对股份制问题的不同意见》，《经济参考报》1992 年 8 月 2 日。

章，对企业股问题的规定也不尽相同：有的规定不存在企业股。如《深圳市股份有限公司暂行规定》规定，国有企业股份制改组系指将国有企业的净产（资产减负债）折股作为国有股份，通过向其他法人和个人出售部分国有股份或向国家授权投资的部门、其他法人和个人发行部分新股，把现有企业改组为公司。国有企业股份制改组中的股权设置为国有股、法人股、个人股和外资股。这表明，深圳市在现有国有企业改组为股份制企业时，把国有企业的全部财产即国家资金和企业资金都折股作为国有股，而不存在企业股。有的规定可设立企业股，如《福建省股份制企业暂行规定》指出，股份制企业的股份资产应按股份资产所有者的归属划分为国有资产股、集体资产股、外部企业资产股、个人资产股和本企业资产股。本企业资产股是指发起组建股份制企业的全民所有制企业，其资产整体向股份制企业入股时，对其中属于承包期间形成的企业资金，按本规定中规定的程序，经批准允许继续保留而形成的股份。本企业资产股最终所有权仍属国家。

从公司制度基本规范的要求来说，我们应当搞规范化的股份制企业，而规范化的股份制企业不应设立企业股。因为设立企业股就意味着股份制企业成立时就持有自己的股份，在这点上与公司自有股份类似。同样会出现前面已阐述过的种种弊病。所以，目前我国一些股份制企业中存在的企业股应当取消。国家应采取积极措施，防止企业股的再度产生。也就是说，应当尽快提出切实可行的解决已存在企业股的办法和指明在现有国有企业改组为股份制企业时妥善处理已形成的企业资金的途径，尤其要注意以下两点。

第一，国家所采取的措施必须既不损害国家利益又不侵害企业的合法权益，以利于企业股问题的解决。目前那种只规定不存在企业股的简单做法，不利于解决已存在的企业股问题，以致出现一些股份制企业将企业股分配给内部职工或将企业股变卖的情况，不利于股份制企业的健康发展。如万科公司，1989年1月上市时，企业股为529.8万股，占总股份数的12.82%。后来该公司将企业股卖出293万股，获得资金5000多万元，其中30%用于购买职工住房、办理职工福利等项目；10%用于购买其他公司的股票；余下 60% 暂时没动用。[①] 笔者认为，国家应从分析国家与企业之间的利益格局出发，参照 "法人股为企业法人以其依法可支配的资产投入公司形成的股份"[②] 的规定，允许股份制企业将已存在的企业股有偿转让，所得资金视为其依法可支配的资产，通过向独立于自己的公司投资的形式取消企业股，形成公有资产性质的法人股份，股利由投资入股的股份制企业直接收取。

第二，国家所采取的措施必须与现行的法规、政策精神相一致，以利于积极稳妥地推进股份制企业的试点工作。至今，我国的股份制工作仍处在试点阶段，大多数公有制企业特别是国有企业的资产经营方式仍采取承包或租赁等形式。那种在现有国有企业改组为股份制企业时，将其财产均折为国有股份的做法，既不尊重国有企业已存在企业资金的客观事实，也与正在执行的有关法规精神不太一致，这势必会挫伤企业和职工的积极性。笔者认为，在进行股份制企业试点工作时，国家应当从增强国有企业活力，促进其转换经营机制，进入市场，提高企业经济效益的目的出发，继续贯彻将一部分利润留在企业用于继续发展生产的精神，允许现有国有企业在改组为股份制企业时，将企业资金划归为改组后的股份制企业，作为生产发展基金使用，以避免企业股的产生。

（三）关于企业法人之间持股

我们进行的股份制企业试点工作是坚持以公有制为主体的股份制，企业法人之间持股是国家积极支持和倡导的。1987 年 10 月党的十三大报告明确指出，改革中出现的股份制形式，包括国家控股和部门、地区、企业参股以及个人入股，是社会主义企业财产的一种组织方式，可以继续试行。1990 年 5 月国务院批转的《在治理整顿中深化企业改革强化企业管理的意见》提出，企业间相互参股、持股的股份制，要积极试行。最近，国务院批转国家体改委等《关于选择一批大型企业集团进行试点

---

① 王健等：《中国股票市场问题争鸣》，南开大学出版社，1992，第 76～77 页。
② 《股份有限公司规范意见》第 24 条 (2)。

的请示》中，也写入了提倡公有制企业之间相互参股控股，以组建和发展大型企业集团的内容。[①]

几年来的实践证明：企业法人之间持股，对促进企业转换经营机制，推进股份制企业的试点工作，发展社会生产力起到了积极作用，主要表现在：企业法人之间持股将会使大多数股份制企业形成以法人股占主导地位的持股结构。同时，通过企业法人之间持股可以形成以国有企业为母公司，多种经济成分的企业为子公司的独立的企业集团。这有利于在股份制企业中坚持以公有制为主体的原则。企业法人之间持股，有助于优化组合，促进产业结构调整，使资源得到合理配置。企业法人之间持股，可以形成一系列企业法人之间相互渗透、依赖、辅助与监督的网络和利益共同体。企业法人股东之间就会在资金、业务、产销等关系方面彼此协调、相互合作，形成规模效应和集团力量，从而使企业在市场经济中增强竞争力。

与此同时，我们也应当看到，企业法人之间持股包括企业法人相互持股的问题。企业法人相互持股容易出现企业资本相互抵消，造成资本虚假、股份垄断，以及经营不公开化等弊病。因此，许多国家都对企业法人相互持股的问题作了限制性的法律规定，主要有两种做法：一种是单向持有方式，即企业法人相互持股，当一个企业持有另一个企业10%以上的股份时，前者应立即通知后者，后者必须将持有前者的股份卖出；另一种是有限制的双向持有方式，即企业法人之间相互持股，一个企业持有另一个企业25%以上50%以下的股份时，后者可以持有前者的股份，但其股份没有表决权。当前者持有后者50%以上的股份时，两者成为母子公司，子公司不能持有母公司的股份。

目前，我国对企业法人之间相互持股，采取的是单向持有的限制方式，即规定"一个公司拥有另一个企业10%以上的股份，后者不能购买前者的股份。""一个公司拥有另一个企业、公司50%以上的企业股份，则前者是母公司，后者是子企业、子公司；严禁子企业、子公司认购母

---

① 张彦宁：《发展股份制转换企业经营机制》，见中国经济体制改革杂志社编《股份制企业组建和试点政策汇编》，企业管理出版社，1992。

公司的股份。"①

笔者认为，我国对企业法人相互持股的法律规定还需进一步完善，应当规定：其一，当一个公司持有另一个公司 10% 以上的股份时，前者负有通知后者的义务，后者不能购买前者的股份；其二，公司之间相互持股，当一个公司持有另一个公司 10% 以上的股份时，前者应当立即通知后者，后者必须将持有前者的股份卖出。同时，国家还要运用经济、行政手段与之配合，共同对企业法人相互持股进行综合规制，以防止其弊病的出现。当然，对企业法人相互持股，仅从持股的比例上作限制性的法律规定，还是不能完全防止其弊端的。比如，当一个公司同时分别与几个公司相互持有 10% 以下的股份时，同样容易出现前者公司资本虚假，后者各公司资本部分虚假，以及前者公司股份被垄断，经营不公开化等情况。因此，如何更好地运用法律手段来规范企业法人相互持股，充分发挥企业法人持股的积极作用，仍是需要深入研究探讨的课题。

二　企业法人股的转让

股份有限公司的股份通常采取股票形式，② 因而股份的转让也就通过股票的交易进行。企业法人股的流通转让涉及在股份制企业中坚持以公有制为主体的原则问题。因为绝大多数企业法人股是由国有资产或集体所有资产投资形成的，是公有股的重要组成部分。所以，企业法人股能否公开流通转让和怎样公开流通转让问题的解决，对我国股份制企业试点工作的巩固和发展具有十分重要的意义。

（一）企业法人股流通转让的现状及其弊病

我国自股份制企业试点工作以来，在市场上公开流通转让的股份仅

---

① 《股份有限公司规范意见》第 24 条（2）；《深圳市股份有限公司暂行规定》第 75 条。

② 需要说明的是，目前我国法律规定，定向募集的股份公司不得发行股票，以股权证替代股票。

限于个人股。直到 1992 年 7 月我国出现了第一个也是目前唯一的法人股流通市场后，一些企业法人股才在这个市场即全国证券交易自动报价系统（简称"STAQ 系统"）内流通。① 现仅有珠海恒通置业股份有限公司等几家的企业法人股份在此上市。这几家股份有限公司都是具备 ·定条件，并符合国家产业政策扶持发展精神的企业。目前我国企业法人股的流通转让处在指定市场、有限范围、内部交易的试点阶段。企业法人股的流通转让只能在国家指定的市场即 STAQ 系统内进行。必须具备一定条件的企业，其股份才能在该市场上市，同时，所上市的股份必须是公有法人股份，即由国家资产投资或集体所有资产投资形成的法人股份。企业法人股的流通转让是在法人内部，主要是在企业法人内部进行。国家体改委 1992 年经济体制改革要点写明，选择若干有条件的股份制企业和进行股份制试点的企业集团，通过指定的证券市场试行法人股的内部流通。为了保证法人股份的公有性质，认购股份者必须是国有或集体企事业单位及公有股为主体的股份制企业。加之已上市公司所发行的股份是通过向法人机构定向募股的方式进行的，这就决定了只能由法人单位来认购。笔者认为，上述企业法人股流通转让的现状，影响了我国股票市场的正常运作，不利于市场经济的健康发展，其弊病主要如下。

1. 股票市场的作用得不到应有的发挥。统一的股票市场对社会经济的运行起着重要的调节作用。股票市场通过股价指数、股票利率以及市盈率的变动，有效地调节社会资金的流向，从而促进社会资源的优化配置，发展生产力。而我国股份流通转让的现状，却有碍于股票市场上述功能的发挥。目前我国股票发行的数量本来就不多，加上占股份总数比例大头的国家股和法人股不能公开流通转让，这就使可流通股票的数量大为减少，而投资者却人数众多，以致出现了股票严重供不应求的情况。大量股票个人投资者便不顾发行企业的经营状况，不作选择地抢购股票，于是股票价格严重背离发行股票企业的经营状况，股票价格被扭曲，无法反映发行股票企业经营状况，失去了晴雨表的作用。而法人股流通市

---

① 天然：《法人股流通市场大有可为》，《证券市场周刊》第 27 期。

场仅是法人参与的公有法人股内部流通市场，并非真正意义上的股票流通市场。这就使我国的股票市场，一边是公开的个人股流通市场，一边是封闭的法人股流通市场。这种人为割据市场的存在，容易发生同一企业发行的股票在不同市场中以不同的价格进行交易，股票价格不能如实反映发行股票企业的经营状况，股票市场对经济调节的功能也就无法发挥。

2. 公有股保值、增值受到影响。目前作为公有股的国家股和绝大多数法人股既不能在公开市场上交易，又不能在法人股内部市场流通，而是处于凝固不动的状态，这无疑给国家股股东和绝大多数法人股股东带来不利的后果，严重影响了公有股的保值、增值。因为公有股股东不能根据发行股票企业经营状况好坏，来调整自己所持的股份，不能将其持有的股票变现用于其他投资，不能在股票市场中通过低买高卖获利增值，也不能利用股票流通市场与发行市场的差价收回比原投资高出的现金。由于凝固不动的公有股脱离了流通市场，使其股东失去了规避风险和取得投资收益的重要场所，公有股的保值、增值是很难实现的。

（二）企业法人股公开流通转让的必要性及其措施

当前，为使股票市场健康发展，国家正在采取积极措施着手解决股票市场中存在的问题。而企业法人股公开流通转让则应是首当其冲的一个。笔者认为，企业法人股应当公开流通转让，这是由投资者的目的、股份的性质以及实现投资目的的方式所决定的。这样做，既有利于企业法人股的保值、增值，也有利于发挥股票市场的作用。企业法人投资入股购买股票的目的与其他投资者一样，是为了取得投资收益。而股份作为股东权的体现，又具有平等性和可转让性的显著特征，即股份所代表的股东权一律平等；股份采取股票形式可以自由转让。这就决定了企业法人股东应享有与个人股东同等的权利，包括享有自由转让股份的权利和在公开股票市场上平等盈利的权利。再从股票市场本身来说，股票市场由股票发行市场和股票流通市场所组成。这两种市场相辅相成，缺一不能发挥调节经济的作用。而这只有在包括企业法人股在内的各种股份都公开流通转让时，股票市场才能真正成为投资效益客观评价的市场，才能提高资本的使用效益。

企业法人股如何公开流通转让则要在实践中摸索。比如，企业法人股公开流通转让，公民个人或外国投资者能不能购买，企业法人股怎样流通转让才能在股份制企业中坚持以公有制为主体，以及 A 股市场与 B 股市场是否应当接通等，都有待探讨、实践。笔者认为，企业法人股应当与个人股一样公开流通转让，法人、公民个人、外国投资者均可购买。如在交易所集中交易时，同样应按价格优先、时间优先、委托买卖优先的顺序办理。这样做并不会冲击以公有制为主体的经济体制。我国的公有经济具有强大的经济实力，目前股份制企业中公有股约占 80%。所以，企业法人股必然主要是在企业法人之间公开流通转让。按照投资入股目的和股份自由转让的原则，企业法人股东也会和个人股东一样，不会把手中的股份都拿到市场上交易，这就决定了进入市场公开流通转让的是一部分企业法人股，其余的仍为原企业法人所持有。由于企业法人股公开流通转让，任何单位和个人都可购买，会形成股权分散。在这种情况下，具体到一个股份公司来说，企业法人股只要占全公司股份的 20% 左右，就有可能控制该公司的经营决策，同样可以发挥公有股的主导作用。

另外，我国的股票发行和流通是在国家的管理和监督下进行的。为坚持以公有制为主体，国家可以采取以下措施：第一，对公民个人和外国投资者的持股比例作出限制性规定，确保大多数股份制企业以公有股为主体。限制公民个人持股比例以防止个人股所占比例过大，以致发生个人控股的情况。目前，我国就规定："一个自然人所持股份（不含外国和我国香港、澳门、台湾地区投资者所持外资股）不得超过公司股份总额的 5‰。"[①] 当然这个限制比例在各种股份都公开流通后是否合适，还需进一步探索。限制外国投资者的持股比例，可防止我国企业被外国投资者控股而接管。目前因供中国境内投资者买卖的 A 种股票与专供境外投资者买卖的 B 种股票是在不同市场上运作，且 B 种股票发行数量很少，

---

① 《股份有限公司规范意见》第 24 条（3）。

外国投资者控股情况还不会发生。但随着各种股份公开流通转让，A 种股票与 B 种股票市场的接通，必须对外国投资者的持股比例作出限制性的规定。第二，推行做市商制度。它是西方发达国家证券市场采用的一种制度。我们可以借鉴这种制度来保持股票市场上公有股的主导地位。我国的证券公司或是由国家投资设立，或是以公有股为主体。我们可选择其中实力雄厚、专业水平和市场信誉高的证券公司为做市商。这些做市商的证券公司按照股票市场的变化，有计划、有步骤地买进或卖出股票，从而维护股票市场的流通性、稳定性和保持公有股的主导地位。

本文原载于《法学研究》1993 年第 1 期。

市场经济与股份有限公司的公开制度

一　股份有限公司必须实行公开制度

公开制度又称公示主义，通常是指股份有限公司在设立、变更或募集、出售证券时，应当依照法律规定将其组织和财务状况以及经营信息向社会公开的一项制度。笔者认为，股份有限公司之所以必须实行公开制度，既是自身特征导致的结果，又是市场经济对股份有限公司的必然要求。

（一）实行公开制度是股份有限公司自身特征导致的结果

股份有限公司是注册资本由等额股份构成，股东以其所认购的股份对公司承担有限责任，公司以全部资产对其债务承担责任的公司。首先，股份有限公司的注册资本分为均等的股份，每股金额一般较少。同时，它可以对外发行股票和债券，所以这种公司形式最有利于广泛吸收社会小额分散资金集成大资本，兴办大事业。因此，股份有限公司的股东人数是比较多的。由于大量股东的存在却又不可能都去参与公司的管理，而股东们受自身投资利益的驱使，要了解本公司的经营状况，以决定自己是继续作为股东或退出该公司。这必然要求股份有限公司公开、及时公布经营状况作为他们作留去抉择的参考。

其次，股份有限公司的股东享有获得信息的权利，这是股东权的一项内容，也是股东监督董事会活动的一种手段。所以，股份有限公司必须实行公开制度，以使股东享有的权利得以实现。为此，一些西方国家的公司法律对此作了规定。例如：德国规定，任何一名股东只要提出请求，董事会就必须在大会上提供关于公司事务的信息；法国规定，信息权有"临时"和"固定"两种，前者与股东大会相联系，后者可以随时行使。固定信息权意味着股东有权查阅最近三年的大会记录。①

最后，股份有限公司的股东对公司仅负有限责任，而不是对公司债权人直接负责，这对债权人的保护较为薄弱。所以，各国法律都规定股份有限公司必须公开其财产状况，以维护债权人的利益。比如：日本《商法典》第 282 条规定，董事应当在股东大会召开前两周，在公司备置会计报表及其所属详细说明书和监察报告书，供股东和公司债权人在营业时间内随时查阅。

（二）实行公开制度是市场经济对股份有限公司的必然要求

中共十四大报告提出中国经济体制改革的目标是建立社会主义市场经济体制。市场经济是在国家适度干预下，由市场机制调节运行的经济。它一方面要求在全国形成统一的、开放的市场体系，包括商品市场，债券、股票等有价证券的金融市场，以及技术、劳务、信息、房地产等市场；另一方面要求参与市场经济活动的主体，能够独立、自由、平等地参与竞争，以发挥市场对资源配置的基础作用。

而市场竞争发生的首要条件则是要存在市场参与者，即市场主体。西方国家长期的实践表明，市场经济的发展几乎离不开公司，尤其是股份有限公司。股份有限公司作为重要的市场主体，与整个社会经济有着密切的关系。其一，股份有限公司依资本而存在，其团体以公司的财产为中心，是典型的资合公司，具有永恒性和延续性，因而成为近代企业特别是大规模企业的典型形态。它的存在和发展，在一定程度上对国民经济的发展起着积极的推动作用。因此，如何设范立制使股份有限公司的组织与经营趋于健全、便于发展，是当前西方各国不断修改、完善公司法律的主要原因。

---

① 〔苏〕纳雷什金娜主编《资本主义国家民商法》（上），中国政法大学出版社，1989，第174 页。

这其中就包括进一步完善股份有限公司的公开制度。

其二，股份有限公司所需要的大量资金要通过证券市场，以发行股票或公司债券的形式向社会公众募集，而购买股票和公司债券的是不特定的投资者。为了保护投资者的利益，保证证券发行交易的公开性，许多国家都通过证券交易法律对证券市场进行适度干预，规定发行和上市证券的股份有限公司必须公开其经营状况，以供投资者作有价证券投资判断的参考。例如，韩国《证券交易法》规定，募集、卖出或发行新股票时，发行人应根据证券管理委员会的规定制作事业说明书，备置于财务部指定的场所，供一般人阅览。[①]

其三，股份有限公司多是规模较大的企业，与外界发生着错综复杂的经济关系，其利害关系人的范围也比较广泛，所以股份有限公司的经营状况如何对社会有很大的影响，不仅涉及股东的切身利益，而且关系到公司的职工、债权人、交易关系人甚至消费者等人的利益。为了维护交易安全和社会经济秩序，确保社会公共利益，各国法律都规定股份有限公司必须实行公开制度，以便全社会对其经营活动进行监督。

二 公开制度的内容、方式及其原则

在西方发达国家，股份有限公司的公开制度是由公司法和证券交易法作出规定的。从性质上讲，两个法律对此作的规定没有本质的区别。但从立法目的上看，两法稍有不同，公司法是从保护股东、认股人及公司债权人的角度，规定股份有限公司必须实行公开制度的。而证券交易法规定股份有限公司实行公开制度，只着眼于对投资者的保护。所以，仅从对投资者保护这一点上来说，公司法的规定具有一般性，证券交易法的规定具有特殊性，证券交易法的规定是对公司法规定的补充。[②] 下面就股份有限公司公开制度的内容、方式及其原则作简要说明。

---

① 参见韩国《证券交易法》第8条、第12条。
② 参见林咏荣《商事法论》（上册），五南图书出版公司，1985，第297页。

（一）公开的内容

股份有限公司应当公开的内容主要有以下三个方面：（1）组织状况的公开。包括公司设立登记事项的公开；公司组织变更，如合并、分立、解散等情况的公开。（2）财产状况的公开。包括公司营业状况的公开，资产负债情况的公开以及损益情况的公开等。（3）经营信息的公开。这主要是指将可能对上市公司股票价格产生影响的信息公开。比如，公司主要股东有异常变动，公司经营项目发生重大变化，公司发生重大债务等都应当公开。

（二）公开的方式

股份有限公司实行的公开制度，依公开的内容采取相应的方式，其公开的方式主要如下。

1. 登记并公告。这是股份有限公司将组织状况公开所采取的方式，各国有关公司方面的法律都规定，股份有限公司的设立、合并、解散等均须登记并公告。例如，德国《商法典》规定，股份有限公司设立注册登记包括下列事项：公司的名称、注册住所、公司的宗旨、股份资本、董事会的成员、有权代表公司签署文件的其他人的姓名、法律类型、组建大纲的生效日期。上述注册登记事项要在联邦公报和由登记员选定的地方报纸上公布。[①] 日本《商法典》也规定，股份有限公司解散时要进行通知和公告，即"公司已解散时，除破产的场合外，董事须及时将其情况通知股东；在发行散股股票的场合，并须进行公告"[②]。

2. 招股说明书。或称事业说明书、公开说明书。韩国《证券交易法》称事业说明书，日本《证券交易法》称公开说明书。招股说明书是被批准公开发行股票的股份有限公司向公众募集股份时，将其有关情况向社会公开所采取的方式。股份有限公司只有依法制作并公布招股说明书，

---

① 〔英〕梅因哈特：《欧洲十二国公司法》，李功国等编译，兰州大学出版社，1988，第196、197页。

② 日本《商法典》第407条。

才能向社会公开招募股份。比如：中国《股票发行与交易管理暂行条例》就规定，获准公开发行股票的股份有限公司，应当按照证券监督管理委员会规定的格式制作招股说明书并载明下列事项：（1）公司的名称、住所；（2）发起人、发行人简况；（3）筹资的目的；（4）公司现有股本总额，本次发行的股票种类、总额，每股面值、售价，发行前的每股净资产值和发行结束每股预期净资产值，发行费用和佣金；（5）初次发行的发起人认购股本的情况、股份结构及验资证明；（6）承销机构的名称、承销方式和承销数量；（7）发行的对象、时间、地点及股票认购和股票缴纳的方式；（8）所筹资金的动用计划及收益、风险预测；（9）公司近期发展规划和经注册会计师审核并出具审核意见的公司下年的盈利预测文件；（10）重要的合同；（11）涉及公司的重大诉讼事项；（12）公司董事、监事名单及其简历；（13）近三年或者成立以来的生产经营状况和有关业务发展的基本情况；（14）经会计师事务所审计的公司近三年或者成立以来的财务报告和由两名以上注册会计师及其所在事务所签字、盖章的审计报告；（15）增资发行的公司前次公开发行股票所筹资金的动用情况；（16）证券监督管理委员会要求载明的其他事项。招股说明书应于股票承销期开始前二至五个工作日期间公布。①

3. 会计报表。会计报表是股份有限公司公开其财产状况所采用的主要方式。股份有限公司的会计报表主要包括：（1）资产负债表，亦称资产负债平衡表。该表是根据资产等于负债加股东权益的基本公式，依照规定的分类标准和次序进行编制的。它反映公司一定时期的财产构成，即一定时期公司全部资产、负债和股东权益的情况。（2）损益表。日本称为损益计算表，中国叫作利润表。该表的内容分为一定期间公司的营业收入和营业费用两部分，反映一定期间内公司营业是盈余还是亏损的实际情况。（3）营业报告书。该报告书报告公司在该营业年度的基本情况。依照规定，必须把有关反映公司状况的重要事项记载于营业报告书中，如公司主要的事业内容、营业场所及工场、股票、从业人员等现状，

① 参见《股票发行与交易管理暂行条例》第15条、第19条。

该营业年度公司的营业经过及成果，资金调配及设备投资情况等。需要说明的是，目前中国的会计报表中没有营业报告书，与之类似的是财务状况变动表。财务状况变动表反映公司在该营业年度内流动资金的来源及运用，以及各项流动资金的增加或减少情况。（4）盈余分配和亏损弥补方案。这是公司编制的盈余如何分配或亏损如何弥补的方案。目前中国没有编制上述方案，仅有利润分配表作为前述利润表的一个附表，反映公司利润分配和年末未分配利润的结余情况。除上述报表外，还要附详细说明书或情况说明书等。年度的会计报表应在股东会召开前的法定期限内备置于公司，供股东及公司债权人查阅。向社会公开发行股票的公司，还应按照规定公告有关报表文件。[①]

4. 报告书。通常是上市或店头交易有价证券的股份有限公司公开其财务状况及经营信息所采用的方式。报告书分为：（1）年度报告书。日本称作有价证券报告书，韩国叫作事业报告书，用以报告公司每一事业年度（或会计年度）的营业及财务等实际情况。年度报告书应记载该公司目的、名称、营业内容、财务状况以及其他重要事项等。中国《股票发行与交易管理暂行条例》第59条规定，年度报告应包括下列内容：①公司简况；②公司的主要产品或者主要服务项目简况；③公司所在行业状况；④公司所拥有的重要的工厂、矿山、房地产等财产简况；⑤公司发行在外的股票情况，包括持有公司5%以上发行在外普通股的股东名单及前10名股东的名单；⑥公司股东数量；⑦公司董事、监事和高级管理人员简况、持股情况和报酬；⑧公司及其关联人一览表和简况；⑨公司近三年或者成立以来的财务信息摘要；⑩公司管理部门对公司财务状况和经营成果的分析；⑪公司发行在外债券的变动情况；⑫涉及公司的重大诉讼事项；⑬该上市公司为控股公司的，还应当包括最近两个年度的比较合并财务报告；⑭证券监督管理委员会要求载明的其他内容。（2）半年度报告书。日本称作半期报告书，中国叫作中期报告，用以报告公司每一事业年度（或会计年度）的前六个月的营业及财务等状况。美国

---

① 参见《日本商法典》第283条，中国《股份有限公司规范意见》第69条。

证券交易所规则规定的半年度报告中应记载的事项为总售量、营业收益、租税扣除前后之纯利益、特别事项及利益剩余金等。① （3）临时报告书。当公司发生可能对有价证券投资判断产生较大影响的事项时，应采用临时报告书的形式将其事实公开。日本财政部令第 19 条规定，有下列情形发生时发行公司应立即提出临时报告书：①该公司发行之有价证券，其募集或出卖系在本国以外之地域开始时；②发行价额在一亿元以上之有价证券，不依募集发行，而由董事会、股东会之决议时；③母公司或特定子公司有异常变动时；④主要股东有异常变动时；⑤重要灾害发生之场合，在该灾害停止时。② 上述报告书股份有限公司应当按规定的时间向法定部门提交，并向社会公开。

（三）公开的原则

为了保障股东、债权人以及投资者能够真正了解股份有限公司的经营状况，据此作出合理的决定，股份有限公司实行的公开制度必须遵循真实、完全和及时的原则。所谓真实是指股份有限公司所公开的情况不得有任何虚假成分，必须与自身实际相符；所谓完全是指股份有限公司必须把能够提供投资者判定证券投资价值的情况完全公开；所谓及时是指股份有限公司必须在法定期限内公开有关报表文件，发生重大事件必须迅速公开。对此，各国都采取相应措施以使股份有限公司的公开制度发挥应有的作用。

为确保股份有限公司公开的情况真实，许多国家的法律都规定股份有限公司的报告书要提交主管机关审查，然后再按法定方式向社会公开。美国是由证券交易委员会审查，日本是由大藏大臣审查，中国是由证券监督管理委员会审查等。股份有限公司的会计报表要经过会计师的验证。日本《证券交易法》第 193 条第 2 项规定，上市股份有限公司的资产负债表、损益计算书或其他财务计算书应经独立的公认会计师或监督法人的答证。中国《股份有限公司规范意见》第 69 条也规定，年度会计报告

---

① 赖源河：《企业内容之公开制度》（1993 年海峡两岸市场经济法学研究会论文）。
② 赖源河：《企业内容之公开制度》（1993 年海峡两岸市场经济法学研究会论文）。

须经注册会计师验证。

为确保股份有限公司公开的情况完全，许多国家的法律对公开文件的记载事项采用列举的方式加以规定。日本《证券交易法》第 24 条第 1 项就是以列举的方式对有价证券报告书的记载事项作了规定，即记载有关本公司目的、商号及资本或出资事项，有关本公司发行的有价证券的事项以及为公益及投资者的保护所必要且适当，并依大藏省令规定的事项。此外，中国、日本等一些国家还规定了主管机关有权要求股份有限公司在公开文件上载明其他应公开的事项，并对公开文件做成的准则也作了规定，以进一步保障股份有限公司公开内容的完全性。

为确保股份有限公司公开的情况及时，许多国家的法律都对股份有限公司应公开文件的时间作了明确的规定。例如，对年度报告书提交时间的规定，美国规定在事业年度终了 90 日内提交，日本规定每事业年度过后 3 个月内提交，中国规定每个会计年度结束后 120 天内提交等。又如，对临时报告书提交时间的规定，美国规定最迟应在重大事件发生月的第二个月 10 日提交，中国和日本都规定于重大事件发生时立即提交。

三　与公开制度相关的几个主要问题

（一）公开内容的真实与虚假记载的追究

股份有限公司在发行、交易有价证券时，必须真实地公开其经营状况，这是公开制度得以发挥作用的首要前提之一。这也意味着股份有限公司在公开的文件中不得有虚假记载的内容。虚假记载主要是指，在公开文件中重要事项的记载不实，应记载的重要事项或免发生误解而必要的重要事实记载欠缺。所以，各国有关证券交易方面的法律都规定，因虚假记载给投资者造成损害的，其责任人应承担赔偿责任。例如，韩国《证券交易法》第 14 条规定，当发行人在有价证券申报书和事业说明书中有虚假的记载或表示，或记载不表示重要事项，从而对有价证券的获取者造成损害时，其申报者和申报当时之该当法人理事（法人设立前申报时为其发起人）或编制、交付该事业说明书者负有损害赔偿的责任。

笔者认为，目前中国有关对虚假记载责任的追究的法律规定，过多地注重了对其行为人本身的制裁，而对因此受到损害的投资者应给予赔偿注重的不够。这主要表现在：《股票发行与交易管理暂行条例》规定，任何单位和个人在股票发行交易过程中，作出虚假、严重误导性陈述或者遗漏重大信息的，根据不同情况，单处或并处警告、责令退还非法所筹资金、没收非法所得、罚款、暂停或者取消其发行和上市资格、没收非法所得，处三万元以上三十万元以下的罚款、撤销其从事证券业务的许可或者资格。我们应当借鉴日本等西方国家的有益经验，完善我国这方面的法律规定，如增加有虚假记载行为人应对投资者造成的损害承担赔偿责任；赔偿请求权时效以及负赔偿责任数额等具体规定的条款，以使因虚假记载受到损害的投资者等得到应有的补偿。

另外，在对虚假记载的认定及其责任的追究方面，笔者认为有些问题也值得研究：其一，股份有限公司的经营状况是不断变化的，那么，确定其公开文件中是否有虚假记载的依据是什么呢？其二，受到损害的有价证券持有者是间接受虚假记载的影响者，是否有赔偿债求权？如果有，如何证明其所有损失是因间接受虚假记载影响而造成的呢？其三，有价证券流动性强，其价格波动受多种因素的影响。当知道股份有限公司公开文件中有虚假记载时，该有价证券已几经周转，这时由谁来提出赔偿请求？又如何证明请求权人所受损害的全部或部分是仅因公开文件中的虚假记载所致？同时，受害人是不特定的，让有虚假记载行为人向谁进行赔偿呢？

（二）公开内容的完全与商业秘密的保护

股份有限公司特别是商事股份有限公司只有将其经营状况完全公开，才能对投资者作出合理的投资判断有重要的参考价值。而对于股份有限公司来说，完全公开其经营状况会涉及商业秘密的问题。

什么是商业秘密？对商业秘密的定义，美国等一些国家没有明文规定。在日本称为营业秘密或事业秘密是指作为管理的生产方法、销售方法或以及其他事业活动中有用的技术方面的秘密，或者作为营业方面未被公开的信息。[1] 中国所称商业秘密是指不为公众所知悉、能为权利人带来经济利益、具有实用性并经权利人采取保密措施的指数信息和经营信息。[2] 商业秘密是给企业带来经营利益，使其具有竞争力和不断发展的重要来源。为保护经营者的合法权益和保障公平竞争，各国普遍重视对商业秘密的法律保护。

下面就中日两国对股份有限公司经营状况的公开以及商业秘密保护的有关法律规定，谈点看法。中日两国有关方面的法律都对商事股份有限公司应公开的报告书，采取列举的方式规定应记载的事项。这表明，是以法律手段来确保股份有限公司公开内容的完全性。与此同时，中日两国的法律就报告书的记载事项又都作出保护股份有限公司商业秘密的规定，即中国《股票发行与交易管理暂行条例》第 64 条规定，法律、法规予以保护并允许不予披露的商业秘密，上市股份有限公司可以不向社会公开。日本《证券交易法》第 25 条第 42 项也规定，有价证券发行人出于保守事业秘密的需要，就报告书中的一部分记载事项经大藏大臣同意后可以不提供公开查阅。从上述两国的规定不难看出：法律既要股份有限公司完全公开信息状况，又要保护其商业秘密。而要解决好这个问题，笔者认为关键是界定信息披露与商业秘密之间的界限。对此，目前两国的立法都还没有明确的规定。这还需要人们继续在实践中摸索，在理论上探讨，以完善这方面的法律规定，使问题得到妥善解决。

（三）公开制度的实行与内部交易的禁止

各国法律对股份有限公司实行的分开制度，除对其公开的内容、方式等加以规范，对不依法实行公开制度者予以惩罚外，还规定禁止内部交易（或者内部人交易）。这就从另一角度来确保投资者能及时获得股份有限公司的真实、完整的经营信息。

---

① 参见日本《不正当竞争法》第 1 条第 32 项。

② 《中华人民共和国反不正当竞争法》第 10 条第 32 项。

所谓内部交易是指任何人直接或者间接地利用掌握的内部信息进行证券交易或者将该内幕信息泄露给他人，从而使自己或他人获得经济利益或避免损失的行为。内幕信息则是指为内幕人员所知悉的、尚未公开的和可能影响证券市场价格的重大信息。[①] 可以说，内幕交易是基于得知尚未公开的信息而产生的一种不公正的交易行为。因此，为了维护公平竞争的证券市场秩序，各国证券方面的立法，大都采用列举的方式，对内幕交易行为、内幕消息和内幕人员作出规定。随着时间的推移，各国有关禁止内幕交易方面的法律规定出现了对内幕消息和内幕人员的范围成大幅度扩充的趋势。例如，中国颁布的《禁止证券欺诈行为暂行办法》规定内幕信息的范围包括：（1）证券发行人（以下简称"发行人"）订立重要合同，该合同可能对公司的资产、负债、权益和经营成果中的一项或者多项产生显著影响；（2）发行人的经营政策或者经营范围发生重大变化；（3）发行人发生重大的投资行为或者购置金额较大的长期资产的行为；（4）发行人发生重大债务；（5）发行人未能归还到期重大债务的违约情况；（6）发行人发生重大经营性或者非经营性亏损；（7）发行人资产遭受重大损失；（8）发行人的生产经营环境发生重大变化；（9）可能对证券市场价格有显著影响的国家政策变化；（10）发行人的董事长、三分之一以上的董事或者总经理发生变动；（11）持有发行人5%以上的发行在外的普通股东，其持有该种股票的增减变化，每达到该种股票发行在外总额的2%以上的事实；（12）发行人的分红派息、增资扩股计划；（13）涉及发行人的重大诉讼事项；（14）发行人进入破产、清算状态；（15）发行人章程、注册资本和注册地址变更；（16）因发行人无支付能力而发生相当于被退票人流动资金的5%以上的大额银行退票；（17）发行人更换为其审计的会计师事务所；（18）发行人债务担保的重大变更；（19）股票的二次发行；（20）发行人营业用主要资产的抵押、出售或者报废一次超过该资产的30%；（21）发行人的董事、监事或者高级管理人员的行为可能依法负有重大损害赔偿责任；（22）发行人的股东

---

① 中国《禁止证券欺诈行为暂行办法》第5条。

大会、监事会或者董事会的决定被依法撤销；（23）证券监管部门作出禁止发行有控股权的大股东转让其股份的决定；（24）发行人的收购或者兼并；（25）发行人的合并或者分立；（26）其他重大信息。该办法对内幕人员范围的规定包括：（1）发行人的董事、监事、高级管理人员、秘书局、打字员，以及其他可能通过履行职务接触或者获得内幕信息的职员；（2）发行人聘请的会计师、律师、资产评估人员、投资顾问等专业人员，证券经营机构的管理人员、业务人员，以及其他因为其业务可能接触或者获得内幕信息的人员；（3）根据法律法规的规定对发行人可以行使一定管理权或者监督权的人员，包括证券交易场所的工作人员，发行人的主管部门和审批机关的工作人员，以及工商、税务等有关经济管理机关的工作人员等；（4）由于本人的职业地位与发行人的合同关系或者工作关系，有可能接触或者获得内幕信息的人员，包括新闻记者、报刊编辑、电台主持人以及编排印刷人员等；（5）其他可能通过合法途径接触到内幕信息的人员。[①] 尽管许多国家的法律都是这样如此范围广泛地列举规定，但内幕交易在世界各国却依然严重存在。

　　这主要是因为：其一，何为内幕信息难以判断。由于各种不同的信息具有不同的价值，且同一信息在不同情况下又会出现不同的结果。另外，内幕信息与不公开的重大事件以及与商业秘密之间的界限，在实际中难以划定。其二，如何确定内幕人员是利用了内幕信息进行的证券交易也是个难题。目前仅以当事人反证来衡量的做法显然是不够的。上述问题的存在都给发现和调查内幕交易带来了困难。所以，如何完善法律规范，有效地禁止内幕交易，确保股份有限公司公开制度的正确实行，以保护投资者的利益和社会公共利益，仍是目前各国立法所共同面临的重要课题。

　　本文系提交 1993 年 10 月"中日民商法与市场经济法律秩序研讨会"的会议论文。

---

　　① 参见《禁止证券欺诈行为暂行办法》第 5 条、第 6 条。

简析公司法律特征的理论与实践

公司的法律特征是公司法理论中一个古老的课题，早已被各国公司立法所明确规定。然而，随着时间的移转、经济的发展和社会的前进，它却不断受到公司实践的冲击和突破，使得这个古老课题成为当今人们研究和探讨的热点。

传统的公司法理论认为，公司是营利性的社团法人，也就是说，公司应具有营利性、社团性和法人性的法律特征。公司具有营利性，是指公司必须从事经营活动，其经营活动的目的在于获取利润，并把利润分配给公司的投资人。公司具有社团性，是指公司是以人的集合为成立的基础，必须由二人以上的股东出资组成。公司具有法人性，是指公司是法人，这主要表现为，公司是依法律规定成立的权利义务主体，能以自己独立的财产承担有限责任。许多国家对公司具有的上述法律特征，都给予法律确认。比如，日本《商法典》规定："本法所谓公司，是指以从事商业行为为目的而设立的社团。""公司为法人。"[①] 台湾地区"公司法"也规定："本法所称公司，谓以营利为目的，依照本法组织、登记、成立之社团法人。"[②] 然而，现实经济生活中的一些公司，却显示出与公司某些特征不相符的情况，冲击着传统公司法理论。

---

① 日本《商法典》第52条、第54条。
② 台湾地区"公司法"第1条。

一 行政公司对公司法律特征的背离

行政公司主要是指兼有行政管理职能的公司。它是 20 世纪 80 年代初，我国掀起公司热时的产物。当时，随着经济联合、改组、机构改革的进展，成立了一大批新的公司，其中就有一部分是行政公司。行政公司都带有相当程度的行政性质，有的是一套机构两块牌子，既是行政机关又是公司，经费开支由行政和企业分摊；① 有的是兼具同业行政管理和生产经营双重职能的公司；还有的是机关开办或离退休干部担任职务的公司，也带有行政色彩。像有的地方的公、检、法、司法机关单独或联合成立的讨债公司，以企业法人的形式接受债权人的委托，为债权人追索欠债。② 近年来，随着社会主义市场经济的逐步开展和政府职能的转变，有的地方又出现了"翻牌公司"。"翻牌公司"是由原行政机关把名称变为公司而来的，其行政管理职能没变。比如，某市主管局把所属19 家工厂捏成一个集团，主管局改为集团股份有限公司，公司下属工厂的投资决策、劳动用工、原材料采购和留用资金支配等，都要报集团公司审批或者通过集团公司进行。③ 由此可见，"翻牌公司"实质上就是行政公司。

实践证明，行政公司背离了公司应具有的法律特征，它的存在严重干扰和阻碍了市场经济的健康发展。第一，公司是企业的一种组织形式，通常是以营利为目的的生产和经营的经济实体，而行政公司却兼具行政管理职能，使公司变为政企不分的组织。第二，公司是法人，是商事法律关系的主体。公司之间应当没有等级之分，在经济活动中处于平等地位。由于行政公司具有行政管理职能，这必然把行政权力引入商事法律关系，使一些公司受命于行政公司，违反了平等原则。第三，行政公司

---

① 《国务院关于全国性专业公司管理体制的暂行规定》（1982 年）。
② 《关于公、检、法、司法机关不得成立"讨债公司"的通知》（1988 年）。
③ 保育钧等：《企业不欢迎"翻牌公司"》，《人民日报》1992 年 11 月 26 日。

"既有行政权,又有经营权,还有一些离退休干部担任公司职务,利用在职时的工作关系和影响进行活动"①,这会导致借助行政权力从事经营活动,不利于公平竞争的开展。

正因为如此,国家从 1984 年就开始着手解决行政公司的问题。先后三次进行了清理和整顿公司的工作,并明确指出:"坚决纠正公司政企不分的问题,取消公司的政府行政职能。除国务院直接授权极少数公司承担某些行政管理工作外,其他所有的公司都不得兼有政府的物资和投资分配、基本建设和技术改造立项审批、进出口商品和外汇计划审批、行业管理以及其他行政管理职能。"② 只有把行政权力从公司的职能中完全剥离出来,公司真正成为企业性的经济实体,社会主义市场经济才能走上健康发展的轨道。

二 无限公司与公司法人特征的冲突

公司是法人,具有法人的特征。然而,大陆法系国家中的无限公司却与公司应具备的法人特征发生了冲突,有以下两种情况:

1. 在德国、瑞士等国,无限公司不是法人。例如,德国《商法典》第 105 条规定,无限公司是在总商号名称下以商业经营为目的的公司,公司的所有参加者对公司的债权人负无限责任。从公司法理论上讲,公司具有法人资格是其成为权利义务主体的标志,不具备法人资格的企业,不能称为公司。而上述国家把不具备法人资格的企业称为无限公司,划入公司的范围,这无疑与公司应具有法人资格相矛盾。

2. 法国、日本等国法律以及我国台湾地区的有关规定都承认无限公司是法人。既然无限公司是法人,理应具备法人的特征。相反,无限公司却具有不同于法人的特点,主要是:第一,无限公司各股东均有执行公司业务和代表公司的权限。例如,日本《商法典》第 70 条规定:"各

---

① 中共中央办公厅、国务院办公厅:《关于解决公司政企不分问题的通知》(1988 年)。
② 中共中央、国务院:《关于清理整顿公司的决定》(1988 年)。

股东在章程中没有特别规定时，都有执行业务的权利并负担义务。"这与法人对外进行活动仅由一名法定代表人进行有所不同。第二，无限公司的股东对公司债权人负连带无限责任。我国台湾地区"公司法"第 60 条规定："公司资产不足清偿债务时，由股东负连带清偿之责。"这与法人以自己独立的财产对其债务承担有限责任是不同的。上述国家和地区规定无限公司是法人，表面上看无限公司具备公司的特征，但从实质上看无限公司却是合伙。正如日本和我国台湾地区一些学者所指出的那样，之所以承认无限公司是法人，仅为便于处理其与第三者的关系而已。①

无限公司与公司法人特征的冲突给人以启迪，它促使人们思考和探讨公司到底应具有哪些特征，公司与其他企业的区别何在等有关问题。

三　一人公司对公司是社团法人的突破

一人公司又叫独资公司，通常是指仅有一个股东，独资，具有法人资格，承担有限财产责任的公司。股东可以是自然人，也可以是法人，当今世界除极少数国家和地区外，都允许一人公司存在。一人公司的形成方式有以下两种：

1. 设立时为一人公司。少数国家像日本、德国、中国，允许一人设立公司，这就使公司从成立开始就是一人公司。比如，日本现行《商法典》取消了对设立股份公司发起人最低人数限制的规定。也就是说，发起人数不再作为设立股份公司的要件，于是一人设立公司便成为可能。在德国，1986 年修订的《联邦德国有限责任公司法》规定，有限责任公司可以由一人设立；在中国，依照《中华人民共和国外资企业法》的规定，外国的企业，其他经济组织或个人，可以在中国境内单独出资举办有限公司。按照《股份有限公司规范意见》规定，"国营大型企业改组成公司的，经特别批准，发起人可为该大型企业一人。"

---

① 铃木竹雄：《公司法》，弘文堂，1991，第 332 页；杨建华：《商事公司法要论》，广益印书局，1984，第 26 页。

2. 在存续过程中变为一人公司。大多数国家像丹麦、法国、瑞士、奥地利等国，不允许一人设立公司，但当存续的公司只剩下一名股东，变为一人公司是允许存在的，即除设立之外，一人公司是允许的。例如，奥地利的公司法律就规定，除了设立之外，一人公司是允许的。一人公司并不会导致单一股东的个人责任，也不会导致公司的解散。① 此外，有些国家还对一人公司的存续时间作了限制性的规定。比如法国规定，一人公司存续一年之后，所有当事人都可以请示解散该公司。②

一人公司的出现突破了公司是社团法人的规定，动摇了公司必须是人的结合，即必须是联合体的传统观念。而目前许多国家的公司法律对公司概念和承认一人公司的有关规定之间呈现相互矛盾的状态，这迫使人们对一人公司的取舍作出抉择：或者坚持公司的传统规定，不允许一人公司的存在；或者允许一人公司存在，而对公司的特征给予重新认识，使公司的概念及其特征的内容随着公司实践的不断发展而发展和完善。笔者认为，后者将会成为时代的主流。

此外，一人公司的出现，还涉及对债权人利益的保护和维护正常社会经济秩序的问题。所以，允许一人公司存在的国家都在采取措施对一人公司进行监督和限制。主要做法有：

1. 财务的监督。对一人公司的财务进行监督是各国普遍采取的措施。如美国规定，即使是规模最小的一人公司，也必须保存备忘录、年度财务报告和税务缴款单，以供检查。澳大利亚则设立了私人会计公司，负责对一人公司的财务进行监督。③

2. 股东个人责任的规定。一些国家规定了一人公司股东的个人责任。比如，卢森堡商事公司法规定，在公司仅有一名股东、该股东同时是董事时，应对公司债务承担个人责任，即负无限责任。意大利民法也规定，如果一人单独持有了股份有限公司的所有股份，而公司丧失了偿付能力，那么，这个人就应从自己获得公司所有股份时起，对公司的债务承担个

---

① 甘华鸣等编著《世界主要国家和地区公司法》，中国经济出版社，1989，第188页。
② 甘华鸣等编著《世界主要国家和地区公司法》，中国经济出版社，1989，第188页。
③ 袁建国：《"一人公司"的法律地位》，《社会科学》（沪）1985年第1期，第40页。

人责任。①

3. 公司法人资格法理的适用。公司法人资格否认的法理，美国称为道具理论，德国称为透视理论，日本称为形骸化理论。② 上述三个国家将这种理论也适用于一人公司。美国和德国都规定，在单一股东滥用权力情况下，法院可以强迫单一股东承担个人责任。③ 这其中就包括，在一人公司股东滥用公司法人资格，即或利用法人资格回避法律、或利用法人资格回避契约上的义务、或利用法人资格诈欺第三者的场合，法院可以否认一人公司的法人资格，强迫该公司股东个人承担责任。

最后要说明的是，一人公司的存在，还会出现不少问题，需要研究和解决。笔者深信，今后一人公司的理论和实践，必将成为人们关注的热点之一。

本文原载于《河北法学》1994 年第 1 期。

---

① 〔英〕梅因哈特：《欧洲十二国公司法》，李功国等编译，兰州人民出版社，1988，第 398、256 页。
② 江头宪治朗：《公司法人格否认的法理》，东京大学出版会，1980。
③ 甘华鸣等编著《世界主要国家和地区公司法》，中国经济出版社，1989，第 7、154 页。

《公司法》第四条第三款不利于我国市场经济体制和现代企业制度的建立

1993年12月29日公布的《中华人民共和国公司法》（以下简称《公司法》）第四条第三款规定："公司中的国有资产所有权属于国家。"我们认为，此款规定不利于我国市场经济体制和现代企业制度的建立。

一 造成公司产权关系新的混乱

现代企业制度要求，无论是有限责任公司还是股份有限公司，其与投资者（即股东，包括国家作为股东）之间的产权关系必须是明晰的，即投资者（无论一方或数方）将自己的资产（包括货币、实物和工业产权、非专利技术等）投入公司，便意味着其将这些资产的所有权转移给公司享有；投资者因此种转移而相应地取得作为公司投资者的股东权，包括资产受益、参与重大决策和选择公司负责人等权利。这是现代企业产权关系的基本要求。

反观我国《公司法》，在规定"公司中的国有资产所有权属于国家"的同时，又在该条第二款规定"公司享有由股东投资形成的全部法人财产权，依法享有民事权利，承担民事责任"。

从法理上讲，所有权是一种财产权利，是指所有人依法对自己的财产享有占有、使用、收益和处分的权利。而财产权是包括所有权和债权等在内的诸种财产权利的总称。这一法理已在我国《民法通则》的立法中得到确认。该法第五章第一节之标题——"财产所有权和与财产所有权有关的财产权",以及第七十一条"财产所有权是指所有人依法对自己的财产享有占有、使用、收益和处分的权利"等内容即是明证。从以上分析不难看出,《公司法》中上述两款规定表明,对投入公司的国有资产,国家和公司同时都是所有人,都享有所有权。换言之,对这部分财产,国家和公司都享有占有、使用、受益和处分的权利。

《公司法》对同一部分财产确认两个所有权的自相矛盾的规定,不仅有悖法理,有悖现代企业制度关于产权关系必须明晰的要求,而且必然会在国有企业公司化改建和有国有资产投入的新建公司的实践中,造成公司产权关系新的混乱。

二 否定了公司必须具备的独立法人实体身份

现代企业制度要求,公司必须是完全独立的法人实体。只有这样,公司才能有自己独立的意志和利益,在法律规定的范围内自觉地参与市场竞争。公司要成为完全独立的法人实体,最根本的一点是公司必须拥有自己独立的财产,也就是拥有由公司独立享有所有权的财产,因为这是公司从事生产经营活动的物质基础和承担债务责任的唯一担保。如果缺了这一条,在市场经济中,公司必须具备的独立法人实体身份就会被否决。

我国国有企业之所以长期处于政府机关附属物的地位,不可能真正成为自主经营、自负盈亏、自我发展、自我约束的法人实体,不可能彻底转换经营机制并独立自主地走向市场,最基本的原因就在于国有企业对自己的财产只有经营管理权,而没有所有权。建立社会主义市场经济的目标提出之后,为了较好地解决这个关键问题,国家才出台了对国有企业实行公司化改建,以及以公司形式新建企业的重要改革举措。

《公司法》的立法目的之一,应该是通过规范公司的组织和行为,明确公司与股东之间的产权关系,确认公司对股东投入的资产享有所有权,从而在立法上保障公司真正成为现代企业制度所要求的法人实体。然而，《公司法》第四条第三款恰恰是在涉及公司产权的问题上，作出了不承认国有资产投入公司后，公司对这部分资产享有所有权的规定，这一规定是对公司必须具备的独立法人实体身份的否定，完全违背了《公司法》立法的初衷。

本文原载于《中国社会科学院要报（法律）》1994 年第 20 期，总第 1403 期。

我国公司法的基本原则

一　公司设立趋向、准则、设立原则

纵观当今各国公司法律，公司设立的原则主要有许可设立和准则设立两种。许可设立原则又称许可主义，即公司的设立须依照法律，经国家授权机关批准；准则设立原则又称准则主义，即公司设立的必要条件由法律作出规定，凡具备法定条件的，不必经过国家行政机关批准就可设立公司。我国采用许可设立原则，即设立公司要经过多个行政机关审批。这对防止公司滥设起了一定作用，但行政干预过多，设立人意思自治难以体现且审批程序繁琐。为适应市场经济的需要，公司法作了规定，设立有限责任公司、股份有限公司，必须符合本法规定的条件。符合本法规定的条件的，登记为有限责任公司或者股份有限公司；不符合本法规定的条件的，不得登记为有限责任公司或者股份有限公司。这表明，设立公司采用准则设立原则。该法还规定，设立有限责任公司，法律、行政法规规定需要经有关部门审批的，应在公司登记前依法办理审批手续；股份有限公司的设立，必须经过国务院授权的部门或者省级人民政府批准。

二　有限责任原则

有限责任是公司法规定的公司承担债务的一项原则。公司法第 2 条规定："本法所称公司是指依照本法在中国境内设立的有限责任公司和股份有限公司。"由于有限责任公司和股份有限公司是企业法人，所以它们能够依法独立享有民事权利、承担民事义务和责任。就其承担债务的责任形式看，公司法第 3 条规定，有限责任公司，股东以其出资额为限对公司承担责任，公司以其全部资产对公司的债务承担责任。股份有限公司，其全部资本分为等额股份，股东以其所持股份为限对公司承担责任，公司以其全部资产对公司的债务承担责任。公司法规定的公司对其债务承担有限责任，包含两层意思：其一，有限责任公司和股份有限公司的股东，或以出资额为限或以所持股份为限对公司承担责任，而不直接对公司债权人负责。其二，有限责任公司和股份有限公司是以自己的全部资产为限对其债务承担责任的，当公司的债务超过其全部资产时，公司对超过其全部资产的那部分债务不予清偿，即不承担责任。

三 权责分明、管理科学的原则

第一，有限责任公司和股份有限公司都要依照公司法制定章程。公司章程是规定公司的组织及行为的重要文件，涉及公司根本性质的重大事项，如：公司的经营范围，股东的权利和义务，公司的机构及产生的办法等。第二，有限责任公司和股份有限公司都要依照公司法建立内部组织机构。组织机构通常由股东会（股东大会）、董事会和监事会所组成。第三，有限责任公司和股份有限公司都要依照法律、行政法规和国务院财政主管部门的规定建立本公司的财务、会计制度。

四 维护股东和债权人合法权益的原则

维护股东和债权人合法权益的原则反映了公司这种现代企业组织形式的必然要求。公司法规定，公司股东享有资产受益、重大决策和选择管理者等权利。为保障交易安全和社会经济秩序，必须维护公司债权人的合法权益。由于有限责任公司和股份有限公司的股东分别仅以其出资额和所持股份为限对公司承担责任，不直接对公司债权人负责，对公司债权人的担保仅为公司的财产，为保护公司债权人的合法权益，公司法对设立有限责任公司和股份有限公司注册资本的最低限额分别作了规定，即"有限责任公司的注册资本不得少于下列最低限额：（一）以生产经营为主的公司人民币50万元；（二）以商品批发为主的公司人民币50万元；（三）以商业零售为主的公司人民币30万元；（四）科技开发、咨询、服务性公司人民币10万元。特定行业的有限责任公司注册资本最低限额需高于前款所定限额的，由法律、行政法规另行规定"。"股份有限公司注册资本的最低限额为人民币1000万元。股份有限公司注册资本最低限额需高于上述所定限额的，由法律、行政法规另行规定"。同时，公司法规定，设立有限责任公司其股东必须一次足额缴纳自己所认缴的出资额。此外，还规定了查阅制度、公开制度和通知制度。

五 保护职工合法权益的原则

为保护职工的合法权益，公司法对职工应享有的权利和公司应承担的义务作了规定：（1）职工享有的权利：其一，职工有参与公司管理的权利。两个以上的国有企业或两个以上的其他国有投资主体投资设立的有限责任公司，其董事会成员中应当有公司职工代表。董事会中的职工代表由公司职工民主选举产生；有限责任公司和股份有限公司设立的监事会，由股东代表和适当比例的公司职工代表组成，实行民主管理。其二，职工有列席有关会议的权利。公司研究决定涉及职工切身利益问题时，职工代表有权列席有关会议。其三，职工有依法组织工会，开展工会活动，维护职工合法权益的权利。（2）公司承担的义务：其一，公司必须保护职工的合法权益，加强劳动保护，实现安全生产。其二，公司应当为本公司工会提供必要的活动条件。公司研究决定生产经营的重大问题、制定重要的规章制度时，也应当听取公司工会和职工的意见和建议；公司研究决定有关职工工资福利、安全生产以及劳动保护、劳动保险等涉及职工切身利益的问题，应当事先听取公司工会和职工的意见和建议。其三，公司要采用多种形式，加强公司职工的职业教育和岗位培训，提高职工素质。

六　公司合法权益不受侵犯原则

我国《宪法》规定："国有企业在法律规定的范围内有权自主经营"；"国家保护城乡集体经济组织的合法权利和利益"；"国家保护私营经济的合法权利和利益"。《民法通则》也规定："法人的合法的民事权益受到法律保护，任何组织和个人不得侵犯。"根据宪法制定的公司法也明确规定："公司的合法权益受法律保护，不受侵犯。"这就以法律的权威来保障，公司依法享有的自主经营的权利应当受到尊重，任何部门和个人都不得干预；公司合法取得的财产权应当受到保护，任何组织和个人都不得侵犯。

七　社会主义法制原则

社会主义法制原则的实质就是依法治国，保障社会主义民主，以法律手段管理经济，维护社会经济秩序。在公司参与的经营活动中如何贯彻法制原则？第一，政府对公司的管理主要是宏观调控，制定和执行宏观调控政策，搞好基础设施建设，创造良好的经济发展环境；培育市场体系，监督市场运行和维护平等竞争，调节社会分配和组织社会保障。政府绝对不能直接干预公司的生产经营活动。第二，公司从事经营活动必须遵守法律。主要包括公司必须在国家宏观调控下，按照市场需求自主组织生产经营，自负盈亏，依法享有民事权利，承担民事责任；公司应当在登记的经营范围内从事经营活动；公司向其他有限责任公司、股份有限公司投资的，除国务院规定的投资公司和控股公司外，所累计投资额不得超过本公司净资产的 50%，并以该出资为限对所投资公司承担责任；股份有限公司向社会发行新股必须符合法定条件，经国务院证券管理部门批准，并按照法定要求和手续进行；公司发行债券必须符合法定条件，由国家授权投资的机构或者国家授权部门作出决定后，报请国务院证券管理部门批准，并按照法定要求和手续进行。第三，公司从事经营活动必须遵守职业道德，加强社会主义精神文明建设。职业道德是从事一定职业的人们在自己特定工作或劳动中的行为规范的总和。公司在经营活动中，贯彻诚实信用原则，公平进行交易，不损害国家利益、社会公共利益和其他单位、个人的合法权益等，同时，公司还要加强社会主义精神文明建设，使本公司全体人员有理想、有道德、有文化、守纪律。第四，公司必须接受政府和社会公众的监督。公司法规定，公司变更经营范围必须依照法定程序修改公司章程并到公司登记机关办理变更登记，接受其监督。公司合并、分立及减少注册资本时应公告，这是公司接受社会公众监督的主要形式。

本文原载于《法学杂志》1994 年第 5 期。

股份有限公司发起人问题探析

股份有限公司是社会化大生产和市场经济发展的产物，是现代企业中重要的、典型的组织形式。而股份有限公司的设立，则有赖于发起人的行为。发起人是指，按照公司法规定制定公司章程，认购其应认购的股份，承担公司筹办事务，并对公司设立承担责任者。本文试就发起人的资格、地位及其责任问题作些探讨。

一 发起人的人数和资格

发起人是设立股份有限公司的先决条件，由于股份有限公司通常是大型企业采用的组织形式，同时，股份有限公司能否设立又与发起人的行为有着直接的联系，所以，大多数国家的公司法都对设立股份有限公司发起人的人数及资格作了限制性规定。（1）关于发起人的人数。大多数国家的公司法律都对股份有限公司发起人的最低人数作了规定，因此，发起人必须符合法定人数，成为设立股份有限公司必须具备的条件。例如，德国规定，设立股份有限公司至少应有 5 个发起人；法国规定，设立股份有限公司，发起人人数的最低限额为 7 人；我国也规定，设立股份有限公司，应当有 5 人以上的发起人。也有少数国家如瑞典、列支敦士登等国，对股份有限公司发起人的人数没有限制。此外，我国公司法还作了例外规定，即国有企业改建为股公司的，发起人可以少于 5 人，但应当采取募集设立方式。当国有企业改建为股份有限公司时，发起人可为 1 人，必须采取募集设立方式。虽发起人为 1 人，但会有多个认股人，公司的注册资本由 1 个发起人和多个认股人缴纳的股款构成。公司一经成立，便有多个股东，公司的股份由多个股东所持有。（2）关于发起人的资格。一些国家和地区的公司法对发起人资格作了限制性规定。如台湾地区"公司法"规定，发起人须为有行为能力人，无行为能力人或限制行为能力人不得为发起人；瑞典公司法规定，发起人必须是在瑞典居住的瑞典国民或瑞典法人；丹麦公司法规定，发起人中至少有两人应居住在丹麦。在我国，现行公司法对设立股份有限公司发起人的资格，除规定须有过半数发起人在中国境内有住所外，没作其他限制，这意味着无论是自然人还是法人，也无论是中国人还是外国人，都可以作为设立股份有限公司的发起人。笔者认为，还应进一步说明的是，自然人作为发起人，通常应为有行为能力人；法人作为发起人，通常应为营利性法人。

二　发起人的法律地位

在股份有限公司设立过程中发起人的法律地位如何，涉及其权利、义务的归属和责任承担的问题。发起人的法律地位一直是法学理论界研究探讨的课题，主要有以下四种观点：（1）无因管理说。此说认为，发起人与公司之间的关系为无因管理关系。公司成立后，发起人因设立公司所产生的权利、义务移归于公司。（2）第三人利益合同说。此说认为，发起人因发起设立公司与他人所缔结的法律关系，是以将来成立的公司为受益第三人合同。（3）设立中公司之机关说。此说认为，发起人是设立中的公司的机关，其因设立行为所生权利义务，自然归属于将来成立的公司。（4）当然承继说。此说认为，发起人的权利、义务，在公司成立的同时，当然由公司继受。

对于上述四种观点，笔者有两种看法：第一，这四种观点都是试图通过阐明发起人与公司之间的关系来确定发起人的法律地位。这种仅从发起人与公司之间的关系来确定发起人法律地位的做法，带有一定的片面性。第二，这四种观点对发起人法律地位的阐述，都有不足之处。关于无因管理说，在一般无因管理关系中，管理人是无报酬请求权的，而设立股份有限公司的发起人，在公司成立后，有请求报酬的权利。那么，发起人与公司之间的关系是属于无因管理关系吗？关于为第三人利益合同说，该说认为，将来成立的公司为受益人，这意味着成立后的公司只能享有权益，而不担负义务。实际上，发起人因设立公司与他人缔结法律关系，所享有的权利和承担的义务，通常由成立后的公司继受。关于设立中公司之机关说，既然发起人是设立中公司的机关，那么公司不能成立时，设立公司所需费用等应由谁来承担，无法解释。关于当然承继说，该学说没有说明发起人的权利义务，为什么当然要由成立的公司承继的缘由。

笔者认为，发起人的法律地位应当从以下两个方面来确定：一方面，从发起人作为个人来说，其法律地位表现在发起人之间的关系中。在现实生活中，为设立公司，发起人之间往往要签订设立公司的协议。在此基础上，进行设立公司的活动。发起人签订的设立公司协议，从性质上讲属于合伙合同。因此，发起人之间的关系是合伙关系，每个发起人都是发起人合伙中的成员。所以，当公司不能成立时，对设立公司行为所造成的后果，发起人要承担连带的法律责任。另一方面，从发起作为一个整体来说，其法律地位表现在发起人与设立中公司的关系中。发起人作为设立中公司的机关，对内履行设立义务，对外代表设立中的公司。因而，由于发起人的行为使公司利益受到损害时，发起人应当承担法律责任。公司一经成立，发起人作为一个整体便不再存在。由于设立中的公司与成立后的公司，其实体是同一的，所以发起人在设立公司过程中取得的权利和承担的义务，应归属于成立后的公司。

三　发起人的法律责任

股份有限公司发起人的行为往往直接关系到认股人、债权人以及即将成立公司的利益，关系到交易的安全和社会经济秩序的稳定。所以，各国对股份有限公司发起人的法律责任，都作了较为严格的规定。我国有关公司方面的法律，对发起人的法律的责任从以下三个方面作了规定：（1）设立公司过程中应负的法律责任，如连带认缴股款的责任、连带赔偿责任和行政或刑事责任。发起人未交付货币、实物或者未转移财产权，虚假出资，欺骗债权人和社会公众的，责令改正，处以虚假出资金额5%以上10%以下的罚款。数额巨大、后果严重或者有其他严重情节的，处5年以下有期徒刑或者拘役，可以并处虚假出资金额10%以下的罚金。（2）公司成立后应负的法律责任。发起人在公司成立后应负的法律责任，主要是行政或刑事责任。即发起人在公司成立后，抽逃其出资的，责令改正，处以所抽逃出资金额5%以上10%以下的罚款。数额巨大、后果严重或者有其他严重情节的，处5年以下有期徒刑或者拘役，可以并处抽逃出资金额10%以下的罚金。（3）公司不能成立时应负的法律责任。发起人在公司不能成立时应负的法律责任，主要是民事责任。即对设立费用及债务负连带责任；对返还股款及利息负连带责任。公司不能成立时，对认股人已缴纳的股款，发起人负返还股款并加算银行同期存款利息的连带责任。

本文原载于《法学杂志》1995年第4期。

公司收购初探

公司收购是市场经济发展的必然产物，近年来，随着世界经济的复苏，收购与兼并的浪潮正汹涌全球。市场经济是主要由市场机制调节运行的经济，市场机制是价格机制、供求机制和竞争机制相互联系、互相作用的总和，其中竞争机制处于核心地位。收购是公司实现自身经济目标，增强竞争力的一种有效途径。随着经济体制改革的日益深入和社会主义市场经济体制的逐步建立，作为在市场机制作用下必然产生的公司收购，也开始在我国出现。对公司收购问题进行研究和探讨，对完善我国公司收购法律制度，充分发挥公司收购的积极作用具有重要的意义。

一　公司收购的概念及其特征

公司收购是指一个公司通过订立收购契约等方式，买进另一个公司的股份，而获得该公司控制权的行为。公司收购的主要特征：（1）公司收购大多发生在股份有限公司之间，大多数情况是由一个股份有限公司作为收购方，通过购买作为被收购方的另一个股份有限公司的部分或全部股份，达到控制该有限公司的目的。（2）公司收购中，被收购公司大多为上市公司，公司收购主要是指对上市公司的收购，因而公司收购大多采取公开订立收购股票契约的方式进行。收购公司作为要约人公开向被收购公司的所有股票持有人即股东，发出收购要约，载明收购股票的价格、收购要约的有限期限等内容。我国《股票发行与交易管理暂行条例》规定，收购股票的价格为下列价格中较高的一种：（1）在收购要约发出前12个月内收购该种股票所支付的最高价格；（2）在收购要约发出前30个工作日内该种股票的平均市场价格。同时，该条例还规定，收购要约的有效期限自收购要约发出之日起，不得少于30个工作日。被收购公司持有该种股票的股东，都有权作为受要约人向收购公司出售自己的股票。在收购要约期满时，收购公司至少应持有被收购公司发行在外的普通股票的50%，否则，收购失败。（3）公司收购是收购公司通过购买被收购公司股票的方式，取得该公司部分或全部股份，进而达到控制该公司的目的。而被收购公司依然存在，只是变换了部分或全部股东而已。换言之，公司收购的实质仅为被收购公司的控制权在新老股东之间转让，被收购公司并不因被收购而消灭。

在探讨公司收购问题时，应特别注意别把公司收购与公司兼并混为一谈。我国现有一种说法，即收购是兼并的一种形式，是一个企业通过购买其他企业的股权，达到控股，实现兼并。对此，笔者不敢苟同。因为，兼并和收购是两个不同的概念。公司兼并是指，一个公司通过购买其他公司产权的方式，将其他公司吸收的行为。通常，实施兼并行为的公司被称为兼并公司，被吸收的公司称为被兼并公司。公司兼并具有以下特征：（1）公司兼并，被兼并公司可仅是一个公司，也可同时是两个或两个以上的公司。（2）公司兼并是兼并公司通过购买被兼并公司全部资产的方式，取得被兼并公司的产权，进而将其吸收，被兼并公司解散。换言之，公司兼并的实质是兼并公司将被兼并公司吞并，被兼并公司消灭。（3）公司兼并是公司合并的一种形式，我国公司法第184条规定，公司合并可以采取吸收合并和新设合并两种形式。前者为一个公司吸收其他公司，被吸收公司解散；后者为两个以上公司合并设立一个新的公司，合并各方解散。由此可见，公司兼并是公司合并的一种形式，即吸收合并。

公司收购与公司兼并的区别主要表现在：（1）所触及目标的数量不同。通常公司收购，被收购公司仅为一个；而公司兼并，被兼并公司可为一个，也可同时为多个。（2）所购买权利的性质及程度不同。公司收购，购买的是被收购公司的股权，既可以是其全部股权，也可以是部分股权。而公司兼并，购买的是被兼并公司的产权，并且必须购买其全部产权。(3) 所产生的结果不同。公司收购的结果是，收购公司取得了被收购公司的控制权，被收购公司依然存在。而公司兼并的结果是，兼并公司吸收了被兼并公司，被兼并公司解散。

公司收购与公司兼并是两种不同形式的合并。在现代市场经济条件下，由于竞争机制的作用，公司也会采取兼并其他公司的形式来实现自己的经济目标。这就导致公司兼并和公司收购一样时有发生。有时，公司还会同时运用兼并和收购这两种方式来增强自身的实力。这也许就是人们误将收购和兼并相提并论的缘故吧，为不使两者混淆，我们在同时提及收购与兼并时，可简称购并或并购均宜。

二 公司收购的积极作用

公司收购对社会经济的发展起着积极的作用。从微观方面讲，公司收购是增强企业竞争实力的有效方式，在市场经济条件下，每个公司为求得自身的生存和发展，都要根据市场的需求自主决定自身行为取向，想方设法集聚资本，扩大规模，提高市场占有率，而公司收购则是实现上述目标的一种快捷办法。只要选准目标即被收购的公司，抓住时机对其进行收购，就能用较短的时间，以较少的成本，达到增强自身竞争力的目的。1995 年，美国西屋电器公司收购哥伦比亚广播公司，就是一个很好的例证。西屋电器公司是美国广播业的鼻祖，现是一个综合工业企业集团，主要生产雷达系统和核电成套设备，顺便也经营一些电台和电视台。而哥伦比亚广播公司也有 70 年的历史，在三大电视网中，阵容并不少，底子也不薄，刚开创时曾称霸美国电视业 20 多年。后因主管易人，大砍开支，该电视网的地位一落千丈，收视率在三大电视网中成了老末。西屋电器公司对此了如指掌，仅以 54 亿美元就将哥伦比亚广播公司收购，加上自己的电台、电视台，成为美国规模最大的电视广播集团。

西屋电器公司利用这个基础改变经营方式，挖掘出盈利和前景。从宏观方面看，公司收购是实现资源优化配置的有效途径。纵观当今美国、德国、日本等经济发达国家，实施大公司战略是其经济得以发展的重要举措。而大公司的形成往往又是采用收购方式的结果。因为不少公司为实现利润最大化，在决策生产要素组合及经营运行时，便通过收购方式迅速聚集资本，扩大规模经济，增强自身的竞争实力。这就促进了优胜劣汰机制的形成，加速了生产要素的流动和重组，就使得各种资源得到了充分利用，节约了物化劳动和活劳动，提高了资源的使用和配置效率。由于公司收购加剧了公司之间在适应市场和提高效率上的相互竞争，从而推动了整个社会资源配置的优化和使用效益的不断提高。

就我国情况而言，经济体制改革的目标是建立社会主义市场经济体制，而当前我国企业的整体状况却是规模小、集中度低、竞争力弱。38个主要行业中，每一个行业的最大 10 家企业的集中度略高于 25% 的只有 10 个行业，而这 10 个行业又均集中在能源和原材料工业，极不适应市场经济的要求。因此，建立现代企业制度，搞好国有企业的改革和发展，是初步建立社会主义市场经济体制的关键。笔者认为，积极慎重地运用公司收购方式，是协调好改革、发展与稳定三者之间的关系，深化社会改革特别是国有企业的改革，搞好整个国民经济，促进经济体制和经济增长方式转变的有效途径之一。其一，公司收购具有花费时间短、所用成本低的优点，这既可使现有优势的公司特别是现有优势的国有大公司，通过收购方式迅速增强实力，又能使一些企业通过收购方式加速形成一批新的企业集团，从而加快建立现代企业制度的步伐，提高行业集中度，扩大规模经济，增强参与国家竞争的能力。其二，公司收购仅取得被收购公司的控制权，被收购公司依然存在。通过公司收购方式扩大规模经济可以减少震动，有利于保持社会稳定。其三，公司收购可以促进优胜劣汰，使市场经济在资源配置中的基础作用得以发挥。通过公司收购方式可以促进资本集中，增强国民经济的整体实力，更好地发挥国有经济在国民经济中的主导地位。同时，通过公司收购方式又可以优化资产存量结构，使现有企业资产特别是现有国有企业资产的潜能得到充分发挥，从而促进节约资源、提高质量、增加效益的企业经营机制的形成。

三　对公司收购的扶植和引导

笔者认为，国家应当对公司收购给予积极的扶植和引导，以发挥其积极作用，同时防止因公司收购引起行业过度集中形成市场垄断等限制或阻碍市场竞争的消极影响，这就要创造公平竞争的社会环境，加快证券市场的发展，健全和完善有关方面的法律。

我国正处在计划经济向市场经济转轨的过程中，限制竞争和不正当竞争行为仍然存在，有碍于公司收购方式的采用。主要表现在：（1）公司企业限制竞争。目前我国的公用事业几乎是国有企业一统天下，个别公用企业利用其特殊地位限定消费者购买指定经营者的产品。（2）行政垄断。个别地方政府及其所属部门滥用行政权力限制竞争，如限定他人购买指定的经营者的商品，限制外地商品进入本地市场等。（3）采用不正当手段损害竞争对手。上述行为的存在有碍公平竞争。因此，规范市场竞争秩序，创造公平竞争的社会环境，是公司收购方式被采用的前提条件。再者，我国的证券市场处于初级阶段，这给上市公司的收购造成一定的困难，主要是：（1）上市流通的股份比例太低。由于目前股票发行数量不多，加之占股份总数比例大头的国家股和法人股不能公开流通转让，在市场上公开流通转让的股份仅限于个人股，致使上市流通股份比例太低，这就给公司公开收购造成了困难。特别是对国有股占50%以上的上市公司，无法在市场上进行收购。（2）A种股票和B种股票是在不同市场上运作。目前我国的A种股票和B种股票在不同市场上运作，容易发生同一公司发行的股票在不同市场中以不同的价格进行交易，加之A种股票仅限于中国境内投资者买卖，B种股票专供境外投资者买卖。这种人为割据市场的存在，对上市公司的收购有碍。所以，必须加快证券市场的发展。使国家股、法人股和个人股一样公开流通转让，A种股票与 B 种股票市场接通，使证券市场规范化，为公司收购的运作提供可行的外部条件。

然而，无论是创造公平竞争的环境，还是加快证券市场的发展，法律手段的作用都是不可忽视的。要发挥公司收购的积极作用，防止其消极影响，还必须健全和完善有关方面的法律。现行的《中华人民共和国反不正当竞争法》（简称《反不正当竞争法》）、《关于禁止公用企业限制竞争行为的若干规定》以及《股票发行与交易管理暂行条例》（简称《暂行条例》）等，虽对创造公司收购外部环境及上市公司收购的运作起到了积极的作用，但仍显不足，亟需进一步完善有关公司收购方面的法律。比如《反不正当竞争法》虽把行政垄断、公用企业垄断作为不正当竞争行为予以禁止，但垄断市场行为远不止这两种。垄断市场行为阻碍和破坏公平竞争。特别是处于市场支配地位的大公司，采用收购方式引起行业过度集中形成的垄断，对市场经济的危害就更大。又如《暂行条例》虽对上市公司的收购作了一些规定，但过于粗糙，操作性过差。因此，尽快制定和颁行《反垄断法》和《证券法》是当务之急。

本文原载于《法学杂志》1996 年第 4 期。

对我国公司治理结构的法理分析

公司是社会化大生产和市场经济发展的产物，是现代企业中重要的、典型的组织形式。当今，公司治理结构问题正成为政治学家、经济学家和法学家共同关注和研究的国际性课题。本文拟对公司治理结构，从公司法理学的角度作些分析，并就我国公司治理结构法律规则的现状及健全和完善进行初步的研究和探讨。

一　公司治理结构的法理分析

公司治理结构就是公司组织机构现代化、法治化问题。从法学的角度讲，公司治理结构是指为维护股东、公司债权人以及社会公共利益，保证公司正常有效地运营，由法律和公司章程规定的有关公司组织机构之间权力分配与制衡的制度体系。

公司治理结构是由公司的法律地位、产权结构以及多元利益主体结构所决定的，其中公司的产权结构起着决定性作用。众所周知，现代意义上的公司是指有限责任公司和股份有限公司，公司①在法律上是具有法人资格的权利义务主体，其独立的人格必然要求公司须有自己的财产。公司的财产最初来源于出资者的出资。出资者一经将自己的财产投入到

---

① 因我国有限责任公司的组织机构有三种情况，所以本文以下所讲的公司，均指股份有限公司。

公司，便对其投入到公司的财产丧失了所有权，该财产便成为公司的财产。换言之，公司对出资者投入到公司的财产享有所有权。而出资者以其向公司投入财产丧失所有权为代价换得了股东权，出资者因此成为公司的股东。

公司又是一个由股东、董事、经理、职工结成的多元利益共同体。股东是公司的出资者，不能退回出资。这就使得股东的利益与公司经营的好坏有着直接的联系，股东对公司的运营要承担风险。又由于社会经济的发展、科技的进步和市场竞争的加剧，对公司经营者的要求越来越高，这又使得股东一般都不直接参与公司运营，而是通过选举董事组成董事会来代表自己经营管理。在这种情况下，股东只有控制住公司，即通过股东大会行使控制权，才能实现自己的利益和目标要求。董事是代为股东的理财人，他们通过董事会行使经营决策和管理权。为了完成公司的经营目标，董事会要聘任经理。经理作为公司专职管理人员，主持公司日常管理工作。在这里我们必须看到，公司的董事和经理所经营的不是自己的财产，而是公司的财产，公司经营的好坏，他们通常是不承担财产责任的。同时，董事和经理在从事公司经营管理时，会有自己利益的考虑。那么，如何才能使董事和经理经营好公司，最大限度地增加股东的利益呢？这就需要激励机制和约束机制。为解决公司中股东（出资者）、董事（经营决策者）、经理（管理者）以及职工（生产者）等不同利益主体之间的受益、决策、激励、风险分配等问题[1]，必须对公司内部机构即股东大会、董事会、监事会和经理的权力分工与制约作出明确规定。因此，世界上几乎所有的国家都通过制定法律，明确和规范公司各组织机构的权利、义务和责任，以及它们之间相互制约的关系。这就是公司内部机构的分权制衡机制，它是公司治理结构的核心。

此外，公司的存在是离不开外界环境的。笔者认为，法律规范的公司外部环境也会对公司及其机构形成强有力的制衡影响力。这就是公司外部环境的影响制衡机制，它也是公司治理结构的组成部分。

---

① 参见梅慎实《现代公司权力机关构造论》，中国政法大学出版社，1996，第90页。

（一）证券法规范的证券市场的影响

当公司绩效甚差时，股东为维护自身的利益，出售其持有的该公司的股票（也称为"用脚投票"或"华尔街法则"）引起股价下跌，招致敌意接管，该公司的董事、经理将被撤换。因股东出售股票容易招致敌意接管，这无疑对公司董事和经理是一种压力。为避免这种事件的发生，增强股东对公司运营前途的信心，公司的董事和经理不得不注意提高公司的经营绩效，这在客观上起到了控制公司的作用。

（二）银行法规范的商业银行的影响

当公司向商业银行间接融资时，商业银行通过向公司投资或贷款的方式，成为公司的股东或债权人。商业银行为维护自身的投资权益，取得投资应得到的利益，便密切关注、积极监督公司的经营活动，发现问题及时通知公司采取对策，当然包括撤换董事、经理等。从而形成从外部对公司进行监督和控制的机制。

（三）经济管制的影响

公司治理不仅仅是单个公司的事，而且涉及社会公共的利益。因此，世界上所有国家都无一例外地制定了一系列的法律和法规，并建立了相应的执行机构，以对公司的经营活动实行管制。经济管制的目标是确保公司在获取自己正当利益的同时，不损害社会公共利益。经济管制在客观上影响着公司的控制和治理活动，它的范围很广，主要有三个方面：（1）制定反垄断法和反不正当竞争法，规范市场竞争秩序，禁止公司垄断和限制竞争，也不允许公司实施不正当竞争行为。（2）制定公共事业管制法，对电力、天然气、电话、自来水、交通运输等公共事业公司规定收费标准和销售价格，确定业务等级，颁发许可证，制定服务标准等，以保障公众利益。（3）制定社会经济管制方面的法律，如制定控制水污染、噪音、土地开垦等法律保护自然资源和环境，制定产品质量法、食品卫生法等保护消费者权益，制定劳动法保护劳动者权益等等。总之，国家通过经济管制建立起体现社会目标并规范公司治理行为的环境和秩序①。

从上述法理分析中，我们可以得出以下结论：公司治理结构是一个法律制度体系，它主要包括法律和公司章程规定的公司内部机构分权制衡机制和法律规定的公司外部环境影响制衡机制两部分。

二 我国公司治理结构法律规制的现状

（一）公司内部机构分权制衡机制的法律规制

公司治理结构在公司内部是通过健全的组织机构及其有效的工作实现的。而每个机构在公司中的地位和作用，又是通过其组织结构和职能体现出来的。目前我国公司内部机构的组成、职权以及它们之间相互制衡的关系，主要是由《中华人民共和国公司法》（以下简称《公司法》）规范的。其具体规定为：（1）股东大会。股东大会由股东组成，是公司的权力机构②，行使对公司的控制权。股东通过股东大会对公司行使控制权，主要表现在两个方面：一是选举和更换董事。董事的任免是体现公司治理特征的最基本制度安排。该权属于谁，谁就在事实上成为公司的控制者③。二是决定公司的重要事项，即决定公司的经营方针和投资计划，审议批准董事会和监事会的报告，公司年度财务预算、决策方案、公司利益分配和亏损弥补方案，对公司增加，减少注册资本，发行公司债券，公司合并、分立、解散和清算等事项作出决议，修改公司章程等。④（2）董事会。董事会由董事组成，是公司业务执行和经营决策机构⑤，董事会行使业务执行、经营决策权和控制权，对股东大会负责并向其报告工作。董

---

① 参见何自力《法人资本所有制与公司治理》，南开大学出版社，1997，第135~137页。
② 《中华人民共和国公司法》第102条。
③ 参见何自力《法人资本所有制与公司治理》，南开大学出版社，1997，第114页。
④ 《中华人民共和国公司法》第103条。
⑤ 全国人大法律委员会关于《中华人民共和国公司法（草案）审议结果的报告》（1993年12月28日）。

事会行使的业务执行和经营决策权包括执行股东大会的决议，决定公司的经营计划和投资方案，决定公司内部管理机构的设置，制定公司的基本管理制度等①。而控制权是董事会对经营管理者行使的权力，即董事会聘任或解聘经理；根据经理的提名聘任或解聘副经理、财务负责人，决定其报酬②。（3）经理。经理由董事会聘任，对董事会负责，主要行使下列职权：主持公司的生产经营管理工作，组织实施董事会决议；组织实施公司年度计划和投资方案；制定公司的具体规章；公司章程和董事会授予的其他职权③。（4）监事会。监事会由股东代表和适当比例的职工代表组成，是公司的监督机构，行使监督权，即对经营管理者进行监督④。主要包括检查公司的财务；对董事、经理执行公司职务时违反法律、法规或者公司章程的行为进行监督；当董事、经理的行为损害公司的利益时，要求董事和经理予以纠正；公司章程规定的其他职权⑤。

立法者试图通过公司法的上述规定，达到以下目的：使公司内部各机构之间权责分明，相互制约，调节所有者、经营者和职工之间的关系，形成激励和约束相结合的机制，既保障资产所有者的利益，又赋予经营者充分的自主权⑥。

（二）公司外部环境影响制衡机制的法律规制

目前，我国法律对公司外部环境进行规制，形成对公司及其机构的制衡影响，主要有以下三个方面。

1. 规范用国有资产投资入股的法律

一方面由于我国是以公有制为主导的社会主义国家；另一方面由于

---

① 《中华人民共和国公司法》第112条。
② 《中华人民共和国公司法》第112条。
③ 《中华人民共和国公司法》第119条。
④ 全国人大法律委员会关于《中华人民共和国公司法（草案）审议结果的报告》（1993年12月28日）。
⑤ 《中华人民共和国公司法》第126条。
⑥ 全国人大法律委员会关于《中华人民共和国公司法（草案）审议结果的报告》（1993年12月28日）。

我国进行国有企业改革，把现行国有企业改建为公司，建立现代企业制度为其改革的目标，因此，用国有资产投资入股问题便显得突出和重要。目前，我国对用国有资产投资入股的法律规制，主要是已颁行的规章：《股份制试点企业国有股权管理暂行规定》和《股份有限公司国有股权管理暂行办法》，它们对国有资产投资入股主要作出以下规定：（1）对国有资产投资主体资格的规定。能够作为国有资产投资主体的分为两类：①有权代表国家投资的机构或部门，②具有法人资格的国有企业、事业及其他单位①。（2）对用于投资的国有资产类型的规定。能够作为用于投资的国有资产包括：①国有资产；②国家授权自主经营的国有资产②；③国家允许用于经营的国有资产③。（3）对国有股权进行管理的规定。国家股和国有法人股统称为国有股权④。国有资产管理部门是国有股权的政府专职管理机构⑤。国有资产管理部门可以委托控股公司、投资公司、企业集团的母公司、经济实体性总公司及某些特定部门行使国家股权和按法定程序委派股权代表。经国务院或省、自治区、直辖市人民政府批准，国有资产管理部门也可按法定程序向有国家股的企业委派股权代表。国家股权代表的委派办法由国有资产管理部门和人事部门另行制定。国有法人股代表由投资入股的法人单位委派⑥。对国有股权代表建立严格的责任制和报告制度⑦，还要建立考核、奖惩和监督制度⑧。（4）对国有股权收入的规定。国家股股利收入由国有资产管理部门监督收缴，依法纳入国有资产经营预算。并根据国家有关规定安排使用，国有法人股股利由国有法人单位依法收取，按《企业财务通则》有关规定核算⑨。

---

① 《股份有限公司国有股权管理暂行办法》第 2 条。
② 《股份制试点企业国有股权管理暂行规定》第 3 条。
③ 参见《股份制企业试点办法》（1995 年 5 月 15 日国家体改委等部委发布）（四）。
④ 《股份有限公司国有股权管理暂行办法》第 2 条。
⑤ 《股份制试点企业国有股权管理暂行规定》第 14 条。
⑥ 《股份制试点企业国有股权管理暂行规定》第 13 条。
⑦ 《股份制试点企业国有股权管理暂行规定》第 2 条。
⑧ 《股份制试点企业国有股权管理暂行规定》第 15 条。
⑨ 《股份制试点企业国有股权管理暂行规定》第 16 条。

2. 规范股份转让的法律

我国规范股份转让方面的法律法规，主要是《公司法》和《股票发行与交易管理暂行条例》。它们对股份转让的规定主要是"股东持有的股份可以依法转让"。① "国家拥有的股份的转让必须经国家有关部门批准，具体办法另行规定"。② "国家授权投资的机构可以依法转让其持有的股份，也可以购买其他股东持有的股份。转让或者购买股份的审批权限、管理办法，由法律、行政法规另行规定"。③

3. 规范市场管理秩序的法律

我国规范市场管理秩序方面的法律主要有《中华人民共和国反不正当竞争法》、《中华人民共和国产品质量法》和《中华人民共和国消费者权益保护法》等。上述法律从社会公共利益出发规范公司的行为，制止不正当竞争，监督管理产品质量，保护消费者合法权益，进而维护社会经济秩序，促进社会主义市场经济健康发展。

三 我国公司治理结构法律规制的健全与完善

（一）我国公司治理结构法律规制的缺陷

笔者认为，公司治理结构的法律规制就是以保护股东、公司债权人及社会公共利益为目的，把股东对公司的控制权及董事、经理人员对公司的经营管理权，用法律明确化、法定化，做到既不使股东失去对公司的控制，又使董事、经理享有充分的经营管理权，确保公司正常健康地运营。虽然目前我国公司治理结构的法律规制基本上反映了公司内部机构之间分权制衡的关系，使公司的外部环境对公司及其机构的制衡产生了一定的影响力，但仍存在一些问题，最重要的是股东对公司控制的

---

① 《中华人民共和国公司法》第 143 条。
② 《股票发行与交易管理暂行条例》第 36 条。
③ 《中华人民共和国公司法》第 148 条。

力度不够。主要存在以下缺陷。

1. 国家股股权代表不确定，权利、义务不对应

我国一些公司中国家股占控股或相对控股的地位。而谁有资格作为国家股股权的代表，法律却没有作出明确的规定。对此问题现仅依《股份制试点企业国有股权管理暂行规定》第 13 条办理。这就把谁当国家股股权代表的权力赋予了国有资产管理部门，即一方面该部门可以委托控股公司、投资公司、企业集团母公司、经济实体性总公司和某些特定部门委派股权代表；另一方面国有资产管理都门也可以直接委派股权代表。同时该规章还规定，具体委派办法由国有资产管理部门和人事部门另行制定。这样规定的结果，不仅造成国家股股权代表的随意性，而且使政府部门控制公司的行为合法化。

此外，现行有关规章过多地、不具体地规定了国家股股权代表的义务。如"国有股权代表必须维护国有股的合法权益，对国有资产保值、增值承担明确责任①"。却没有规定国家股股权代表应有的利益。因为现有规章明确规定"国家股股利收入由国有资产管理部门监督收缴，依法纳入国有资产经营预算并根据国家有关规定安排使用"②，上述规定的结果导致国家股股权代表缺乏作为所有者利益的驱动力，更多的是向委派他的政府部门负责，不能很好地行使作为股东对公司控制的权力。

2. 对小股东的权益保护较弱

股东是通过股东大会来行使对公司控制权的，而法律只规定"股东出席股东大会，所持每一股份有一表决权"③。这样在国有股所占比重过高的公司中，小股东们因对出席股东大会行使股东权利不感兴趣而不出席股东大会，使之形同虚设。

3. 董事会没有行使监督职能

董事会是代为股东的理财人。现行法律没有规定董事会对董事和经理的监督职能，使董事和经理的行为缺少董事会的监督，弱化了股东对

---

① 《股份制试点企业国有股权管理暂行规定》第 14 条。
② 《股份有限公司国有股权管理暂行办法》第 25 条。
③ 《中华人民共和国公司法》第 106 条。

公司的控制。

4. 监事会的监督作用不到位

从一定意义上讲，监事会是在股东大会闭会期间，代表股东对董事、经理等公司经营管理人员的行为进行约束的机构。我国公司法所规定的监事会职权不仅权力规定得不充分，而且规定的是监事会对董事和经理行为进行事后的、被动的监督。如规定监事会对董事、经理执行公司职务时，违反法律、法规或公司章程的行为进行监督①。这样的规定不利于约束董事和经理的行为。

5. 证券市场对公司机构制衡影响极弱

目前我国有关规范证券市场方面的法律不健全，其结果是占股份总数比例大头的国家股、法人股不能公开流通转让。而在证券市场上公开流通转让的仅是占股份数量很少的个人股（即自然人持有的股份）。这样的证券市场不可能对董事和经理人员造成压力。

（二）完善我国公司治理结构的法律措施

由于我国公司制度恢复时间不长，要完善我国公司治理结构是需要有一个过程的。从法律制度方面看，当前应采取的法律措施主要有：

1. 国家股股权代表必须法定化

建议制定有关规范国家股股权代表方面的法律：（1）对国家股股权代表的来源、资格作出明确的规定，使之法定化。禁止政府有关部门委派国家股股权代表，以防止政府干预公司内部事务，造成新的"政企不分"。（2）明确规定国家股股权代表的权利和义务。（3）为约束和激励国家股股权代表，还应规定担任国家股股权代表的人在法定期限内，必须持有所在公司一定数额的股份。

2. 建立限制表决权行使制度和累积投票制度

为了防止大股东操纵股东大会，在一定程度上平衡小股东与大股东之间的利益关系，应当借鉴外国经验，建立限制表决权行使制度和累积

---

① 《中华人民共和国公司法》第126条。

投票制度。即由公司章程规定一个股东持有的股份达到一定比例时，减少其投票权的数额①；由法律规定，股东在股东大会选举董事和监事时，享有累积投票权，以保障小股东将代表其利益和意志的代言人选入董事会和监事会②。

3. 完善董事会的组成及其职能

为了使董事会能更好地发挥作用，建议法律对董事资格、董事会的组成及其职能增加下述规定：（1）专职董事必须是股东。董事必须购买公司一定数额的股份。董事持股可将其切身利益与公司经营绩效挂起钩来，有助于激励董事做好工作③。（2）董事会由内部董事和外部董事所组成。内部董事是指公司专职董事，负责各项具体工作；外部董事是指兼职董事，通常为各方面的专家，参加董事会议，为公司经营决策提供咨询和建议。（3）董事会行使监督董事和经理执行职务的职权。由于董事长和副董事长由董事会选举产生，理应接受董事会的监督。其他董事所执行职务是董事会委托的，作为被委托人的董事，当然要接受委托人董事会的监督。而公司经理因是由董事会聘任和解聘，董事会当然有权对其进行监督。

4. 强化监事会的监督职能

为使监事会能有效地行使监督职权，建议法律对监事会的组成及职能增加以下规定：（1）监事会成员中必须有精通公司业务、财务、法律的人员。（2）监事会享有事先监察权。主要包括：①有权直接调查公司的业务及财产状况，②董事会、经理定期向监事会汇报业务执行情况等。（3）监事会享有代表公司提起诉讼的权利。当董事、经理的行为侵害公司利益时，监事会有权代表公司对其提起诉讼，以维护股东和公司的利益。

本文原载于《法制与社会发展》1999年第2期。

---

① 王保树、崔勤之：《中国公司法》，中国工人出版社，1995，第196页。
② 刘俊海：《股份有限公司股东权的保护》，法律出版社，1997，第196页。
③ 参见何自力《法人资本所有制与公司治理》，南开大学出版社，1997，第281页。

股份有限公司设立失败的
法律后果

股份有限公司通常是现代企业采取的组织形式。股份有限公司设立的成败对社会经济生活产生一定的影响。本文仅就股份有限公司设立失败的原因及后果作些探讨。

一 公司的设立与公司设立的失败

(一) 公司必须依法设立

公司设立主要是指发起人为组建公司并取得法人资格，依照法律规定所实施的行为。公司设立的条件、原则、方式及程序都要符合法律的规定。

公司设立的条件又称公司设立的要件，各国公司法大都对此作出了明确的规定，即设立公司必须具备法律规定的人、物和行为三要件。

其一，所谓人的要件是指法律对发起人的人数和资格的规定。绝大多数国家的法律都对发起人的最低人数作了明确规定，只有极少数国家的法律对发起人人数不作规定。关于发起人的资格，从各国和地区的公司法对此规定看，大体可分为两类：一类是对发起人资格不作限制性规定，任何法人和自然人都可成为发起人；另一类是对发起人资格作出限制性规定，主要有以下几种：（1）对发起人能力和身份的限制规定，

（2）对发起人国籍的限制规定，（3）对发起人住所的限制规定。

其二，所谓物的要件是指法律对设立公司资本数额的规定。股份有限公司的资本是公司从事经营活动的物质基础。为保障公司的正常运营，保护公司债权人利益和交易安全，各国公司法都对设立股份有限公司最低注册资本额作出了明确规定。

其三，所谓行为的要件是指法律对公司章程的制定及记载事项的规定。公司章程是规定公司的组织及运营基本规则的文件。各国公司法大都规定，股份有限公司的章程由发起人采用书面形式共同制定，并载明法律规定必须记载的事项，即绝对记载事项。

公司的设立除具备法律规定的条件外，还要按照法律规定的原则、方法以及程序进行。当今公司法律规定，公司设立的原则主要有二：一是许可设立原则。这是指公司的设立必须具备法定条件，并经国家主管机关批准才可设立。我国公司法对股份有限公司的设立，就采取许可设立原则。二是准则设立原则。这是指公司设立的必备条件由法律作出规定，凡具备法定条件的就可设立。西方各国公司法对公司的设立普遍采取准则设立原则。公司设立的方式也有两种：一种是发起设立，是指由发起人认购公司应发行的全部股份，不向发起人之外的任何人募集而设立公司。另一种是募集设立，是指由发起人认购公司应发行股份的一部分，其余部分向社会公开募集而设立公司。设立公司究竟采取哪种方式，一般是由发起人自行抉择。

此外，设立程序也是公司设立必须遵循的法定步骤。股份有限公司的设立程序，因公司所采取的设立方式不同而有所区别。简单地说，采取发起方式设立公司的程序是制定公司章程；发起人认购股份；全体发起人选举董事和监事，建立公司机关；设立登记并公告。采取募集方式设立公司的程序为制定公司章程；发起人自认股份；向社会公开募集股份；召开创立大会，选举董事和监事，建立公司机关；设立登记并公告。需要说明的是，采取许可设立原则的国家，其股份有限公司设立程序还应包括经国家主管机关批准。

（二）设立中的公司的当事人

自制定公司章程起，至公司设立登记完成前，尚未取得法人资格的公司称为设立中的公司。而设立中公司的当事人主要有发起人、认股人、董事和监事等。

第一，发起人。发起人是按照公司法规定制定公司章程，认购其应认购的股份，承担公司筹办事务，并对公司设立承担责任的人。发起人是公司设立过程中最重要的当事人。

第二，认股人。认股人是以募集方式设立公司过程中，认购公司股份的人。认股人同样是公司设立过程中重要的当事人。认股人有权出席创立大会，选举公司的董事和监事，并对公司是否设立行使决定权。

第三，董事和监事。按照法律规定，以发起方式设立公司的，在发起人交付全部出资后，选举董事和监事；以募集方式设立公司的，由创立大会选举董事和监事。这表明，在公司设立阶段董事和监事就已经产生，并就公司设立履行着相应的职责。因此，董事和监事也是公司设立过程中的重要当事人。

（三）公司设立失败的表现形式

公司设立失败即公司设立没能成功，这主要是公司设立过程中，没有依法运作而导致的必然结果。公司设立失败包括公司设立不能和公司设立无效两种形式。

所谓公司设立不能是指在公司设立过程中，由于某种原因，导致公司不能成立。所谓公司设立无效是指已经登记注册，即已经成立的公司，因公司设立行为违反法律规定而导致公司成立无效。

二　公司设立不能

（一）公司设立不能的缘由

在公司设立过程中，由于实质方面或程序方面的欠缺，以及创立大会的决议，而引起公司设立不能。其主要表现为：

1. 资金未能按期募足。资金未能按期募足有以下情况：其一，采取发起方式设立公司的，发起人没能认足公司应发行的股份并缴纳股款。其二，采取募集方式设立公司的，公司发行的股份未能按期认足，或股份虽已按期认足，但未能缴足股款。由于资金没能按期募足，使公司设立缺少法定必备的物的要件，公司当然设立不能。

2. 没经国家主管机关批准或国家主管机关不批准。采取许可设立原则的国家，公司的设立须经国家主管机关批准，这是公司设立必经的法定程序。另外，如果公司设立没有被国家主管机关批准，那么公司当然不能设立。

3. 发起人未按期召开创立大会。创立大会通常被认为是股份有限公司募集设立过程中的决议机构。召开创立大会是采取募集方式设立公司必经的法定程序。创立大会应由发起人在法定期限内负责召集和主持。如果发起人没有在法律规定的期限内召开创立大会，不仅违反了法定程序，而且使公司的董事和监事不能产生，公司机关无法建立，公司也不能设立。

4. 创立大会作出不设立公司的决议。各国公司法大都规定，由认股人组成的创立大会，有权作出不设立公司的决议。该决议一经作出，公司便设立不能。当然，不设立公司的决议通常是在发生不可抗力或者经营条件发生重大变化，直接影响公司设立的情况下才作出的。

5. 没有进行或不给予设立登记。设立登记是公司设立必经的最后一道程序。如果公司没有到法定登记机关进行设立登记或法定登记机关不给予登记，公司则不能成立。

（二）公司设立不能法律责任的承担

由于某种原因导致公司设立不能，其法律后果主要是对公司设立期间所产生债务的履行问题。公司设立不能由谁对债权人承担责任呢？笔者认为，这主要应由发起人来承担。发起人是设立中公司最重要的当事人。在公司设立过程中，发起人所处的地位应当从以下两个方面来确定：先从发起人作为个人来说，其法律地位表现在发起人之间的关系中。数个发起人以设立公司为目的结合在一起。他们为设立公司往往要签订设立公司协议。各发起人基于设立公司协议，制定公司章程，履行其他义务。发起人签订的设立公司的协议，从性质是讲属于民法的合伙合同。所以，发起人之间的关系是合伙关系。从发起人作为一个整体来说，其法律地位表现在发起人与设立中公司的关系中。每个发起人都是设立中公司原始组成人员。设立中的公司是无权利能力社团。发起人作为整体是设立中公司的执行机关，对外代表设立中的公司，对内履行设立义务。当公司设立不能时，设立中公司消失，对设立公司行为所造成的后果，当然要由全体发起人按照合伙合同承担连带责任。

在公司设立过程中，由于发起人的行为往往直接关系到债权人、认股人以及即将成立的公司的利益，关系到交易的安全和社会经济秩序的稳定。所以，公司法对发起人规定了严格的法律责任。当公司设立不能时，发起人应承担以下责任：

其一，发起人对设立行为所产生的债务和费用负连带责任。公司设立不能时，发起人所承担的责任是公司法规定的一种特有责任。这主要表现在：（1）发起人所承担的责任是无过错责任，即只要公司设立不能，发起人有无过错，都要承担责任。（2）发起人所承担的责任是连带责任。为保护第三人的利益，加重发起人的责任，责任的承担不以有行为的发起人为限，一切发起人负连带责任。

其二，发起人对认股人已缴纳的股款，负返还股款并加算银行同期存款利息的连带责任。认股人因认购了公司股份与发起人之间形成了股份认购合同关系。当公司设立不能时，股份认购合同随之被解除，发起人与认股人双方均应恢复到没有出售和认购股份前的状态。公司法从保护弱者的立场出发，为保护认股人的利益，当公司设立不能时，把认股人作为特殊的债权人加以保护，即规定当公司设立不能时，认股人有按照所缴股款并加算银行同期存款利息，要求发起人返还的权利。

公司设立不能，除了发起人应承担主要责任外，董事也应承担一定的责任。这主要有以下情况：第一，在公司设立过程中，为设立公司，董事受设立中公司的委托，以设立中公司名义所产生的债务，应由董事与发起人一起负连带责任。第二，董事超越了代理权限或以自己的名义所产生的债务，董事应当自己承担责任。

三　公司设立无效

（一）公司设立无效的原因

公司设立无效主要是因设立行为违反法律规定引起的。具体地说，公司设立无效的原因可分为以下两个方面：

1. 设立公司的发起人违反主体资格的要求。主要有（1）公司发起人或股东中有无行为能力人或限制行为能力人，这些人所实施的设立公司的行为无效。（2）发起人或股东所实施的设立公司的行为，并非是其真实的意思表示，而相对人已知或可知其真意的。

2. 违反法定条件和法定程序。设立行为本身的缺陷可使公司设立无效。主要表现为公司设立违反公司法规定的条件和程序。

（二）公司设立无效的处置

1. 公司设立无效补正。有些国家通过补正措施，消除公司设立行为的缺陷，使公司继续存在，以防止因公司设立无效影响公司已形成的各种社会关系，维护社会经济秩序。

2. 公司设立无效诉讼。德国、法国、日本等国家公司法规定，公司设立无效只能通过诉讼方式，由股东、董事或监事向总公司所在地的地方法院提出，由法院判决确定。

（三）公司设立无效的后果

公司设立无效的法律后果主要是：

其一，公司设立无效经法院判决确定时，公司视同解散，即进入清算程序，清算完结，公司即告消灭。有些国家规定，公司被判决设立无效的，应在判决确定时进行无效登记①。值得注意的是，日本《商法典》还对经判决确定设立无效公司不进入清算程序的例外情况作了规定，即在公司设立无效经判决确定的场合，如公司设立无效的原因仅存于某股东，由其他股东协议一致，该公司可以继续存在，而存在无效原因的股东视为退出公司。

其二，公司设立无效判决的效力也及于第三人，但无溯及效力，不影响判决确定前公司、股东、第三人之间产生的权利和义务。原则上，无论是公司还是股东均不得利用设立无效对抗善意第三人②。

其三，在公司设立无效的诉讼中经法院判决原告败诉的场合，如原告有恶意或重大过失的，应对公司负连带的损害赔偿责任。

（四）完善我国公司设立无效的法律措施

我国公司法没有公司设立无效的规定，仅有公司设立撤销的内容。如我国公司法规定，公司设立撤销的原因是，办理公司登记时，虚报注册资本、提交虚假证明文件或者采取其他欺诈手段隐瞒重要事实取得公司登记，情节严重的。出现上述情况的公司，由公司登记机关撤销公司登记，吊销营业执照。从上述规定的内容看，我国公司法关于公司设立撤销的规定，实质上是对已成立的公司，一经确定为设立无效情节严重而采取的处理办法。因此，笔者主张，借鉴法国、日本等国家公司立法的经验，结合我国实际，在公司法已有的公司设立撤销规定的基础上，引入公司设立无效制度，以完善我国公司立法，其主要法律措施是：

1. 对公司设立无效原因的规定补充以下内容：（1）某发起人或股东无行为能力，或其意思表示有缺陷；（2）公司章程绝对记载事项欠缺或记载违法；（3）公司设立程序违反法律规定等。

2. 对公司设立无效的处理规定，补充以下内容：（1）公司设立无效，只能在公司成立后法定期间内（如从成立之日起2年内）由公司股东、

---

① 参见《联邦德国股份公司法》第275页第二款；日本《商法典》第137条，第227、598页。

② 参见《法国商事公司法》第369条，第508页。

董事、监事或债权人等相关人员，向公司所在地的公司登记机关，提出确认公司设立无效，撤销该公司的申请。（2）公司登记机关接到申请后，经调查核实确认设立无效的，应责令该公司改正，并给予相应处罚；情节严重的，撤销公司登记。

3. 对公司设立无效的法律后果作出规定：（1）公司设立无效经公司登记机关确认，撤销其登记后，公司立即进入解散清算程序，清算完结，公司即告消灭。（2）公司因设立无效被撤销的效力也及于第三人，但无溯及力。

本文原载于《法学杂志》1999年第3期。

我国企业集团法律规制的
现状与课题

　　企业集团是社会化大生产和商品经济高度发展的必然产物。它于 19 世纪末 20 世纪初出现在西方国家。到 20 世纪 80 年代，企业集团也在我国陆续涌现。可以说，作为一种企业组织形式的企业集团，已经普遍出现于当今世界各国的经济生活中。而企业集团法就是规定企业集团的设立、组织、解散以及内部、外部法律关系的法律规范的总称。本文通过揭示我国企业集团及其立法的发展进程，对如何健全、完善我国企业集团法律制度进行初步探讨。

一　我国企业集团及其立法的历史沿革

　　我国企业集团是经济体制改革不断深化，企业间横向经济联合高度发展的结果。而我国企业集团立法则是随着企业集团的出现而产生，伴随着企业集团的发展而逐渐发展的。反过来，企业集团立法又对企业集团的发展起到了推动和规范的作用。我国企业集团及其立法的进程，大体可分为以下四个阶段。

（一）第一阶段：从 1980 年至 1985 年

　　这个阶段是我国企业集团萌芽和企业集团立法起步的时期。1978 年底我国开始进行经济体制改革，使企业有了更多的经营自主权。于是一些地方的企业便自发地进行联合，出现了企业间横向经济联合体。这就是我国企业集团的雏形。

为了鼓励企业扬长避短走联合之路，国务院于 1980 年 7 月 1 日发布了《关于推动经济联合的暂行规定》（以下简称《暂行规定》）。从广义来讲，《暂行规定》是我国第一个规范企业集团的法律文件。由于当时企业联合才开始，与之相对应的该法规也仅就企业联合问题作了原则性规定，即走联合之路，组织各种形式的经济联合体，是调整好国民经济和进一步改革经济体制的需要，是我国国民经济发展的必然趋势。组织联合不受行业、地区和所有制、隶属关系的限制，但不能随意改变联合各方的所有制、隶属关系和财务关系。联合的形式要从实际出发，允许多种多样，不要硬套某种模式。在《暂行规定》的指导下，全国各地的企业联合有了很大的发展。

（二）第二阶段：从 1986 年至 1990 年

这个阶段是我国企业集团初步形成和在法律上开始使用企业集团概念的时期。国务院根据企业间横向联合发展的实际情况因势利导，于 1986 年 3 月 23 日发布了《关于进一步推动横向经济联合若干问题的规定》（以下简称《规定》），该法规第一次使用了"企业集团"这个概念。即规定企业之间的联合是横向经济联合的基本形式，是发展的重点，要通过企业之间的横向经济联合，逐步形成新型的经济联合组织，发展一批企业群体或企业集团。

为配合《规定》的贯彻实施，政府有关部门颁布了规章，如财政部发布了《关于促进横向经济联合若干税收问题的暂行办法》、中国人民银行发布了《关于搞好资金融通支持横向经济联合的暂行办法》、国家工商行政管理总局发布了《关于经济联合组织登记管理暂行办法》等。一些地方政府也根据本地的情况，颁布了地方规章，如上海市就发布了《关于进一步推动横向经济联合的试行办法》。上述规定有力地推动了企业间横向经济联合向深度和广度发展，陆续涌现出一批冠以"企业集团"名称的经济联合体。如以长春第一汽车制造厂为核心，围绕开发解放系列汽车产品而组成的"解放汽车工业集团";以武汉第二汽车制造厂为核心,围绕开发东风系列汽车产品而组成的"二汽集团",等等。

1987 年初,国务院批转了国家计委《关于大型工业联营企业在国家计划中实行单列的暂行规定》。同年 12 月国家体改委、国家经委联合发布了《关于组建和发展企业集团的几点意见》。这样,在经济体制改革的推动下,企业集团得到了空前发展。据当时对 36 个省、自治区、直辖市和计划单列市的不完全统计,经批准和在各级工商行政管理局注册登记的企业集团已有 1600 多家①。

(三) 第三阶段:从 1991 年至 1994 年

这个阶段是我国企业集团试点和对企业集团进行法律规范的时期。为促进企业集团真正走上规范化发展的轨道,国务院于 1991 年决定,选择一批大型企业集团分期分批进行试点,于同年 12 月 14 日批转了国家计委、国家体改委、国务院生产办公室《关于选择一批大型企业集团进行试点的请示》(以下简称《请示》),并公布了第一批 57 家试点企业集团名单。该《请示》对试点企业集团必须具备的条件、选择试点企业集团应遵循的原则以及试点企业集团的管理体制等问题作了规定。特别要提及的是,1992 年我国确立了经济体制改革的目标是建立社会主义市场经济体制。而企业集团则是适应市场经济需要的一种新型经济组织形式。因此,组建和发展企业集团对推进经济体制改革和经济增长方式的根本性转变具有重要意义。1993 年 12 月 29 日八届人大常委会五次会议通过,1994 年 7 月 1 日起施行的《中华人民共和国公司法》(以下简称《公司法》),为企业集团按照现代企业制度进行规范提供了法律依据。

第一批 57 家试点企业集团取得了积极进展,基本达到了试点的目的。主要表现在:(1) 进行了以资本为联结纽带、理顺企业集团内部关系的探索,扩展了企业集团功能,壮大了集团实力,初步形成了一批在市场上具有一定竞争力的企业集团,对促进结构调整和提高规模效益起

---

① 参见杜飞进《企业集团论》,人民出版社,1994,第 77~79 页。

到了一定的积极作用；（2）深化了企业集团内部改革，促进了企业经营机制的转变，提高了企业经营管理水平；（3）通过试点，对全国企业集团的建设、发展起到了一定的示范作用。

（四）第四阶段：从 1995 年至现在

这个阶段是扩大企业集团试点规模和对企业集团进一步加强法律规范的时期。为改变当时企业集团的核心企业与成员企业之间大多为非产权关系状况，力争在较短时间内以较低的代价实现产权联结，国家国有资产管理局于 1996 年 9 月 11 日印发了《关于企业集团国有资产授权经营的指导意见》。国有资产授权经营的实质是通过政府授权持股方式，对集团企业进行产权重组，确定核心企业与成员企业间的母子公司产权关系。

1997 年国务院选择 63 家大型企业集团参加试点，同年 4 月 29 日批转了国家计委、国家经贸委、国家体改委《关于深化大型企业集团试点工作的意见》，试点企业集团由 57 家扩大到 120 家。为加强对企业集团的登记管理，1998 年 4 月 6 日国家工商行政管理局制定了《企业集团登记管理暂行规定》。当前，我国大型企业集团的试点工作正依法深入进行。在国民经济关键领域和关键行业中形成的一批大型企业集团，积极发挥着骨干作用。

二　我国现行法律对企业集团的规制

我国现行法律对企业集团进行的规制，主要有以下几个方面：

（一）企业集团的定义和法律地位

企业集团是指以资本为主要联结纽带的母公司为主体，以集团章程为共同行为规范的母公司、子公司、参股公司及其他成员企业或机构，共同组成的具有一定规模的企业法人联合体。企业集团不具有企业法人资格[①]。

---

① 《企业集团登记管理暂行规定》第 3 条。

（二）企业集团应当具备的条件

企业集团应当具备下列条件：（1）企业集团的母公司注册资本在 5000 万元人民币以上，并至少拥有 5 家子公司；（2）母公司和子公司的注册资本总和在 1 亿元人民币以上；（3）集团成员单位均具有法人资格①。

（三）企业集团的构成

企业集团由母公司、子公司、参股公司以及其他成员单位组建而成。母公司应当是依法登记注册，取得企业法人资格的控股企业；子公司应当是母公司对其拥有全部股权或者控股权的企业法人；企业集团的其他成员应当是母公司对其参股或者与母子公司形成生产经营、协作联系的其他企业法人、事业单位法人或者社会团体法人②。

（四）企业集团成员单位为公司的种类、条件及组织机构

企业集团中企业法人采用公司组织形式的，其种类为有限责任公司和股份有限公司两种③。

通常有限责任公司应当具备下列条件：（1）股东人数为 2 个以上 50 个以下。（2）公司注册资本不得少于法定最低限额，即①以生产经营为主或以商品批发为主的 50 万元人民币；②以商业零售为主的 30 万元人民币；③从事科技开发、咨询、服务的 10 万元人民币。（3）有股东依法共同制定的公司章程。（4）有公司名称和符合有限责任公司要求的组织机构。（5）有固定的生产经营场所和必要的生产经营条件④。

股份有限公司应当具备下列条件：（1）股东人数为 5 个以上；（2）公司注册资本最低限额为 1000 万人民币；（3）有依法制定的公司章程；（4）有公司名称和符合股份有限公司要求的组织机构；（5）有固定

---

① 《企业集团登记管理暂行规定》第 5 条。
② 《企业集团登记管理暂行规定》第 4 条。
③ 《中华人民共和国公司法》第 2 条。
④ 《中华人民共和国公司法》第 19 条、第 23 条。

的生产经营场所和必要的生产经营条件①。

有限责任公司组织机构的构成有三种：（1）一般的有限责任公司为股东会、董事会、经理和监事会；（2）股东人数较少和规模较小的有限责任公司为股东会、执行董事、经理和监事；（3）国有独资有限责任公司为国家授权投资的机构或者国家授权的部门、董事会、经理和监事会②。

（五）母公司对全资子公司行使的权利和承担的责任

母公司对全资子公司行使以下权利：（1）决定子公司的经营方针、经营形式和经营方向。（2）决定子公司的领导体制，并选择经营者。（3）核定子公司的合并、分立、资产抵押担保等事宜。（4）核定子公司的重大投资决策。（5）核定子公司的对外投资、设立企业行为。（6）核定子公司的负债规模。（7）核定子公司的收益分配，收取投资收益。（8）对子公司进行审计和监督。

母公司对子公司承担以下责任：（1）以其对子公司的出资额为限承担责任。（2）尊重子公司的法人财产权，不干预子公司的日常经营决策。（3）除经法定程序外，不得以任何形式抽取在子公司的资本金。（4）建立集团内共有的信息网络，对子公司的经营进行必要的指导③。

（六）企业集团的设立登记

企业集团设立登记的主管机关为：国家试点企业集团，由国家工商行政管理总局或者其授权的地方工商行政管理局登记；其他企业集团由其母公司的登记发照的工商行政管理局登记。企业集团的设立登记，由企业集团的母公司向登记主管机关提出申请，提交下列主要文件：（1）母公司法定代表人签署的登记申请书；（2）企业集团章程；（3）企业集团成员的法人资格证明；（4）母公司对集团成员企业的持股证明或者出资证明。组建企业集团，依照国家法律、行政法规需由有关政府部门审

① 《中华人民共和国公司法》第73条、第75条、第78条。
② 《中华人民共和国公司法》第37条、第45条、第50条、第51条、第52条、第66条。
③ 参见《关于企业集团国有资产授权经营的指导意见》（六）。

批的，还要提交政府有关部门的批准文件。国家试点企业集团要提交国务院的批准文件和其他有关文件①。

企业集团的登记事项包括：企业集团名称，母公司名称、住所，成员企业。企业集团设立登记申请，经登记主管机关核准登记，发给《企业集团登记证》，该企业集团即告成立②。

三 当前我国企业集团立法的主要课题

（一）我国企业集团立法欠完善

我国企业集团从产生发展至今已近 20 年，但总的来说，仍处于初级阶段。企业集团是公司采取外部扩张的新形式。企业集团化是以企业公司化为基础的，没有成熟的公司就不会有成熟的企业集团。而我国企业公司化的时间不长，致使我国企业集团的发展欠缺发达的公司这一基础条件③。此外，有些企业集团松散，内部缺乏资本这一联结纽带；有些企业集团内部管理制度不完善；还有些企业集团规模偏小，经济实力不强，缺乏国际竞争能力，等等。

伴随企业集团出现而产生的我国企业集团立法，虽然对企业集团的发展起到了积极的促进作用，但仍不健全、不完善。现行规范企业集团的法律不仅级别较低，绝大部分是法规和规章，而且规范的内容较少，特别是企业集团内部成员单位之间的关系缺乏法律规制；对企业集团统一经营产生垄断的可能性尚无法律对策，等等。这种立法状况，远不能适应企业集团发展的需要。

（二）我国企业集团立法的主要课题

为使我国企业集团沿着规范化的轨道健康发展，首先，应当使现有

---

① 参见《企业集团登记管理暂行规定》第 7 条、第 8 条、第 10 条、第 11 条。
② 参见《企业集团登记管理暂行规定》第 9 条、第 13 条。
③ 参见龙卫球、陈发启《于联合中求发展——企业集团的法律透视》，贵州人民出版社，1995，第 2 页。

企业集团按照现行有关规范企业集团的法律进行规范。特别是要按照《公司法》的规定进行规范。其一，凡采用公司形式的企业集团成员单位，其公司种类、具备条件以及组织机构的设置等，都要符合《公司法》的规定。其二，按照《公司法》的要求，理顺企业集团有关成员单位之间的投资关系，使企业集团成为以资本为主要联结纽带的企业法人联合体。

其次，要健全、完善企业集团立法，为企业集团的健康发展提供法律支持和保障。笔者认为，当前我国企业集团立法的当务之急是规范企业集团内部关系问题。我国企业集团作为适应社会主义市场经济和社会化大生产客观需要而出现的一种新的企业组织形式，它既不同于单个企业，也不同于联营企业，其内部有特殊的结构形式和运行方式。主要表现在：一方面，每个成员单位都具有法人资格，即具有独立的法律地位。这表明，企业集团成员单位之间在法律上是各自独立、平等的横向并列关系。另一方面，成员单位之间又有着控股或参股的关系，或有着生产经营、协作联系。这使得控制公司（或称母公司）居于支配地位，不仅决定企业集团的经营战略和发展目标，而且还通过控股、参股或其他形式对从属公司（或称子公司、参股公司以及其他成员单位）① 实施实际上的控制。这表明企业集团成员单位之间在经营运行上是非独立、不平等的控制与被控制的纵向关系。上述企业集团内部关系的特殊性，必然要求运用特殊的法律规则对其进行调整和规范。这就给我国企业集团立法提出了以下主要课题：

1. 关于成员单位的公司之间相互持股的规制。为保证公司的正常运营和维护公司债权人的利益，防止公司资本虚假，法律应当对成员单位的公司之间相互持股作出限制性规定。借鉴外国法律的有益经验，结合我国的实际情况，笔者认为我国法律应当规定，公司之间相互持股，一个公司持有另一个公司的股份达到 10% 时，前者应当立即通知后者，后者必须将持有的前者股份卖出。

2. 关于控制公司行使经营管理权的规制。企业集团在从事经营活动时，控制公司处于支配地位，从属公司接受控制公司的领导和管理，贯

---

① 因中国企业集团内部结构的发展方向，是采取母子公司为主体，为叙述方便，下面将企业集团内部成员单位笼统分为控制公司和从属公司两类。

彻执行控制公司的指示和决策。基于法律公平思想和保护弱者的观念，笔者主张，法律要规定控制公司应当遵循合法经营的规则，谨慎行使经营管理权，不得干预从属企业具体的经营活动。

3. 关于保护从属公司及其少数股东利益的规则。由于从属公司在控制公司的控制之下，从属公司及其少数股东的利益容易受到控制公司的侵害。为保障从属公司及其少数股东的利益，法律应当作出如下规定：（1）从属公司有权拒绝控制公司作出的，可能置从属公司于死地的指令①。（2）从属公司的董事必须把本企业利益放在首位，不得为控制公司的利益忽视或损害本公司利益。（3）控制公司使从属公司从事对其不利经营活动时，从属公司少数股东可代表从属公司对控制公司提起诉讼。（4）因控制公司的行为致使从属公司少数股东个人利益受到损害时，从属公司少数股东有权请求控制公司予以赔偿。（5）控制公司因滥用管理权或决策失误，给从属公司造成损失，应当承担补偿和损害赔偿责任。

4. 关于保护从属公司债权人利益的规制。由于控制公司与从属公司在经济地位上不平等，从属公司依附控制公司，两者之间有连带关系。因此，为保护从属公司债权人的利益，维护交易安全，法律应规定：（1）控制公司与从属公司之间发生的，一切旨在损害从属公司债权人利益的交易无效。（2）控制公司与从属公司为母子公司关系，控制公司对从属公司的投资不到位，当从属公司因其财产不能清偿债务时，控制公司对从属公司债权人负有偿还责任。（3）控制公司向从属公司转嫁损失或风险的，控制公司对从属公司的债务应承担连带责任。

总之，目前我国的企业集团正处在初级发展阶段，健全和完善我国企业集团立法的许多课题已经摆在面前。而企业集团立法的健全、完善是需要一个过程的，我们应当分轻重缓急逐步完成，以促进和保障我国企业集团规范、健康地发展。

本文原载于《经济法论丛》1999 年第 2 期。

---

① 参见龙卫球、陈发启《于联合中求发展——企业集团的法律透视》，贵州人民出版社，1995，第 131 页。

关于公司设立规则的修改建议

——从公司设立的现行规定谈起

1993 年 12 月八届人大常委会五次会议通过，1994 年 7 月实施的《中华人民共和国公司法》（以下简称《公司法》），是新中国第一部公司法，是我国社会主义市场经济法律体系中的一部重要法律。《公司法》实施几年来，对建立现代企业制度，规范公司的组织和行为，保护公司、股东和债权人的权利和合法利益，维护社会经济秩序，促进社会主义市场经济的发展起了重要作用。但也暴露出一些问题，立法方面的不完善，影响公司法的实施，就是其中之一。这主要涉及三个方面的问题：

第一是《公司法》与相关法律的协调问题。《公司法》与《中华人民共和国中外合资经营企业法》、《中华人民共和国中外合作经营企业法》、《中华人民共和国外资企业法》（以下简称"三资企业法"），以及《公司法》与《中华人民共和国全民所有制工业企业法》之间如何协调，是公司法实施过程中遇到的一个问题。例如，《公司法》规定："外商投资的有限责任公司适用本法，有关中外合资经营企业、中外合作经营企业、外资企业的法律另有规定的，适用其规定。"① 这表明，外商投资的有限责任公司优先适用"三资企业法"，"三资企业法"没有规定的，适用《公司法》。而"三资企业法"与《公司法》有不少地方的规定是不一致的。像股东缴纳出资的原则，"三资企业法"规定实行授权资本制，而《公司法》则规定实行法定资本制。关于组织机构的设置，"三资企业法"规定公司不设股东会，董事会是公司的权力机关；而《公司法》

---

① 《中华人民共和国公司法》第 18 条。

则规定一般公司设股东会，股东会是公司的权力机关，等等。《公司法》与"三资企业法"的不协调，这种立法上的双轨制，造成了外资有限责任公司与内资有限公司法律规范的不一致，影响了《公司法》的贯彻实施。

第二是与《公司法》配套法规的完善问题。1994 年 7 月《公司法》开始实施时，国务院曾设计规定一批与之相配套的法规。但时至今日，仅出台了《中华人民共和国公司登记管理条例》等少数几个。如现有国有企业改建为公司的问题，《公司法》只规定了国有企业改建为公司的形式，并写明"国有企业改建为公司的实施步骤和具体办法，由国务院另行规定"①。而国务院对此却未作出规定。由于与《公司法》配套的法规迟迟没有颁布，给《公司法》的实施带来了困难。

第三是《公司法》自身存在的问题。通过几年实施，人们发现《公司法》本身也存在一些问题。其一，有的规定过严。如关于公司注册资本最低限额的规定，关于公司转投资数额的规定等。其二，有的规定不易操作。如关于公司合并的规定，《公司法》仅规定"公司合并，应由合并各方签订合并协议"②，而协议具体内容、协议效力以及发生问题如何处理等均未规定，缺乏可操作性。其三，不少规定欠完善。如公司法人治理结构问题、股东权的保护问题，以及公司债权人的问题等。《公司法》自身存在的问题亟待解决。

为更好地实施《公司法》，深化企业改革，建立现代企业制度，从立法角度讲，当前应着重抓好两项工作：（1）国务院应当抓紧制定与《公司法》相配套的法规。（2）国家立法机关应当尽快对《公司法》进行修改和完善。

笔者认为，《公司法》的修改，固然要考虑我国国情，但不可忽视的是，公司制度是人类的共同财富，随着我国加入世贸组织，世界经济一体化进程的加快，《公司法》的修改，更应借鉴国外公司立法的有益经验，使我国的《公司法》与国际接轨。只有这样，才能更好地建立现代

---

① 《中华人民共和国公司法》第 21 条第 2 款。
② 《中华人民共和国公司法》第 184 条第 3 款。

企业制度，促进我国市场经济健康发展。由于《公司法》的修改会涉及许多方面的问题，这里，笔者仅就《公司法》对公司设立方面的现行规定，谈谈自己的看法并提出修改建议，供立法机关参考。

公司的设立是指，公司设立者（创办者）为取得合法的公司运营资格，依照法定程序实施相关行为的过程。公司的设立涉及设立的原则、设立的条件以及相关人员的法律责任等问题，各国公司法都对上述问题作了规定。①

一 公司设立的原则

公司设立采取什么原则，这是公司立法必然要涉及的一个问题。纵观当今各国公司法律，公司设立的原则主要有许可设立和准则设立两种。许可设立原则又称许可主义，即公司先具备法律规定的设立条件，再经国家行政机关批准才可设立。准则设立原则又称准则主义，即公司只要具备法律规定的设立条件，不必经过国家行政机关批准，直接由公司登记机关注册登记为公司。现今，西方大多数国家，除对特殊公司的设立采取特许设立原则，即公司由特别法律准许设立外，均采用准则设立原则。

我国《公司法》对公司设立原则的规定为："设立有限责任公司、股份有限公司，必须符合本法规定的条件。符合本法规定的条件的，登记为有限责任公司或者股份有限公司；不符合本法规定的条件的，不得登记为有限责任公司或者股份有限公司。"② 这表明，我国公司设立采用准则设立原则。但该法又规定，设立有限责任公司，法律、行政法规规定须经有关部门审批的，应在公司登记前依法办理审批手续；③

---

① 因我国《公司法》只规定有限责任公司和股份有限公司两种公司形式，为利于《公司法》的修改，本文在引用外国法时，只引用这两种公司法的规定。
② 《中华人民共和国公司法》第 8 条第 1 款。
③ 《中华人民共和国公司法》第 8 条第 2 款、第 27 条第 2 款。

"股份有限公司的设立，必须经过国务院授权的部门或者省级人民政府批准。"① 这意味着，我国有些有限责任公司和全部股份有限公司的设立是采取许可设立原则的。

笔者认为，公司设立采取许可设立原则，虽对防止公司滥设起了一定的积极作用，但却存在着国家行政机关对公司设立干预过多，设立人意思自治难以体现的弊病。而采取准则设立原则，国家行政机关只对公司设立是否具备法定条件进行审查而已。因此，参照国外公司立法经验，结合我国公司的实际情况，笔者主张，我国股份有限公司的设立，不必一律采取许可设立原则，应对《公司法》规定的关于公司设立的条款进行修改，保留第8条，删除第77条，使《公司法》体现公司设立基本采取准则设立原则，个别公司设立采取许可设立原则。

公司的设立无论采取许可设立原则，还是准则设立原则，都必须具备法律规定设立的条件。由此可见，公司设立的条件也是《公司法》必须规定的内容。各国公司法对公司设立条件的规定，不外乎人、物和制定公司章程三个方面。

二 股东的人数和资格

公司当具备人的条件，这通常是指公司法对公司设立时股东的人数和资格的规定。笔者认为，各国公司法（也包括我国《公司法》在内）对公司设立应具备人的条件的规定，普遍存在两个问题：第一，公司设立时，用股东这个概念是不准确的。因为，股东是公司成立后，对公司投资者的称谓。在公司成立前是没有股东存在的。第二，没有将公司设立人与其他投资人相区分是不科学的。虽然公司设立人与其他外投资人于公司成立后都是公司的股东，但是在公司设立阶段，两者所处的地位及所起的作用是有很大差别的。因此，《公司法》在规定设立公司人的要

---

① 《中华人民共和国公司法》第77条。

件时,应将两者区别开来,并应着重对设立人的人数和资格中作出明确规定。需要说明的是,由于各国公司法对设立公司人的要件的规定,几乎都使用股东这个概念,本文为叙述方便,一些地方也只好用之。

笔者认为,《公司法》对公司股东人数的要求,应当就公司设立人人数和公司股东人数,分别作出规定。目前,西方一些国家的公司立法,对公司设立人人数的限制性规定已经废弃。允许一人设立公司,正成为世界各国公司立法的趋势。美国、丹麦、德国、法国以及日本等国家已经允许一人设立有限责任公司,同时,美国和日本等国家还允许一人设立股份有限公司。例如,《德国有限责任公司法》就规定:"有限责任公司可以依照本法规定为任何法律允许的目的由一人或数人设立。"① 而我国《公司法》仍采用对公司设立人人数限制性的做法,即规定:一般有限责任公司设立人2人以上;② 股份有限公司发起人(即设立人)5人以上③。只允许国家授权投资的机构或者国家授权的部门可以单独投资设立国有独资的有限责任公司。④

我们应当借鉴西方国家公司立法的经验,结合我国公司的实际情况,顺应世界公司立法发展趋势,在《公司法》修改时,取消有限责任公司设立人人数限制性的规定,即允许一人设立有限责任公司;保留对股份有限公司发起人人数的限制性规定。同时,为防止一人有限责任公司的滥设,《公司法》可对一人有限责任公司的设立作出限制性规定。如像《法国商事公司法》规定:"一个自然人只能成为一个有限责任公司的一个股东。一个一人有限责任公司不得成为另一个由一人组成的有限责任公司的一人股东。"⑤

至于我国《公司法》对公司股东人数的规定,即有限责任公司股东50人以下,⑥ 和对股份有限公司股东的最高人数没作限制性规定的做法,

---

① 《德国有限责任公司法》第1条,见卞耀武主编《当代外国公司法》,法律出版社,1995,第291页。
② 《中华人民共和国公司法》第20条。
③ 《中华人民共和国公司法》第75条。
④ 《中华人民共和国公司法》第20条第2款。
⑤ 《法国商事公司法》第36条第2款,第385页。
⑥ 《中华人民共和国公司法》第20条。

与大多数国家的法律规定基本相同，不必修改。

关于公司设立人的资格，各国公司法的规定大致有两种：一种是对公司设立人的资格不受限制。像韩国就是如此，无行为能力人也可以成为发起人。① 另一种是对公司设立人资格作出限制性规定。如美国几乎所有州的公司法都规定，公司设立人是达到法定年龄的人。② 我国《公司法》对公司设立人资格的规定，采用的是后一种做法，但却仅规定，国有独资公司的设立人为国家授权投资的机构或者国家授权的部门，③ 股份有限公司发起人须有过半数在中国境内有住所。④

笔者认为，我国《公司法》对公司设立人资格的限制性规定是不完善的。因为这样规定就意味着，任何自然人和法人都可以在我国设立公司。而公司的设立人是策划公司设立，依照《公司法》规定制定公司章程，认缴出资（或认购股份），承担公司筹办事务，并对公司设立承担责任的人。换言之，公司的设立有赖于设立人的行为。设立人在公司设立中的重要作用就表明，不是任何自然人都可作为公司设立人的。此外，国家现行政策规定，国家机关和军事力量不得经商。这说明，在我国也不是任何人都可以设立公司的。为此，建议《公司法》对公司设立人资格作限制性规定，增加以下内容：无行为能力人和限制行为能力人不得为公司的设立人。法人为公司设立人的，以营利性法人为限。

在我国，除了公司设立人外，其他股东作为自然人股东，其资格应不受限制；作为法人股东，应为营利性法人。

公司的设立除具备法定的人的条件外，还要具备法定的物的条件。这就是设立人的出资及其他想成为股东的人的投资。符合公司法的规定，包括出资达到法定最低注册资本额；股东的出资方式及出资的缴纳都要依法处理办理。

---

① 〔韩〕李哲松：《韩国公司法》，吴日焕译，中国政法大学出版社，2000，第157页。
② 〔美〕罗伯特·W. 汉密尔顿：《公司法概要》，李存捧译，中国社会科学出版社，1999，第28页。
③ 《中华人民共和国公司法》第20条第2款。
④ 《中华人民共和国公司法》第75条。

三 股东出资的数额及方式

谈及股东的出资，首先要涉及的是设立一个公司最起码要出资多少，这就是公司注册资本最低限额问题。绝大多数国家的公司法都对此作出了规定，我国也不例外。我国《公司法》规定，有限责任公司的注册资本不得少于下列最低限额：以生产经营为主或以商品批发为主的公司 50 万元人民币；以商业零售为主的公司 30 万元人民币；科技开发、咨询、服务性公司 10 万人民币；[①] 股份有限公司注册资本最低限额为 1000 万元人民币。[②] 然而，也有少数国家如美国，目前除 10 个州外，几乎所有的州都取消了对公司设立注册资本最低限额的要求。其理由是，任何关于公司注册资本最低限额的规定都是武断的，也不能对债权人提供有意义的保护。[③] 笔者的看法是，公司注册资本最低限额的规定，对防止公司滥设、保护公司债权人权利和合法权益、提高公司制度的社会信赖程度是有一定作用的，但公司法对此作出的规定不应过高，否则会影响公司的设立。

我国是发展中国家，但我国《公司法》对公司注册资本最低限额的规定却比西方发达国家规定的还高。例如：德国、法国、日本的有限责任公司注册资本最低限额仅分别为 5 万德国马克[④]、5 万法郎[⑤]、300 万日元[⑥]。不仅如此，我国现行的公司注册资本最低限额的规定也与我国目前的经济状况不相适应，不利于公司的设立和发展。因此，应当修改《公司法》的相关规定，降低公司注册资本最低限额。有限责任公司注册资本最低限

---

① 《中华人民共和国公司法》第 23 条。

② 《中华人民共和国公司法》第 78 条。

③ 〔美〕罗伯特·W.汉密尔顿：《公司法概要》，李存捧译，中国社会科学出版社，1999，第 37 页。

④ 《德国有限责任公司法》第 1 条，见卞耀武主编《当代外国公司法》，法律出版社，1995，第 292 页。

⑤ 《法国商事公司法》第 35 条，见卞耀武主编《当代外国公司法》，法律出版社，1995，第 384 页。

⑥ 《日本有限公司法》第 9 条，见卞耀武主编：《当代外国公司法》，法律出版社，1995，第 550 页。

额为 10 万元人民币；股份有限公司注册资本最低限额分别为，采用发起方式设立的为 100 万元人民币，采用募集方式设立的为 500 万元人民币。

其次，股东用什么作为出资呢？这涉及股东的出资方式问题。我国《公司法》规定，股东可以用货币出资，也可以用实物、工业产权、非专利技术、土地使用权作价出资。[①] 上述规定，实质上是对公司设立人出资方式的规定。因为在公司设立时，除公司设立人外，其他人通常只能用货币出资。随着高新技术的发展，计算机软件等版权也会作为出资。笔者建议，将《公司法》规定的股东出资方式之一的工业产权改为知识产权为宜。

四 股东出资缴纳的原则

公司设立时，股东出资缴纳采用的原则有三种：其一，法定资本制，即公司设立时，其资本总额应在公司章程中确定，并由股东全部认足。其二，授权资本制，即公司设立时，资本总额记载于公司章程，股东首次缴纳资本总额的一部分，其余部分在公司成立后分次逐步补足。其三，折中授权资本制，即公司设立时，资本总额载于公司章程，首批股份的发行仍采用法定资本制，由公司章程认可董事会于公司成立后在规定的年限内，发行新股以补足公司资本总额。

从西方各国公司立法对股东出资缴纳原则的具体规定看，英美法系国家实行授权资本制。大陆法系国家从过去采用法定资本制转变为实行折中授权资本制。如法国，有限责任公司实行法定资本制，股份公司中实物缴纳实行法定资本制，货币缴纳实行折中授权资本制。即设立有限责任公司，股份是以实物或现金出资认购的，股东必须认足全部股份并全部予以缴纳。[②] 设立股份公司，实物股份应自发行之日起全部予以缴付；货币股份在认购时应至少缴纳面值 1/4 的股款，剩余股款根据董事

会或经理室的决定，自公司在商业和公司注册簿注册之日起，不超过 5 年的期限，根据情况分一次或若干次缴付。①

我国《公司法》对股东出资的缴纳，则一律采用法定资本制，即公司设立时，公司资本由股东一次全部缴足，不得分期缴纳。该法第 25 条规定，股东应当足额缴纳公司章程中规定的各自所认缴的出资额。而《公司法》没颁布前，深圳经济特区设立有限责任公司曾采用折中授权资本制，按照《深圳经济特区有限责任公司条例》规定，股东认缴的出资可依公司章程规定分期缴纳。首期缴纳的出资总额不得少于公司注册资本的 50%，并不得低于人民币 10 万元。首期缴纳的货币出资额不得少于首期出资额的 50%，其余出资应在公司成立后 2 年内缴足。②

笔者认为，法定资本制固然有利于公司资本一步到位，进而保护公司债权人的权利及合法权益。但这个原则会给设立资本总额巨大的公司股东立即足额缴纳出资带来困难，而授权资本制则能解决这个问题。笔者想这也正是西方国家对公司特别是对股份公司股东出资缴纳采用授权资本制的原因吧！为此，笔者主张《公司法》修改时，在降低公司注册资本最低限额的前提下，对股东出资的缴纳借鉴法国的做法，即规定，有限责任公司实行法定资本制，仍保留《公司法》第 25 条的有关规定，即股东应当足额缴纳公司章程中规定的各自认缴的出资额，股份有限公司股东货币出资缴纳采用折中授权资本制。即公司设立时，注册资本总额记载于公司章程，股东首次认购的股份，不得低于注册资本的 40%，剩余股款根据董事会的决定，自公司成立之日起，两年内分一次或若干次缴纳；股份有限公司股东除货币外的出资缴纳，采用法定资本制，即该出资须一次性全部缴付。

五　股东出资的缴纳

股东采用不同方式的出资如何缴纳？对此，我国《公司法》规定，

---

① 《法国商事公司法》第 75 条，见卞耀武主编《当代外国公司法》，法律出版社，1995，第 398 页。
② 《深圳经济特区有限责任公司条例》第 19、20 条。

股东以货币出资的，应当将货币出资额存入准备设立的有限责任公司在银行开设的临时账户；以实物、工业产权、非专利技术或土地使用权出资的，应当依法办理财产权的转移手续。① 笔者认为，上述规定存在两个问题：第一，对实物没有界定，股东如以实物出资，应缴纳什么？第二，除货币出资的缴纳，可以依照上述规定办理外，其余出资的缴纳无法依上述规定办理。因为公司正处在设立阶段，让股东将作为出资的实物、工业产权、非专利技术和土地使用权，办理财产权转移手续，转移给谁？没有接受主体，无法操作。

关于实物的界定，《联邦德国股份公司法》规定，实物出资只能是可以确定经济价值的财物。② 我国原《有限责任公司规范意见》也对此作过规定，股东出资的实物应当为公司生产经营所需的建筑物、设备或其他的物资。③

此外，在公司设立时，除货币出资外，其他方式的出资特别是实物出资如何缴纳，一些西方国家的公司法对此也作了规定，可供我们修改《公司法》时参考。比如《德国有限责任公司法》规定："实物出资在公司登记前，以能够使业务执行人员对其完全自由支配的方式交付公司"④。日本《商法典》也规定："实物出资者须在缴纳日期里将出资标的财产全部给付。但不妨碍在公司设立后进行登记、注册及其他权利的设定或以转移的方式对抗第三者等必要的行为。"⑤

为使《公司法》便于操作，我们应当吸收已有的规定，并借鉴外国的经验，对该法中关于股东以实物、工业产权、非专利技术和土地使用权作为出资缴纳方式的规定，修改为："股东出资的实物，应当为公司生产经营所需的建筑物、设备或其他物资，除货币外，股东以其他方式出

---

① 《中华人民共和国公司法》第 25 条。
② 《联邦德国股份公司法》第 27 条第 2 款，见卞耀武主编《当代外国公司法》，法律出版社，1995，第 120 页。
③ 《有限责任公司规范意见》第 12 条。
④ 《德国有限责任公司法》第 7 条第 3 款，见卞耀武主编《当代外国公司法》，法律出版社，1995，第 293 页。
⑤ 日本《商法典》第 172 条，见卞耀武主编《当代外国公司法》，法律出版社，1995，第 605 页。

资的，应于缴纳期内，将出资的财产全部交付，其财产转移手续待公司
成立后立即办理。"

六　公司章程的内容

公司章程是规定公司组织及行为基本规则的重要文件，制定章程是
公司设立的必要条件和必经程序之一。公司章程的制定要依法进行，各
国公司法都对公司章程的制定人、形式及内容等作了规定。

由于我国公司大量出现的时间不长，而公司章程对成立后公司的运
作具有非常重要的作用，因此，我国《公司法》应对公司章程的内容，
即公司章程的记载事项，尽可能详细地作出规定。虽然，现行《公司法》
分别对有限责任公司和股份有限公司章程应当记载事项作了规定，但还
须进一步完善。如有限责任公司章程绝对记载事项的内容就需要完善。
公司章程的绝对记载事项是指由法律规定的，每个公司章程都必须记载
的事项。笔者认为，利益分配和亏损弥补的办法，董事名额及产生办法，
公司章程的修改程序以及公司章程订立日期，这四项内容涉及有限责任
公司组织与行为的重大事项，应将其作为绝对记载事项记载于有限责任
公司章程中。

再者，现行《公司法》没有对公司章程的相对记载事项作出规
定。相对记载事项是指法律列举的事项，有则记载，无则不记。日
本、韩国等一些国家的公司法，均对公司章程的相对记载事项作了规
定。为使公司运作规范化，有章可循，我国《公司法》有必要对公司
章程的相对记载事项作出规定。如股份有限公司的发起人要承办公司
设立事务，并承担相应责任。按照法律公平原则，公司法不应只规定
发起人的法律责任，也应对其特别利益作出规定。因此，我国《公司
法》可将发起人应接受的特别利益，发起人应接受的报酬数额，以及
应归公司负担的设立费用等事项，作为公司章程的相对记载事项加以
规定。

最后，公司章程是否要经过公证？德国、日本、韩国等国家的公司立法都对此作出肯定的规定。如《联邦德国股份公司法》规定："章程必须通过公证书确定。"① 又如日本《商法典》规定："章程若非得到公证人的认证时，不发生效力。"② 我国公司章程是否要经过公证呢？在我国，一般有限责任公司基本上是中小企业采用的组织形式，涉及面窄，而股份有限公司通常是大型企业采用的组织形式，涉及面广。按照上述情况，《公司法》可规定，有限责任公司章程可不经公证，股份有限公司章程必须经过公证。

以上，除第一个问题即公司设立的原则外，都是关于公司设立条件问题的阐述。公司设立的条件包括人、物和制定公司章程三个方面。而我国《公司法》对公司设立条件的规定，除规定上述三个条件外，还规定了两个条件，即有公司名称，建立符合公司要求的组织机构；有固定的生产经营场所和必要的生产经营条件。③ 笔者认为，后两个条件的规定是多余的。因为，任何公司如果没有名称、组织机构、生产经营场所以及必要的生产经营条件是根本不可能设立的。建议《公司法》修改时，将这两个条件删除。

七　设立股份有限公司相关人员的法律责任

在股份有限公司设立阶段，为公司设立实施相关的行为人员主要有发起人、认股人、董事和监事等。发起人是按照公司设立过程中最重要的当事人。认股人是以募集方式设立公司过程中认购公司股份的人。认股人同样是公司设立过程中重要的当事人。认股人有权出席创立大会，选举公司的董事和监事，并对公司是否设立行使决定权。董事和监事也

① 《联邦德国股份公司法》第23条第1款，见卞耀武主编《当代外国公司法》，法律出版社，1995，第118页。
② 日本《商法典》第167条，见卞耀武主编《当代外国公司法》，法律出版社，1995，第603页。
③ 《中华人民共和国公司法》第19条第4、5款，第73条第5、6款。

是公司设立过程中的重要当事人。因为按照法律规定，以发起方式设立公司的，在发起人交付全部出资后，选举董事、监事；以募集方式设立公司的，由创立大会选举董事和监事。① 这表明，在公司设立阶段，董事和监事就已经产生，并就公司设立履行着相应的职责。

在股份有限公司设立过程中，由于发起人的行为往往直接关系到债权人、认股人以及即将成立公司的利益，关系到交易的安全和社会经济秩序的稳定。所以，各国公司法都对发起人规定了严格的法律责任，我国也不例外。现行《公司法》对发起人应承担的法律责任作了如下规定：（1）公司不能成立时，对设立行为所产生的债务和费用负连带责任。（2）公司不能成立时，对认股人已缴纳的股款负返还股款并加算银行同期存款利息的连带责任。（3）在公司设立过程中，由于发起人的过失致使公司利益受到损害的应当对公司承担赔偿责任。（4）发起人虚假出资，或在公司成立后抽逃出资的，责令其改正，处以虚假出资金额或抽逃出资金额 5% 以上 10% 以下的罚款。构成犯罪的，依法追究刑事责任。②

笔者认为，上述我国《公司法》对发起人法律责任规定还不完善，建议《公司法》修改时，增加以下规定：（1）股份有限公司设立时发行的股份在公司成立后仍未认足，或已认足而未能缴足股款的，发起人负有连带缴纳股款的责任。（2）股份有限公司成立后，发现作为出资的实物、知识产权、非专利技术、土地使用权的实际价额显著低于公司章程所定价额的，应当由交付该出资的发起人补交其差额，公司设立时的其他发起人对其承担连带责任。

此外，我国《公司法》仅对设立股份有限公司发起人应承担的法律责任作了规定。依笔者之见，股份有限公司设立除发起人应承担主要责任外，其他相关人员也应承担一定的责任。我们应当借鉴西方国家的有益经验，在《公司法》中补充以下内容：（1）在股份有限公司设立时，董事会和监事会违背法律，给公司造成损失，应与发起人一起对公司承

---

① 《中华人民共和国公司法》第 82 条第 2 款，第 92 条。
② 《中华人民共和国公司法》第 27、208、209 条。

担连带责任。① （2）在股份有限公司设立过程中，为设立公司，董事受设立中公司的委托，以设立中公司名义所产生的债务，应由董事与发起人一起负连带责任。（3）董事超越了代理权限或以自己的名义所产生的债务，董事应自己承担责任。（4）作为非发起人，在公司章程、招股说明书及其他关于募集的文件上记载自己的姓名或表示赞助公司设立意愿的承诺者，应承担与发起人同样的责任。②

八　公司设立无效制度

公司设立无效会使公司内外关系处于不确定状态，并将危害社会经济秩序。因此，西方一些国家采取设立无效补正和公司设立无效诉讼的办法，来慎重处理这个问题。例如，《联邦德国股份公司法》对公司设立无效补正的规定为，有关企业经营对象方面的缺陷，可以在遵守法律和章程的有关规定情况下，通过修改章程予以弥补。③ 又如《法国商事公司法》规定，对公司设立无效的主张，从公司成立之日起3年内，由相关当事人通过诉讼方式提出，经法院判决确定。④

我国《公司法》没有公司设立无效制度的规定，仅有公司设立撤销的内容。《公司法》规定，公司撤销的原因是，办理公司登记时，虚报注册资本，提交虚假证明文件或者采取其他欺诈手段隐瞒重要事实取得公司登记，情节严重的。⑤ 出现上述情况的公司，由公司登记机关撤销登记，吊销营业执照。⑥ 从上述规定看，我国公司法关于公司设立撤销的规

---

① 《联邦德国股份公司法》第48条，见卞耀武主编《当代外国公司法》，法律出版社，1995，第128页。
② 日本《商法典》第198条，见卞耀武主编《当代外国公司法》，法律出版社，1995，第613页。
③ 《联邦德国股份公司法》第276条，见卞耀武主编《当代外国公司法》，法律出版社，1995，第228页。
④ 《法国商事公司法》第364、367条，见卞耀武主编《当代外国公司法》，法律出版社，1995，第507页。
⑤ 《中华人民共和国公司法》第206条。
⑥ 《中华人民共和国公司登记管理条例》第58、59条。

定，实质上是对已成立的公司一经确定为设立无效情节严重，而采取的处理办法。

笔者主张，借鉴德国、法国等国家公司立法的经验，结合我国实际，在《公司法》已有的公司设立撤销规定的基础上，引入公司设立无效制度，以完善我国公司立法。其主要法律措施是：

1. 对公司设立无效的原因，补充以下内容：（1）发起人或股东无行为能力，或其意思表示有缺陷；（2）公司章程绝对记载事项欠缺或记载违法；（3）公司设立程序违反法律规定等。

2. 对公司设立无效的处理，补充以下规定：（1）公司设立无效，只能在公司成立后的法定期间内（如从公司成立之日起2年内）由股东、董事、监事或公司债权人等相关人员，向公司所在地的公司登记机关，提出确认公司设立无效，撤销该公司的申请；（2）公司登记机关接到申请后，经调查核实确认设立无效的，应责令该公司改正，并给予相应处罚，情节严重的，撤销公司登记。

3. 对公司设立无效的法律后果作出规定：（1）公司设立无效经公司登记机关确认，撤销其登记后，公司立即进入解散清算程序，清算完结，公司即告消灭；（2）公司因设立无效被撤销的效力也及于第三人，但无溯及力。

本文原载于王保树主编《商事法论集》（第5卷），法律出版社，2000。

关于修改《公司法》的建议

现行《中华人民共和国公司法》（以下简称《公司法》）是 1993 年 12 月第八届全国人大常委会第五次会议通过，1994 年 7 月 1 日实施的。1999 年 12 月九届全国人大常委会第十三次会议专门就高新技术公司上市和国有独资公司监事会这两个亟须解决的问题，对《公司法》的个别条款作了修改、补充，即修改第 67 条引进外派监事制度和第 229 条增加 1 款支持有条件的高新技术股份公司直接融资。近 10 年来，这部《公司法》对于规范公司的组织和行为，保护公司、股东和债权人的合法权益，维护社会经济秩序，促进社会主义市场经济的发展，发挥了积极的作用。但是，随着我国社会主义市场经济的发展和经济体制改革的深化，这部法律已经难以完全适应新情况、新要求，亟须修改。

一 我国《公司法》存在的主要问题

（一）公司法与相关法律不协调

1. 公司法与外商投资企业法不协调。《中华人民共和国中外合资经营企业法》（以下简称《合资企业法》）第 4 条和《中华人民共和国外资企业法实施细则》（以下简称《实施细则》）第 19 条规定，外商投资企业的组织形式为有限责任公司。而《公司法》第 18 条规定："外商投资的有限责任公司适用本法，有关中外合资经营企业、中外合作经营企业、外资企业的法律另有规定的，适用其规定。"这就导致了中资有限责任公司和外商投资的有限责任公司在适用法律上的双轨制：其一，股东出资缴纳的原则不同。中资有限责任公司股东，依照《公司法》第25条的规定实行法定资本制，即股东应当足额缴纳公司章程中规定的各自所认缴的出资额。而外商投资的有限责任公司股东依照《实施细则》第31条的规定实行授权资本制，即外国投资者可以分期缴付出资，但最后一期出资应当在营业执照签发之日起3年内缴清。其二，公司机关的设置不同。中资有限责任公司按照《公司法》第37条、第45条和第52条的规定，一般都要设置股东会、董事会和监事会。而外商投资的有限责任公司依照《合资企业法》第6条的规定，只设董事会为公司的权力机构。

2. 公司法与证券法不协调。造成公司法与证券法不协调的主要原因是，公司法颁行时还没有证券法（1999年颁行）。所以，在制定公司法时，为规范证券的发行和交易，理应由证券法规定的法律规范，只能规定在公司法里，如股票和公司债券发行审查制度、上市公司制度等。

另外，公司法与证券法对一些问题的规定也不尽一致。如关于股份公司申请股票上市交易批准机关的问题，关于股票溢价发行价格如何确定的问题等。

（二）公司法自身存在的问题

1. 有些规定存在错误。如《公司法》第4条第3款规定，"公司中的国有资产所有权属于国家"，违反公司法理。

2. 有些没有明确规定。公司法规定由其他法律、法规作出规定或授权国务院作出规定的条款就各有8处。如《公司法》第135条规定："国务院可以对公司发行本法规定的股票以外其他种类的股票，另行作出规定。"就股票发行种类，公司法只规定了记名股票和无记名股票两种，而其他种类的股票国务院至今没有作出任何规定。其他类似的缺乏明确规定的条款还有第71条、第80条、第155条等。

3. 有些规定不易操作。如《公司法》第184条第3款关于公司合并的规定为："公司合并，应当由合并各方签订合并协议，并编制资产负债表及财产清单。"而对合并协议的具体内容、合并协议的效力以及发生问题如何处理等都没有规定。

4. 不少规定欠完善。如公司法关于公司法人治理结构、关于股东权的保护以及关于债权人的适度保护等问题的规定，都有待完善。

二　《公司法》修改的重点

《公司法》应进行全面修改。其中，关于公司设立，关于健全公司机关以及公司法与证券法、外商投资企业法协调方面，应当作为修改的重点。

1. 关于公司的设立原则。纵观各国公司法律，公司设立的原则主要有许可设立和准则设立两种。当今西方大多数国家，除对特殊公司的设立采取特许设立原则（即公司由特别法律准许设立）外，一般均采用准则设立原则。

我国《公司法》对公司设立原则的规定为："设立有限责任公司、股份有限公司，必须符合本法规定的条件。符合本法规定的条件的，登记为有限责任公司或者股份有限公司；不符合本法规定的条件的，不得登记为有限责任公司或者股份有限公司。"这表明，我国公司设立采用准则设立原则。但该法又规定，设立有限责任公司，法律、行政法规规定须经有关部门审批的，应在公司登记前依法办理审批手续。"股份有限公司的设立，必须经过国务院授权的部门或者省级人民政府批准。"这意味着，我国有些有限责任公司和全部股份有限公司的设立，是采取许可设立原则的。

公司设立采取许可设立原则，虽对防止公司滥设起到了一定的积极作用，但却存在着国家行政机关对公司设立干预过多、设立人意思自治难以体现等弊端。而采取准则设立原则，国家行政机关只对公司设立是否具备法定条件进行审查。因此，参照国外公司立法经验，结合我国公司的实际情况，我国股份有限公司的设立，不必一律采取许可设立原则，应对《公司法》规定的关于公司设立的条款进行修改，即删除第77条，使其体现公司设立基本采取准则设立原则，个别公司设立采取许可设立原则。

2. 关于设立人的人数。《公司法》对公司股东人数的要求，应当就公司设立人人数和公司股东人数，分别作出规定。目前，西方一些国家的公司立法，对公司设立人人数的限制性规定已经废弃，允许一人设立公司正成为世界各国公司立法的趋势。而我国《公司法》仍采用对公司设立人人数限制性的做法，即规定：一般有限责任公司设立人2人以上，股份有限公司发起人（即设立人）5人以上；只允许国家授权投资的机构或者国家授权的部门可以单独投资设立国有独资的有限责任公司。

我们应当借鉴发达国家公司立法的经验，结合我国公司的实际情况，在《公司法》修改时，取消对有限责任公司设立人人数限制性的规定，即允许一人设立有限责任公司；保留对股份有限公司发起人人数的限制性规定。同时，为防止一人有限责任公司的滥设，《公司法》可对一人有限责任公司的设立作出限制性规定。

3. 关于股东的出资。关于设立公司注册资本最低限额问题，绝大多数国家的公司法都对此作出规定，我国也不例外。我国《公司法》规定，有限责任公司的注册资本不得少于下列最低限额：以生产经营为主或以商品批发为主的公司50万元人民币；以商业零售为主的公司30万元人民币；科技开发、咨询、服务性公司10万元人民币；股份有限公司注册资本最低限额为1000万元人民币。上述规定比西方发达国家规定的限额还高。我国是发展中国家，现行的公司注册资本最低限额的规定与我国目前的经济状况不相适应，不利于公司的设立和发展。因此，应当修改《公司法》的相关规定，降低公司注册资本最低限额。例如，有限责任公司注册资本最低限额为10万元人民币；股份有限公司注册资本最低限额分别为，采用发起方式设立的为100万元人民币，采用募集方式设立的为500万元人民币。

从西方各国公司立法对股东出资缴纳原则的规定看，英美法系国家实行授权资本制。大陆法系国家从过去采用法定资本制转变为实行折中授权资本制。如法国的有限责任公司实行法定资本制；股份公司中实物缴纳实行法定资本制，货币缴纳实行折中授权资本制。而我国公司法对股东出资的缴纳，则一律采用法定资本制。

法定资本制固然有利于公司资本一步到位，进而保护公司债权人的权利及合法利益。但这个原则会给设立资本总额巨大的公司的股东立即足额缴纳出资带来困难，而授权资本制则能解决这个问题。《公司法》修改时，在降低公司注册资本最低限额的前提下，对股东出资的缴纳可借鉴法国的做法，即规定：有限责任公司仍实行法定资本制；股份有限公司股东货币出资缴纳采用折中授权资本制，即公司设立时，注册资本总额记载于公司章程，股东首次认购的股份不得低于注册资本的40%，剩余股款根据董事会的决定，自公司成立之日起两年内，分一次或若干次缴纳；股份有限公司股东除货币外的出资缴纳，采用法定资本制，即该出资须一次性全部缴付。

4. 关于公司设立无效制度。公司设立无效会使公司内外关系处于不确定状态，并将危害社会经济秩序。因此，德国、法国等国家采取公司设立无效补正和公司设立无效诉讼的办法，来慎重处理这个问题。而我国公司法没有公司设立无效制度的规定，仅有公司设立撤销的规定。这实质上是对已成立的公司，一经确定为设立无效情节严重而采取的处理办法。

借鉴德国、法国等国家公司立法的经验，结合我国实际，在《公司法》已有的公司设立撤销规定的基础上，可引入公司设立无效制度，以完善我国公司立法。其主要措施：一是对公司设立无效的原因补充以下内容：（1）发起人或股东无行为能力，或其意思表示有缺陷。（2）公司章程绝对记载事项欠缺或记载违法。（3）公司设立程序违反法律规定等。二是对公司设立无效的处理补充以下规定：（1）公司设立无效，只能在公司成立后的法定期间内（如从公司成立之日起2年内）由股东、董事、监事或公司债权人等相关人员，向公司所在地的公司登记机关提出确认公司设立无效，撤销该公司的申请。（2）公司登记机关接到申请后，经调查核实确认设立无效的，应责令该公司改正，并给予相应处罚，情节严重的，撤销公司登记。三是对公司设立无效的法律后果作出规定：
（1）公司设立无效经公司登记机关确认，撤销其登记后，公司立即进入
解散清算程序，清算完结，公司即告消灭。（2）公司因设立无效被撤销
的效力也及于第三人，但无溯及力。

　　本文原载于《中国社会科学院要报（法学）》2004 年第 34
期，总 2672 期。

简析我国股票质押的标的及生效要件

为防范商业银行贷款风险和保障交易安全，股票质押作为债权担保的一种方式，逐渐被人们所采用。它作为权利质押的一种，和债权质押、知识产权质押并无本质的差别，只是其质押标的的性质与之不同而已。然而，随着我国证券市场的发展，高科技技术的运用，对股票质押的一些基本理论和实践问题有进一步探讨的必要。本文仅就股票质押的标的及生效要件问题作简要分析。

一 关于股票质押的标的

关于股票质押的标的问题，目前学界有两种观点：一种认为股票质押的标的物是股票。[①] 另一种认为股票质押的标的物是股权。[②] 那么，股票质押的标的到底应当是什么呢？

首先从对股票质押的有关规定看，目前，我国有关股票质押的法律规定和司法解释都是对纸面股票质押所作的规定。如最高人民法院《关于适用〈中华人民共和国担保法〉若干问题的解释》（以下简称《高法解释》）第 103 条规定，以股份有限公司的股份出质的，适用《中华人民共和国公司法》（以下简称《公司法》）有关股份转让的规定。其一，该

---

① 李军：《股票质押探析》，《山东大学学报》（哲社版）1998 年第 1 期。
② 阎天怀：《论股权质押》，《中国法学》1999 年第 1 期。

条关于股票质押出质规定的用语，仅涉及了股份这个概念，既没涉及股票也没涉及股权。其二，该条规定适用《公司法》有关股份转让规定的股份出质即为：记名股票以股东在记名股票上背书并交付于质权人的方式设定质权；无记名股票以股东在依法设立的证券交易所将该股票交付给质权人的方式设定。① 笔者认为，上述规定从表面上看股票质押的标的应是股票，但要弄清这个问题必须对股票本身的特征进行分析才能得出正确结论。我国《公司法》规定，公司的股份采取股票的形式，股票是公司签发的证明股东所持股份的凭证。② 这表明，股票是非设权证券并不创设权利，它只是股份的表现形式，股份是股票的物质内容。可见，股票质押的标的实际上是股份。

其次，从股票质押的实际运作看，当前在我国随着高科技技术进入证券市场，1990 年以来股票的发行和交易全部实现了无纸化。在此以前发行的纸面股票，也通过公司重新进行注册登记，将股东名册输入计算机，以达到无纸化管理，③ 使作为证明股东所持股份凭证的纸面股票不复存在。此外，目前在证券市场上进行交易的股票，基本上是上市公司的股票，而上市公司股票的交易则是通过计算机系统进行的，即投资者通过分别开立证券和资金账户，委托证券公司进行交易，股东买入或卖出的均是在证券公司电子记录中予以记载的股份。所以，当今股东用上市公司股票进行的质押，实际上就是用上市公司的股份进行质押，即股东向证券公司提出质押申请并提供相应材料，经证券公司审查后，将股东设质的股份在电子记录中予以冻结，并向中国证券登记结算有限责任公司上海分公司或深圳分公司进行质押登记。所以，从当前股票质押的实际运作也可以看出，我国的股票质押就是股份质押，其标的就是股份。

那么，人们不禁要问既然股票质押的标的是股份，它属于权利质押吗？众所周知，权利质押的标的应当为可以让与的财产权利。质权的本

---

① 参见《中华人民共和国公司法》第 145~146 条。
② 参见《中华人民共和国公司法》第 129 条。
③ 李小光：《股票走向无纸化》，《北京晚报》1993 年 3 月 14 日。

质在于支配质押标的交换价值，在债务人不履行债务时，质权人可以变价质押标的而取偿。[①] 我们来看看股票质押的标的股份。股份是股份有限责任公司资本的构成单位，是股东的出资。出资人购买公司的股份成为公司的股东，享有股东权。可见，股份是股东权存在的基础和股东权享有范围的标志。换言之，股份本身就包含着股东享有的权利即股东权。股东权分为自益权和共益权，前者具有财产权的性质，后者具有参与管理权的性质。而股票质押仅是将股东权中具有财产权性质的权利即股东的自益权出质，股东（出质人）不因股票质押丧失股东资格即不丧失与人格属性密切相关的权利，即股东的共益权。这是股票质押标的特殊性所在。从上述分析不难看出，股份作为股票质押的标的，它意味着股东自益权的出质，表明了股份含有财产权的性质。同时股份可以依法转让，[②] 它具备了权利质押标的具有的财产权利和可以转让的两个要件。因此，以股份为标的的股票质押属于权利质押是毫无疑义的。

二　关于股票质押的生效要件

质权的本质在于标的物占有的转移和优先受偿权。[③] 股票质押属于权利质押的一种，理应体现质权的本质。所以，许多国家的法律都规定以交付或背书交付股票为股票质押的生效要件，即转移标的物的占有。例如《瑞士民法典》第 901 条规定，不记名证券的出质，仅需将证券交付质权人，记名证券在交付时须附背书或让与声明始得出质。[④]

在我国，虽然《高法解释》第 103 条也规定，以股份有限责任公司的股份出质的，适用《公司法》有关股份转让的规定，即以股票的交付为股票质押生效的要件。但这一规定在实际中失去了可操作性。这是因

---

① 邹海林、常敏：《债权担保的方式和应用》，法律出版社，1998，第 277～278 页。
② 参见《中华人民共和国公司法》第 143 条。
③ 〔日〕近江幸治：《担保物权法》，祝娅等译，法律出版社，2000，第 66 页。
④ 李军：《股票质押探析》，《山东大学学报》（哲社版）1998 年第 1 期。

为：第一，现行股票的发行和交易已经全部电子化，纸面股票已不存在。所以，股票交易实际上就是股份交易，同样股票质押就是股份质押。第二，目前我国进行质押的股票，基本是上市公司的股票。《中华人民共和国证券法》（以下简称《证券法》）第150条规定："证券持有人所持的证券上市交易前，应当全部托管在证券登记结算机构。"所以，股东手中并没有股票。又因股票发行的无纸化，股东在证券登记结算机构托管的实际上就是股份，致使股票要质押的话，让股东交付股份也已不可能，只能按照《中华人民共和国担保法》（以下简称《担保法》）第78条的规定，"以依法可以转让的股票出质的，出质人与质权人应当订立书面合同，并向证券登记机构办理出质登记"，采用出质登记方法办理。

上述我国法律的规定和实际的做法能使质权生效吗？毋庸置疑，质押是一种物的担保方式。质权是债权人因为质押而对质物所享有的支配权。质权的发生之所以以质权人取得对质物的占有为要件，是因为质权的标的为动产或财产权利，其流动性较大，权利变动频繁，与不动产相比，不具有区别于其他财产的显著性，若出质人不将质物交付于质权人占有，则质权人对标的物的支配权无从实现。① 也就是说，移转质物的占有使质权生效的关键在于，该做法使质物具有了特定性，以实现质权人对其的支配权。而我国股票质押采用出质登记，虽然股东（出质人）没有将设质股份交付于质权人占有，但出质登记却可以表明，该股份已处于出质状态，股东（出质人）不能随意进行处置，这就使该股份与其他股份区别开来，具有了特定性。我国《担保法》规定，股票出质的质押合同自出质之日起生效。② 说明我国法律关于股票质押采取的是登记生效主义，通过出质登记使股票质押生效，这就意味着质权人对出质股份中含有的财产权利享有了支配权。可见，我国采用的出质登记的做法，完全满足了质权生效要件的要求。同时，通过出质登记进行公示，将股票质押的事实表现于外部使他人知晓，不仅可确保质权人的利益，而且还可防止第三人承受不知情的不利后果。

---

① 邹海林、常敏：《债权担保的方式和应用》，法律出版社，1998，第239页。
② 参见《中华人民共和国担保法》第78条。

三　关于股票质押法律制度的完善

立法者制定法律的目的在于，使法律适应不断变化的社会生活的需要，并使社会秩序规范化和协调化。① 而我国现行有关规范股票质押方面的法律，主要是基于对纸面股票质押的规定，与实践中股票质押无纸化的运作差距甚大。为适应变化了的股票质押实践的需要，维护交易安全和社会经济秩序，笔者主张，应对现行有关规范股票质押方面的法律进行修改和完善。以下仅从本文所涉及的股票质押的标的和生效要件两个方面，来谈谈这个问题。

1. 改股票质押为股份质押

前面已述及，目前我国无论股票的发行还是交易已无纸化，纸面股票已不复存在。现行的股票发行和交易实际上均为股份的发行和交易，致使股票这个概念已失去了其存在的意义。所以，笔者主张改股票质押为股份质押。

这里需要指出，我国现行《担保法》第 75 条关于依法可转让的股份、股票可以质押的规定存在问题。单从这条规定看，是将股份有限公司的股份、股票并列加以规定。笔者认为，这样规定实为同语重复。因为"在已设立公司之股份与股票实即二是一，一是二，并无任何区别"。② 所以，股票质押亦即股份质押。再从相关条款看，该法第 78 条第 3 款规定，以有限责任公司的股份出质的，适用《公司法》股份转让的有关规定。这款规定说明，上述《担保法》第 75 条规定的依法可转让的股份、股票中可以质押的股份，是对有限责任公司权利质押的规定。笔者认为，对有限责任公司而言是不存在股份这个概念的。换言之，股份是股份有限责任公司特有的概念，它是股份有限责任公司资本的构成单位，是股

---

① 胡开忠：《权利质权制度的困惑与出路》，载《法商研究》2003 年第 1 期。

② 武忆舟：《公司法论》，作者发行，1981，第 273 页；转引自李军《股票质押探析》，载《山东大学学报》（哲社版）1998 年第 1 期。

东的出资。而有限责任公司的股东对公司的投资称为出资。我国《公司法》第 20 条规定:"有限责任公司由二个以上五十个以下股东共同出资设立。"因此,对有限责任公司而言,可以质押的权利为依法可以转让的出资。基于以上分析,笔者建议,将《担保法》第 75 条依法可以转让的股份、股票,修改为依法可以转让的股份、出资。

2. 以出质登记为股份质押的生效要件

首先,由于我国现行证券市场中股份的发行与交易均已电子化,股份质押以移转股份的占有为生效要件已属不能。笔者认为,《高法解释》第 103 条第 1 款以股份有限责任公司的股份出质的,适用《公司法》有关股份转让的规定,已失去了意义,应予删除。

其次,目前我国上市公司股份质押采取了出质登记进行公示为股份质权的生效要件。笔者认为,我国《担保法》第 78 条第 1 款虽然规定了股权质权的设定以出质登记进行公示为生效要件,但还应进一步规范,以便于操作。为此建议,将此款修改成:"以上市公司依法可以转让的股份出质的,出质人与质权人应当订立书面合同,并向证券登记结算机构办理出质登记。质权自出质登记之日设定。"

最后,关于非上市公司股份质押生效要件问题,我国现行的《担保法》没有规定。《高法解释》第 103 条规定:"以非上市公司的股份出质的,质押合同自股份出质记载于股东名册之日起生效。"笔者认为,非上市公司股份质押仅以出质记载于股东名册进行公示,显然对质权人利益和第三人利益的保护是较弱的。因为,股东名册最主要是具有推定股东名册记载的人为股东的效力。同时,非上市公司股东以其股份出质是否记载于该公司的股东名册,相当程度上取决于股东的意思表示,而受股份出质担保的质权人并非公司的股东,对股东名册的记载获取信息的途径受到限制,[①] 更何况第三人了。为了保护质权人和第三人的利益,笔者主张非上市公司股份质押以出质记载于股东名册并进行登记为股份质权的生效要件。鉴于中国证券监督管理委员会已在北京、重庆设立了直属

---

① 邹海林、常敏:《债权担保的方式和应用》,法律出版社,1998,第 284 页。

证券监管办事处；在天津、沈阳等地设立了 9 个证券监管办公室，下辖 25 个证券监管特派员办事处，笔者认为，可以由上述证券监管机构负责非上市公司股份出质的登记工作。因此，建议《担保法》第 78 条增加一款规定，即"以非上市公司依法可以转让的股份出质的，出质人与质权人应当订立书面合同，将股份出质记载于股东名册，并向公司所在地的证券监管机构办理出质登记。质权自出质登记之日设定"。

以上笔者只是单纯从规范股票质押方面来谈及法律制度完善的。当然，问题远不止这样简单，它还涉及我国《公司法》、《证券法》等相关法律的修改和完善。

本文原载于邹海林主编《金融担保法的理论与实践》，社会科学文献出版社，2004。

完善法人治理结构
提高公司运作效率

一 健全董事会制度

1. 突出董事会的集体决策作用。新公司法删除了原公司法对董事长职权的规定，将董事长为公司法定代表人的规定，修改为公司法定代表人依照公司章程的规定由董事长、执行董事或经理担任。并增加规定：董事会成员中可以有公司职工代表；董事长召集和主持董事会会议，检查董事会决议的实施情况；副董事长协助董事长工作，董事长不能履行职务或者不履行职务的，由副董事长履行职务；董事任期届满未及时改选，或者董事在任期内辞职导致董事会成员低于法定人数的，在改选出的董事就任前，原董事仍应当依照法律、行政法规和公司章程的规定，履行董事职务。这样修改，既可避免权力高度集中，又可调动董事会中每个成员的积极性，有利于董事会集体作用的发挥。

2. 细化董事会会议制度。为此，新公司法增加了以下内容：（1）规定了召开临时董事会会议的原由，即代表1/10以上表决权的股东、1/3以上的董事或者监事，可以提议召开董事会临时会议；（2）规定了董事会决议的表决原则，即实行一人一票；（3）规定了监事列席董事会制度，即每次董事会会议应当于会议召开10日前通知监事，监事可以列席董事会会议，并对董事会决议事项提出质询或者建议。修订后的公司法对董事会会议制度的上述细化，使之更具有操作性，运作更加规范。

二　强化监事会作用

1. 增设监事会主席。原公司法规定，董事会设董事长一人，监事会由其组成人员中推选一名召集人，监事会的地位明显较低。为改变这种状况，提高监事会的地位，新公司法规定，监事会设主席一人，由全体监事过半数选举产生，监事会主席召集、主持监事会会议。

2. 扩大监事会的监督范围。依照原公司法的规定，受监事会监督的人员仅为董事和经理。为强化监事会的作用，新公司法将被监督人员中的经理改为高级管理人员。高级管理人员包括公司的经理、副经理、财务负责人、上市公司董事会秘书和公司章程规定的其他人员。可见，这一修改扩大了监事会的监督范围。

3. 强化监事会的作用。原公司法对监事会职权范围规定过窄，对此，新公司法增加了监事会的以下职权：（1）对违反法律、行政法规、公司章程或者股东会决议的董事、高级管理人员提出罢免的建议；（2）在董事会不履行召集和主持股东会会议职责时，召集和主持股东会会议；（3）向股东会会议提出提案；（4）列席董事会会议，并对董事会决议事项提出质询或者建议；（5）董事、高级管理人员违反法律、行政法规给公司造成损害的，根据股东的书面请求，监事会可对其提起诉讼。由此，监事会不仅可以通过参与股东会会议和董事会会议进行事前监督，而且享有建议罢免董事、高级管理人员和对其提起诉讼的职权，以更好地维护公司和股东的合法权益。

4. 保障监事会经费。新公司法规定，监事会行使职权的必要费用，公司应当予以保障。这就以法定形式保障了监事会行使职权所需经费，从经济上确保监事会作用的发挥。

三 充实对董事、监事、高级管理人员 约束机制的内容

1. 针对原公司法对董事、监事、高级管理人员义务规定零散的状况，新公司法将董事、监事、高级管理人员的资格和义务单独设立一章进行规定，使得相关制度更加紧凑、明确。

2. 新公司法规定董事、监事、高级管理人员应当遵守法律、行政法规和公司章程，对公司负有忠实义务和勤勉义务。这就使董事、监事、高级管理人员的义务进一步明确化。

3. 新公司法明确了董事、高级管理人员负有私人交易限制的义务，规定董事、高级管理人员未经股东会或者股东大会同意，不得利用职务便利为自己或者他人谋取属于公司的商业机会。此外，新公司法还规定，董事、高级管理人员不得将他人与公司交易的佣金归为己有。上述两项补充规定，使董事、高级管理人员的义务进一步完备。

四 对上市公司治理作出特别规定

1. 规定上市公司设独立董事，具体办法由国务院规定。原公司法没有对独立董事制度作出规定，目前我国上市公司的独立董事制度的运作，是依照 2001 年证监会《关于在上市公司建立独立董事制度的指导意见》等规定进行的。新公司法将该项制度予以明确规定，使独立董事制度法定化，具有权威性，更能发挥独立董事维护中小股东利益、监督董事会决策的合法性和妥当性的作用。

2. 规定上市公司设董事会秘书，负责公司股东大会和董事会会议的筹备、文件保管以及公司股东资料的管理，办理信息披露事务等事宜。同时，新公司法在附则中写明，上市公司董事会秘书为公司高级管理人

员。这样规定，明确了上市公司董事会秘书的地位和职责，进一步完善了上市公司董事会组织机构。

3. 对重大资产处置或担保以及关联交易作出规定。（1）新公司法规定，上市公司在一年内购买、出售重大资产或者担保金额超过公司资产总额30%的，应当由股东大会作出决议，并经出席会议的股东所持表决权的2/3以上通过。（2）新公司法规定，上市公司董事与董事会会议决议事项所涉及的企业有关联关系的，不得对该项决议行使表决权，也不得代理其他董事行使表决权。该董事会会议由过半数的无关联关系董事出席即可举行，董事会会议所作决议须经无关联关系董事过半数通过。出席董事会的无关联关系董事人数不足三人的，应将该事项提交上市公司股东大会审议。上述规定，有力地保护了上市公司债权人和中小股东的利益，将进一步推进和保障我国资本市场稳定、健康地发展。

本文原载于《中国社会科学院院报》2005 年 12 月 29 日第003 版。

论公司资产维持的法理
及其法律规制

日前，我国公司立法贯彻的资本维持原则，对维持公司资产、维护公司正常运营和保护公司债权人利益起了一定的积极作用，但也存在着明显的缺陷。笔者主张，我国公司立法应逐步从公司资本维持原则向公司资产维持原则过渡，建立公司资产维持制度。本文拟就公司资产维持制度的法理基础及其法律规制进行初步探讨。

一 公司资产维持的法理基础

（一）公司资本与公司资产的联系和区别

通常认为，公司资本是指公司成立时由公司章程确定的，全体股东出资构成的财产总额。公司的成立一般都要到公司登记机关办理登记注册手续，其中资本是公司登记注册的重要事项之一。人们把公司成立时，在公司登记机关登记注册的资本称为注册资本。各国公司法对股份有限公司设立时注册资本是否到位规定的原则是不同的。

主要有以下三种：（1）法定资本制。即公司章程中记载的注册资本数额，在公司设立时由股东实际全部缴付。（2）授权资本制。即公司设立时，股东可只缴付注册资本数额中的一部分股款，剩余部分授权董事会根据需要通过分次发行股份筹集。（3）折中授权资本制。即公司设立时，股东缴付法定的注册资本数额一定比例的股款，剩余部分授权董事会在法定期限内通过发行股份筹集。上述情况表明：无论采用哪种原则，也无论股东是一次缴足还是分期缴足股款，最终由股东出资构成的财产都能在一定时间为公司所实际拥有。正是在这个意义上，我们一般所说的公司资本指的就是公司注册资本①。

公司作为以营利为目的，从事生产经营或服务性活动的企业法人，必须拥有自己的财产，而公司资本就是公司原始的自有财产。这是因为：公司的资本来源于股东的出资，股东一经把自己的财产投入到公司就丧失了所有权，该财产即属于公司所有。由股东出资构成公司资本的财产便与股东个人的财产相分离而存在，成为公司自有的独立财产。公司资本的数额通常由股东依照法律规定，考虑公司规模及经营状况等因素协商确定，记载于公司章程，即注册资本的数额。需要指出的是，记载于公司章程的公司资本数额是不能随意改变的。大陆法系国家的公司法一般都规定，变更公司资本数额，必须依照增加或减少公司资本的法定程序进行。

公司资产是指公司拥有或者控制的能以货币计量的经济资源，包括各种财产、债权和其他权利②。换言之，公司资产是公司拥有或者控制的能够在未来为公司提供经济利益的财产。公司的资产主要来源于以下三个方面：（1）公司成立时股东的出资即公司资本。（2）公司对外负债。例如，公司从银行借入流动资金、以融资方式购入生产设备等。（3）公司的资产收益和经营收益。公司资产的数额是不确定的，它会随着公司经营的好坏即盈利或亏损以及清偿债务而增加或减少。因此公司资产的数额在公司存续期间总是处在不断变化之中。

从上述对公司资本和公司资产的概念进行的界定和分析中不难看出，公司资本与公司资产是既相互联系又相互区别的两个概念。两者之间的联系主要表现在：

第一，公司资本是公司资产的基础和组成部分。公司作为企业法人

---

① 范健等：《公司法论》（上卷），南京大学出版社，1997，第33页。
② 《企业会计准则》第22条。

必须拥有自己的资产。由全体股东出资构成的公司资本就是公司原始的自有资产，公司成立时，在没有对外负债的情况下，公司资本就是公司的全部资产。正是从这个意义上说，公司资本是公司资产的基础。前已述及，作为公司资产的财产通常由公司资本、公司对外负债以及公司的资产收益和经营收益三部分组成。可见，公司资本是公司资产的重要组成部分。

第二，公司资产会大于或小于公司资本。单从这两个概念的范围本身看，由于公司资本只是构成公司资产的一部分，所以公司资产大于公司资本。但是，在公司实际运营过程中，公司资产的数额会随着公司经营状况的不同而发生变化，会出现大于或小于公司资本的情况。例如，公司实行负债经营，经营状况良好，获得盈利，公司资产就大于公司资本；反之，公司要清偿到期债务，经营亏损，便会发生公司资产小于公司资本。

公司资本与公司资产又是相互区别的两个概念。它们之间的区别主要是：（1）从财产数额是否变动看，公司资本的数额一经记载在公司章程中，一般是不变的，而公司资产的数额会随着公司经营的盈利或亏损不断地变化。（2）从财产来源的渠道看，构成公司资本的财产仅来源于股东的出资，而公司资产要比公司资本来源的渠道宽泛，除来源于股东的出资外，还可通过借贷以及经营收益等渠道形成公司资产。

（二）公司资本维持原则评析

公司资本维持原则又称资本充实原则，是公司存续期间贯穿公司资本制度的一项重要原则。它是指公司在存续期间，应当保持相当于其资本的财产。

在有限公司和股份有限公司中，股东仅以其出资或所持股份为限对公司负责，公司以其全部资产对公司债务承担独立责任。因此，公司资产是对公司债权人的唯一担保。由于公司资本一经记载于公司章程就不能随意改变，所以公司资本对公司债权人来说具有公示公司信用度的功能。而公司的资产在公司经营过程中，会随着经营状况的好坏发生不断变动。为维持公司的正常运营，保护公司债权人的利益，必须贯彻资本维持原则，要求公司的资本不仅以计数的金额存在，而且应当实际保有[1]。各国公司法中反映这一原则的规定很多，主要有两个方面：一是关于公司设立由股东出资构成的公司资本必须真实方面的规定，二是关于公司存续中应当经常保有相当于公司资本数额实有财产的规定。可见，资本维持原则的目的是防止公司资本的实质减少，防止公司滥分股利，以维持公司正常运营和保护公司债权人利益。

然而，随着社会经济生活的发展和公司运营的实践，资本维持原则的缺陷日益明显地暴露出来。

第一，会出现公司实有资产的价值与公司资本的原有价值严重背离的情况。按照资本维持原则，公司应当经常保有相当于公司资本数额的实有财产。我们必须看到，20 世纪后半叶以来，由于技术进步、物价变动等因素的共同作用，虽然公司保有的实有财产在货币量上能够保持与资本数额相等，但是公司保有的相当于公司资本数量的实有财产的价值相对于物价水平而言实际上是减少了。如果从保持公司实际的生产能力的角度来看，当年公司资本额所代表的财产生产能力与现今同样数量的公司实有财产代表的生产能力之间的距离就更大了[2]。所以，仅仅按照资本维持原则，要求公司保有与公司资本相当数额的财产，对于保障公司的正常运营和对公司债权人的保护是不够的。

第二，公司资本不能完全公示公司的信用。笔者认为，对公司债权人来说，公司资本具有公示公司信用的功能是不可否认的，但公司资本对公司信用的公示是不完全的。这是因为：一是公司资本是公司原始资产。它仅在公司成立时，具有公示公司原始资本信用的功能。二是作为衡量公司盈余还是亏损界限的公司资本是公司资产的组成部分。按照资本维持原则的要求，公司应当保有与公司资本相当数额的财产。从这个意义上说，公司资本起着公示公司一定信用的作用。此

---

① 〔韩〕李哲松：《韩国公司法》，吴日焕译，中国政法大学出版社，2000，第 150 页。
② 刘燕：《会计法》，北京大学出版社，2001，第 280 页。

外，特别要指出的是，公司作为企业法人是以其拥有的全部资产而不是用公司资本对其债务承担责任①。我国《公司法》明确规定，公司以其全部资产对公司的债务承担责任。（2）公司的资产从是否属于公司所有的角度来划分，可分为借贷资产和自有资产两部分。公司虽然可以享受借贷资产未来提供的经济利益，但借贷资产不属于公司所有。也就是说，公司对借贷资产不享有所有权。而自有资产是属于公司所有的资产，即公司资产减去公司负债的净资产。我们上面所说的，公司以其全部资产对公司债务承担责任，其实质就是公司以其净资产对公司债务承担责任。所以，公司对外承担财产责任的能力取决于其拥有的资产而不是其资本。可见，能够完全公示公司信用的不是公司资本而是公司自有资产。

从以上分析可以看出，资本维持原则对维持公司资产、维护公司正常运营和保护公司债权人利益有一定的积极作用，但也存在明显的缺陷。为克服公司资本维持原则存在的缺陷，笔者主张，树立公司资产信用观念，对现行公司法中反映该原则的规定作如下处置：凡是不利于公司发展和保护公司债权人利益的规定予以取消；凡是有利于维持公司资产，确保公司运营和保护公司债权人利益的规定予以保留并加以完善。在此基础上，逐步从公司资本维持原则向公司资产维持原则过渡，建立公司资产维持制度。

（三）公司资产维持制度的法理基础及其标准

1. 公司资产维持制度的法理基础

公司资产维持制度是指使公司在存续期间能够保有、维系其正常运营并能偿还到期债务的资产制度。它是防范股东侵蚀公司，保持公司持续运营，具有清偿能力，维护公司债权人利益的制度。

公司资产维持是股东权利义务相对应的必然反映。法理学告诉我们：总体上说，没有无义务的权利，也没有无权利的义务。权利和义务是一

---

① 《中华人民共和国公司法》第3条。

种互相关联、相互对应的关系。权利的实现以义务的履行为前提，义务的履行是权利实现的保证①。依照上述法理，公司资产维持是股东应履行的义务，是股东实现股东权的前提和保证。你要想享有股东权，就必须履行向公司真实出资的义务，使公司对你投入的财产享有所有权，构成公司资产的组成部分。否则，你就不能成为公司的股东，当然也就不能享有股东权。此外，在公司存续期间，股东一般情况下不能退股。这是为维护公司资产对股东的约束，也是股东应尽的一项义务。如果股东不受其约束就不能成为公司的股东，当然不能享有股东权。再有，公司盈余了，必须要先弥补公司的亏损，所余利润才能对股东进行分配。可见，股东享有的股利分配权，也是以其履行维持公司资产义务为前提的。

公司资产维持是实现股东与债权人之间权益均衡的重要保障。有限公司和股份公司是以股东的有限责任和公司的独立责任为基本法律特征的。股东仅以其出资或所持股份为限对公司负责，也可以说，股东仅以其出资或所持股份为限承担有限责任，公司以其全部资产对公司债务承担责任。如果股东仅负出资义务，承担有限责任，就享有投资回报的话，显然公司债权人的利益是得不到保护的。所以，为了维护交易安全，保护公司债权人的权益，股东还必须承担维持公司资产的义务，使公司的资产真正成为债权人的担保，才能使股东权益和债权人权益公平地实现。

2. 公司资产维持的标准

公司资产的维持取决于股东全面履行出资义务及公司运营期间的利润分配、股份回购、关联交易和减少资本的适度等。目前，大多数国家的公司立法着重从公司的利润分配和减少资本方面对维持公司资产标准作了规定。主要有两种：

（1）资产负债表标准和法定最低资本限定标准。大陆法系大多数国家的公司立法对公司向股东分配利润规定为资产负债表标准，即公司资

---

① 李步云：《法理学》，经济科学出版社，2000，第204页。

产总额超过公司债务总额，也就是公司的利润依法可用于向股东分配。对公司减少资本适用法定最低资本限额标准，即公司减资后，其注册资本不得低于法定最低资本额。例如，我国《公司法》规定，公司弥补亏损，提取公积金、法定公益金后所余利润，有限公司按股东出资比例分配，股份公司按照股东持有的股份比例分配。公司减少资本后的注册资本不得低于法定的最低限额①。笔者认为，通过资产负债表标准和法定最低资本限额标准达到公司资产维持的目的，是重形式轻实质的标准。因为，公司债权人所关心的是公司的现金、可变现资产，是公司有无偿债能力。

（2）资产负债表标准和清偿能力标准。资产负债表标准即公司资产总额必须超过其债务总额。清偿能力标准即公司必须具有清偿到期债务的能力。英、美等国家的相关法律对公司的利润分配和减少资本，均实行资产负债表和清偿能力双重标准。例如，美国 1980 年的《美国标准公司法》第六百四十条 C 项就规定了股东利润分配的清偿能力和资产负债表双重标准。特别是，美国的破产法以及各州按照《统一欺诈性转让示范法》所制定的州法，对公司利润分配进行的限制性规定，更是体现了对公司资产维持实行资产负债表和清偿能力双重标准。即公司的利润分配如果满足下列条件，则构成欺诈性财产转移：①在股利分配后，公司负债总额超过公司的资产总额，②股利支付导致公司的资本相对于公司的持续经营而言"少得不合理"，③公司在支付股利后无法清偿到期债务②。此外，美国《特拉华州公司法》对公司减少资本的规定，同样实行资产负债表和清偿能力双重标准。即公司减资后，资本总额需超过以前未发行而在转换后可以发行的任何股份的票面价值总额或申报资本的范围内。该公司减资后的公司资产应当足以支付任何公司债务③。笔者认为，对公司资产维持采用资产负债表和清偿能力双重标准，注重公司清偿能力，是实质重于形式的表现，使公司的资产维持建立在现行市价或

---

① 《中华人民共和国公司法》第 177 条、第 186 条。
② 刘燕：《会计法》，北京大学出版社，2001，第 326 页。
③ 姜凤纹译《美国公司法选译》，中国对外经济贸易出版社，1984，第 76～77 页。

清算的基础上，防止公司的现金不公正地流向股东，更有利于保护公司债权人的权益[①]。

二　公司原始资产充实与股东的出资义务

（一）公司原始资产的充实与股东出资义务的关系

公司原始资产即公司资本又称公司注册资本，是指公司章程确定的由全体股东出资构成的财产总额。公司原始资产是公司资产的基础和重要组成部分。它对公司、股东和公司债权人都具有重要意义。作为公司，具备所从事事业的基本财产是其成立的要件之一。而这基本财产便是由全体股东出资构成的公司原始资产。也就是说，公司只有有了原始资产才能成立。同时，公司原始资产还是公司成立时拥有的资产信用，它成为公司对外信用的组成部分。

作为股东，由于公司原始资产是由股东出资所构成，所以公司原始资产标示着股东的出资信用。此外，每个股东按照其出资或所持股份在公司原始资产中所占比例，享有股东权并承担相应责任。从这种意义上讲，公司原始资产意味着股东出资数额及其责任的界限。

作为公司债权人，公司原始资产是公司成立时对公司债权人的唯一担保。因为在有限公司和股份公司中，股东仅以其出资或持有的股份为限对公司承担有限责任，不对公司债权人负责，能向债权人提供担保的只有公司的财产。而公司成立时的财产即是公司原始资产。又由于作为注册资本的公司原始资产，一经记载于公司章程即不能随意变动。因而，它具有一定的公示公司信用的作用。

要发挥公司原始资产对公司、股东及公司债权人的作用，就必须确保公司原始资产的充实。而公司原始资产的充实就在于股东要切实履行

---

① 刘燕：《会计法》，北京大学出版社，2001，第326页。

出资义务。由于公司原始资产是由全体股东的出资所构成的，所以股东出资义务履行得如何与公司原始资产是否充实息息相关。如果股东不履行或不完全履行出资义务，势必造成公司原始资产的不充实。由此可见，只有股东切实履行了出资义务，公司原始资产的充实才有保证。

股东切实履行出资义务是指，股东必须依照法律和公司章程的规定全额缴纳自己应该缴纳的出资。这包含两层意思：一是股东必须实际履行出资义务。股东应当依照法律和公司章程的规定，按时实际交付货币或货币以外的其他财产即现物，并依法办理财产权转移登记相关手续。二是股东必须完全履行出资义务。股东应当依照法律和公司章程的规定全额缴纳自己应该缴纳的出资。以实物、工业产权、非专利技术等作为出资的，不得对其价值予以高估，确保公司原始资产的真实。

一些国家为使公司原始资产充实，对保证股东出资义务切实履行，采取了有力措施。例如，《日本有限公司法》规定，董事在公司成立前由公司章程确定或选任。董事应责成股东完成出资全额的缴纳或以实物为出资标的的财产的全部交付①。又如，《德国有限责任公司法》规定，股东以实物作为出资的，应在公司合同中明确规定实物出资标的和与该实物出资相对应的基本出资的数额。股东必须在实物组建报告中阐明对缴付实物出资的适应性具有根本意义的情况。同时，实物出资必须在公司向商业登记部申报登记前，以能够使业务执行人对其完全自由支配的方式交付公司②。笔者认为，上述这些有力措施，对确保公司原始资产充实具有重要意义，值得我国借鉴。

（二）股东违反出资义务的行为及其法律责任

1. 股东违反出资义务的行为

出资是股东应当履行的最基本的义务。股东实际完全履行出资是公司实收原始资产与公司章程所定的注册资本数额相一致的保证。如果股东违反出资义务则会影响公司原始资产的充实，进而对公司资产的维持

---

① 《日本有限公司法》第十一、十二条。
② 《德国有限责任公司法》第五条、第七条（三）。

产生不利的影响。股东违反出资义务，其行为的表现方式可分为完全不履行出资义务和不适当履行出资义务两种。

（1）完全不履行出资义务。完全不履行出资义务是指，股东根本没有履行出资义务。其具体表现为：①拒绝出资。股东在公司章程制定后或认股书填写后拒绝按照规定出资。②不能出资。股东因客观条件的变化而不能履行出资义务。例如，作为出资的房屋在办理财产权转移手续前毁损。③虚假出资。股东弄虚作假谎称已经出资，而实际并没有出资。大致有以下三种情况：一是股东伪造存款证明和验资报告；二是股东和银行串通作假，由银行出具虚假存款证明；三是由会计师事务所出具虚假验资证明①。④抽逃出资。股东在公司验资或公司成立后将缴纳的出资抽回。例如，股东将其出资的货币存入公司银行的临时账户，待验资后该股东又将其所缴纳的出资撤回。

（2）不适当履行出资义务。不适当履行出资义务是指，股东没有依照法律和公司章程的时间、数额、手续等规定履行出资义务。其具体表现为：①迟延出资。股东不按照法律和公司章程规定的期限缴纳出资或办理财产权转移手续。②不完全出资。股东只缴纳了部分出资，未按规定的数额足额交付。③瑕疵出资。股东交付的非货币出资的实物或工业产权等现物存在瑕疵。例如，股东缴纳的实物不符合约定的质量标准等。

2. 股东违反出资义务的责任

股东依法履行出资义务是确保公司原始资产充实，进而维持公司资产的重要步骤。因此，各国公司法都对股东违反出资义务，应由其本人以及相关人员承担的法律责任作了规定。

（1）股东不出资或不完全出资应承担的法律责任。股东不出资或不完全出资，其本人及相关人员应承担的法律责任分为民事责任、行政责任和刑事责任。

第一，民事责任。一般情况下，股东违反出资义务不出资或不完全出资，相关人员应承担担保责任。具体为：其一，在有限公司，相关人

---

① 张开平：《公司权利解构》，中国社会科学出版社，1999，第83页。

员负有出资担保责任。即股东不按照公司章程规定出资的，其他参与公司设立的股东及相关人员负有连带交付其出资的责任。例如，《韩国商法》第五百五十一条第一款规定："公司成立后若发现未缴纳完毕出资额或者未履行实物出资，公司成立之际的社员、董事及监事就其未缴纳的金额或者未履行的实物价额，应向公司承担连带支付的责任。"其二，在股份公司，发起人负有认购、缴纳与交付担保责任。认购担保责任是指，设立股份公司发行股份时，其发行股份未认足或认购后又取消时，由发起人共同认足。缴纳担保责任是指，股份认购人未按招股说明书所定期限缴纳股款时，发起人对未缴纳的股款负有连带缴纳责任。交付担保责任是指，现物出资的发起人不按照公司章程的规定交付出资时，其他发起人应按未交付现物的价额承担连带补交出资的责任①。例如，《韩国商法》第三百二十一条就规定了发起人的认股、缴纳担保责任。即在公司设立时发行的股份中，公司成立后仍有尚未认购的股份或者撤销认购时，视由发起人共同认购之；公司成立之后，仍有尚未缴纳的股款，发起人应连带缴纳股款。

第二，行政责任和刑事责任。股东违反出资义务应承担的行政责任和刑事责任主要是针对虚假出资和抽逃出资的股东应承担法律责任作出的规定。

股东虚假出资和抽逃出资应受到的行政处罚是责令改正和罚款。例如，我国《公司法》规定，公司的发起人、股东未交付货币、实物或者未转移财产权虚假出资的，或在公司成立后抽逃出资的，责令改正，处以虚假出资金额或所抽逃出资金额 5% 以上 10% 以下的罚款②。

股东虚假出资或抽逃出资数额巨大、后果或情节严重的要承担刑事责任。即处以徒刑或者拘役或者罚金或处以徒刑或者拘役并处罚金。例如，《韩国商法》规定，公司发起人作出假装缴纳股款或者履行实物出资行为时，处以 5 年以下徒刑或者 1500 万元以下罚金③。我国《刑法》也

---

① 陈廷：《公司设立者的出资违约责任与资本充实责任》，《法学研究》1995 年第 6 期。
② 《中华人民共和国公司法》第 208 条、第 209 条。
③ 《韩国商法》第六百二十八条。

规定:"公司发起人、股东违反公司法的规定未交付货币、实物或者未转移财产权虚假出资,或者在公司成立后又抽逃出资,数额巨大、后果严重或者有其他严重情节的,处 5 年以下有期徒刑或者拘役,并处或者单处虚假出资金额或者抽逃出资金额 2% 以上 10% 以下罚金。"①

(2)股东出资瑕疵应承担的法律责任。这主要是法律对以现物出资的股东,其出资现物的实际价额显著低于公司章程所定价额应承担差额填补责任的规定。包括:交付该现物的股东应补交其差额,公司设立时其他股东对不足的差额部分承担连带填补责任。例如,我国《公司法》规定:"有限责任公司成立后,发现作为出资的实物、工业产权、非专利技术、土地使用权的实际价额显著低于公司章程所定价额的,应当由交付该出资的股东补交其差额,公司设立时的其他股东对其承担连带责任。"② 又如《韩国商法》规定:"实物出资及受让的财产,在公司成立之际其实际价格显著低于章程中规定的价格时,公司成立之际的社员应向公司承担连带支付该差额责任。"③

(3)股东违反出资义务给公司和其他股东造成损害应承担的法律责任。股东违反出资义务给公司和其他股东造成的损害应承担民事责任即损害赔偿责任。有以下两种情况:一是由于股东不履行出资义务导致公司不能成立、解散或被撤销时,违反出资义务的股东应向其他已足额缴纳出资的股东承担损害赔偿责任;二是在公司成立的情况下,不履行出资义务的股东应向公司承担损害赔偿责任。例如,《韩国商法》规定,股份认购人未按照规定缴纳股款时,发起人可请求该股份认购人承担损害赔偿责任④。

三 公司运营中资产维持的法律规制

公司在存续过程中,其资产有两个功能:一是运营功能,即公司资

---

① 《中华人民共和国刑法》第 159 条。
② 《中华人民共和国公司法》第 28 条。
③ 《韩国商法》第五百五十条第一款。
④ 《韩国商法》第三百五十七条第三款。

产维持公司的运营；二是担保功能，即公司自有资产也就是公司净资产
作为公司债务的担保。公司在运营中维持一定数量的资产是其生存和信
用的保障。笔者赞同公司资产维持采用资产负债表和清偿能力双重标准，
使公司在存续过程中维持以公司资本为基础并能偿还到期债务，具有变
现能力的资产。在这种情况下，公司、股东和公司债权人的利益都可以
有效实现。目前，各国公司法及相关法律对公司运营中资产维持的规制，
主要有以下几个方面。

（一）关于股东不得抽回出资的规制

股东缴纳了出资（股款）或者将抵作出资（股款）的现物出资办理
了转移手续之后，股东出资的财产其所有权已转移给公司，形成了公司
的原始资产，即公司资本，成为公司资产的基础和组成部分。为此，各
国公司法都规定，通常股东是不能抽回出资的。否则，公司原始资产就
会减少，这意味着侵害了公司的财产。例如，我国《公司法》规定，发
起人、认股人缴纳股款或者交付抵作股款的出资后，除未按期募足股份、
发起人未按期召开创立大会或者创立大会决议不设立公司的情况外，不
得抽回其股本；股东在公司登记后，不得抽回出资[1]。

（二）关于公司向股东分配利润的规制

从各国对公司向股东分配利润的规定看，为维持公司资产，保护公
司债权人的利益，不能用公司资本向股东分配，这表明公司无盈利即没
有利润就不得分配。否则，就意味着向股东返还出资，侵害了公司资产。
那么，是否公司有了盈利就可全部分配给股东呢？除公司法对此作出限
制性规定外，破产法以及借款合同也可限制公司在特定情形下进行利润
分配[2]。

公司法对公司向股东分配利润，主要从以下两个方面作出了限制性
规定：

---

① 《中华人民共和国公司法》第93条、第94条。
② 刘燕：《会计法》，北京大学出版社，2001，第32页。

1. 对当年利润分配的限制性规定

例如，我国《公司法》第一百七十七条规定，公司应当用当年税后利润弥补亏损和提取利润的 10% 列入公司法定公积金，提取利润的 5% 至 10% 列入公司法定公益金、可提取任意公积金后，所余利润向股东进行分配。又如，日本《商法典》第二百九十条第一项对公司向股东分配当年利润的限制性规定更为严格。即 "盈余的分配，可以资产负债表上的纯资产额扣除下列金额为限进行：（1）资本额；（2）资本准备金及盈余公积金的合计额；（3）其决算期中须积存的盈余公积金的数额；（4）依照第二百八十六条之二（开业准备费）及第二百八十六条之三（试验研究费、开发费）的规定，计入资产负债表的资产部分金额的合计额，超过前两号准备金的合计额时其超过额"。

2. 对累计利润分配的限制性规定

累计利润是公司以前年度的未分配利润。公司当年没有利润，但可用部分累计利润派发股利。例如，我国台湾地区 "公司法" 规定："法定盈余公积金已超过资本总额 50% 时，或于有盈余之年度所提存之盈余公积金有超过该盈余 20% 数额者，公司为维持股票之价格，得以其超过部分派充股息及红利。"①

有的国家除公司法外，其他相关法律也对公司向股东分配利润作出限制性规定。例如，美国的破产法及其各州的相关法律对公司利润分配作出以下限制：公司在保证其资产总额超过负债总额，能够持续经营并清偿到期债务的前提下，公司可以向股东分配利润②。

为了保护公司债权人的利益，除法律对股东分配利润作出强制性限制规定外，还可以通过公司债权人与公司债务人签订的借款合同中规定限制性保证条款，对公司利润分配进行限制。实践中，公司债权人特别是为公司提供大额融资的银行或者机构投资人，往往在与公司签订的借款合同中加入限制性保证条款，对公司进行利润分配的权利事先加以限制。例如，规定只有在公司的资产总额超过负债总额的前提下，才可向

---

① 我国台湾地区 "公司法" 第二百三十二条第二款。

② 刘燕：《会计法》，北京大学出版社，2001，第 326 ~ 327 页。

股东分配利润。如果公司违反了限制性保证条款就构成违约，债权人可以提前终止合同，收回贷款，或者对债务人公司加收罚息①。

需要说明的是，向股东分配利润是公司的行为，除了要符合法律和合同规定外，还要有公司的意思表示才可进行。大多数国家的公司法都规定，公司利润分配的意思决定机关为股东会（股东大会）。例如，我国公司法规定，股份有限公司的利润分配方案由董事会制订，经股东大会审议批准②。

（三）关于公司③回购股份的规制

公司回购股份又称公司收购自己的股份，是指公司从股东那里受让股份④。公司因用其资产从股东那里收购自己的股份，使公司的资产流到股东手中，相当于把股东的出资返还给股东。虽然构成公司注册资本的股份数额没有减少，但公司却因收购本公司的股份而失去了部分资产。换言之，公司因收购自己的股份而减少了资产。为了公司资本的充实，维持公司资产，在公司回购股份问题上，大陆法系国家历来坚持原则禁止、例外允许的原则。即股份有限公司一般不得持有自己的股份，仅在法定例外情况下，才允许公司持有自己的股份。例如，我国《公司法》就这样规定："公司不得收购本公司的股票，但为减少公司资本而注销股份或者与持有本公司股票的其他公司合并时除外。"⑤

值得关注的是，自20世纪90年代以来，为了适应经济发展和公司运营的需要，西方大多数国家纷纷对公司回购股份放松了限制，使公司持有自己股份的法定例外范围逐渐扩大。目前西方国家允许公司回购股份的情况有：一是公司减少资本，二是公司与持有本公司股票的其他公司合并，三是无偿取得，四是股东请求收购股份，五是维持公司正常股价，六是取得可赎回优先股，七是为了实行董事、使用人的期权，八是公司处置多余现金，九是作为收购策略而回购股份。特

---

① 刘燕：《会计法》，北京大学出版社，2001，第327页。
② 《中华人民共和国公司法》第149条。
③ 本部分所说的公司均为股份有限公司。
④ 〔韩〕李哲松：《韩国公司法》，吴日焕译，中国政法大学出版社，2000，第279页。
⑤ 《中华人民共和国公司法》第149条。

别是 2001 年 6 月日本商法的修改，基本解除了对公司持有自己股份的限制①。上述情况表明，放松对公司持有自己股份的限制，已成为各国公司立法的一种趋势。但是，在公司回购股份的程序、持股财源以及董事相关责任等方面的规制仍是较为严格的，借以实现公司资产维持，保护公司债权人利益②。

（四）关于公司关联交易的规制

关联交易亦称关联方交易、关联人交易，它是指发生在关联人之间的有关移转资源或义务的事项安排行为。公司关联交易是指公司与关联人之间的关联交易。由于公司关联交易一方面在现实经济生活中大量存在，另一方面可能损害公司、非关联股东、公司债权人和社会公共利益。所以各国都十分重视对公司关联交易的处理，许多国家的法律都规定公司关联交易必须进行充分披露，均要求财务会计报表对关联交易予以揭示。除此之外，美国证券法的 S－K 规则第四百零四条亦规定了注册发行股票的公司必须披露关联方交易的有关内容，主要有关联方的确定、交易的类型等。英国公司法也要求建立关联报告及披露制度③。

我国《证券法》、《股票发行与交易管理暂行条例》以及《上市公司治理准则》等法律、法规及规章，针对公开发行股票的股份有限公司特别是上市公司的关联交易作出规定，主要有：其一，上市公司及其关联人一览表应记载于年度报告中④。其二，上市公司与关联人之间的关联交易应签订书面协议。协议的签订应当遵循平等、自愿、等价、有偿的原则，协议内容应明确、具体⑤。其三，关联交易的价格原则上应不偏离市场独立第三方的价格或收费的标准⑥。其四，上市公司的年度报告、关联

---

① 日本《商法典》，（2001 年 6 月版）第二百一十条。
② 王保树：《股份公司资本制度的走向从"资本维持原则"规则缓和中寻求真谛》，载《中国法学会商法学研究会第三届年会论文集》，2003 年 9 月。
③ 施天涛：《关联企业法律问题研究》，法律出版社，1998，第 62～63 页。
④ 《股票发行与交易管理暂行条例》第五十九条。
⑤ 《上市公司治理准则》第十二条。
⑥ 《上市公司治理准则》第十三条。

交易的书面协议应当向证监会、证券交易所提供①。年度报告、关联交易协议的订立、变更、终止、履行情况等事项以及关联交易的定价依据，都要在国家有关部门规定的报刊或者在专项出版的公报上刊登充分披露；同时将其置备于公司住所、证券交易所，供社会公众查阅②。其五，上市公司应采取有效措施防止股东及其关联方以各种形式占用或转移公司的资金、资产及其他资源③。

除此之外，《上市公司治理准则》还规定上市公司不得为股东及其关联方提供担保④。笔者认为，立法者规定该条的本意是为防止上市公司的资产受损。但此规定无论是从我国公司的实践和法律的规定还是从其他国家的立法经验看，都是不妥的。上市公司为股东及其关联方提供担保，其本质上是一种关联交易。而关联交易包括公司关联担保，是公司经营的客观需要。在我国，特别是公司在向商业银行贷款时，都需要提供担保。实践中，公司集团内部公司之间的担保，被金融界认为是较为安全的担保。而禁止上市公司为股东及其关联方提供担保，不利于公司的生存与发展。既然公司都可以为不是其股东也没有任何关联的企业提供担保，为什么不可以为自己的关联方提供担保呢？况且，我国的法律并没有禁止关联交易。再从西方国家相关立法规定看，无论是英美法系国家还是大陆法系国家几乎都未对公司为股东及其关联方提供担保作禁止性规定。例如，美国华盛顿公司法规定，只要担保行为可以合理地被期待为担保公司直接或间接地获得利益，公司就可以为包括股东在内的任何关联公司提供担保。法国公司法未就股份公司为其股东的担保作任何禁止性规定⑤。因此，笔者主张，将上市公司不得为股东及其关联方提供担保的规定，从《上市公司治理准则》中删除。为避免上市公司为股东及

① 《中华人民共和国证券法》第六十一、六十二条；《股票发行与交易管理暂行条例》第五十七条。
② 《中华人民共和国证券法》第六十四条；《上市公司治理准则》第十二、十三条。
③ 《上市公司治理准则》第十四条。
④ 《上市公司治理准则》第十四条。
⑤ 陈洁：《上市公司关联担保问题研究》，载《金融担保法的理论与实践》，社会科学文献出版社，2004。

其关联方提供担保，对上市公司、非关联股东、公司债权人及社会公共利益的损害，应当将其像其他关联交易一样对待。

最后，为避免公司关联交易的负面影响，除我国相关法律已对公司关联交易应予充分披露作出规定外，笔者建议还应增加公司关联交易必须事先征得非关联股东的同意方能进行的规定。

（五）关于公司资本减少的规制

公司的资产是公司从事经营活动的物质保障，是对公司债权人的担保。而公司资本即公司注册资本是确保公司资产的基础。因此，为了公司自身的必需和保护公司债权人的利益，一般来说，公司不得随意减少资本。

公司资本减少依据净资产是否因公司资本额减少而减少为标准，可分为形式减资和实质减资两种①。前者公司资本减少，仅仅是减少注册资本数额，并不发生公司净资产外流，即公司净资产未减少；后者公司资本减少，则是将一定数额的公司净资产返还给股东，即发生净资产从公司流向股东，意味着公司净资产的减少。由此可以看出，公司资本的减少，特别是实质减资，一方面涉及公司运营资产的减少，进而影响到股东的利益；另一方面涉及公司清偿能力的减弱，进而影响到公司债权人的利益。

仅从公司资本减少与公司债权人保护的关系看，公司资本的减少对公司债权人的保护是不利的。形式减资往往是出现了严重亏损，并在一定时间内不可能恢复的公司所为的行为。通过减资，使公司的资本接近公司的净资产。虽然，形式减资公司的净资产没有减少，但由于公司注册资本数额的减少，会缩小将来公司资产特别是公司净资产的规模，对债权人利益的保护会相对减弱。而引起公司实质减资的原因是多种多样的。实质减资发生公司净资产流向股东，事实上是对股东的出资退还，等于股东优先于债权人回收所投入的资本②，致使公司用于对债权人担保

---

① 〔韩〕李哲松：《韩国公司法》，吴日焕译，中国政法大学出版社，2000，第585页。
② 《韩国公司法》，第586页。

的资产减少。因此，为保障公司的运营，维护股东和公司债权人利益的平衡，大多数国家的公司立法对公司减少资本主要从低线标准及相应机制两个方面进行规制。

关于公司减少资本的低线标准，即是指公司减少后的资本应保持的最低限额标准。主要有两种：一种是法定最低资本限额标准。例如，我国《公司法》规定，公司减少资本后的注册资本不得低于法定最低限额①。另一种是资产负债表和清偿能力双重标准。例如，美国《特拉华州普通公司法》规定，公司减资后的资本总额应超过注册资本数额，并能支付没有支付的债务②。

关于公司减少资本相应机制的规制。在这方面，英美法系国家与大陆法系国家的规制不尽相同。在英美法系国家，公司减少资本多为董事会的商业判断。例如，在美国，只要符合偿债能力标准，无论是成文法抑或法院均不设定其他严格的障碍或限定，经由事后的实质判断来矫正公平③。而大陆法系国家对公司减少资本则规定了严格的法定程序，来保护公司债权人的利益。例如，我国公司法规定，公司减少资本的程序如下。

1. 股东会（股东大会）作出减资决议，须经代表 2/3 以上表决权的股东通过。

2. 公司必须编制资产负债表和财产清单。

3. 通知公司债权人并对外公告。公司应当自作出减少注册资本决议之日起 10 日内通知债权人，并于 30 日内在报纸上至少公告三次。债权人自接到通知书之日起 30 日内，未接到通知书的自第一次公告之日起 90 日内有权要求公司清偿债务或者提供相应的担保。

4. 修改公司章程并办理变更登记④。

笔者认为，我国现行公司法关于公司减少资本的法律规定，无论是

---

① 《中华人民共和国公司法》第 186 条。
② 《特拉华州普通公司法》第二百四十四节。
③ 傅穹：《重思公司资本制原理——以公司资本形成与维持规定为中心》，法律出版社，2004，第 114、120 页。
④ 《中华人民共和国公司法》第 103、186、188 条。

低线标准还是相应机制都应改进。仅规定法定最低资本限额低线标准不利于保护债权人的利益。而复杂的减资程序势必高成本。为此建议，《公司法》修改时，应从公司股东利益与公司债权人利益平衡的理念出发，在保留法定最低资本限额低线标准的同时，引入清偿能力标准；简化减资程序，特别是形式减资程序。可借鉴《德国股份公司法》中关于简化的削减资本的做法：股东大会作出决议，由董事会和监事会主席将削减资本决议申报在商事登记簿中登记即可①。

（六）关于公司资产信息公开的规制

公司资产信息公开是维持公司资产，保护股东和公司债权人利益的一项有效措施。因此，各国公司立法都对公司资产信息公开问题作出了规定。这主要涉及公司财务信息公开和影响公司资产变动重大事项公开两个方面。

在我国，现行法律对公司信息公开的规制，是针对以募集设立方式成立的股份有限公司特别是上市公司作的规定。主要是：

1. 总的要求。上市公司应按照法律、法规和公司章程的规定，真实、准确、完整、及时地披露信息②。

2. 财务会计报告的公开。以募集设立方式成立的股份有限公司必须公告其财务会计报告③。

3. 中期报告和年度报告的公开。股票或者公司债券上市交易的公司，应当在每一会计年度的上半年结束之日起2个月内和4个月内，分别向国务院证券监督管理机构和证券交易所提交中期报告和年度报告，并予以公告。其中，年度报告应当记载以下内容：

（1）公司概况。

（2）公司财务会计报告和经营情况。

（3）董事、监事、经理及有关高级管理人员简介及其持股情况。

---

① 《德国股份公司法》第二百二十二、二百二十三、二百二十四条。
② 《上市公司治理准则》第八十七条。
③ 《中华人民共和国公司法》第176条。

（4）已发行的股票、公司债券情况，包括持有公司股份最多的前 10 名股东名单和持股数额。

（5）国务院证券监督管理机构规定的其他事项①。

4. 重大事项的公开。上市公司应当立即将下列可能影响公司资产变动，而投资者尚未得知的重大事件的有关情况，向国务院证券监管机构和证券交易所提交临时报告，并予以公告，说明事件的实质。

（1）公司的重大投资行为和重大的购置财产的决定。

（2）公司订立重要合同，而该合同可能对公司的资产、负债、权益和经营成果产生重要影响。

（3）公司发生重大亏损或者遭受超过净资产 10% 的重大损失。

（4）公司减资、合并、分立、解散及申请破产的决定②。

值得关注的是，当今西方一些国家的法律不仅要求上市公司实行资产信息公开制度，而且还明确规定非上市公司也要实行财务信息公开制度。例如，英国 1967 年公司法要求，所有公司每年向公司注册官员提交公司的利润和亏损表及资产负债表，审计人员对这些文件的审计报告和基于公司财务状况的董事报告。欧盟《第一公司法指令》也要求，所有公司公开提交它们的资产负债表③。上述做法值得我们借鉴。

（七）关于董事及控股股东的维持公司资产义务与责任的规制

由于董事与控股股东在公司中扮演的角色和所处的地位，决定了他们都对公司资产的维持负有义务和责任。所以，各国相关法律程度不同地对此作了规定。以下主要依据我国相关法律的规定，阐述这个问题。

按照大陆法系国家学者的通说认为，董事与公司之间是一种委任关系，基于这种关系，董事对公司负有注意义务和忠实义务。这反映在维持公司资产方面的义务主要是：董事不得挪用公司资金或将公司资金借

---

① 《中华人民共和国证券法》第六十、六十一条。
② 《中华人民共和国证券法》第六十二条。
③ 布莱恩·R. 柴芬斯：《公司法：理论、结构和运作》，林伟华等译，法律出版社，2001，第 547、549 页。

贷给他人，董事不得将公司资产以其个人名义或者以其他个人名义开立账户存储①。董事违反上述义务要承担相应的法律责任，即董事挪用公司资金或者将公司资金借贷给他人的，责令退还公司的资金，由公司给予处分，将其所得收归公司所有。构成犯罪的，处 3 年以下有期徒刑或者拘役；数额巨大或数额较大不退还的，处 3 年以上 10 年以下有期徒刑②；董事将公司资产以任何个人名义开立账户存储的，没收违法所得并处以 1 倍以上 5 倍以下的罚款。构成犯罪的，处 5 年以下有期徒刑或者拘役；数额巨大的处 5 年以上有期徒刑，可以并处没收财产③。

控股股东是指对公司事务可以行使事实上控制权的股东。由于控股股东处于对公司享有控制权的特殊地位，为维护控股股东与非控股股东之间的利益平衡，法律规定控股股东对公司及其他股东负有诚信义务④。这反映在维持公司资产方面的义务主要是：控股股东不得占用、支配其投入到公司的资产；不得干预公司的财务、会计活动；不得直接或间接干预公司的决策及依法开展的生产经营活动，损害公司及其他股东的权益⑤。控股股东违反维持公司资产诚信义务，应承担的法律责任主要是：由于接受控股股东指示的董事，其业务执行给公司造成损害的，控股股东应与该董事一起承担损害赔偿责任⑥。

本文原载于《经济法论坛》第 3 卷。

---

① 《中华人民共和国公司法》第 60 条。
② 《中华人民共和国公司法》第 214 条；《中华人民共和国刑法》第二百七十二条。
③ 《中华人民共和国公司法》第 211 条；《中华人民共和国刑法》第二百七十一条。
④ 《上市公司治理准则》第 19 条。
⑤ 《上市公司治理准则》第 21、24、25 条。
⑥ 《韩国商法》第四百零一条之二。

简析股东资格的确认

股东是公司的出资者，没有股东就没有公司的存在，所以保护股东的权利和合法权益是公司法的宗旨之一。本文就修订后的公司法的相关规定对股东资格确认的问题作些探讨。

众所周知，股份公司股东资格通常以是否持有公司发行的股票为准。所以，股东资格的确认主要存在于有限公司。

一　修订后公司法涉及股东资格
确认的相关规定

修订后的公司法涉及有限公司股东资格确认的条款，由两部分组成。一部分是保留了原公司法相关条款，一部分是修改和增加的条款。

在有限公司股东资格确认问题上，修订后的公司法保留的原公司法条款主要涉及：（1）关于公司章程。股东共同制定公司章程；公司章程应当记载股东的姓名或者名称；股东的出资方式、出资额；股东应当在公司章程上签名、盖章。① （2）关于出资证明书。有限责任公司成立后，应当向股东签发出资证明书。出资证明书应当记载股东的姓名或者名称、

---

① 参见《中华人民共和国公司法》（1993 年）第 19 条、第 22 条；《中华人民共和国公司法》（2005 年）第 23 条、第 25 条。

缴纳的出资额和出资日期；出资证明书的编号和核发日期，出资证明书由公司盖章。① （3）关于股东名册。有限责任公司应当置备股东名册，记载下列事项：①股东的姓名或者名称及住所；②股东的出资额；③出资证明书编号。②

修订后的公司法涉及有限公司股东资格确认，对原公司法进行修改和增加的条款主要为：（1）修改了股东出资缴纳的原则。将资本确定制修改为分期缴纳制。原公司所规定：有限责任公司的注册资本为在公司登记机关登记的全体股东实缴的出资额，股东应当足额缴纳公司章程中规定的各自所认缴的出资额。③ 修改后的公司法规定：有限责任公司的注册资本为在公司登记机关登记的全体股东认缴的出资额。公司全体股东的首次出资额不得低于注册资本的20%，也不得低于法定的注册资本最低限额，其余部分由股东自公司成立之日起2年内缴足；其中投资公司可以在5年内缴足。股东应当按期足额缴纳公司章程中规定的各自所认缴的出资额。④ （2）新增股东出资时间的规定。修订后的公司法将股东出资时间作为有限公司章程的绝对记载事项予以规定。⑤ （3）新增股东名册作用的规定。修订后的公司法规定："记载于股东名册的股东，可以依股东名册主张行使股东权利。"⑥ （4）新增股东出资额等须登记的规定。修订后的公司法写明："公司应将股东的姓名或者名称及其出资额向公司登记机关登记；登记事项发生变更的，应当办理变更登记。未经登记或者变更登记的，不得对抗第三人。"⑦ （5）新增股东资格可继承的规定。自然人股东死亡后，其合法继承人可以继承股东资格。⑧

---

① 参见《中华人民共和国公司法》（1993年）第30条；《中华人民共和国公司法》（2005年）第32条。
② 参见《中华人民共和国公司法》（1993年）第31条；《中华人民共和国公司法》（2005年）第33条。
③ 参见《中华人民共和国公司法》（1993年）第23条第1款、第25条第1款。
④ 《中华人民共和国公司法》（2005年）第26条第1款。
⑤ 参见《中华人民共和国公司法》（2005年）第25条。
⑥ 《中华人民共和国公司法》（2005年）第33条第2款。
⑦ 《中华人民共和国公司法》（2005年）第33条第3款。
⑧ 《中华人民共和国公司法》（2005年）第76条。

二　股东资格确认标准的不同意见

依照修订后的公司法所涉及的有限公司股东资格确认的相关规定，股东具备签署公司章程、向公司实际出资或者依法继受股权的实质条件；同时具备取得出资证明书、股东名册有所记载、公司登记机关进行登记的形式要件，该股东资格予以确认毫无疑义。实践中，不完全具备上述条件时，股东的资格如何确认，换言之，在不完全具备实质要件和形式要件的情况下，确认股东资格依据的标准是什么？对此，存在着不同的意见。

1. 以实际出资行为作为股东资格确认的标准。有的学者主张，在实质要件与形式要件不一致时，应侧重审查实质要件，即以是否有出资的意思表示和是否有实际的出资行为作为确认股东资格的基本依据。这一判断标准的法理基础是股东资格的确认应以实际出资为前提，虚假出资者不得取得股东资格。[①]

2. 以有真实意思表示作为股东资格确认的标准。有的学者指出，公司章程载明的股东签署章程的行为，说明行为人有作为公司股东的真实意思表示。经列名股东签署并经工商登记的公司章程，对内是确定股东及其权利义务的主要根据；对外具有公示效力，是公司交易相对人据以判断公司股东的依据。因此，签署公司章程通常被认为是股东资格的基本特征。[②]

3. 以股东名册的记载作为股东资格确认的标准。有的学者认为，修订后的公司法，尤其是第33条明确了甄别真假股东的标准。股东名册对股东资格的确认具有推定的证明力。[③] 有的学者主张，股东名册是以记载

---

① 参见石少侠《浅读股权的确认》，载《实践中的公司法》（上册）[《21世纪商法论坛》第六届国际学术会议论文集（2006年10月）]，第89页。

② 参见范建《论股东资格的认定的基本理念与原则》，载《实践中的公司法》（上册）[《21世纪商法论坛》第六届国际学术会议论文集（2006年10月）]，第18页。

③ 参见刘俊海《论股东资格的确认》，载《实践中的公司法》（上册）[《21世纪商法论坛》第六届国际学术会议论文集（2006年10月）]，第67~68页。

股东为核心内容的法定必备账册，是公司确认股东权的依据。①

4. 以区分公司的内外部关系适用不同的形式要件作为股东资格确认的标准。有的学者主张，在公司内部，应当推定记载于股东名册的股东具有股东身份，当股东名册记载股东向公司主张行使股东权利时，该股东无须再提供其他证据；在公司外部，公司机关的登记是证明股东身份的证据，当公司外部对股东身份发生异议时，以公司登记机关的登记记载为准。②

5. 以具有公示效力的股东形式特征作为股东资格确认的标准。有的学者主张，应当基于维护交易安全的基本理念，以商法的公示主义与外观主义原则为指导，严格贯彻股东资格认定的形式主义。即以具有公示效力的股东形式特征作为实然状态的股东资格认定的依据。具体来说，若工商登记、公司章程和股东名册记载三者一致，则无论该股东是否为实际出资人，均确认其股东资格；若工商登记、公司章程和股东名册记载三者不一致，则依该公示之公信力高低依次确认，即分别依工商登记、公司章程和股东名册记载确定股东资格。③

此外，还有以出资证明书或公司章程记载作为股东资格确认的标准，以及以公司登记机关的登记内容作为股东资格确认的标准④等不同观点。

三 股东资格确认标准评析

笔者认为，有限公司股东资格确认标准存在上述不同的意见，说明了股东资格确认问题的复杂性，但其根源则在于修订后的公司法不仅仍

---

① 参见王瑞《论股东权的确认标准》，载《实践中的公司法》（上册）[《21世纪商法论坛》第六届国际学术会议论文集（2006年10月）]，第82页。
② 参见汪明华《简析公司股东资格的确认与股权的转让》，载《实践中的公司法》（上册）[《21世纪商法论坛》第六届国际学术会议论文集（2006年10月）]，第92页。
③ 参见范建《论股东资格的认定的基本理念与原则》，载《实践中的公司法》（上册）[《21世纪商法论坛》第六届国际学术会议论文集（2006年10月）]，第21~22页。
④ 宋晓明等：《民商事审判若干疑难问题——公司法（上）》，《人民法院报》2006年8月9日。

未对股东资格认定问题作出明确规定,① 而且修订和增加的条款更加剧了对股东资格确认的困难。

其一,股东出资分期缴纳制度会与确认股东资格的实质要求发生冲突。有限公司股东应是有限公司的出资者或是继受股东资格的人。前者包括,公司设立时设立人向公司出资而取得股东资格,或者公司存续期间增资时,股东以外的人认缴出资加入公司而取得股东资格;后者是指因受让股权、受赠股权以及继承股权而取得股东资格的人。这表明,向公司实际出资或者依法继受股权是股东应具备的重要的实质要件,是确认股东资格的基础。但是,由于修订后的公司法将股东出资缴纳由法定资本制修改为分期缴纳制,即公司全体股东的首次出资额不得低于注册资本的20%,也不得低于法定的注册资本最低限额,其余部分由股东自公司成立之日起 2 年内缴足。② 这就会导致,公司设立时,有的设立人没有向公司出资,而是在公司成立后 2 年内才出资。那么,这样的设立人在公司成立后未向公司出资前这段时间里,是否具有股东资格?

其二,股东出资分期缴纳制度会与股东名册记载发生冲突。按照股东出资分期缴纳制度的规定,有些公司设立人在公司章程中被记载为于公司成立后的法定期限内缴纳出资。该公司成立后,依照公司法规定应当置备股东名册。通常,只有在公司设立时向公司缴纳出资,公司成立后持有公司签发出资证明书的人,才被记载于股东名册。该名册中有股东的出资额及出资证明书编号这两项记载事项。而这些没缴纳出资的公司设立人,公司成立后不会向他们签发出资证明书。这就产生了这些没有缴纳出资的公司设立人是否也应当记入股东名册的问题。

其三,股东名册记载是不是股东资格确认的唯一标准。修订后的公司法增加规定:"记载于股东名册的股东,可以依股东名册主张行使股东权利。"③ 毫无疑问,能够主张行使股东权利的人,就是公司的股东,具

---

① 范建:《论股东资格的认定的基本理念与原则》,载《实践中的公司法》(上册)[《21世纪商法论坛》第六届国际学术会议论文集(2006 年 10 月)],第 17 页。
② 参见《中华人民共和国公司法》(2005 年)第 26 条。
③ 《中华人民共和国公司法》(2005 年)第 33 条第 2 款。

有股东资格。这表明，股东名册具有确认股东资格的效力。但是，修订后的公司法并没有对股东出资的实质要件和其他如公司章程、出资证明书以及公司登记机关的登记等形式要件，对股东资格确认的效力作出明确规定。这是否意味着股东名册的记载就是确认股东资格的唯一标准呢？因为，将出资人或者受让人记载于股东名册，既是股东的权利，也是公司的义务。公司法明确规定，有限公司应当置备股东名册，记载股东的姓名或者名称以及股东的出资额等事项。① 如果公司不履行股东登记义务没有将其记载于股东名册，那么，向公司实际的出资人或者股权依法受让人就不具有股东资格吗？

对于上述问题，笔者的看法是：第一，由于修订后的公司法规定，股东出资采用分期缴纳制度，这样，有的设立人在公司设立时没有向公司出资是正常的。只要该设立人参加制定公司章程，在公司章程上签名、盖章，说明其有作为公司股东的真实意思表示。笔者赞同签署公司章程对股东资格的认定具有决定性效力的观点。② 所以，该设立人在公司成立后虽未向公司出资，但也应具备股东资格。但鉴于通常股东会会议由股东按照出资比例行使表决权和股东按照实缴的出资比例分取红利的规定，③ 具有股东资格的该设立人，在此段时间内其股东权利的行使，应当受到限制。具体限制可由公司章程作出规定。

第二，股东名册是有限公司以记载股东为核心内容的法定必备账册。④ 股东名册应载明的事项是由公司法明定的。依公司法规定，有限公司股东名册应记载下列事项：（1）股东的姓名或者名称及住所；（2）股东的出资额；（3）出资证明书编号。⑤ 上述公司法规定的应载明事项，是法定的，必须全部真实记载，缺一不可，否则股东名册不发生效力。而在公司设立时，依照股东出资采用分期缴纳制的法律规定，没有缴纳出

---

① 参见《中华人民共和国公司法》（2005 年）第 33 条第 1 款。
② 参见范建《论股东资格的认定的基本理念与原则》，载《实践中的公司法》（上册）[《21 世纪商法论坛》第六届国际学术会议论文集（2006 年 10 月）]，第 18 页。
③ 参见《中华人民共和国公司法》（2005 年）第 43 条、第 35 条。
④ 王保树、崔勤之：《中国公司法原理》，社会科学文献出版社，2006，第 80 页。
⑤ 《中华人民共和国公司法》（2005 年）第 33 条第 1 款。

资的公司设立人，在公司成立后没有缴纳出资前，当然无权请求将其记载于股东名册。但这并不意味着这些设立人没有股东资格。另外，上面提及的已向公司实际出资的人，也不能因公司不将其记载于股东名册，不履行股东登记义务，而导致已向公司实际出资的人不具有股东资格。可见，股东名册的记载不是确认股东资格的唯一标准。

基于此，笔者主张，在不完全具备实质要件与形式要件或者在实质要件与形式要件不一致的情况下，以公司法的基本法理与商法的外观主义原则相结合为指导，以确认股东资格的目的不同，适用不同的标准。即为行使股东权利，需要确认股东资格的，应侧重审查实质要件，只要符合下列要件之一的，就具有股东资格：（1）签署公司章程并向公司实际出资；（2）向公司实际出资；（3）签署公司章程。而要求其履行义务、承担责任，需要确认股东资格的，应侧重审查形式要件。以形式要件公示的公信力高低依次确认，即分别以工商登记、公司章程和股东名册记载确认其股东资格。

本文原载于《北京市经济法学会金融专业委员会成立暨〈证券法〉〈公司法〉修订两周年研讨会论文集》。

下 篇|

试论我国经济合同制度的特点、作用及法律责任

　　建立在社会主义公有制基础上的经济合同制度，是当前经济改革中应该重视的一个环节。本文阐述了经济合同对于实现国家计划、改进企业管理、发展商品生产、加强内外协作的重要作用，并从法律上分析了不履行合同所应负的责任。

　　我国的经济合同制度是组织社会主义经济活动，保证国家计划正确实现，保障社会生产和流通正常进行的法律制度。在我们国家，经济合同制度的存在和发展是由社会主义经济基础决定的。社会主义经济既是计划经济又是商品经济，必须实行计划原则和物质利益原则。由于社会主义商品生产和商品交换的存在，无论是在全民所有制单位之间、全民所有制单位与集体所有制单位之间，还是集体所有制单位之间，都必须实行等价交换，必须遵守价值规律和商品交换的原则。因此，作为商品交流的法律形式的经济合同制度，就成为实现社会经济往来的重要手段。

　　经济合同这一概念，有时用来指某种具体合同，有时则用来当作对所有经济合同的总概述。经济合同是指属于经济活动方面的合同，是由发生经济关系的双方或数方在取得相互协议并承担各自义务的基础上，为达到一定的经济目的而签订的具有法律约束力的协议。经济合同既具有一般合同在法律上固有的共同特征，又具有与其他合同不同的特征。

　　在法律上，合同就是两个或几个人（组织或公民）订立的旨在确定、变更或终止他们相互之间的权利和义务的协议。根据我国现行政策、法令的规定，签订合同要遵守法律规范的要求，其内容不得与法律、法令

和有关管理办法相抵触，签订合同的手续要合乎有关法规的规定。这些一般合同所固有的特征也完全适用于经济合同。除此之外，经济合同一般还具有下列与其他合同不同的特征：（1）签订经济合同的双方必须是法人，具有签订履行合同的权利能力和行为能力。法人对其负责机构或代表在职权范围内进行的民事法律活动负完全责任。（2）签订的合同必须是以经济活动为内容，具有等价、有偿的性质，双方的权利和义务必须明确肯定。还要贯彻在计划原则指导之下，坚持充分协商、平等互利的原则。（3）签订的经济合同有时还需经过工商行政管理机关或其他主管机关的签证。

我国的经济合同制度与资本主义国家的贸易合同制度有着本质的区别。资本主义国家的贸易合同制度是资本家剥削广大劳动人民、争夺市场、获取最大限额利润的重要手段。我国的经济合同制度，则是建立在生产资料社会主义公有制基础之上的，是实现社会主义经济建设，满足人们日常生活需要的重要工具。我国的经济合同制度在社会主义经济建设的各个阶段都发挥了重要作用。当前，推行经济合同制度，是我国经济改革的一个重要环节，是按照客观经济规律办事的有力措施。它在四个现代化建设中定能发挥积极、重大的作用。

经济合同是实现国家计划和巩固经济核算制的重要纽带。社会主义经济是计划经济，国家按照有计划、按比例的客观规律，制订国民经济计划。与此同时，由于社会主义商品生产和货币交换的存在，国家还需自觉地利用价值规律的作用，对企业实行经济核算制，由企业独立地进行经营管理和生产活动。为了尊重企业的自主权和维护企业的经济核算制，国家除下达指令性计划外，还应有一部分指示性计划，通过经济合同的形式来实现。对于每一个社会主义企业来说，都必须完成国家交给的指令性生产计划任务，也就是要在国家统一计划的安排下，努力增加产品数量，提高产品质量，以便最大限度地满足国家建设、社会生产和人民生活的需要。同时，由于企业独立地进行经营管理，自负盈亏，企业经营的好坏与企业职工利益紧密相关，所以每一个企业还必须在生产经营中实行经济核算制，以便最合理、最节约地使用一切资源，最大限度地降低成本，增加盈利。这两方面的任务，每一个企业都必须同时完成，不能偏废。而经济合同正是使企业兼顾国家和企业的利益，把两项任务结合起来加以实现的工具。在计划原则指导下，双方通过协商，订立切实可行的、符合双方经济利益的合同，就能把国家的计划任务具体落实下来。合同的如期履行就意味着国家计划的完成。

经济合同是使农业生产纳入国家计划轨道的有力工具。在现阶段，我国农业主要是集体所有制，社队经济自负盈亏。国家必须尊重它们的所有权和自主权，对它们的生产不能直接下达指令性计划，可以采用经济合同的形式把计划任务落实下来，从而使农业生产纳入国家计划的轨道。其办法就是通过有关商业组织与公社各级组织签订各种合同。合同的签订均由订约双方当事人在平等自愿的基础上，根据等价互利的原则协商决定。合同的内容既要体现国家计划要求，又要体现尊重公社各级组织的所有权和自主权，保障农民的经济利益。这样的经济合同不仅能使农业生产在国家计划的指导下得到迅速发展，而且有助于进一步巩固和加强工农联盟。

经济合同是加强社会主义组织之间专业化协作的必要手段。我国的国民经济是个庞大而复杂的机体。要使这个机体正常运转，单靠下达行政命令来指挥是不行的，还要通过经济合同的形式，使国民经济千千万万个生产经营单位有机地结合起来，才能保证社会主义建设的顺利进行。当前，随着社会主义经济的迅速发展，随着经济管理体制改革的不断深入，生产的专业化程度也在逐步提高。而社会专业化生产愈发展，分工就愈细，企业、单位之间相互依赖的关系就愈密切、愈广泛、愈复杂。在这种情况下，每个生产单位要保证自身生产的正常进行，就必须取得许多其他单位的协作。建立在生产资料公有制基础之上的社会组织之间的经济关系，是同志式的互助协作关系。而经济合同就是具体组织协作的有效方式。通过经济合同，可以把相互依赖的生产单位联系起来，固定协作关系，把国民经济的供、产、运、销等各个环节衔接起来，形成广泛而精密的协作网，明确互相间的权利、义务，切实解决协作过程中的各种具体问题，保证每个生产单位的生产都能正常运转，促进专业化协作的发展。

经济合同是发展对外贸易、利用外资的一种重要法律形式。1979年6月五届全国人大二次会议通过的《中外合资经营企业法》和1978年8月国务院颁布的《开展对外加工装配业务试行办法》等有关开展对外贸易的法规，都明确肯定了中外合资经营、加工承揽等经济合同的法律效力，使经济合同成为实现国际经济技术协作的有效形式。这有利于充分利用外资和引进先进技术设备，有利于培养技术人员和管理人员，有利于增加外汇收入、扩大建设资金，进一步促进我国对外贸易的发展。

经济合同是一种法律制度，是法律化了的经济手段。它既受国家法律的调整和制约，同时又为国家的强制力所保障。这是由于社会组织之间经济合同的履行，关系着国家经济计划和建设任务的完成。因此，签订经济合同的任何一方不履行合同，给对方造成损失时，必须承担民事法律责任。对经济合同的不履行是指当事人没有按照合同的规定履行自己所承担的义务，包括全部不履行和不适当履行。当事人根本没有履行自己的义务，就是对经济合同的全部不履行；当事人虽然作了一定的履行，但在履行的数量、质量、时间、地点等方面不符合经济合同内容的要求，就是对经济合同的不适当履行。不论是全部不履行或不适当履行，都违背了经济合同的规则，必然产生一定的法律后果。一方当事人可以采取法律允许的措施，直至提起诉讼的方法，强制不履行合同的另一方当事人履行合同。如果经济合同中有违约金或者罚款的规定，应向不履行合同的当事人追索违约金或罚款。如果因不履行合同而受到损失，应令不履行合同的当事人赔偿损失。通过赔偿损失、给付罚金或违约金等经济责任，保障合同当事人的合法权益，督促当事人认真履行合同。由于赔偿是补偿性的法律手段，因而应以赔偿实际损失为原则。也就是说，由于经济合同的当事人一方不履行或不适当履行合同，应当赔偿因此而造成另一方当事人财产上的直接减少和失去的利益。前者称为直接损失，后者称为间接损失。间接损失当然必须有事实根据，才能作为失去利益而得到赔偿。关于违约金或罚款的性质，是强制罚或者损害赔偿额的预定，要根据具体合同来确定。如果是强制罚的，有请求权的一方不论其是否受到损失，均得请求给付，如有损失可再请求赔偿。给付违约金或罚款，并不免除不履行合同的当事人履行合同的责任。

追究不履行经济合同的当事人的责任，必须具备以下条件：（1）经济合同当事人一方有不履行合同的行为。（2）不履行合同的当事人有故意或过失。故意是指当事人明知不履行合同会给对方造成损失而有意不履行合同使损失发生。过失是指当事人能够预见自己不履行合同而造成的不良后果，但由于盲目自信或疏忽大意，没有采取积极有效措施，致使合同没有履行。（3）有因一方当事人不履行合同而给对方造成损失的事实，包括直接损失和可得利益损失。（4）一方不履行合同的行为与对方所造成的损失之间有因果关系，即损失的发生是合同不履行的必然结果。在实际社会经济生活中，造成某些经济合同不履行或不适当履行的原因，往往是双方当事人均有一定的责任。在这种情况下，就要根据双方当事人各自过失的大小，按照公平合理的原则分担经济责任。此外，在一些特殊情况下，例如遇到人力不可抗拒的灾害，虽然一方当事人没有履行合同，但不负不履行的民事责任。

综上所述，经济合同制度在我国社会经济生活中起着极其重要的作用。我们应该积极推广经济合同制度，运用这一法律形式调整我国的经济活动。我们应该加强经济立法和经济司法工作，制定健全的经济合同法规，确保经济合同的法律效力，使签订经济合同有法可依。与此同时，相应地建立健全仲裁和司法机构，做到赏罚分明。对于在执行经济合同过程中不顾国家和集体利益、违法乱纪、贪污盗窃、行贿受贿者，应追究责任，给予经济制裁和法律处分。只有这样从法律上维护和巩固经济合同制度，才能促使各有关方面重视和认真贯彻执行经济合同，才能充分发挥经济合同在四个现代化建设中的积极作用。

本文原载于《学习与思考》1981 年第 6 期。

谈谈破产法

为了彻底改变国营企业亏损由国家包赔的状况，促进其改善经营管理，提高经济效益，许多人都主张有必要在我国实行（企业）破产制度。现将外国破产法作一简略介绍，以资借鉴。

一

破产是指债务人负债总额超过财产总额，以致无力偿还债务或无法调动资金来清偿债务的状况。破产法就是对无偿债能力的债务人的财产进行整顿或清算的法规。

关于破产的法律制度起源于罗马法，它的发展大体可分为三个阶段。第一阶段从公元前 5 世纪至 15 世纪。这个时期由于生产力水平低，经济不发达，因而有关破产方面的法律规定比较简单，它的突出特点是规定对不能清偿债务人的惩罚，包括剥夺财产权利、人身权利甚至生命。有关破产的法律规定，最早见于古罗马的《十二铜表法》，其债务法中第 5 条规定："债务人在拘禁期间，他有权与（原告人）谋求和解，但若（双方）不能和解……他们（指债务人）则被处以死刑，或售之于国外……"也就是说，欠债不能偿还的人，即沦为奴隶，债权人既可将其出卖，以所得价金为偿还，也可将其处死。这种规定造成无法偿还债务者大量逃亡。于是，它逐渐被财产强制处分制度所代替。

　　财产强制处分制度包括两种：一种是财产分配制度，即经判决确认未获清偿的债权人，有权扣押其债务人的财产，将其变卖以其所得平等分配给各债权人。另一种是财产让与制度，就是债务人有权向地方法官申请自动把财产让与债权人，以抵偿债务。但是，这种制度仍然使债务人丧失部分公民权利。到了中世纪，随着商业的发展，意大利制定过处理债务人财产的法规，如1244年《威尼斯条例》、1341年《米兰条例》等。这些法规规定，破产的商人特别是因潜逃或诈欺而无法偿还债务的商人，要受到重罚，其财产要受到清算。

　　第二阶段从16世纪至19世纪初。16世纪以来，资本主义经济有了初步发展，大多数欧洲国家都相继制定了破产法，其中最早的见于1673年法国颁布的商事敕令中。这个时期有关破产方面的法律，多数国家除规定对有诈欺行为的破产人进行处罚外，不再规定对破产人的惩罚。但个别国家对大多数破产人的规定，仍带有处罚的痕迹。如1807年的法国《商法典》第604条就规定，破产人的荣誉权因破产而受限制或剥夺，非经复权程序不能恢复。

　　第三阶段从19世纪中叶至现在。19世纪以来，资本主义经济有了很大的发展，不少资本主义国家的破产法也随之进行了修改。尤其是比较发达的英、法等国，认为破产是经济自由竞争社会难免的现象。为了解脱不能清偿债务的人的困难，这些国家的法律规定，债务人有权同其大多数债权人达成延期偿还或减少债务的协议，作为终止破产程序的方法。19世纪下半叶，为了有利于经济的复兴，大多数资本主义国家的法律都确认，债务人为防止破产宣告，同大多数债权人达成的偿还协议，可作为处理无力偿债财产的合法手段。

　　从生产资料公有制国家来看，到目前为止，只有南斯拉夫、波兰两国制定了有关破产的法律。波兰最近颁布的《关于国营企业经济的改善及国营企业破产的法令》规定，国营企业在经济活动中出现严重财政亏空，其资产不足偿还债务，无力支付职工工资时，就可由其所在地的省法院宣告该企业破产。

二

从各国颁行的破产法来看，可分为广义破产法和狭义破产法两类。广义破产法是关于破产和和解的法规。如英国 1914 年颁布的破产法就对破产和和解作了规定。狭义破产法是专指关于破产的法规。如德国 1877 年颁布的破产法就是狭义的破产法，以后又另颁行了和解法。下面仅就和解程序及破产程序略作说明。

和解是债务人不能清偿债务时，在有关机关主持下，以债务人与债权人之间达成协议的方式来了结债务的程序。按其作用可分为以下两种：一种是债务人为预防破产宣告而进行的，德、英、法等国称为和解，日本称为和议；另一种是破产程序中的和解，德国称为强制和解，日本称为强制和议。和解按其审理机关的不同，又可分为法院和解和商会和解。

多数资本主义国家的法律对和解程序规定为：债务人不能清偿债务时，向法院提出和解申请，并提交财产状况说明书，债权人、债务人清册以及和解方案（即债务人拟定清偿债务的办法）等，经法院审查，裁定和解申请许可后，和解程序开始，即对债务人和债权人发生下列效力：对债务人来说，可扣押的财产即为和解监视财产，债务人对其虽未丧失管理权和处分权，可继续经营业务，但必须在监督人的监督下进行。对债权人来说，凡债权在和解申请许可前成立者（除有担保或有优先权的债权人的债权外），其执行权受到限制，必须受和解的拘束。在法院许可和解申请后，应召集债权人会议，对债务人提出的和解方案可否实行作出决议。如债权人会议否决了和解方案，会议主席立即宣告和解程序终结，并报告法院。法院对和解是否成立有最后决定权，凡法院作出不认可的裁定，和解便不能成立，法院依职权宣告债务人破产；凡法院作出认可的裁定，和解即告成立，和解程序终结，对债务人的监督限制随即解除，但债务人必须严格履行和解方案。如债务人不完全履行和解条件或债权人证明债务人有虚报债务、隐匿财产等不法行为，经债权人申请，法院可撤销已成立的和解，宣告债务人破产。

波兰为预防国营企业破产，在《关于国营企业经济的改善及国营企业破产的法令》中规定，国营企业在其财政损失危及生存，但还没有达到需要宣告破产的情况下，应进行扭亏的"内部行动"，由企业经理向上级机关提出改善企业经济效益的措施，确定企业扭亏的期限，经批准后付诸实施。

破产是指在债务人不能清偿债务，又不能以和解的方式清理债务或发生法定特别事故时，由法院对其应扣押的财产宣告为强制执行，使其全部债权人平等受偿的程序。资本主义国家的法律关于破产的规定通常是破产原因、破产宣告、破产效力以及破产案件的管辖事项。如日本破产法（1979年）第126、127条就分别规定了一般破产原因和法人破产原因，即"债务人不能支付"和"法人不能以其财产清偿债务"时，可以对其宣告破产。

破产程序为：破产申请人向法院提出破产申请并提交有关材料，经法院调查审理，凡具备宣告破产条件的，法院即宣告债务人破产。债务人被宣告破产即成为破产人。宣告破产后，破产人的人身自由便受到一定的限制，对应扣押的财产又称破产财产，丧失管理权和处分权。破产财产交法院选任的破产管理人管理。各债权人应在限定期限内申报债权，由财产管理人确定债务人的资产负债额，并对其财产进行清算，按照法定顺序和比例分配给各债权人抵偿债务。法院根据破产管理人提交的分配完结的报告裁定破产终结，即破产程序终结，破产人所受的限制及丧失的权利便得到恢复。

三

各国破产法虽有许多相同之处，但也存在着不少差异之点，主要表现在：

（一） 破产法的适用范围

破产法对哪些人适用，各国的规定不太相同，主要有三种：（1）只适用于自然人，如英国、印度、新西兰等国；（2）只适用从事商业活动的自然人和法人，如意大利、瑞士、西班牙等国；（3）对大多数自然人和法人都适用，如美国、日本、德国等。

（二） 和解及破产申请时间的规定

大多数国家的法律规定，不能清偿债务的人为预防破产宣告，必须在破产申请前，向法院提出和解申请。极少数国家如英国破产法则规定，不能清偿债务的人在破产申请后及破产裁定前这段时间内，可提出和解申请。关于破产申请的时间，只是个别国家的破产法对此有期限规定，如英国破产法规定，破产申请应在债务人不能偿还到期债务的行为发生后3个月或4个月内提出。绝大多数国家的法律对此并无时间限制，只要具有破产原因，随时都可提出破产申请。

（三） 关于破产申请人的规定

英国、印度等国的破产法规定，自然人中不能还债的债务人或其债权人可作为破产申请人。美国、日本等国的破产法不仅规定自然人中不能还债的债务人或其债权人可作为破产申请人，而且规定当法人具有破产原因时，其债权人、该法人及其董事或清算人都可作为破产申请人。另外，一些国家的破产法还规定，必须具备一定的条件，债权人才作为破产申请人。如奥地利的法律规定，当债务人到期不能偿还债务时，一个债权人必须在至少有另一个债权人存在的情况下，才能作为破产申请人。1971年美国破产法规定，债务人负债总额至少必须达到1000美元，债权人才可向法院提出破产申请。

（四） 破产者财产的范围

破产者的财产是指破产宣告后，确定应予扣押供债权人之间分配的债务人的财产。英国破产法规定，破产开始时属于或给予破产者的和破产者清偿债务前得到的或别人移交给他的一切财产构成可供债权人之间分配的破产者财产。美国破产法规定，破产者的财产，包括提出宣告破产申请之时属于破产者的一切可扣押财产以及破产申请后获得的财产。德国破产法规定，破产宣告之日属于破产者的一切可扣押财产，构成破产者的财产。关于禁止扣押和可扣押财产的范围问题，各国破产法都有这样或那样的规定，但其范围不大相同。一般来说，破产者日常生活用品等属于禁止扣押财产，其他财产均为可扣押财产。有的国家像美国法律规定，从破产者申请提出之日起 6 个月内，破产者所得到遗产或赠与财产为禁止扣押财产；而智利法律规定，提出破产申请之后，破产者由于赠与、遗赠或遗产所获得的财产为可扣押财产，包括在破产者财产之内；而将破产者所购买的财产留给他自行支配，为禁止扣押财产。

至于破产的股份有限公司和无限公司财产的范围，在破产法上没有另作特殊规定。因为，它们在成立时，就决定了它们在清偿债务上有所区别，股份有限公司是各股东仅以其股份为限，对公司的债务负有限责任。而无限公司的各股东如其股份不足清偿公司债务时，由各股东的其他财产来抵偿，负无限责任。所以，这两种公司破产时，其财产仍是指破产宣告后确定应予扣押供债权人之间分配的财产。

（五） 破产的效力

从各国破产法的规定看，破产的效力包括两个方面：一是破产在时间上的效力，二是破产在地域上的效力。关于破产在时间上的效力，德、法等国的法律规定，破产效力于破产宣告时开始发生；英国等国的法律规定，在破产宣告时溯及于破产原因时就发生效力。关于破产在地域上的效力，英、美、瑞士等国的法律规定，破产的效力适用于破产人在任何国家的一切财产。而日本的法律规定："于日本宣告的破产，只对破产人在日本的财产有效。"即破产的效力仅适用于破产人在一国的一切财产。

（六）破产程序终结后，对无法偿还债务的处理

美、英、日等国的法律规定，在破产程序终结时，由法院裁定，免除债务人无法偿还的债务。德、法等国的法律规定，在破产程序终结时，债务人未偿还的债务是否免除，由当事人彼此用协议来解决。

本文原载于《百科知识》1984 年第 11 期。

略谈企业法律顾问的
作用和法律地位

在我国，企业法律顾问是社会经济生活和法律实施中的新事物。它的作用和地位如何，已引起人们的广泛注意，本文试就这两个问题作些初步探讨。

企业法律顾问有两种形式，一种是聘请律师事务所的律师担任。律师事务所的律师担任企业法律顾问，只是律师工作的一部分。另一种是企业本身设立专职的法律顾问。从企业法律顾问发展的历史看，专职法律顾问的出现要比律师晚得多。它是随着企业由小规模到大规模的发展和涉外经济活动的频繁出现而产生的。大批专业企业法律顾问的设立最先开始于美国，1970 年以后又传至日本。现在，许多国家都在企业中设立了专职法律顾问。1979 年以来，随着我国现代化经济建设的进行和社会主义法制的逐步健全，我国的企业逐渐设置法律顾问。并且，从开始主要在律师中聘请，到逐渐走向企业"求材自取"，设立专职的法律顾问，有的还设立法律顾问室（处）。可以肯定，企业法律顾问的设立将逐渐普及所有企业，并将发挥越来越重要的作用。

一　运用法律手段管理企业与企业
法律顾问的作用

企业是否需要法律顾问？企业法律顾问的作用如何？人们对这个问

题至今仍有不同的看法。主要是:

第一,有的认为,多年没有法律顾问,企业不是照样搞生产。持这种看法的人,对企业是否要设立法律顾问持消极态度。

第二,有的认为,企业需要法律顾问,好打赢官司。持此看法的人,虽积极主张企业设立法律顾问,但却把它的作用仅局限在诉讼上。

第三,有的认为,企业法律顾问是企业厂长(经理)的参谋、助手,在企业生产经营中,起着多方面的作用。有这种主张的人,对企业设立法律顾问持积极态度,满腔热情地促使其建立和发展。

在上述看法中,我们认为,第一种看法不能适应当前我国经济发展和健全社会主义法制的要求,其不正确性是显而易见的。问题是后两种看法,一个仅强调法律顾问在诉讼中的作用,另一个强调法律顾问的全面作用,哪一种看法较为正确呢?对此,不能局限于法律顾问本身,而应从运用法律手段管理企业这个全局问题上加以探讨。换句话说,如何正确估计企业法律顾问的作用,关键在于对运用法律手段管理企业这个问题的认识。

过去,有一种相当普遍的看法,即把用法律手段管理企业仅仅理解为用法律手段解决企业经营中发生的纠纷。依此理解,法律顾问能在企业诉讼中发挥作用也就足够了。

然而,实践已表明,运用法律手段管理企业绝非仅是诉讼问题,而是一个复杂的系统工程。用法律手段管理企业的目的,是把企业的行为纳入法治轨道,即使企业在法律规定的范围内活动。为了达到这一目的,所采用的手段是对企业各种经济关系的多种类、多层次的法律调整。所谓多种类的法律调整,是指对企业经济关系多种法律形式的调整。首先是宪法,它对企业法律调整规定了最根本的原则。如国营企业的自主权、民主管理等。其次是各个不同法律对企业经济关系的法律调整。以国营企业为例,《民法通则》通过规定企业法人,确认它在民事活动中的地位;通过财产所有权和与财产所有权有关的财产权的规定,确认国营企业对国家授予它经营管理的财产依法享有经营权。《刑法》通过对有关犯罪适用刑罚的规定,保护国营企业的财产权利和正当、合法的经营。经济法规通过有关规定，确认企业的权利和义务，它同国家的关系，以及国家对企业实施管理的各种方式，等等。

所谓多层次的法律调整，是指法律在不同的条件下，对企业经济关系的调整。应该看到，企业行为是多方面的，但归结起来不外乎两个方面：一是企业进行正常的生产经营，包括企业内部的生产经营活动和为实现经营目的而同其他企业的经济往来；二是企业生产经营中出现的违法（包括违约）行为。对这两种行为所发生的经济关系，法律对它们的调整是不相同的，因而表现为不同的层次。首先，法律规定对企业生产经营合法行为调整的规范。包括规定企业合法经营的范围，对合法经营的引导、鼓励措施等。其次，预防违法行为。包括法律对企业违法行为形式的规定，以指明企业不应实施这种行为。法律还规定对违法行为的处理。通过对违法行为的处理，制裁实施违法行为的企业，促使企业在法律规定的范围内活动，进而保障企业的合法经营。

上述对企业多种类、多层次的法律调整，使法律的作用渗透到企业生产经营活动的各个方面。企业对法律服务也必然会提出多样化的要求。这就使得企业法律事务突破了仅仅局限于诉讼的狭小领域，导致企业法律顾问在企业整个生产经营活动中起着广泛的作用。

企业法律顾问是企业经营决策的参谋。企业的经营决策，对企业的生存和发展有着至关重要的意义。经营决策正确，企业可以扬长避短，增强它在市场上的竞争能力，企业繁荣兴旺。经营决策失误，可使企业长非所用，削弱企业在市场上的竞争能力，困难重重，乃至最后破产。正确的经营决策，固然需要企业决策机构和企业领导人对各种条件的综合分析、正确的判断和决心，但企业法律顾问的重要作用也是不容忽视的。它的作用表现为：

（1）为企业经营方案的制订提供法律依据

虽然企业法律顾问不能代替企业的决策机构和企业领导人去实施决策行为，但可以及时地向企业决策机构和企业领导人提供决策所需要的法律服务，使他们了解制定企业经营目标以及为实现经营目标所采取的措施，必须注意一定的法律界限。经营决策中的法律服务，无疑也会表现为经营方案中的一种措施，但它同其他措施相比，应占有特殊的地位。其他措施如同法律顾问提供的法律依据相抵触，则必须做相应的改变，以使企业既能实现自己的经营方案，又不超越法律规定的范围。

（2）对实施经营方案可能遇到的风险作出预测

80年代的国际、国内市场是瞬息万变的，任何企业要想获得成功，就应制定富有创新精神的经营方针和经营策略。而采用这样的方针和策略可能会有一定的风险。问题就在于企业能否对可能出现的风险作出预测，并事先制定应付风险的措施，以使企业不受或少受损失。在这方面，企业法律顾问起着重要的作用。比如：企业要想在市场上保持长盛不衰的地位，关键之一在于不断地以质量高、价格低、服务好的产品打入国内、国际市场。而要做到这一点，就需要进行技术改造，采用新技术、新工艺、新设计。这样做，可能会遇到风险。对企业可能发生的意外损失，企业法律顾问可以分别制订回避风险、减少风险、共同承担风险等方案，供企业领导人抉择。

（3）为企业生产经营活动中的法律问题提出解决的办法

企业进行生产、经营，有赖于良好的环境，这包括从法律角度创造的良好环境。企业生产经营中的法律问题是相当多的，诸如资金使用、成本管理、工资支付、技术转让、联合经营等无不涉及法律调整。企业法律顾问的作用就在于，适时地为企业厂长（经理）解决这些问题提出意见，与有关部门共同商定，制定必要的规章制度，使所在企业能充分利用法律规定的有利措施（如经济法律调节制度中的优惠措施等），而不使企业进入对其不利的法律措施调整范围，尤其是使企业不要实施违法（违约）行为。这样做，可以及时为企业生产经营排除障碍，使企业处于良性循环之中，不断创造较高的经济效益。

企业法律顾问是企业厂长（经理）对外经济活动的助手。企业作为法人，在同其他经济组织进行经济活动时，其法定代表人是厂长（经理），而企业法律顾问则是厂长（经理）不可或缺的助手。

（1）参与经济合同的签订

企业对外经济活动主要采用经济合同的形式，即使用经济合同确认企业在经济往来中的权利、义务。依法签订并正确、全面地履行合同，是调整好企业同其他经济组织之间经济关系的关键。某些经济合同的履行之所以出现纠纷，很多是由于签订合同时存在问题。其中，有的合同是合同当事人不具有签订经济合同的主体资格；有的合同则是不具备法定的条款，如无质量条款或违约责任条款等。这些问题的出现，有的是故意所致，而多数则是签约的经办人不大懂法所造成的。企业法律顾问参加签约工作，则可以减少以至杜绝签约中上述问题的出现。

企业法律顾问参与签约工作，可以有多种方式：其一，审查合同的合法性和有效性。企业法律顾问熟悉经济合同法和有关法律，他可以运用所掌握的法律知识判断对方当事人是否具有签订经济合同的主体资格，避免在签订经济合同中上当受骗，遭受不应有的损失；还可以审查合同内容是否合法，条款是否齐全，以避免违法合同和无效合同的出现。其二，代企业拟定经济合同的条款。经济合同的条款一般是由要约方企业提出的，要约方企业法律顾问代拟合同条款，既能符合经济合同法的要求，又可减少合同纠纷。其三，直接参加重大合同谈判，包括经济合同和涉外经济合同的签约谈判。重大合同的谈判往往需要反复协商，这也是双方当事人各自选择有利合同条款的过程。对此，既要求参加谈判的人具备一定的业务知识，又要求他们具备相当的法律知识。企业法律顾问的参加可以减少乃至杜绝法律上可能出现的漏洞。

（2）参加经济纠纷的调解

调解是解决经济纠纷的重要方式之一。企业法律顾问参加经济纠纷的调解，容易使当事人双方将认识统一到法律规定的基础上，以防止当事人各执其词，争论不休；也可以避免调解的主持人离开法律规定的要求，无原则地"和稀泥"。

企业法律顾问可以接受企业厂长（经理）的委托，充当企业的诉讼代理人。

根据《民事诉讼法（试行）》第五十条规定，企业的厂长（经理）可以委托企业法律顾问代为诉讼。企业法律顾问作为诉讼代理人参加诉讼，其目的在于维护企业的合法权益。由于法律顾问熟悉和掌握法律，他能较准确地辨别哪些属于企业的合法利益，从而使企业合法利益得到切实保障。

有人把企业法律顾问在诉讼中的作用，表述为"可以保证企业胜诉"。这种说法是很不科学的。首先，判断胜诉、败诉的标准只能是法律。企业在诉讼中能否获胜，关键不在于有无企业法律顾问，而在于企业行为是否符合法律规定。如果一个企业因为行为的违法而应诉，即使有法律顾问参加诉讼，它也会败诉。其次，企业法律顾问的崇高职责是维护国家法律的尊严，而不是维护企业的违法行为。企业行为合法，它理应受到保护，企业法律顾问应据法力争。相反，企业行为违法，企业法律顾问则应向企业领导人如实讲清楚，使企业承担应承担的法律责任。可以肯定，只要企业的行为是合法的，有企业法律顾问参加诉讼，可以比较容易地使其合法权益受到保护，以避免有理而败诉的现象发生。

二　用法律形式确认企业法律顾问的地位是当务之急

1. 用法律形式确认企业法律顾问的地位，既有必要，也有可能

所谓"必要"，是指确认企业法律顾问的地位，是我国社会主义经济发展的客观要求。党的十一届三中全会以来，国家顺利地实现工作重点的转移，随着工作重点的转移，法律成为管理经济的重要手段之一。而社会主义经济越是向前发展，它对法律调整的需求就越广泛。为了保障社会主义现代化建设事业的发展，必须用法律确认并保护社会经济秩序，这正如邓小平同志所说，"国家和企业、企业和企业、企业和个人等等之间的关系，也要用法律的形式来确定；它们之间的矛盾，也有不少要通过法律来解决。"① 这些是整个国民经济良性循环所不可缺少的条件，也是为企业增强活力创造适宜的环境所必要的。

---

① 《邓小平文选》，第136~137页。

　　然而，法律调整在经济发展中的地位越重要，解决企业法律顾问地位的问题就越迫切。企业法律顾问只有有了相应的法律上规定的地位，才有可能更有效地发挥其作用，使企业经营顺乎法律调整的要求。

　　再者，随着我国经济体制改革的进行，企业将逐步接受形成之中的新型社会主义经济体制的管理。新型社会主义经济体制的特点之一是，"国家对企业的管理逐步由直接控制为主转向间接控制为主，主要运用经济手段和法律手段，并采取必要的行政手段，来控制和调节经济运行"①。这样，法律就将成为国家调节经济关系和经济活动的重要手段，并成为管理企业的主要形式。面对这种变化，在不断增强企业厂长（经理）法制观念的同时，必须使企业法律顾问承担各种必须承担的任务，并给予他完成任务所必要的权限，以使其工作适应新体制的要求。因此，用法律形式确认企业法律顾问的地位，则是十分必要的。

　　所谓"可能"，是指企业法律顾问在处理企业法律事务中，已经在客观上形成了一定的地位（如上述揭示企业法律顾问作用时所提及的）。我们只要认真总结我国企业法律顾问的实践经验，用法律形式规定他的地位，并不是一件很困难的事情。

　　在这方面，国外的立法特别是社会主义国家的企业立法，已向我们提供了可借鉴的经验。苏联在70年代的企业立法中，对企业法律顾问作出了规定。如《全苏共和国工业联合组织总条例》第十九条规定，"联合组织的副总经理，各主要下属机构的领导人、总会计师、法律处长（法律顾问）……由联合组织总经理按上级机关批准的职务名单提请上级机关任免。"《苏联生产联合组织（联合企业）条例》第十九条也规定，"生产联合组织（联合企业）的副总经理（副经理）、总会计师、法律科长（法律室主任、主任法律顾问、法律顾问）和技术监督科长，根据联合组织总经理（经理）的建议，由上级机关任免。"保加利亚部长会议1975年12月通过的《保加利亚经济活动组织章程》也对企业法律顾问有明确的规定：①经济组织领导人在任免法律顾问科长时，须征得部的同

---

　　① 《中共中央关于制定国民经济和社会发展第七个五年规划的建议》。

意；②被选为经济组织执行委员会成员的法律顾问科长（法律总顾问），须参加执行委员会会议，参与企业决策活动；③作为经济组织的经济委员会的组成人员，讨论经济组织的计划、规章等。《波兰国营企业法》规定，由企业法律顾问主管解决企业各组织单位之间财产纠纷的调解委员会。如章程没有作出其他规定，则该委员会的裁决就是最后的裁决。从上述几国的规定可以看出：①以法律形式确认企业法律顾问的地位，已成为一种趋势；②从企业法律顾问的产生程序看，上述国家已赋予企业法律顾问同副总经理、总会计师相类似的地位；③适应企业法律顾问参与企业生产经营决策的需要，企业法律顾问应有一定的组织形式。

2. 解决企业法律顾问地位的途径

我们认为，正确解决我国企业法律顾问的地位，至少应包括以下三方面的内容：

（1）企业法律顾问资格的取得

目前，我国企业法律顾问人数太少，需要大力培养。而企业法律顾问作用的有效发挥，则应以具备一定的资格为前提条件。为此，法律应规定取得法律顾问资格的一般条件，包括从事企业法律事务工作所必需的法律知识和熟悉所在企业涉及的业务知识。条件既不宜太高，也不宜太低，应以胜任企业法律顾问工作为确定条件的尺度。

（2）企业法律顾问基本地位的确定

所谓企业法律顾问基本地位，是指他在企业机构体系中的位置。对此，可考虑参考东欧国家的经验和我国的初步实践。如上所述，东欧国家一般把企业法律顾问和副总经理、总会计师放在相同的地位上。我国1986年3月成立的中国投资咨询公司，其章程也规定了总法律师和副总经理、总工程师、总经济师、总会计师相同的产生方式与相同的工作地位。据此，可考虑作如下构思：①企业首席法律顾问的产生程序，应同企业行政副职、总工程师、总经济师、总会计师相同；②企业首席法律顾问应作为协助企业厂长（总经理或经理）进行工作的厂级行政领导人之一；③企业首席法律顾问应能参加或列席企业的董事会或管理委员会。

（3）明确企业法律顾问的职责

"职责"对企业法律顾问来说，既是权利又是义务，它是企业法律顾问地位的一种反映。明确企业法律顾问的职责，对确认其地位有着实际的意义。我国设立企业法律顾问虽时间不长，但在企业决策、对外经济活动和诉讼代理等三方面的作用是可以肯定的。以此作为基础，可以概括地规定企业法律顾问的职责。

企业法律顾问的地位，只有在立法中确认才能真正解决。当然，用法律形式解决企业法律顾问的地位，并不是说在某一项立法中把这三点都规定得清清楚楚。可以考虑作如下设想：由企业法规定企业法律顾问的基本地位，即在企业机构的章节条款中，对上述构思的②、③部分内容作出规定，使人们都了解企业法律顾问在企业机构体系中占什么位置，同时制定有关企业法律顾问的专门法规，规定企业法律顾问取得资格的条件、程序等。目前，我国尚无这样的法规，但填补法规体系的这一空白，是很有必要的。有了这样专门的法规，既保证了企业法律顾问的质量，又明确了他的法律地位，使企业法律顾问的作用得以充分发挥。

本文原载于机械工业经济法研究会编《经济法制文集》（2），1986 年 8 月。

论经济行政法律责任

经济法律责任主要可以分为两大类别，即民事法律责任和行政法律责任，本文拟就后者做些研究，包括：（一）经济行政法律责任的概念；（二）经济行政法律责任的条件；（三）经济行政法律责任的形式。

（一）经济行政法律责任是指违反了经济行政法规的规定，所应承担的法律责任。也就是说，凡是实施违反经济行政法律行为的人，都要承担相应的法律后果，即受法律制裁。

首先，经济行政法律责任是一种法律责任，它具有一般法律责任的特点：（1）它是由法律直接规定的；（2）是由国家强制力保证其执行的；（3）是由国家授权的机关依法追究，实行法律制裁的。

其次，经济行政法律责任是一种特殊的法律责任，它有自己独具的特征：

（1）经济行政法律责任，主要由国家授权的有经济行政处罚权的行政机关依法确定和追究的。在我国，不同的违法行为，其法律责任的追究是由不同的国家机关进行的。《中华人民共和国人民法院组织法》规定，"人民法院的任务是审判刑事案件和民事案件"，这一点在《中华人民共和国刑事诉讼法》和《中华人民共和国民事诉讼法》中也得到确认。而经济行政法律责任的追究则不同。从现已颁布的法律来看，除少数是通过人民法院审理依法确定和追究外，绝大多数是由国家授权的有经济行政处罚权的国家行政机关依法确定和追究的。所谓"授权"，包括两层意思：一是国家通过经济行政法规，赋予一定的行政机关处理经济行政违法行为的职能。二是由国务院决定、命令赋予一定行政机关以经济行政处罚权。纵然是国家行政机关，但如无上述两种形式的授权，则无权对违法者追究其经济行政法律责任，而只能将有关案件移交授权机关办理。根据上述两方面的授权，在我国有权确定和追究违反经济行政法规的法律责任的国家行政机关，主要是财政部门、税务部门、工商行政管理部门、物价管理部门、林业主管部门、医药管理部门等。

（2）经济行政法律责任，是使违法行为人的经济利益或人身名誉受到损害。一般地说，法律责任作为一种强制法律措施，对违法者实行某种制裁，总是会使违法行为人担负一定的不利后果。但由于违法行为的性质和危害程度不同，担负的不利后果也不同。究竟何种行为承担何种不利后果，都须由法律作出规定。通常，刑事法律责任，主要是使违法行为人承担人身的某种不利后果，如剥夺政治权利，限制人身自由，乃至剥夺违法行为人的生命；民事法律责任，主要是使违法行为人承担某种财产上的不利。而经济行政法律责任则是两种性质的不利后果的"结合"。当然，这种"结合"，并非两者的简单相加，而是在性质、轻重和范围上不同于刑法和民法。它使违法行为人承担的人身不利后果，只限于人身名誉，而一般不涉及人身自由问题；它使违法行为人承担财产上的不利后果，却不涉及填补损失的问题。并且在某些情况下，两种不利后果可以同时加在违法行为人身上。如《国家建设征用土地条例》第二十五条规定，"挪用或占用补偿费和安置补助费的……情节严重的，对主管人员和直按责任人给予行政处分，可以并处罚款。"

（3）经济行政法律责任，其处罚措施是实施机关一方单独的行为。法律责任的追究，由于各自性质的不同，其行为呈现单方或多方两种。所谓"多方"行为，即指法律责任发生效力，由双方或多方的意思表示而成立。如违约责任的追究，在双方协商解决或调解解决时，就都是由合同双方当事人的意思表示而成立。而"单方"行为则不同，只由一方的意思表示即可成立。在经济行政法律关系中，参加者不处于平等的地位，而是下级服从上级的隶属关系。在这种情况下，实施经济行政法律责任的处罚措施的，一般是上级主管机关。实施处罚者和被处罚者，没有协商的余地，只需一方作出处罚的决定，而被处罚者只能服从。

需要提及的是，在经济生活中，人们也常常使用"责任"这一概念，如"工作责任制""经济责任制"等，这些"责任"都同经济行政法律责任有着完全不同的意义。它们表示的是应履行的职责或应承担的法律上的义务，并不具有处罚的意思；而经济行政法律责任则是一种带有强制性的处罚措施，两者是不能混淆的。

（二）担负任何法律责任都必须具有一定的条件。所谓经济行政法律责任的条件，是指违法行为必须具备哪些必要条件才能构成经济行政法律责任。这是追究经济行政法律责任的前提，也是行为人负担经济行政法律责任的根据。按照我国经济行政法规定，构成经济行政法律责任的基本条件是：

1. 违法行为。一般来说，凡是做了法律规范所禁止的行为，或者没有做法律规范规定必须做的行为，破坏了我国法律所维护的各种社会关系，就是违法。这是从行为的实质和法律特征方面概括地指出了所有违法行为的共同属性。这里所说的，构成经济行政法律责任基本条件之一的违法行为，是指违反经济行政法规的行为。违法行为包括两种形式：

（1）作为，就是行为人用积极的行为所实施的为经济行政法规所禁止的行为。像《关于制止盲目建设、重复建设的几项规定》中规定，一不准搞资源不清的项目；二不准搞工程地质、水文地质不清的项目；三不准搞工艺不过关的项目……这些不准，就是该法规所禁止的行为，如哪个单位违反这个规定，就是以作为的形式构成经济行政违法行为。

（2）不作为，就是社会组织或公民对经济法规规定有义务实行的某种行为，消极地不去实施的行为。例如，按照《工商企业登记管理条例》规定，开办工商企业必须履行一系列手续：如根据国家规定提交有关文件；需要搞基建的，应于规定时间内，向市、县工商行政管理局申请筹建登记；建成后，应于规定时间内向上述机关申请开业登记，等等。如果开办的工商企业不遵守这些规定，其行为就是违反经济行政法规的行为。需要指出的是，行为人的不作为是否构成违法行为，应以行为人是否负有法律规定的某种特定义务为前提。如法律规定某人负有某种特定义务，而该人不去履行此义务，那么这个人的行为就是违法行为，否则就不能构成违法行为。像《关于合作商业组织和个人贩运农副产品若干问题的规定》中，关于"贩运家畜、家禽、水产、食品的单位和个人，须遵守检疫和食品卫生管理的有关规定，应当具备符合卫生要求的贩运条件，并接受检疫部门和食品卫生监督机构的检查监督"。就是法律规定行为人在特定条件下负有的某种特定义务。如果负有某种特定义务的行为人不去履行自己应履行的法定义务，他的不作为就是违法行为。

可见，任何违反经济行政法规的行为，不论是作为还是不作为，都是侵犯了经济行政法律所调整和保护的经济关系。所以，经济行政违法行为是构成经济行政法律责任必须具备的条件，缺少了这个条件，经济行政法律责任就不能成立。

2. 违法者有过错。所有经济行政法律责任的确定都应坚持过错原则，即行为人必须在主观上对自己的行为确有过错时，他才承担经济行政法律责任。这一点与确定从事高度危险业务致人损害的民事责任，适用的无过错原则不同。无过错原则是指致害人是否要负责任，只看有无损害结果，只要有损害结果，即使致害人没有过错，也要承担民事法律责任。

所谓过错，是指行为人决定其行为的心理状态。人的行为是受人的思想支配的，一般来说，违法行为的发生，都出于行为人的一定的违法心理。人在实施违法行为时的心理状态是各不相同的，概括起来可以表现为故意和过失两种形式。

故意，指的是行为人明知道自己的行为会引起违法的结果，却有意促进或者放任其结果的发生。例如："旅客以隐瞒方式将危险品等夹入行包或带入车内"（《公路汽车旅客运输规则》）；企业事业单位"拒绝环保部门或者有关的监督管理部门现场检查，或者弄虚作假的"（《中华人民共和国水污染防治法》），都是行为人故意违法。

过失，指的是行为人应当预见或者能够预见自己的行为会引起违法的结果，但出于疏忽大意或自信而未预见到；或者虽然已经预见到却轻信这种结果不会发生，以致造成结果的发生。判断行为人是否有过失，必须以行为人是否应当注意，能够注意却未注意作为依据。而人们应当注意和能够注意的标准，要具体情况具体分析划定，不能一律对待。

区别故意和过失，这在刑法上对于定罪和量刑有重要意义；但一般来说，对于经济行政法律责任的确定却没有多大意义，因为这种区别一般并不作为追究违法者经济行政法律责任大小的依据。无论违法者是故意还是过失，只要有过错就构成经济行政法律责任的主观条件。过错，虽然是行为人的主观心理状态，但违法行为人的这种心理状态与其违法行为是不可分离的。违法行为是前提，没有客观上的违法行为，只讲行为人的心理状态即过错，是不能构成经济行政法律责任的。但是，如果只有客观上的违法行为，而行为人主观上没有过错，也不能追究违法行为人的经济行政法律责任。所以说，违法行为人主观上有过错，也是担负经济行政法律责任的基本条件。

3. 违法者具有责任能力。上面所说的违法行为和过错，构成了经济行政法律责任的客观条件和主观条件。然而，并不是所有违法行为人具备了这两个条件都要担负法律责任，而只是具备上述条件，实施违法行为的主体又具有责任能力时，才担负经济行政法律责任。这样，就又出现了构成经济行政法律责任的第三个条件。

所谓承担经济行政法律责任能力，是指违法行为人对其违反经济行政法规的行为承担责任的能力。按照我国现行颁布的经济行政法规的规定，具有责任能力，能够承担经济行政法律责任的人，是可以或能够在国家经济行政管理范围内享有权利、承担义务的社会组织和公民。主要有：国家经济管理机关（含中央、地方机关）；国家经济管理机关工作人员、企业及其他经济组织；从事生产经营活动的工商业个体户、农民承包户、专业户、重点户以及与国家经济行政管理活动相联系的其他公民。

综上所述，违法行为、违法者有过错和违法者具有责任能力是构成经济行政法律责任的基本条件，这三个条件是互相联系、不可分割、缺一不可的。

（三）经济行政法律责任的形式就是依照经济行政法规的规定，使违法者直接承受法律制裁即行政处罚的形式。经济行政法律责任的追究，就是经济行政处罚的适用和实现。虽然目前我国的经济行政法规还远不像刑法那样有一套严密的责任制度，已颁行的一些经济行政法规对法律责任的规定也不够完善。但就经济行政法规的整体而言，它们所规定的法律责任，已初步形成了一个轻重有序、相互衔接的体系。

对这一体系中的各种责任形式，人们曾提出了种种不同的分类标准，但最基本的划分标准是：看它是同人身相结合，还是具有财产内容，以此标准，我们可以把形式不同、性质各异的责任形式分为两大类：

其一，财产制裁。

所谓"财产制裁"，是指违反经济行政法规的行为人，担负财产上的不利后果的法律措施。这类法律责任的最大特点是，都具有财产内容。即承担经济行政法律责任的违法行为人，都须接受国家法律规定的财产上的损失，为了适应处罚不同违法行为的需要，财产制裁又可分为如下几种：

1. 经济行政罚款

这是一种金钱处罚。经济行政罚款、民法上的罚款以及刑法上的罚金，虽然都是金钱处罚，但它们之间是有区别的，主要表现为：

（1）处罚的范围和性质不同。经济行政罚款是对违反经济行政法规的组织和个人的一种行政制裁；民法上的罚款是一种民事制裁；刑法上的罚金则是对犯罪分子适用的一种刑罚，主要适用于出于贪利动机的罪犯。它们分别适用于完全不同的范围。

（2）作用不同。经济行政罚款、民法上的罚款和刑法上的罚金，在各自法律责任系统中所处的地位和所起的作用是不同的。经济行政罚款是经济行政法律责任中的一种主要形式，它是国家授权机关制裁违反经济行政法规的行为人，用以维护社会经济秩序的重要手段之一。民法上的罚款则不同，它兼有惩罚和赔偿的性质，它同经济行政罚款只具有惩罚的性质，并不因具体财产损失而适用是不同的。刑法上的罚金是对犯罪分子的惩罚措施，在一般情况下是作为主刑的附加刑使用。在独立适用时，只是作为一种较轻的刑罚。

（3）执行机关不同。经济行政罚款由国家授权的行政机关执行。民法上的罚款和刑法上的罚金由人民法院执行。

（4）罚款的去向不同。追缴的经济行政罚款或强制犯罪分子缴纳的罚金都是上交国库，而民事违法者支付的罚款是交给受害人。

从以上比较可以看出，经济行政罚款有自己的特征，即由国家授权机关责令违法者向国库缴纳法定数额的金钱。

当然，经济行政罚款的适用，必须依据经济行政法规，并不是国家行政机关任意的行为，它包括罚款数额、罚款资金来源、罚款适用方式等规定。

我国经济行政法规对罚款数额的规定，采用了不同的方式，主要有规定罚款数额的上限和下限的幅度。例如，《国家建设征用土地条例》第二十六条规定："对个人罚款数额，最低为人民币三十元，最高不超过本人六个月的收入。"

规定罚款的最高数额。例如，《中华人民共和国产品税条例（草案）》第十五条规定："纳税人违反本例第八条、第九条、第十三条规定的，税务机关可酌情处以五千元以下的罚款；隐匿生产经营情况或申报不实的，除追缴应纳税款外，可酌情处以应纳税款五倍以下的罚款。"

规定罚款数额为某种金额的百分数或千分数，例如，《北京市防治大气污染管理暂行办法》规定："对违反本办法第十一条、第十三条，超标排放有害气体的单位，除令其停产治理外，并处以该项污染源工程建设投资百分之一至百分之十的罚款。""对违反本办法第十四条、第十五条的单位，除令其停止制造、加工和销售外，并处以已销售炉窑价格百分之十的罚款。"

违法人支付罚款的资金，必须按照法律规定的来源。社会组织支付的罚款，应从留利中支付或从预算包干拨款的节余经费中开支，不得列入生产成本或作为预算开支。例如，《财政部关于国营企业利改税试行办法》第十条规定："国营企业应当根据财税部门核定的时间，按期预交所得税和上缴利润。逾期不交的，财政部门应当根据滞纳的数额，按日加收百分之一的滞纳金，由企业从留利中支付。"

罚款的适用方式，可以专用、并用，也可以选用。所谓专用，即对违法者只能用罚款这种处罚形式。例如，《中华人民共和国中外合资经营企业所得税法》规定："合营企业违反本法第九条、第十一条、第十二条规定的，税务机关可以酌情处以罚金。"（即罚款）。所谓并用，即对违法者同时适用罚款和其他处罚形式。例如，《国家建设征用土地条例》规定："挪用或占用补偿费和安置补助费的，责令退赔；情节严重的，对主管人员和直接责任人员给予行政处分，可以并处罚款。"所谓选用，即对违法者既可用其他处罚形式，也可用罚款形式。例如，《建筑企业营业管理条例》规定："建筑企业违反本条例规定，有偷工减料、高估冒算的，除没收非法所得外，视其情节，予以警告或处以五千元以下罚款。"

2. 没收财产

这是无偿没收违法行为人财产作为国家收入的一种制裁措施，是一种处罚较重的责任形式。它有两点明显特征：

（1）没收财产的执行机关，主要是国家授权的行政机关，所收缴的财物全部上交国库。例如，《国务院关于压缩社会集团购买力的通知》规定："对弄虚作假、套购专项控制商品的，要予以没收，价款上缴国库。"

（2）没收的只是与过错违法行为有关的财物。这财物可能是违法者个人所有的财产，也可能根本不属于违法者所有或违法者无权占有。这一点与刑法上没收财产这种刑罚不同，刑法上判处没收犯罪分子财产时，没收的只能是属于犯罪分子个人所有的财产，否则，不能没收。经济行政法规中的没收财产，主要没收下列物品：违法者违法时使用的工具和设备。例如，《烟草专卖条例》第九条规定："卷烟、雪茄烟由烟草公司所属烟厂统一生产，其他任何单位或个人不得生产。对违反前款规定者，吊销营业执照，强行查封，取消银行账户，没收制烟设备。"没收用违法手段直接获取的财物。例如，《中华人民共和国药品管理法》第五十条规定："生产、销售假药的，没收假药和违法所得。"没收违法者持有的违禁品等。例如：《城乡集市贸易管理办法》规定，出售"反动、荒诞、海淫、海盗的书刊、画片、照片、歌片和录音带、录像带等物品的，没收其物品和非法收入"。

没收财产是比罚款更重的处罚，它适用于较重大的经济行政违法行为。一般来说，被没收的财产要比罚款的数额大得多，因而这种责任形式的物质影响远比罚款对违法者的影响大。

需要指出的是，没收财产这种经济行政处罚，并不都是将同违法行为有关的财产收归国家所有。当这种处罚措施适用于违法的国家机关、国营企业和事业单位时，就会发现它们所没收的财物，本来就是国家所有的财产。那么在这种情况下，没收财产的处罚，实际上是将其所管理的国家财产收回，使上述组织失去了对这些财物在法定范围内占有、使用、处分的权利，从而也使它们在经济上受到损失。

3. 暂时停止行使某种经济权利。这是一种剥夺违法者在一定期限内，行使某种经济权利的经济行政法律责任形式。无论是国家机关、企事业单位，还是公民，他们所享有的经济权利是同他们所应履行的义务相一致的，在他们违反法律规定的义务足以影响其他组织和公民行使经济权利时，他们的经济权利有时则要暂时停止行使。一般来说，剥夺的权利仅限于国家管理机关在此之前赋予的那些。从现有的经济行政法规来看，使违法者暂时停止行使某种经济权利，主要采取下列法定形式：

（1）没收违法者行使某种经济权利的工具。《水产资源繁殖保护条例》规定："对违反本条例的，应当视情节轻重给予批评教育，或赔偿损失、没收渔获、没收渔具、罚款等处分。"其中没收渔具的处分，就是通过没收违法者行使捕鱼权利的工具，使其权利被剥夺。

（2）取消违法者享有的某种资格。这里分两种情况：一种是一次性地取消违法者享有的某种资格。如《建筑安装工程招标投标试行办法》规定，"施工单位要严格按规定进行投标，……如有违反，取消该工程的投标权或承包资格"。另一种是在一段时间内，取消违法者享有的某种资格。像上面这个条例第二十八条就规定：实行招标建设的工程，由于施工单位的责任，拖延建设工期，发生重大质量事故，除按合同规定执行罚则外，同时停止半年以上的投标权。

（3）吊销违法者经营的合法证件。合法证件是企业或公民个人经营一定事业的合法凭证或某种资格的证明。持有这些证件是确认企业或公民个人拥有某种经济权利的合法凭证。但证件持有人违反经济行政法规，就要吊销他们的证件，用以剥夺他们继续享有原来的经济权利。吊销合法证件主要包括：吊销营业执照；注销或吊销许可证；撤销注册商标。

除采取上述三种形式外，还可以采用停止贷款、扣留货物、冻结资金、停止营业、停产治理等法定方式，来停止违法者行使某种经济权利。

其二，行政处分。

应当学习并且学会毫无例外地掌握一切工作领域和一切活动场所，在一切场合，在每个地方，克服所有的困难和所有的资产阶级风气、传统和习惯，使"左"的偏见失去一切滋生的土壤。

列宁对"左"的偏见的致命批判，有力地解除了革命队伍中对新经济政策的疑虑，把全党的思想统一在联共（布）中央的正确路线的旗帜之下，保障了党的各项改革政策顺利推行，为社会主义建设事业的成功奠定了思想基础。

正如恩格斯所说："所谓'社会主义社会'不是一种一成不变的东西，而应当和任何其他社会制度一样，把它看成是经常变化和改革的社会。"在改革中要批判各种陈腐的偏见这一原则，将会在每一个社会主义国家的发展进程中显示它的正确性。今天，我们应当认真向列宁学习，像他那样精通马克思主义，像他那样善于将马克思主义灵活地应用于指导本国革命、建设和改革的实践，还要像他那样做一个战斗的、勇于向一切谬误和偏见作针锋相对斗争的彻底的唯物主义者，为使改革取得成功而打下坚实的思想理论基础。

对这种法律措施，在学者中有两种不同的见解。一些人认为，行政处分即行政处罚，囊括了所有的行政法律制裁的措施；另一些人认为，行政处分是同人身相结合，并给以责任者人身名誉上不利的一种法律措施。从我国的立法惯例看，现有的经济行政法规，一般都是把行政处分同"罚款"之类的具有财产内容的法律措施并列规定的，如《中华人民共和国森林法》第三十八条规定："采伐林木的单位或者个人没有按照规定完成更新造林任务的……情节严重的，可以由林业主管部门处以罚款，对直接责任人员由所在单位或者上级主管机关给予行政处分。"这样看来，"行政处分即行政处罚"的命题，是不能成立的。而后一种见解，则和我国的立法惯例相一致。当然，行政处分也是经济行政法律责任中一个小的体系，依其对责任人员在组织上不利的轻重程度，还可分为若干小的类别。如《企业职工奖惩条例》第十二条规定："对职工的行政处分分为：警告、记过、记大过、降级、撤职、留用察看、开除。"适用行政处分的意义在于，使违反经济行政法规的国家机关工作人员和职工，承担自己违法行为的后果。特别是对于国家机关负责工作人员来说，如果只处以罚款，很难同他因违法行为所承担的责任相当，而加之行政处分，且这种处分又在一个相当的时间内有效力，这样处罚的作用显得更有力。

以上所说的是，社会组织或公民违反经济行政法规时，所承担责任的主要形式。它们分别规定在不同的经济行政法规中。为了适应用法律手段管理经济的需要，把这些责任形式系统化，进一步加以完善是非常必要的。

本文原载于《东岳论丛》1985 年第 3 期。

论经济调节法律制度

一 经济调节法律制度概述

（一） 经济体制改革与经济调节法律制度

经济调节法律制度是经济法律制度的重要组成部分。它在我国真正被人们所重视并日益显示出重要的作用，则是在党的十一届三中全会以后。

党的十一届三中全会决定把全党工作重点转移到经济建设上来。随之，我国开始了从农村到城市的改革。这一改革的目标，是建立社会主义有计划商品经济新体制和计划经济与市场调节相结合的经济运行机制。为此，就要求各级经济部门特别是综合经济部门，改变过去单纯用行政手段推动经济运行的做法，学会运用经济杠杆调整社会经济生活。国家有意识地运用价格、税收、财政、信贷等经济杠杆，通过调整各有关方面的经济利益，引导、制约或鼓励某些经济活动的发展，这就叫作经济调节。而有关经济调节方面的法律规定，就是经济调节法律制度。

1. 经济体制改革使运用经济调节法律手段调节国民经济成为必然

如前所述，我国经济体制改革的核心问题，是在社会主义公有制基础上建立有计划的商品经济体制。这表明，一方面社会主义经济是以生产资料公有制为主体的，这就决定了国家必须从总体上对国民经济进行计划管理，实行计划经济。由于商品经济的存在，计划要体现和反映市场要求，计划的实现要依靠运用经济杠杆的作用；另一方面发展社会主义商品经济是实现我国经济现代化的必要条件。企业之间的经济关系以商品交换为纽带。而要充分发展商品经济，也必须要自觉运用价值规律，充分发挥经济杠杆的作用。这就是经济调节法律制度存在的客观必然性。

2. 经济体制改革为发挥经济调节法律制度的作用提供了必要的前提

我国经济体制改革的中心环节，是增强企业特别是国营大中型企业的活力。企业是生产力发展的主导力量，经济体制改革的进行，改变了国家对企业统得过多过死，企业缺乏应有的自主权，企业吃国家"大锅饭"，职工吃企业"大锅饭"的局面，使企业特别是国营大中型企业，真正成为自主经营、自负盈亏的社会主义商品生产者和经营者。使除法律另有规定外的绝大多数企业，或用国家授予它经营管理的财产，或用企业所有的财产来独立地承担民事责任。从而使企业职工的切身经济利益与企业的经济效益密切相连，人人关心企业的经营，人人重视企业的效益。而经济杠杆作用的发挥要通过经济利益的诱导。所以，只有在企业的经济效益与企业职工切身的经济利益紧密相连的前提下，国家才能借助于人们对经济利益的关心，依靠经济调节法律的作用，来引导或制约企业的经济活动。

3. 经济体制改革使经济调节法律成为国家管理经济的主要手段之一

我国的经济体制改革要改变国家对企业管理的方式，将逐步由直接控制为主转向间接控制为主，主要运用经济手段和法律手段，并采取必要的行政手段，来控制和调节经济的运行。随着经济体制改革的深入进行和国民经济的进一步发展，又要求把更多的规范人们参与经济关系和经济活动的行为准则用法律形式固定下来。这必然使得，包括经济调节法律规范在内的法律，成为国家调节社会经济生活的重要手段。

（二）经济调节法律制度的特征

经济调节法律制度包括规定经济调节方面的法律、法规，也包括某些法律、法规中的有关规范。例如：《中华人民共和国价格管理条例》、《国营企业奖金税暂行条例》、《借款合同条例》等法规，以及物价法中关于价格调整的法律规范，税法中有关不同税率的法律规范，金融法律中规定不同利率的法律规范等。经济调节法律制度作为法律制度的一部分，它除具有法的一般性质外，还具有自己的特征。主要是：

1. 法律规范的多样性

经济调节法律制度不是由单一规范，而是由多种规范构成的综合性的法律制度。在这一法律制度中，有关于价格的法律规范、关于税收的法律规范、关于信贷的法律规范以及关于财政补贴的法律规范等。这些法律规范的机能是各不相同的。例如，在调节商品供求关系时，有关价格方面的法律规范起着主要的作用；在调节资金合理使用上，有关信贷方面的法律规范起着主要的作用；而在调节国家与企业之间分配关系上，则是有关税收方面的法律规范起着主要的作用。可见，这些对国民经济进行调节的法律规范各有所长，谁也不能代替谁。因而就形成了在经济调节法律制度中多种经济调节法律规范并存的局面。

2. 调节手段的协调性

国家运用经济调节法律制度对经济活动的参加者进行指导或诱导，是通过不同的调节法律手段来实现的。这些调节法律手段之间是相互协调的。调节法律手段的协调性产生于国家对经济生活的调节要求，服务于各种调节法律手段对经济生活调节的共同目的。各种调节法律手段只有相互协调，才能把经济活动中产生的经济关系理顺，使国民经济高效益地发展。

在国民经济发展过程中，经济调节法律手段的协调性通常表现为，价格法律手段作为最基本的手段，税收、信贷等法律手段紧密配合价格手段，共同发挥着调节作用。凡属国家鼓励发展的产业，价格、税收、信贷法律规范都各自规定优惠的措施；凡属国家限制发展的产业，它们都各自规定限制性措施，互相配合，相辅相成。

3. 作用方式的双向性

经济调节方面的法律是国家运用各种经济杠杆对经济进行调节的法律化，并由国家强制力保证执行，具有较强的约束力。由于经济杠杆的变化会影响各有关方面经济利益，这就使得经济调节方面的法律具有突出的限制和促进两大功能。国家为了实现对国民经济的管理，可以根据不同时期国家的经济形势和任务，运用经济调节法律，发挥其限制或促进，或两者兼有的功能，以指导经济的发展。例如为满足人民生活的需要，要求大力发展某种商品的生产，国家便可以制定提高该种商品的价格、减免税收、信贷优惠等法规，充分发挥经济调节法律制度的促进功能，使这种商品能够得到迅速发展。

（三）经济调节法律制度的作用

经济调节法律制度通过对宏观经济活动和微观经济活动的调节，积极促进着国民经济的发展。

1. 调节社会经济生活整体的运转，实现宏观经济的平衡

整个国民经济灵活而高效益的运转，要靠国家运用多种手段进行调节。其中，国家制定和实施的有关经济调节方面的法律，则是十分有效的手段之一。经济调节法律制度对社会经济生活实现宏观管理和控制的作用表现为，通过调整参与国民经济活动的组织之间、组织与公民之间的特定关系，调节社会供应总量的需求总量、积累和消费等重大比例关系，把那些关系国民经济全局的重大经济活动控制在国民经济协调发展所需要的范围之内。这包括控制好财政收支、外汇收支、固定资产投资规模、消费基金增长幅度、货币发行量、物价总指数等。使国民经济大体上按比例协调发展，实现宏观经济的平衡。

2. 调节企业运转，搞活微观经济

有关经济调节方面的法律对调节企业活动的正常运转，增强企业活力，搞活微观经济，起着不可忽视的重要作用。在我国社会主义商品经济中，企业作为商品生产者和经营者必然要受价值规律的制约。因而，价格的波动、信贷利率的升降，税收的增减等，都会引起企业经济利益的变化。国家通过制定信贷、税收、价格等经济调节方面的法律，调节经济利害关系，指导企业的经济活动，使之符合国家宏观要求；促使企业加强经济核算，提高产品质量，增强经济效益。这有助于激发企业内在动力，充分发挥其生产经营的积极性、主动性，使自身的经济活动正常地运转在现实经济生活中，经济调节法律制度对社会经济生活的整体和对各个企业经济活动的调节作用是同时发生、相互影响的。这是因为：其一，经济调节法律制度是经济杠杆的法律化。而经济杠杆调节着国家利益、企业利益和个人利益之间的关系；反映着社会主义基本经济规律、国民经济有计划发展规律和价值规律的要求。这样，就使得经济调节法律制度能够对宏观经济和微观经济同时发生调节作用。其二，由于企业是国民经济的基本细胞，国家运用经济调节法律对国民经济整体进行调节，必然涉及各个企业的生产经营活动，而每个企业生产经营的好坏则关系到国民经济的全局。所以，经济调节法律对各个企业的经济活动的调整，必然又影响整个社会经济生活。可见，经济调节法律制度在两方面的作用是相互联系、密不可分的。

（四）经济调节法律制度的完善

当前，要充分发挥经济调节法律制度的作用，就要进一步完善这一法律制度。

1. 经济调节方面的法律法规必须协调配套

目前，我国有关经济调节方面的法律制度很不健全，不仅对每种调节法律手段的规定不够完备，而且对有关各种调节法律手段之间如何协调配套方面的规定也为数不多。这种状况极不利于发挥经济调节法律制度的作用。而经济调节方面的法律、法规协调配套，则是发挥其调节社会经济活动作用的必要前提之一。这是由我国国民经济协调发展的客观要求和经济调节法律制度本身的特点所决定的。

首先，我国正处在社会主义初级阶段，社会主义经济是公有制基础上的有计划的商品经济，呈现出多种经济成分、多种经济形式、诸种经营方式并存的局面。同时，我国的社会主义生产是社会化大生产，单位之间的经济联系日趋复杂。面对这样庞大复杂的国民经济系统，国家要使国民经济协调发展，单靠某一种调节法律手段来实现对国民经济的有效调节是不可能办到的。这就从客观上要求经济调节方面的法律、法规必须协调配套，综合运用，以适应我国的社会经济生活，实现对国民经济的有效调节。

其次，如前所述，经济调节法律制度是由多种法律规范组成的。每种法律规范都有自己的特点，在对社会经济生活进行调节中谁也不能代替谁。但同时这些法律规范又有各自的局限性，主要表现为：价格调节法律手段对生产和消费的调节作用往往是矛盾的。同时它不能调节生产同种产品的同一生产部门之间的盈利水平；信贷调节法律手段的调节作用范围要受信贷关系范围的限制；税收调节法律手段在货币总量控制中的调节作用是间接性的，并有滞后性的特点，等等。这样，就决定了经济调节法律制度必须协调配套综合运用。以价格调节法律手段与税收调节法律手段相互配合协调生产与消费的矛盾而论，为了鼓励消费，某些产品需要从低定价，但这样会因产品价低利小而限制了生产；反之，为了限制某些消费，一些产品则要从高定价，这样，会因产品价高利大而鼓励了该产品的生产。为了协调生产与消费之间的矛盾，可以通过实行"低价低税，高价高税"的办法来进行调节。这样做，可保证企业既不会因生产某种消费者需要的低价产品而亏本，也不会因生产某种高价产品而获暴利。通过高税、低税与高价、低价相配合，协调生产与消费的矛盾，不仅可以起到鼓励或限制消费作用，而且能引导企业按照国家计划的要求安排生产。

我们说经济调节方面的法律、法规必须协调配套包括两层意义：其一是每一种经济调节法律制度自身要协调配套。即每一种经济调节法律规范的种类都要齐备，相互之间要协调不能互相矛盾。其二是各种经济调节法律制度之间要协调配套。即规定各种调节法律手段的法规之间要协调配套，不能使各种经济调节法律手段之间相互抵触。只有这样，国家才能综合运用经济调节法律手段，充分发挥经济调节法律制度的作用。

2. 发挥经济调节法律制度的作用必须讲究调节效益

这个问题涉及如何运用经济调节法律制度，以及怎样充分发挥经济调节法律制度的作用。

国家运用经济调节法律制度调节社会经济生活的目的在于，促进国民经济有计划按比例协调发展。也就是说，发挥经济调节法律制度的作用必须讲究调节效益。为此，在运用经济调节法律手段时，必须注意以下两个方面：

（1）经济调节法律手段的运用要围绕国家产业政策和国民经济计划进行。我国的社会主义经济是有计划的商品经济。国家产业政策和经济、社会发展计划，是运用经济调节法律手段对国民经济进行调节的依据。而国家产业政策的侧重点和国民经济计划的目标、任务，体现了经济调节的方向和程度。所以，运用经济调节法律制度对社会经济生活进行调节，就不能脱离国家产业政策和国民经济计划。相反，必须按照这两者的要求进行。这主要包括：经济调节法律手段作用的方向应当与产业政策的侧重点和国民经济计划的目标、任务相一致；经济调节法律手段作用的程度应当与产业政策和国民经济计划所要求的调节经济的程度相一致。为此，国家在确定产业政策和国民经济计划的目标与任务时，必须相应提出实现这些目标与任务的经济调节法律手段的调整与完善的方案，以使经济调节法律手段的作用符合计划经济的要求，保证国民经济持续、稳定、协调地发展。

（2）经济调节法律手段的运用要适向、适时、适度。国家运用经济调节法律手段的目的在于使国民经济持续、稳定、协调地发展。这就要求经济调节法律手段的运用必须适向、适时、适度，讲究经济调节效益，以利于社会经济效益的提高。

经济调节法律手段的运用必须适向，是指经济调节法律手段作用的方向必须与产业政策的方向相一致。经济调节法律手段作用的方向与产业政策的方向相一致，表现为以下两种情况：一种情况是每一种具体的经济调节法律手段作用的方向都与产业政策的方向相一致；另一种情况是各种经济调节法律手段作用的方向不尽一致，但调节力不完全抵消，从而使各种经济调节法律手段综合作用的方向与产业政策的方向相一致。

经济调节法律制度的运用必须适时，是指运用经济调节法律手段的步骤必须与经济调节的步骤相一致。在运用经济调节法律手段调节社会经济生活时，应当既要从当前的经济状况出发，又要着眼于未来，在运用各种经济调节法律手段的步骤上，要相互衔接，要与国民经济计划中所要求的经济调节的步骤保持一致。至于哪种经济调节法律手段是否要调整，是否要运用，什么时候调整，什么时候运用，以及各种经济调节法律手段如何衔接等问题，都取决于调节经济的需要。

经济调节法律制度的运用必须适度，是指经济调节法律手段作用的结果与国民经济效益的提高相一致。运用经济调节法律制度，必须瞻前顾后，权衡国民经济的利弊得失，否则顾此失彼，就会造成国民经济生活的混乱。所以，我们在运用经济调节法律手段对社会经济生活的某一环节、某一局部进行调节时，不仅要考虑这一环节对其他环节、这一局部对其他局部的影响，而且还要考虑其他环节或局部状况对这一环节或局部的调节提供的条件或限制。也就是说，经济调节法律手段只有适度运用，才能适应再生产过程各个环节之间、国民经济各个部门之间的错综复杂的关系，从而促进宏观经济效益和微观经济效益的提高。

要使经济调节法律手段能够适向、适时、适度地运用，应当着重解决好以下两个问题：

其一，每种经济调节法律手段必须既要及时加以变动，又要保持相对的稳定性。要充分发挥经济调节法律手段的作用，适向、适时、适度地运用，就必须使价格、税收、信贷等各种经济调节手段都具有灵活性，要能随着经济情况的变化而变化，要根据不同时期的计划目标对它们进行相应的调整。如果每种经济调节法律手段的具体内容总是固定不变，那它就会失去其调节作用。同时，每种经济调节法律手段的具体内容也要保持相对的稳定性。因为并不是在任何时候对经济活动进行调节时，所有的经济调节法律手段都要变动，这要根据经济调节的不同需要来进行选择。不然，如果各种经济调节法律手段的具体内容都变动过于频繁，不利于国民经济的协调发展。

其二，综合运用各种经济调节法律手段必须选择最佳配合方案。各种经济调节法律手段是互相联系、互相影响的，只有各种经济调节法律手段配合协调的程度是最佳的，在此基础上综合运用各种经济调节法律手段所实现的对国民经济的调节才是最有效的，从而保证国民经济协调地、高效益地发展。一般来说，经济调节法律手段最佳配合方案应达到下列要求：首先，必须有利于贯彻社会主义物质利益原则，妥善考虑利益分配的变化对各方面的影响。其次，必须有利于当前经济的协调发展和经济结构的合理化。再次，必须能够达到预期目的。最后，必须能够保证国民经济稳定的发展。当对社会经济生活的某一环节进行综合调节时，能够尽可能地减少对其他环节的不利影响。由此可见，选择各种经济调节法律手段最佳配合使用，实际上就是讲究经济调节的效益。

3. 有关职能部门必须严格依法办事

物价、税务、银行等部门是参与经济调节法律关系的主体。它们依据有关法律行使一定的权利，在经济调节法律关系中处于主导地位，它们对经济调节法律制度作用发挥得好坏与否起着至关重要的作用。因此，这些部门必须严格依法办事，各司其职，认真履行自己的职责。同时，这些部门又应紧密配合，共同承担起法律赋予的运用经济调节法律手段调节社会经济生活的光荣使命。

二 价格调节法律制度

（一）价格调节法律制度的特征

价格调节法律制度是指有关价格调节方面的法律规范的总称。它包括价格形式、价格调整、价格档次等方面的法律规定。

价格调节法律制度与其他经济调节法律制度相比具有以下特征：

1. 价格调节法律制度作用的范围具有广泛性

价格调节法律制度是价格杠杆的法律化。在社会主义有计划的商品经济条件下，商品货币关系广泛存在于一切商品经济联系之中。价格作为商品价值的货币表现，伴随着商品的运动而活动于社会经济生活的各个领域和各个环节。它直接关系着商品生产者、经营者和消费者的经济利益。因而，价格调节法律制度对社会经济生活发挥着最广泛的调节作用。价格调节法律手段调节经济生活的范围之广、影响范围之大是其他经济调节法律手段不能相比的。

价格调节法律制度通过价格的高低变动对消费者的购买活动，对企业的生产经营活动，以及对国民经济的产业结构、国民收入的分配比例等进行调节。也就是说，价格调节法律制度对微观经济活动和宏观经济活动都起着重要的调节作用。

（1）价格调节法律制度对微观经济活动进行调节。这主要表现在对企业生产经营活动的调节上。包括两个方面：①价格调节法律制度对每个企业的生产经营活动进行调节。价格的高低直接影响着企业的利润，价格的变动关系着企业的命运。因此，国家可以通过变动企业产品价格的方式，影响企业的投资方向，调整企业的产品结构。还可以运用合理的产品质量差价，促使企业提高管理水平，鼓励企业不断改进生产技术，加速企业产品的更新换代。②价格调节法律制度对企业之间关系的调节。企业之间的关系包括生产企业之间、商业企业之间以及生产企业与商业企业之间的关系。国家运用价格调节法律手段对企业之间的关系进行调节，其通常做法是：其一，通过调整物资价格，影响供需双方生产企业的生产经营活动，用合理的物资价格，来保证生产企业之间生产的协调发展；其二，通过调整批发价格和调拨价格来协调商业企业之间的关系；其三，通过调整产品出厂价格或收购农副产品价格来协调生产企业与商业企业之间的关系。

（2）价格调节法律制度对宏观经济活动进行调节，即对国民经济全局进行调节。主要表现为：①国家运用价格调节法律手段，通过变动各部门产品之间的比价和部门内行业之间的产品比价，引起部门间的结构和行业结构的变动，实现对国民经济产业结构的调整。②国家运用价格调节法律手段，发挥价格变动对国民收入的分配功能作用，调节各社会集团之间、各阶层之间以及各地区之间的收益分配，从而达到对国民经济的积累和消费重大比例的调节。③国家运用价格调节法律制度，通过地区差价和资源比价的高低来调节社会生产布局，发挥各地优势，实现资源的合理配置。

2. 价格调节法律制度作用的方式具有独特性

价格调节法律制度对经济生活的调节作用是通过价格和价值相背离

的这种独特方式来实现的。由于价格直接体现着价值规律，价值是决定价格的基础，价格是商品价值的货币表现。又由于商品的价格除了由商品的价值本身决定外，还要受市场供求情况的影响。所以，价格总是以价值为基础，并围绕着价值上下波动。而价格调节法律制度就是以法律的形式确认价格的这一活动性。

国家运用价格调节法律制度通过价格与价值相背离的方式，对社会经济生活进行调节时，其作用的方向呈现出多样性和逆向性。这突出地表现在对供求关系的调节上。当价格调节法律手段调节供求关系时，价格的变动既涉及生产者，又涉及消费者；既影响供给，又影响需求。价格上升，会使生产者的利润增加，而使消费者为购得商品所支付的货币增加。这就会刺激生产者扩大生产，而限制消费者的需求量。反之，价格下降，生产者的利润减少，抑制了生产者进行生产商品的积极性，会使供给量减少。而同时，由于价格下降，又可使消费者为购得商品所支付的货币减少，消费者的购买量增加。所以，当社会上某种商品供不应求时，国家可以作出这种商品的价格高于价值的法律规定，使从事这种商品生产的生产者可以得到额外利益，从而促使其扩大生产，增加商品供应。而使消费者为购得该商品所支付的货币增加，需求量就会减少。相反，当社会上某种商品积压时，国家可以作出这种商品的价格低于价值的法律规定。生产者再生产该种商品得不到好处，就会自然而然地缩减生产，使商品供应量减少。而由于价格下降，商品便宜又会刺激消费者购买，需求量增加。价格调节法律制度就是这样来促进社会商品供求相对平衡的。

（二）价格调节法律规范的种类

1. 规定价格形式的规范

《中华人民共和国价格管理条例》（1987 年 9 月 11 日）规定，国家对价格管理采取直接管理和间接控制相结合的原则，实行国家定价、国家指导价和市场调节价三种价格形式。

国家定价是指由县级以上（含县级）各级人民政府物价部门、业务主管部门按照国家规定权限制定的商品价格和收费标准。国家定价是同执行国家计划尤其是同指令性计划相联系的，它的执行有利于国民经济的计划性。

国家指导价是指由县级以上（含县级）各级人民政府物价部门、业务主管部门按照国家规定权限，通过规定基准价和浮动幅度、差率、利润率、最高限价和最低保护价等，指导企业制定商品价格和收费标准。国家指导价是在国家政策和计划指导下的比较灵活的价格，有利于搞活经济。

实行国家定价、国家指导价的商品分工管理目录、收费项目分工管理目录，由国家物价部门和国家物价部门授权省、自治区、直辖市人民政府物价部门制定、调整。

市场调节价是指由生产者、经营者制定的商品价格和收费标准。市场调节价是更灵活的价格形式。

企业在价格方面享有下列权利：

（1）对实行国家指导价的商品和收费项目，按照有关规定制定商品价格和收费标准。

（2）制定实行市场调节价的商品价格和收费标准。

（3）对经有关部门鉴定确认，物价部门批准实行优质加价的产品，在规定的加价幅度内制定商品价格，按照规定权限确定残损废次商品的处理价格。

（4）在国家规定期限内制定新产品的试销价格。

（5）对实行国家定价、国家指导价的商品价格和收费标准的制定、调整提出建议。

总之，国家对商品价格规定了不同的形式，不同的价格形式适用不同的范围。这样做，有利于促进社会主义有计划商品经济的发展。

2. 价格调整的规范

所谓价格调整的规范，即规定价格升、降的法律规范。调价的原则是有升有降，以使各种产品的比价趋于合理。价格调整规范主要包括：

（1）不合理商品比价的调整。国家根据商品比价要合理的原则，作出对比价不合理的商品的价格予以调整的法律规定，这是一种产品结构性的价格调整。

在纺织工业中，1982 年底曾就化学纤维品同棉纺织品的不合理比价进行了调整。在未调整前，化学纤维品价格偏高，棉纺织品价格偏低。由于涤棉布价高利大，棉布价低利小，出现价格严重背离价值的情况。这就造成了国家计划要求限制涤棉生产，而价格却鼓励其超产，国家要求棉布按计划生产而工厂却不积极完成计划的矛盾，致使群众消费受到限制，涤棉积压，财政虚收。同时，棉纱价格低于棉花，国家要支付大量的财政补贴。为了改变这种状况，扩大涤棉等化纤织品的销量，中共中央、国务院发布了《关于降低化纤织品价格和提高棉纺织品价格的通知》，并由国家物价局下达了调价方案，使涤棉布价格平均每米降低 1.2 元，棉布价格平均每米提高 0.3 元。

（2）鼓励发展某种产品的价格调整。这是国家根据国民经济发展状况及人民生活的需要，为鼓励、支持发展某种产品的生产，而制定的调整价格的法律规定。其通常做法是，提高该种产品的价格，以促进生产。

为了保证烟叶生产的稳定发展，实施"计划种植、提高单产、主攻质量、增加效益"的方针，国务院批准自 1990 年新烟上市起，适当提高烤烟收购价格。这次调价按照上等烟价格不动，中等烟适当多提一些，下等、低等烟少提一点的原则安排。即中等烟提价 14.2%，下等烟提价 11.1%，低等烟提价 10.5%。烤烟收购价格的调整，有利于解决烟农的合理收入，以使烟叶生产保持持续稳定的发展。

（3）控制某种产品生产的价格调整。为了控制某种产品的生产，采取调整该种产品价格或生产该种产品所需原材料价格的方式，一般是降低其价格，使之得到控制。

1981 年我国成品油价格偏高，原油价格偏低。70 号汽油的出厂价格是原油价格的 5.8 倍。由于成品油价偏高，便吸引了大量投资进入原油加工业，中小炼油厂剧增。照此下去，如不进口原油，一部分企业的加工能力就要闲置。为改变这种状况，国家提高了原油价格。由于原油价格提高，加工原油的利润减少，迫使一部分经济效益差的原油加工企业转产，缩小加工规模，从而使成品油的生产得到了控制。

（4）清理积压物资和促使企业转产的价格调整。为了使国民经济高效益地发展，当产品出现积压或花色式样过时，就要及时调整这些产品的价格，加快处理，避免造成更大损失。

在我国运用价格调节法律规范清理积压物资，已有多年的实践。最为突出的事例是，1982 年底对库存积压机电产品和钢材的降价处理。所谓降价处理机电产品和钢材，就是把大部分相对陈旧、使用价值很小，在账面上仅是一个虚数的机电产品和钢材，用降价的方式处理掉，以使库存物资更合理并加速其周转。当时，国务院颁布了《关于报废、降价处理库存积压物资和防止新积压的几项规定》，依照此规定，库存积压机电产品和钢材，可分别在不超过账面价 40% 和 30% 的幅度内降价处理。

3. 确认价格档次的规范

确认商品价格档次的法律规范，贯彻了按质论价、分等定价的原则，规定了优质优价，劣质低价，不同规格质量的商品保持合理的差价。像 1983 年 10 月经国务院批准的国家物价局、国家经委《关于进一步贯彻工业品按质论价政策的报告》，就有关于工业品价格档次的规定。该报告指出，各种质量不同的工业品应有一定的质量差价。制定质量差价主要依据产品使用上的经济效益和市场适销程度，同时，对优质产品和陈旧淘汰产品的价格作了以下具体规定。

（1）对优质产品实行优质价格。国家采取优质产品适当加价和质量较低的老产品适当降价的办法，使优质产品同低质产品保持合理的质量差价。实行优价的优质产品是：①经国家或中央主管部门指定的质量检验测试机构鉴定重要质量指标超过国家标准或达到国际标准的产品。②经国家或中央主管部门确认，对节约能源、原材料和提高耐用适用性能，有显著社会效益的产品。③经国家或省、市、自治区质量监督检验机构鉴定确认，质量长期稳定，为用户或消费者所公认的传统名牌产品。④获得国家金质、银质奖的优质产品。生产企业有权在上级规定的上浮幅度内适当加价。

（2）对陈旧淘汰产品实行惩罚价格。凡由国家科委、国务院业务主管部门和省、市、自治区核定为陈旧淘汰的产品，应将其出厂价格降至生产无利以至亏损水平。

凡决定淘汰的技术性能落后的产品，物价部门要撤销原定价格，对先限产后限用的淘汰产品，剩余部分按生产成本价或低于生产成本价处理销售；对既停产又停用的淘汰产品，产销企业的现货均按废品处理。

4. 规定价格保护措施的规范

为了促进新产品、社会急需产品和小商品等生产的发展，国家从价格上对这些产品的发展采取了保护措施，以满足社会及人民群众的需要。

对新产品的价格保护措施有两个方面：一是新产品在一定期限内实行试销价格。《中华人民共和国价格管理条例》规定，新产品试销期间，其价格由企业制定；二是国家对新产品实行优惠的定价措施。国务院批转国家物价局、国家经委《关于进一步贯彻工业品按质论价政策的报告》中规定，新产品试销期满，要按照物价管理权限的规定，及时制定正式价格。其采取的办法是：（1）将新花色式样的价格安排高些，老花色式样的价格暂时不动。（2）提高新花色式样价格，同时降低老花色式样价格。（3）新花色式样执行原来老花色式样的价格，老花色式样适当降价。这就造成新花色式样产品同老花色式样产品之间的差价，以利于产品的更新换代，促进新产品生产的发展。

5. 促进节约能源的加价规定

国家采取对超定额消耗燃料进行加价的手段，来促进企业节约能源。根据《超定额耗用燃料加价收费实施办法》的规定，"燃料消耗超过定额，对超定额消耗的燃料数量，按燃料供应部门现行的，同品种的燃料平均供应价格计算，收取50%的加价费用。"同时规定，各企业超定额耗用燃料所支付的加价费用，从企业基金或利润留成中的生产发展基金开支，不足时可由企业更新改造资金中支付，一律不得摊入生产成本。

（三）健全价格调节法律制度

目前，我国有关价格调节方面的法律规范还不多，特别是专门规定价格调节的法律就更少。为了充分发挥价格调节法律手段的作用，健全价格调节法律制度是非常必要的。我们认为，当前在完善价格调节法律制度中应着重解决以下两个方面的问题：

1. 建立合理的价格体系

建立合理的价格体系是国家运用价格调节法律手段对社会经济生活进行有效调节的重要前提。我国现在的价格体系，由于过去长期忽视价值规律的作用，再加上历史的原因，存在着相当紊乱和不合理的现象。主要表现在：（1）不少商品的价格不反映价值，也不反映供求关系。（2）不同商品之间比价不合理。（3）主要农副产品的购销价格倒挂，销价低于国家收购价。（4）同类商品的质量差价没有拉开。

我们必须改革这种不合理的价格体系，以国民经济有计划按比例发展规律和社会主义基本经济规律为前提，以价值规律为根据，建立计划与市场相结合的价格体系，并使之制度化、法律化。为此，首先，要调整不同商品之间的比价关系。确定不同商品的价格比例，要考虑生产商品的劳动消耗，使各种商品生产者在正常经营情况下得到大体平均的收入。同时还要考虑国家政策的要求、供求关系、历史比价等。例如当前原材料价格偏低，加工产品价格偏高，两者之间的比价不合理。这就要提高原材料价格，适当降低加工产品价格，使之趋于合理。其次，要调整农副产品比价。农副产品比价主要是各种粮食之间、粮食与其他农副产品之间的收购价格的比例关系。农副产品比价一般以粮食价格为中心制定。要提高那些国家和人民生活急需而供不应求的农副产品的收购价格。还要与城镇居民收入水平的不断提高相适应，适当提高粮油等的销售价格，逐步缩小乃至取消购销倒挂。再次，拉开同类商品之间的质量差价。实行优质优价，劣质劣价。只有这样，才能形成一个反映供求关系，促进供求结构高度协调的价格结构。

2. 完善价格管理体制

价格管理体制应贯彻分级管理的原则，法律应明确规定各级物价管理机关在商品价格的制定和调整方面的权限和责任。处理好调与放的关系。所谓调，就是对与国计民生关系密切的，国家实行指令性计划的商品，主要是重要的生产资料及一、二类农副产品和人民生活基本必需品的价格，要统一由国家根据产品价格与价值的偏离程度和产品市场供求状况，有计划、有步骤地进行调整；所谓放，就是对一些小商品、三类农副产品和鲜活商品，以及完成国家计划收购或上调任务以后的产品，价格要逐步放开，实行市场调节。

在完善价格管理体制时，还应注意维护企业和消费者在价格方面的正当权利；法律应明确具体地规定，企业在国家规定的范围内，依法享有制定其产品价格的权利。还应赋予企业在一定条件下，享有调整本企业产品价格的权利，即由企业自主决定其产品价格的变动。

此外，法律应规定有关部门非法变动商品价格的法律责任和企业、消费者抵制、拒绝非法变动价格的措施。

当然，健全价格调节法律制度，是无法脱离价格体制改革而单独进行的。当前，迫切的任务是加快价格体制改革的步伐，逐步取消生产资料价格的双轨制，并在此基础上加强价格立法。否则，价格调节法律制度是难以相对稳定的。

三　税收调节法律制度

税收调节法律制度是税法中有关对经济进行调节的法律规范的总和。它是通过调整税收法律关系来实现其调节职能的。税收法律关系的主体，一方是特定的，即国家各级税务机关，另一方是负有纳税义务的单位或个人。

税收法律关系中，税务机关和纳税义务人表现为不对等的关系。税务机关代表国家依法征税，具有意思先定的效力。纳税义务人依税法纳税，应认真履行义务。

（一）税收调节法律制度的特征

1. 税收调节法律制度所确认的税收调节手段，具有固定性和无偿性

税收是国家依照规定的标准进行的，而这种标准又都采取了法律形

式。对什么征税，征多少税，即纳税对象、纳税种类、税率等都是通过法律形式严格规定的。不依税法规定不能随意征收和变动。税收的这种固定性容易被纳税人接受。这是税收能够成为经济杠杆的重要原因之一。

其次，税收具有无偿性。这是指国家从具体的纳税人那里征收的税金，既不需要偿还，也不需要付出任何代价。所以，列宁说："所谓赋税，就是国家不付任何报酬而向居民取得东西。"① 这一特征，使税收能较顺利地调节国家与企业之间的利润分配。

2. 税收调节法律制度对经济的调节作用，与国家运用税收形式集中财政收入的作用同时发生

税收的作用归根结底有两个，一是筹集资金，二是调节经济。税收的这两种作用并不是分别发生的，而是同时发生在征税过程中。通过征税，国家一方面增加了财政收入，另一方面又调节了企业的利润水平，使企业获得与其实际经济效益大体相符、适度、均衡的利润，进而调节企业的积累和个人收入，起到影响生产和流通的作用。

3. 税收调节法律制度对经济生活的调节，具有多层次性

由于我国正处在社会主义初级阶段，实行的是社会主义公有制基础上的有计划的商品经济，采取多种经济形式和多种经营方式。这就决定了国家运用税收调节法律手段，必须从国民经济的全局出发，分不同层次对国民经济进行调节。大致可分为以下四个层次：第一层次为全面调节。国家根据产品税、营业税等法规，参与国民收入的分配，对所有的商品生产者和经营者进行普遍的调节。这些税种的调节，涉及面比较广泛。第二层次为较普遍调节。国家依照国营企业所得税、集体企业所得税、外商投资企业和外国企业所得税等法律、法规，分别向国营企业、集体企业、外商投资企业和外国企业征收所得税，参与国民收入的再次分配。这是在上述全面调节的基础上进行的较为普遍的调节。第三层次为个别调节。对尚未实行工资总额随经济效益挂钩浮动的国营企业，其全年发放奖金总额人均超过4个月的，国家依照企业奖金税条例向其征

① 《列宁全集》第32卷，第275页。

收奖金税，进行再次调节。这次调节的对象只涉及个别企业。第四层次为必要调节。这是国家根据国民经济发展的要求和人民生活的需要，运用税收手段对国民经济的有关方面进行的调节。

（二）税收调节手段的法律规定

税收关系到国家建设和人民生活，税收调节法律制度必须体现保证国家财政收入和促进生产相结合，国家资金的需要和纳税人的负担能力相结合的基本原则。法律规定的税收调节手段主要有：

1. 设置多税种

我国在生产资料的社会主义改造基本完成后，由于"左"的思想的严重干扰，片面强调税种的简并简化，致使税种越来越少。1973 年以来，对集体企业仅征收工商税和所得税两种。对国营企业只征收工商税。这样，税收经济杠杆的作用几乎消失。

党的十一届三中全会以来，国家重新重视发挥税收对国民经济的调节作用。特别是 1984 年下半年开始进行的国营企业利改税的第二步改革，将工商税按照纳税对象，划分为产品税、增值税、盐税和营业税；将第一步利改税设置的所得税和调节税加以改进；增加了资源税、城市维护建设税、房产税、土地使用税和车船使用税，共 11 个税种。随着经济体制改革的进行和对外开放的发展，我国又陆续设置了一些新的税种。到目前为止，已设置的税种近 30 个，这就改变了过去税种单一的状态，形成了多税种、多次征的复税制，使税收对国民经济的调节作用得以进一步发挥。

2. 规定不同税率和对税率进行调整

以法律的形式规定不同税率或调整税率，用来调节产品的利润和企业的收入，从而明确告诉企业，国家鼓励发展什么，限制发展什么，以促进国民经济产业结构合理化。税法规定的不同种类的税率，主要有以下三种：

（1）定额税率。即按单位征税对象直接规定固定税额。例如盐税，规定每吨盐征税若干之。

（2）比例税率。即不分征税对象数额大小，按规定一个比例的税率计算税额。税额与征税对象之间的比例是固定的。例如产品税中，矿产品类焦炭的税率是5%，不论焦炭的销售收入是多少，都按这个税率征税。

（3）累进税率。即根据征税对象数额的多少，规定几种不同等级的税率。征税对象的数额越多，适用的税率越高，计算出来的税额也越高。累进税率又分为三种：①全额累进税率。是指征税对象的全部数额都按照与之相适应的等级的税率计税。②超额累进税率。是指按照征税对象数额大小，根据不同等级税率分别计算税额。征税对象数额增加，需要提高一级税率时，只对增加的部分提高一级税率征税。例如，国家对国营企业、集体企业征收的所得税，使用的就是超额累进税率。③超率累进税率。是指按照征税对象利率的大小，根据不同等级税率分别计算税额。征税对象利率增加，需要提高一级税率时，只对增加的部分提高一级税率征税。例如，资源税的税率就是按照应税产品销售利润率的高低分档定率，实行超率累进的。

此外，及时调整税率，也是有力的调节方式。如：为了适应国民经济发展的需要，1982年6月经国务院批准，财政部对若干工业产品税率进行了必要的调整。调低税率的有：肥皂，税率由12%降为5%；布面胶鞋，税率由18%降为5%；炼乳、奶粉，税率由10%降为5%；沙器、瓦器，税率由12%降为5%；洗衣粉，税率由12%降为5%。调高税率的有：原油（年产量在150万吨以上的企业），税率由5%调为12%；轮胎、轮带、汽车轮胎，税率由10%调为15%；其他轮胎、轮带，税率由10%调为12%。

3. 规定减、免税

减税是对纳税人应纳税额少征一部分税款，免税是对纳税人应纳税额全部免征。减、免税是对某些纳税人所从事的工作给予鼓励和照顾的一种规定，以保证国家宏观经济决策的实现。这方面的规定主要有：

（1）鼓励能源开发的减、免税规定。为了鼓励和照顾小煤矿开发能源，《中华人民共和国资源税条例》等法规规定，县和县以下的煤矿，由省、自治区、直辖市人民政府在应纳资源税税额 50% 的范围内适当减税，年产量在 1000 吨（含）以下的煤矿免征资源税。

（2）鼓励开发新产品的减、免税规定。《中华人民共和国产品税条例（草案）》《中华人民共和国产品税条例（草案）实施细则》分别规定，"对列入国家计划的新产品，给予定期的减税、免税"；"在全国范围内第一次试制，并列入国家科委试制计划的新产品，从试制品销售之日起，免税 3 年"。

（3）鼓励开发、利用新技术的免税规定。为了调动广大职工特别是科学技术人员的积极性、主动性、创造性，使科学技术研究成果、专门知识迅速地应用于物质生产。国务院《关于技术转让的暂行规定》指出："全民所有制企业单位和集体所有制单位的技术转让年净收入总计没有超过 10 万元的，免征所得税，全部留给单位"；"大专院校、科研单位和其他全民所有制事业单位的技术转让收入，3 年内免征所得税，全部留给单位，用于发展科研事业"。

（4）鼓励外国人投资的减、免税规定。为了吸引外资和引进国外先进技术，我国颁布的中外合资经营企业所得税法、外国企业所得税法等都规定，在税收方面给予来华投资的外国企业或个人以优惠待遇。如设在经济特区的外商投资企业，在经济特区设立机构、场所从事生产经营的外国企业和设在经济技术开发区的生产性外商投资企业，减按 15% 的税率征收企业所得税。设在沿海经济开放区和经济特区、经济技术开发区所在城市的老市区的生产性外商投资企业，减按 24% 的税率征收企业所得税。对生产性外商投资企业，经营期在 10 年以上的，从开始获利的年度起，第一年和第二年免征企业所得税，第三年至第五年减半征收企业所得税（属于石油、天然气、稀有金属、贵重金属等资源开采项目的，由国务院另行规定），等等。

4. 设立特殊税种

这是国家为达到某一经济目的而采取的特别措施。例如：国家为了合理使用能源，促进企业节约用油，推动企业加快烧油改烧煤的进程，设立了烧油特别税。国务院批转的国家计委、财政部关于征收烧油特别税的试行规定指出，"凡用于锅炉以及工业窑炉燃烧用的原油、重油，一律按本规定征收烧油特别税。""烧油特别税实行从量定额征税（即每吨征收固定税额）。""原油每吨征收 40 元至 70 元，重油每吨征收 70 元。"

（三）强化税收调控职能

为了充分发挥税收对社会经济生活的调节作用，强化其调控职能，必须进一步完善税收调节法律制度。从目前情况看，需着重研究解决以下三个问题。

1. 必须对现有税种和税率进行必要的调整

我国现行的税收制度在解决国家与企业的分配关系，搞活经济，加强宏观控制和微观调节方面都起了积极的作用。但也存在着与当前经济发展不相适应的问题。主要是：（1）税种设置不够完善。有些税种设置不尽合理。比如：对大中型国营企业设置的所得税和调节税。对这些企业实现的利润，国家先征收 55% 的所得税，再征收 10% 左右的调节税，这显然使大中型国营企业的税收负担过重，不利于增强它们的活力。有些税种本身就存在问题。例如，设置的增值税就存在着税率档次过多，计算方法复杂，管理难度较大的问题。（2）税率确定不尽合理。现行有些税种的税率是按照不同的经济成分确定的。像所得税就是这样，有的实行比例税率，有的实行累进税率，税率高低不一，不利于各种经济成分之间开展竞争。为此，应当对现行税收制度进行充分调查研究，在此基础上，根据产业发展对现有税种和税率进行必要的调整，同时要发挥差别税率对产业发展的引导作用。

2. 取消"税前还贷"的做法

按照现行规定，目前大多数国营企业缴纳所得税款的做法，仍为用税前利润归还银行技术措施性贷款和基本建设性贷款，即"税前还贷"。并于提取职工福利基金和职工奖励基金后进行。对某些特殊情况的国营企业，国家还准许用部分产品税款、增值税款来归还基建性贷款，即"以税还贷"。上述做法实质是让国营企业用应归属国家的税款来代替自身偿还银行债务，形成投资上的"大锅饭"，不利于控制基建规模和理顺国家和企业之间的财产关系，加重了国家财政负担。这种做法必须改变。

3. 应当实行税利分流的办法

现行对国营企业开征的税种，是两次进行"利改税"改革形成的。"利改税"是将国营企业由全部上缴利润最后改为全部上缴税，税后利润归企业支配。这是处理国家与国营企业分配关系的一种新方式。实践表明，"利改税"对我国的税制建设曾产生了某些积极作用。但也存在缺陷和不足。这主要是，在推行"利改税"时忽略了社会主义国家既是社会管理者又是国营企业财产所有者的双重身份。而国营企业税利不分，加上一些税种设置不太合理，一些税率偏高，致使国营企业税收负担过重，活力相对不足。同时，国家允许国营企业税前还贷，又加重了国家财政负担。

为理顺国家和国营企业之间的分配关系，进一步搞活企业，促进企业机制和企业行为的合理化，应当对国营企业利润分配实行税利分流的办法。所谓税利分流是指国营企业实现利润分别以所得税形式和利润形式上缴国家一部分，其余部分留给企业。要把国家的社会管理者职能和资产所有者职能区分开来，国家作为社会管理者依法向国营企业征收所得税，国家作为资产所有者参与国营企业上缴所得税后的利润分配。

四　信贷调节法律制度

信贷调节法律制度是指有关规定信贷调节法律规范的总称。信贷一般是指银行存款、借款等信用活动。信贷调节法律制度则是国家用法律的形式对银行存、借款条件、方式、利率等作出的规定，以此来调节信贷资金的分配，保证国民经济的健康发展。

（一）信贷调节法律制度的特征

信贷调节法律制度同价格调节法律制度、税收调节法律制度相比，有自己的特色。主要表现为：

1. 信贷资金的有偿性和临时性

我国银行的信贷资金大体由以下三部分组成：（1）国家预算拨款，（2）企业等单位的存款，（3）居民个人储蓄。因此，银行的信贷活动必须以偿还本息为条件。这表现为银行对资金的吸收和贷出都是有偿的，即有借有还。这也是信贷的根本原则。与此相联系的是，银行借给各企业或个人的资金是有使用期限的。也就是说，信贷资金具有临时周转的性质。

2. 信贷调节作用方式的特殊性

信贷调节法律制度发挥作用的方式，同价格调节法律制度和税收调节法律制度都不同，它必须通过银行与其他组织或个人之间签订的信贷合同的履行，才能发挥作用。这是因为，信贷调节法律制度所调整的信贷关系，是通过银行与其他组织或个人签订信贷合同的方式而建立起来的。事实上，并不是所有的组织和个人都同银行建立信贷关系。不参与信贷关系的组织和个人，当然不会受信贷调节法律制度的诱导和制约。只有愿意向银行存、借款，特别是借款，并具备法定条件的组织和个人，才会与银行签订合同，信贷关系才能成立。所以，信贷调节法律制度的调节要求，只有通过信贷合同的实施，即依法订立和履行信贷合同才能实现。可见，信贷合同是信贷调节法律制度发挥作用的必要前提条件。

由于信贷调节法律制度具有以上特征，国家便可运用信贷调节法律手段来保持资金的适度规模与合理流向，提高资金利用效率，促使国民经济协调发展。

（二）信贷调节法律规范的构成

1. 规定借款条件的法律规范

按照借款合同条例规定，企业借款的条件是：①企业应完全具备法律规定的申请借款条件，即具有中国人民银行规定的一定比例的自有资金，并有适销适用的物资和财产做贷款保证。企业借款还必须提出申请，经贷款方审查认可后，即可采用书面形式签订借款合同，给予贷款。②企业不完全具备法律规定的申请借款条件，当有特殊情况需要借款时，也可以提出申请，但需有符合法定条件的保证人。保证人必须具有足够代偿借款的财产。经贷款方同意，并报经贷款方上级批准后，方可采用书面形式签订借款合同，给予贷款。

为了进一步加强银行在宏观经济调节体系中的地位和作用，提高资金效益，从1988年开始实行对企业的信用度进行评级的制度。对效益差、信誉低的企业采取抵押、担保贷款的形式，对虚盈实亏或资不抵债的企业停止发放贷款。①

以上是借款的一般条件。对不同种类的借款，有关法规往往还规定更为具体的条件。例如《工业交通企业挖潜、革新、改造资金试行贷款的暂行规定》，就要求工业交通企业使用挖潜、革新、改造资金贷款的项目，必须具备以下条件：（1）花钱少、见效快、效果大。（2）产品质量合格，适销对路。（3）原材料、燃料、动力有保证。（4）工艺成熟，技术过关，燃料、动力、原材料单耗降低。（5）符合专业化协作原则，有利于促进经济联合。（6）采取有效措施，防止环境污染。（7）材料、设备、设计、施工力量落实。（8）有还款能力。凡是不具备上述条件，盲目发展，盲目生产，搞"长线"产品，搞"无米之炊"，搞"大而全""小而全"项目的，不予贷款。即使在一个地区、部门看来是"短线"，但在全国来看是"长线"的，也不予贷款。

规定借款条件的法律规范明确告诉企业应向何种方向发展，不应向何种方向发展，这既可使企业在应该发展的方面获得必要的资金，又可控制资金的投放，减少滞销商品，压缩基本建设规模。

2. 规定调整利率的法律规范

利率是国家用以调节经济的重要杠杆。为灵活运用利率杠杆对社会经济生活进行调节，经国务院批准，中国人民银行可根据国民经济发展的需要和社会银根松紧情况，适时而又合理地调整存、贷

---

① 见《强化银行宏观管理发展金融市场扩大外汇调剂加快机构的企业化》，《人民日报》1987年12月31日。

款利率。①这包括两个方面：一是调整对各专业银行的存、贷款利率，二是调整企事业单位和城乡个人存、贷款利率。

以调整企事业单位和城乡个人存、贷款利率而论，自 1979 年以来，国家多次调高各项存贷款利率，并从 1988 年 9 月 10 日起对城乡居民 3 年以上定期存款实行保值，使 3 年以上的存款利息不低于以至略高于物价上涨幅度。经国务院批准，中国人民银行还曾于 1989 年 2 月 1 日起调整利率。这次调整利率的主要特点是，大幅度提高了定期存款利率。定期存款利率平均提高了 6 个百分点，并对城乡居民 3 年以上定期存款继续实行保值。这不仅可以稳定已经吸收的长期性存款，而且可以吸收更多的新存款，以扩大长期性信贷资金的来源。

在调高存款利率的同时，也提高了贷款利率。这样做，可以使银行存款与贷款保持合理的利差。更重要的是，有助于增强用款单位的利息观念，从经济利益上关心贷款的使用，尽可能少占贷款又可加速贷款的周转，使资金发挥最大的经济效益。当然，国家在调高贷款利率时，也要考虑企业的实际情况和承受能力。像 1989 年 2 月这次贷款利率的调整，就明显照顾了企业的利益，平均贷款利率调高不到 2 个百分点。特别是在调整流动资金贷款利率时，银行尽量压低增幅，减轻企业负担。比如一年贷款利率与存款利率持平，均为 11.34%，就是明显的例证。

在实践中，为刺激生产或消费，有时也分别降低贷款利率和公民储蓄存款利率。

3. 规定差别利率的法律规范

中国人民银行根据国民经济的发展和提高经济效益的要求，对不同期限和不同行业的贷款实行差别利率，以分别鼓励和限制某些行业（或产品）的发展，并促使企业注意提高资金的使用效益，把有限的资金用在国家急需上。

从 1985 年 1 月 1 日起，中国人民银行与专业银行之间、专业银行各级银行之间的资金往来实行了差别利率。即存、贷款利率有差别，贷款

---

① 见《中国人民银行的中央银行职能及其与专业银行的关系问题的请示》（国务院 1982 年 7 月 14 日批转）。

利率高于存款利率；计划内、计划外贷款利率有差别，就是临时贷款利率高于计划内贷款利率。这虽发生在银行之间，但必然会影响与银行发生信贷关系的企业和个人，有利于国家对信贷资金投放的调节和宏观控制。

专业银行对不同期限的流动资金贷款实行差别利率。即根据贷款期限的长短，规定不同档次的贷款利率。比如 3 个月的贷款利率低于半年期的，半年期的贷款利率低于 1 年期的，等等。专业银行对不同行业的贷款也实行差别利率。例如，中国建设银行在拨款改贷款的办法中，就规定对不同行业项目的贷款，实行差别利率。（1）电子、纺织、轻工、石油化工、原油加工项目年利率为 4.2%。（2）钢铁、有色、机械、汽车、化工、森工、电力、石油、开采、铁道、交通、民航项目年利率为 3.6%。（3）农业、林业、农垦、水利、畜牧、水产、气象、国防工业、煤炭、建材、邮电、粮食和节能措施项目年利率为 2.4%。（4）长线产品的建设项目和在能源紧张地区搞的耗能高的产品建设项目年利率为 12%。（5）其他行业的项目年利率为 3%。

上述规定体现了国家重点发展能源、交通等建设事业，限制长线产品和耗能高产品发展的政策，有利于在固定资产投资上实现宏观调节。

4. 规定浮动利率的法律规范

浮动利率是相对利率按固定比率升降而言的一种较为灵活的利率。银行依照法律规定，通过对流动资金贷款利率的浮动对经济进行调节，促使企业加速资金周转，节约使用。中国工商银行关于国营工商企业流动资金管理暂行办法规定，银行有权根据企业流动资金贷款经济效益的好坏，按规定的利率上下浮动 20%。对超额完成流动资金周转计划的企业，其相对节约的同额贷款利率向下浮动，少支的利息留给企业；对不完成流动资金周转计划的企业，其多占的贷款利率向上浮动，多支的利息从企业留用的利润中开支。

5. 规定优惠利率的法律规范

在信贷调节中，根据国家政策对于急需发展而收益低的生产、建设事业或因自然条件差、经济落后，需要扶助的特定贷款项目，在一定时期内给予低利率的优惠待遇。

规定信贷优惠利率的法律规范主要包括：鼓励薄弱行业发展贷款的优惠规定，鼓励利低而人民生活必需品生产贷款的优惠规定，鼓励技术改造贷款的优惠规定，鼓励节能贷款的优惠规定等。例如：为了鼓励发展我国的海运事业，保证船舶的不断更新，国务院关于改革我国国际海洋运输管理工作的通知规定，"银行对造船、买船可给予低息贷款，并适当延长还款期限和减免关税。"

6. 规定加息、罚息的法律规范

银行依照法律规定，通过加息、罚息办法来促进借款单位增强资金周转观念、利息观念和遵守合同条款，履行合同规定义务的观念，以利于充分发挥信贷杠杆对经济的调节作用。中国工商银行对流动资金贷款，根据核定的流动资金周转计划，对企业实行超计划加息的规定。企业由于完不成资金周转计划而多占用的贷款，银行要在 20% 的幅度范围内加收利息。①

借款合同条例等法规对违反借款合同的企业规定了罚息的措施。如规定，"借款方不按合同规定的用途使用借款，……对违约使用的部分，按银行规定的利率加收罚息。"②"借款方不按期偿还借款，贷款方有权限期追回贷款，并按银行规定加收罚息。"③

（三）完善信贷调节法律机制

我们认为，在我国社会经济生活中，要充分发挥信贷调节法律制度对货币流通量和流动方向的调节功能和控制作用，就必须进一步健全和完善信贷调节法律机制。当前完善信贷调节法律制度的着眼点应放在以下两个方面。

1. 银行必须充实调查研究和贷款审查机构

及时把握经济、金融形势的变化是搞好金融宏观调控和提高贷款经

---

① 见《中国工商银行关于国营工商企业流动资金管理暂行办法》。
② 见《借款合同条例》第 15 条。
③ 见《借款合同条例》第 16 条。

济效果的重要前提条件。由于经济生活和市场供求状况是千变万化的，要想全面有效地运用信贷调节法律手段，就必以全面、充分、可靠的经济信息为依据，否则就不能适应瞬息万变的现实经济生活。这就要求银行必须拥有强有力的调查研究机构，目前我国银行在这方面还较为薄弱。银行应当充实调查研究机构，增加信贷人员，开展经济、金融形势的调查研究工作，收集国内外经济情况，收集国内外产业情况和动向，收集国内外金融情况，认真进行调查研究，及时准确地把握经济、金融形势的变化，提高预测、预报水平，为更好地运用信贷调节法律手段提供科学的依据。

与此同时，要提高贷款的经济效果，银行还必须充实贷款审查机构，增配得力人员，积极开展贷款审查工作。这主要包括：对贷款项目要进行可行性研究和技术经济论证；对投资环境、收益和发展前途要进行调查研究；对申请贷款的企业信用、财务情况进行调查，了解企业经济管理状况和技术水平，等等。

2. 银行必须在坚持控制总量的同时做到适时调节

在我国要实现社会总供给和总需求的平衡，就要重视和发挥银行通过信贷调节法律手段对社会经济活动进行灵活调节和有效控制的作用。在商品经济条件下，实现社会总供给与社会总需求在价值形态上的平衡，从根本上说，是要靠增加生产量和市场商品供应量。但在一定时期内，由于商品供应量总是一定的，所以要实现社会总供给与社会总需求的平衡，关键在于控制社会总需求量。要控制社会总需求量，就要控制货币发行量。其关键在于，必须使流通中的货币量和流通中需要的货币量相适应。这就要靠银行根据生产和流通的需要，根据宏观控制目标，运用信贷调节法律手段来控制货币实际流通量，来调节货币流向。

而信贷调节法律手段的调节功能和控制作用，又是通过银行的具体业务活动，像组织存款、发放贷款、贷款利息率的升降以及中央银行对专业银行法定准备金的调整等实现的。因此，要使银行在坚持控制总量的同时做到适时调节，就要把银行的具体业务工作纳入法制管理的轨道。当前特别要做好以下几个方面的工作。

（1）要严格控制货币信贷总量。首先，必须加强对控制货币信贷总量的计划管理工作，编制全社会信用规划，把各金融机构的信用活动和各种形式的债券、股票、集资等全部纳入规划进行监督管理。其次，中央银行必须掌握必要的调节资金，以影响专业银行的行为，调整经济结构，随时校正宏观经济的波动。这就需要，一方面健全存款准备金制度，按各专业银行的不同情况，分别核定支付准备金的数额。并通过调整专业银行的存款准备金来调节和控制银行创造派生存款的能力。另一方面对各专业银行贷款要实行限额管理，各专业银行发放贷款应当采用以存定贷的办法。从而使中央银行能够控制和调节专业银行的信贷规模，进而实现对市场货币流通量的适度控制。

（2）要强化信贷结构调节。银行应当根据产业发展序列的要求，制定相应的信贷政策，并根据可用资金力量，对企业和产品进行分类排队，扶优限劣。银行应当根据产业发展序列要求制定固定资产投资贷款优先顺序，逐步提出重点产业投资贷款比例，并建立相应的投资贷款贴息基金。同时，银行还应当从限制的产业中抽回资金，投入到支持的产业中去，促进社会资金的良性循环，以提高资金使用效益。

（3）要制定正确的利率。信贷调节法律手段对社会经济生活的灵活调节作用，主要是通过利率的变动而进行的。所以，能否有效地发挥信贷调节法律手段的作用，很大程度上取决于能否制定正确的利率。我们必须改变现今利率缺少变化、缺乏弹性的状况。首先要使利率随着经济发展的波动而变化，要使利率的变动反映客观经济生活的要求。其次，为适应对复杂经济生活进行多方面调节的需要，应对利率的种类、档次进行巧妙的配置，特别要制定和实行好差别利率和浮动利率。不仅使利率在地区、产业、时间、企业以及经济形式上有差别，而且应当允许银行在法律规定的范围内，根据具体情况灵活地变动利率，以便更有效地调节信贷资金的运行。

本文原载于《社会主义商品经济法律制度研究》，经济科学出版社，1992。

完善特区经济法制建设的一些思考

  邓小平同志早在 1979 年就指出,"可以划出一块地方,叫做特区。"
1980 年全国人大常委会作出在广东省的深圳、珠海、汕头和福建省的厦
门设置经济特区的决定。1987 年邓小平同志在会见外国客人时说,我们
正在搞一个更大的特区,这就是海南岛经济特区。1988 年全国人大通过
了建立海南经济特区的决议。10 多年来,我国特区在邓小平同志的特区
建设思想的指引下,改革开放成效显著,取得了举世瞩目的成就。其中,
特区法制建设的成绩也是巨大的,它为改善特区的投资环境,促进对外
经济合作,维护正常的经济秩序,提供了重要保障。

  1992 年初,邓小平同志视察了深圳特区,发表了重要谈话,要求我
们思想更解放一点,改革开放的胆子更大一点,建设的步子更快一点,
千万不可丧失时机。这对搞好特区建设具有重要的指导作用和重大而深
远的意义。本文仅就如何完善特区经济法制建设,促进特区经济发展,
谈一些个人看法。

一 特区经济法制建设应当适应特区 经济建设发展的需要

  我国的特区实行外向型的社会主义市场经济,它利用外资、引进先
进技术和科学管理方法,在坚持四项基本原则的前提下,实行特殊的经
济政策、经济管理体制和市场运行机制,发挥着技术、知识、管理、对

外开放的"窗口"和对外对内"扇面"的枢纽作用。而特区的外资引进和市场机制的运行,则必须依靠完善的经济法律制度,依靠法律来引导和规范人们的行为,以建立起社会主义市场经济的新体制。在这一点上,我们可以说,特区的法制建设是搞好经济建设的前提和基础。

众所周知,客商①是否愿意到我国特区投资,取决于特区的投资环境。这是因为国际资本的流动是以投资环境为转移的。哪里的投资环境安全又有利可图,资本就会流向哪里。而法律自身所具有的规范性、强制性、统一性、稳定性的特点,就决定了它是形成良好投资环境的一个关键因素。因此,许多国家都通过法律形式,确保外资投资者的合法权益,以吸引他国资本发展本国经济。可见,只有加强特区经济法制建设,完善对客商合法权利的法律保护,为正确处理投资争议提供法律依据,做到一切经济活动都能有法可依、有法必依,才能把大量外资吸引到我们的特区来。

特区经济是市场经济。市场经济所具有的基本特征、内在要求以法律制度作为自身运行的必不可少的环境和条件。从这种意义上说,市场经济就是法制经济,市场经济的建立、运行和发展,每一个环节都离不开相应法律的维护和保障。多元化市场经济主体之间复杂的经济关系需要法律加以规范。公平竞争的经济秩序,需要通过法律形式予以确立。国家对市场经济的宏观调控需要运用法律手段才能有效地发挥作用。进一步说,特区经济是外向型的市场经济。要充分利用国际资本,扩大产品出口,提高对外开放的经济效益,就必须实现特区市场经济法制化,尽快健全与市场经济有关的法律、法规,并使之同世界市场经济运行的一般法则相对接。因此,要健全特区社会主义市场经济体制,就必须高度重视特区经济法制的建设。

特区的经济建设与法制建设密切相连。十多年来,特区的经济法制建设虽然取得了显著成绩,在推动改革开放和经济建设中起到了重要的作用,但还不能完全适应特区形势的发展和建设事业的需要。邓小平同

---

① 外国公民、华侨、港澳台同胞及其公司、企业的简称。

志一再指出，我们要一手抓经济建设，一手抓法制。只有做到两手抓，才能使特区的经济法制建设适应经济发展的需要，才能使特区全方位、健康地发展。笔者认为，目前在特区法制建设方面，要着重做好以下工作。

（一）立法工作滞后的局面应当改变

当前特区的立法工作滞后于改革开放和经济发展，主要表现在：一方面是改革开放和经济建设的实践在先，立法在后；另一方面是一些主要的经济领域仍处于立法的空白状态。这种状况不仅给有些法律的执行带来一定的困难，而且使特区经济的发展受到一定的影响。比如：特区没有制定专门规范客商投资方面的法律，这就不能有效地广泛吸收外资，也不能把特区的产业政策法律化，致使"六五"期间，广东省三个经济特区与外商签订项目意向书共2960宗，可利用外资4.76亿美元，但实际只利用了1.5亿美元，占31.5%，而且其中绝大多数是侨资和港资，并以中小资本为主[1]。特区的一些地方出现了以劳动密集为主的产业结构。这种以职工数量的大幅度增长为代价换来的经济发展，必然背上住房、医疗等沉重的包袱，要想继续前进，只有调整产业结构。[2]

要改变特区立法工作的滞后局面，我们可以大胆吸收和借鉴国外立法的有益经验。因为西方发达国家在搞市场经济和制定相应法律制度方面，积累了许多经验。而市场经济有其规律性，市场经济的法律也有其必然性，市场经济法律中的许多内容是没有姓"资"姓"社"之分的。可以说，市场经济的法律是人类经济管理知识和经验的规范化[3]，我们应当努力学习，认真借鉴和吸收，以加快特区经济立法的步伐，改变先实践后立法的被动局面，以法律来引导、规范特区的改革开放和经济建设，克服盲目性和不规范性。当然，有的法律制定出来可能不那么完备，我们可以随着实践的发展使之不断完善，使特区经济逐步走上法制的轨道。

---

[1] 蒋兆康：《关于制定我国经济特区基本法的几个问题》，《中国社会科学院研究生院学报》1991年第1期。
[2] 参见刘志达《蛇口转向》，《光明日报》1993年4月30日。
[3] 参见江平《完善市场经济法律制度的思考》，《中国法学》1993年第1期。

（二）立法工作应当规范化

这是完善特区经济法制建设必须做好的一项重要工作。立法工作规范化包括：（1）要对制定特区法律、法规的程序作出法律规定。（2）要制订立法规划。该规划的制订，既要考虑特区当前经济发展的需要，又要有一定的预见性。（3）要对已颁布的法律和法规经常进行清理。对已经过时、不适应经济发展需要的法律和法规，要及时废止或进行修订。

深圳特区自 1992 年 7 月 1 日全国人大常委会授予其立法权后，便开展了这项工作。深圳市人大常委会审议通过了《关于制定深圳特区法规的规定》。深圳市政府讨论通过了《深圳市人民政府制定规章和拟定法规草案的程序规定》和《深圳市规范性文件备案规定》。深圳市人大计划在 1992～1995 年间，将制定 84 部有关法规，争取在 1997 年之前，使深圳特区的主要领域基本做到有法可依。与此同时，深圳市政府决定组织专门力量，对已颁布的 480 多个规章进行全面清理，这项工作将于 1993 年底前完成。

（三）立法工作应当统一协调

这主要包括两个方面：（1）有关规范市场经济主体和市场秩序方面的法律，包括特区在内，全国应当统一。（2）专门规范特区的法律应当统一协调。

有关市场经济的法律全国应当统一，这是由市场经济的特点所决定的。我国经济体制改革的目标就是建立社会主义市场经济体制。而市场经济是在价值规律和市场供求规律作用下，参与市场经济的主体平等开展竞争，优胜劣汰，从而促进生产的发展。这就要求反映市场经济规律的市场法律必须是统一的基本准则。所有市场经济的参加者都要遵守统一的行为准则，否则，市场经济就无法运行。所以，笔者主张，我国在制定有关规范市场经济主体的法律像公司法，有关规范市场秩序的法律像证券法、票据法、保险法、反垄断法、制止不正当竞争法等时，都应当全国统一，以利于社会主义市场经济新体制的建立。

专门规范特区的法律应当统一协调这是由特区共性所决定的。我国现有深圳、珠海、汕头、厦门、海南五个经济特区。它们的战略地位、发展方向、产业结构、经营机制等都相同，国家对这五个特区均实行特殊的经济政策和经济管理体制。为了促进特区经济的共同发展，笔者认为，应当抓紧制定《中华人民共和国经济特区法》，对特区在经济建设和管理方面的原则事项，如特区的经济发展战略、特区的行政管理体制、对客商的优惠办法、对客商合法权益的保护及对投资争议的处理等，作出规定，使之成为专门规范所有特区经济活动的基本法律。

此外，每个特区都可以制定适用于本地区的规章。又由于 1981 年 11 月全国人大常委会授权广东、福建两省人大及其常委会制定所属经济特区的各项单行经济法规，1988 年 4 月全国人大授权海南省人大及其常委会制定法规，1992 年 7 月全国人大授权深圳市制定法规，就使得上述享有立法权的特区或其所属的省份，还可以制定适用于本地区的法规。这样，各特区又可将各自的特色以法律的形式加以规范。比如厦门特区台资已占首位①，深圳特区港资已占深圳引进外资总额的 80%。② 那么，就可以分别制定有关台商投资和港商投资方面的法规，以保护其合法权益和吸引更多的投资。各特区在制定法规或规章时，不要从本地区的利益出发，要注意相互之间的协调，为防止对同一问题的规定相差很远，特区之间应当互通信息、互相支持，以利于维护国家利益和促进特区经济的协调发展。

二 特区经济法制建设应当积极探索为全国立法创造经验

特区作为我国对外开放的"窗口"，不仅其本身要办得更活、更实、更富生机、更有成效，继续当好"排头兵"，而且要为全国的改革开放不断试验、探路，继续充当全方位改革开放的"试验基地"。从经济法制建

---

① 孙玉琴：《加快法制建设促进特区经济发展》，《福建学刊》1990 年第 4 期。
② 邹明武：《关于深圳借鉴并引进香港法律的探讨》，《港澳经济》1990 年第 7 期。

设方面来说，在国家法律还不很完备的情况下，特区应当成为立法工作的"试验田"。而特区要发挥立法"试验田"的作用，为全国立法特别是为全国市场经济方面的立法创造经验，就必须在经济法制建设方面进行一些有益的探索。笔者认为，当前特别要注意解决以下两个问题：

（一）要积极进行适度超前性的立法试验

邓小平同志1978年曾指出：有的法规地方可以先搞，然后经过总结提高再制定全国通行的法律。修改补充法律，成熟一条就修改补充一条，不要等"成套设备"。总之，有比没有好，快搞比慢搞好。这些意见对当前特区的立法工作仍具有重要的现实指导意义。

首先，特区作为改革开放的"试验基地"，改革开放的进程要比全国其他地方先行一步。特区改革的超前试验就需要超前的立法工作与之相适应。特区在先行的改革试验中，必然会遇到比其他地区更多的新情况和新问题，要研究新情况，解决新问题，必然离不开法律。因为这不仅要依靠法律手段来解决，而且其他手段的实施也要有相应的法律做保证。目前我国市场经济方面的法律还很不完备，在不具备制定全国性法律、法规的情况下，特区就要先制定地方性法规，一方面保证特区改革开放试点工作顺利进行；另一方面为全国立法工作进行探索试验。

其次，特区经济要真正成为外向型经济，不仅要继续完善投资环境，拓宽利用外资的领域，更多地利用国外资源和引进先进技术，而且要促进对外贸易，积极扩大对外投资、努力开拓国际市场，使特区经济与世界经济相对接。特别是随着我国"复关"的日益临近，这种对接将日趋紧密。要做到这些，必然要求涉外经济方面的立法工作继续加强并有适度的超前性。当前，特区应抓紧制定与国际上有关法律和国际惯例相衔接的有关客商投资、反倾销、外汇管理、境外投资等方面的法规，进一步改善投资环境，加速特区市场与国际市场顺利对接，以利于吸引外资和参与国际竞争。而特区上述涉外经济方面法规的制定和实施，必将为全国涉外经济法律的制定和完善提供有益的经验。

（二）正确处理法律的突破与遵守的关系

特区处在改革开放的前沿，改革开放就要冲破束缚生产力发展的旧的观念、体制和行为规范，探索和建立符合经济发展客观要求，有利于进一步解放和发展生产力的新的观念、体制和行为规范。这正如邓小平同志所说的，我们的制度将一天天完善起来，它将吸收我们从世界各国吸收的进步因素，成为世界上最好的制度。

随着改革开放的进行，特区的一些做法突破了现有法律的规定。比如：前几年深圳特区允许土地使用权有偿转让的做法，就突破了 1982 年宪法第十条关于土地的规定。又如：最近海南人民政府颁布的《海南省企业法人登记管理办法》中规定的，企业法人登记不要主管单位、不要政府职能部门批文，只需提供法定代表人的合法资格证明和投资者签署的组织章程两个文件即可。① 这就突破了 1988 年国务院颁布的《中华人民共和国企业法人登记管理条例》第十四条、第十五条关于企业法人设立要经主管部门或审批机关批准，登记时要提交多项文件的规定。于是出现了法律的突破与遵守之间的矛盾。如果只强调改革开放可以突破一切法律的约束，那就会极大地削弱法律的权威；如果只强调遵守法律绝对不能突破，那特区的改革开放试点就难以进行。为正确处理法律的突破与遵守的关系，笔者主张：第一，全国人大应作出决议，授权特区在改革开放中可以进行与现行法律规定不同的试点。同时，对已享有制定特区法规权力的省、市人大和常委会，在立法范围和立法时间上作出限制性规定。这样做，可以使特区的改革开放试点有了法律依据，同时也维护了法律的权威。第二，有关国家机关应当正确对待和吸收特区立法的有益经验，以利于法律的统一和遵守。否则，会给全国的立法和执行工作造成困难。比如：目前关于股份有限公司的规范。1992 年 3 月深圳市人民政府颁布了《深圳市股份有限公司暂行规定》写明：设立公司应有 5 个以上（含 5 个）发起人，公司注册资本的最低限额为人民币 500

---

① 参见《企业登记：先上车后买票》，《北京晚报》1993 年 5 月 1 日。

万元。而 1992 年 5 月国家体改委发布的《股份有限公司规范意见》则写明：设立公司应有 3 个以上（含 3 个）发起人；公司注册资本最低限额为人民币 1000 万元，有外商投资的公司注册资本不应少于人民币 3000 万元。并在附则中说明，深圳市可继续执行其人民政府颁布的《深圳市股份有限公司暂行规定》。那人们不禁要问，深圳市对设立股份有限公司发起人人数和注册资本最低限额的规定是否合适？如果合适，那为什么《股份有限公司规范意见》没有采纳，而另规定标准？如果不合适，那为什么还让深圳市继续执行呢？照此下去，必然会给未来的公司立法和执行工作带来极大的困难。类似这样的问题，应当引起重视。

以上谈及的是特区的立法工作。当然，特区的经济法制建设不仅包括立法建设，而且包括执法建设。因为法律制定得再多、再好，如果得不到认真的遵守和执行，法律应有的作用和权威也会丧失殆尽。所以，真正做到有法可依、有法必依、执法必严、违法必究，才是特区经济法制建设完善、成熟的标志。

本文系提交 1993 年 5 月"邓小平特区建设思想研讨会"的
会议论文，收入《邓小平特区建设思想研究论文集》。

论企业走向市场的条件
及其法律保障

　　党的十四大报告明确指出，我国经济体制改革的目标是建立社会主义市场经济体制。这一精辟论断是在总结改革开放以来实践经验的基础上提出的，它不仅是马克思主义经济学和科学社会主义学说在我国的又一发展，具有重要的理论意义。而且对于进一步深化改革，促进经济建设迈上新台阶，具有重大的实际意义。

一

　　所谓市场经济，是指以市场调节为基础的经济，或者说是市场在配置社会资源（包括物质资源、非物质资源和人力资源）中起基础性作用的经济。社会主义市场经济，就是在社会主义国家的政策指引、宏观调控和行政管理之下，在生产资料公有制为主体的前提下，利用市场规律配置社会资源的经济。市场经济的运行要以市场为基础，而企业则是直接利用各种不同资源进行经济活动的基本单位，所以说企业是市场经济的主体。企业走向市场是市场经济体制得以建立和发展的关键。企业走向市场的条件是多方面的，但从法学的角度讲，就绝大多数企业自身而言，最重要的一点就在于企业必须首先取得法律意义上的主体资格。即企业必须是拥有自己的独立财产，并对该财产享有所有权的真正的法人。因为只有如此，企业才能依法对其财产享有占用、使用、收益和处分的绝对权利，才能真正成为自主经营、自负盈亏、自我发展、自我约束的法人实体和市场竞争的主体，也才能以独立的意志自觉地走向市场。

目前，在我国的多种企业形态中，不论是集体企业，还是绝大多数"三资"企业，由于它们手里都握有真正法人的资格证书，因此随着社会主义市场经济的逐步发展，它们正在准备全力向新的领域开拓。反观作为国家国民经济的支柱和财政收入主要来源的国有企业的情况，到底怎样呢？

长期以来，由于"左"的错误观念作祟，我们总认为只有生产资料私有的企业才有独立的经济利益，才是自主经营、自负盈亏的。而生产资料一旦为全社会所占有，那么，国家作为社会的代表既有了支配社会资源的权力，又能够充分反映包括国有企业在内的整个社会利益。因而，企业不应再有独立的经济利益，不应自主经营、自负盈亏，更不应享有生产资料所有权。于是，在经济体制上，很自然地强调政府对企业的直接管理和经营，强调实行指令性计划、统收统支、统购包销和物资的定量分配与调拨等。结果，使得企业虽然在政府部门注册登记时，被贴上了"法人"的标签，但是一进入现实的社会经济生活之中，便无时不感到自己不可能不是政府机关的附属物，连买几台机器、更新某项产品，甚至建个食堂等事项，都要报请行政主管部门批准，理由是企业对其财产没有所有权。如此企业，谁能说它算得上是真正的法人？

改革开放以来，"两权分离"理论的提出和实践，租赁、承包经营制的完善和推行等，都在一定意义和一定程度上有助于企业摆脱政府机关附属物的地位，促进企业朝着享有真正的法人资格的方向发展，但这些举措未能从根本上解决企业的财产所有权问题，企业距离成为真正的法人尚差一步，而且是关键的一步。如果迈不出这一步，那么，鞭策企业走向市场的企业内在的活力机制，包括动力机制、经营机制、分配机制、约束机制等，就不可能依靠企业自觉的行为去形成，从而，政府机关所"下放"给企业的权力再多，企业也还是政府的，这样的企业只能由政府"推"向市场。企业如何迈出这关键的一步？笔者认为，最佳的选择方案是实行股份制，即以股份有限公司或有限责任公司的形态，对除涉及国家安全、国防尖端技术的企业，具有战略意义的稀有金属的开采项目，以及必须由国家专卖的企业和行业以外的国有企业，进行股份制改组和设立新的企业。企业实行股份制，既保证了企业能够成为其财产的唯一主体，又在企业内部实现了财产所有权与生产经营权的统一，从而使企业实实在在地拥有了真正的法人资格，具备了走向市场的内部条件。

最近，为了规制股份制企业的改组和设立，国家有关部门发布了《股份制企业试点办法》、《股份有限公司规范意见》、《有限责任公司规范意见》及一批相关的规范性文件，这对指导国有企业股份制稳当、顺利进行起到了一定的作用。党的十四大报告指出，股份制利于促进政企分开、转换企业经营机制和积聚社会资金，要积极试点，总结经验，抓紧制定和落实有关法规，使之有秩序地健康发展。据此，为提高上述文件的法律效力等级，增强其权威性和规范性，我们应该在总结国内经验的基础上，参照国际通行的基本规范，抓紧制定颁行统一的《公司法》，对公司的设立、解散、组织机构、主体地位、权利义务、运行机制等作出全面的、明确的规定。同时，还要制定颁行与之相关的《证券法》、《证券交易法》等法律、法规，从而以正式的立法为手段，保障企业得以独立自主地走向市场经济的汪洋大海。

二

以上所论，是企业走向市场的内部条件及其法律保障。此外，企业走向市场还需要许多相应的外部条件，其中最重要的莫过于政府管理条件、社会保险条件和市场秩序条件三个方面。

（一）政府管理条件——政府必须转变职能

随着社会主义市场经济体制的逐步建立，当企业普遍实行股份制并以新的法律形态出现，而国家不再是企业财产所有权主体的时候，各级政府才有可能卸掉直接管理企业的沉重包袱，将其经济管理职能转变为搞好间接管理和宏观调控，包括掌握政策、统筹规划、组织协调、提供服务和检查监督等，为企业走向市场创造宽松、适宜的外部条件。

我们已经制定颁布了一批重要的法律、法规，其中以企业为主要调整对象并涉及政府转变职能的有《全民所有制工业企业法》、《全民所有制工业企业转换经营机制条例》等。它们在规范政府与企业的关系时，都坚持了有利于扩大企业生产经营自主权，有利于增强企业活力，以及加快政府职能转变的指导思想。除上述法律、法规外，我们还应该在以下两个方面加强立法：第一，制定政府经济管理部门组织法。立法时应根据建立市场经济体制的需要，本着精简、统一、效能的原则，对政府经济管理各部门的名称、地位、职能、权限、责任、机构设置、干部配备、人员编制等，作出明确、具体的规定。法律颁行后，坚决贯彻实施并严格监督，以克服现实生活中严重存在的机构重叠、人浮于事、权限不清、互相扯皮等弊端，促进政府经济管理职能的转变。

第二，制定有关政府对国民经济进行宏观调控方面的法律。搞好政府对国民经济的长期、有效的宏观调控，是保证社会主义市场经济持续、平稳、均衡发展的重要前提。过去，我国在政府宏观调控方面的法制建设长期落后，加之旧经济体制本身的种种弊端，使得一方面政府的调控行为缺少必要的法律依据；另一方面对政府的调控行为也缺少必要的法律监督和制约，以致造成政府的调控行为容易出现较大的主观随意性和变动性。在某些方面还显得时而乏力、时而过度，并且自觉或不自觉地向对社会微观经济活动进行直接管理的方向转化。上述情况既影响了政府对国民经济进行宏观调控职能的发挥以及宏观调控的效果，又制约了企业生产经营的积极性和创造性。因此，制定必要的法律、法规，对促进和巩固政府经济管理职能从微观向宏观、从直接向间接、从主要依靠行政手段向主要依靠法律手段的转变，以及保障政府对国民经济进行适度而有效的宏观调控，有着重要的意义。

当前，这方面最急需出台的法律主要是《计划法》、《投资法》、《预算法》、《外贸法》、《银行法》、《公司法》、《国有资产管理法》和《社会保障法》等。同时，对涉及政府宏观调控的现行法律、法规，如税收、物价、企业、金融、外贸、海关等方面的法律、法规，也应根据有利于企业走向市场，有利于政府经济管理职能向宏观调控方面转变的需要，及时修改、完善或废止。

（二）社会保险条件——改革现行社会保险制度

改革我国现行社会保险制度是保障企业走向市场的重要外部条件之一。这是因为，在市场经济领域里，企业所面临的最基本的经济规律是被经济学家们称为"铁的法则"的价值规律。价值规律的作用决定了每个企业都力求以最少的劳动耗费取得最大的劳动成果，实现利润最大化，从而在市场竞争中站稳脚跟，获得发展。而这对于优化企业结构、降低产品成本、调节供求关系、合理配置资源、提高社会总体经济效益，无疑也有着十分重要的意义。

为了实现上述"少投入、多产出"的目标，不同企业由于具体情况有别，可能会采取不同的措施，比如改变生产经营方向；引进先进设备和管理方法；革新生产技术，吸纳企业外的科技人才；精简机构、压缩编制、减少管理人员；改革用工制度，择优组合职工，等等。当企业的外延条件不变的时候，以上措施的出台必然会引起企业对原有职工数量或技术构成的调整，使一部分在职职工走下岗位，失去工作。企业即便能通过兴办第三产业安置一部分富余人员，可毕竟也有一些职工走向社会待业。如果联系到目前我国多数企业严重存在人浮于事、工作不饱和、职工素质普遍偏低等现象的话，情况会更是如此。今后，随着市场经济体制的逐步建立，市场竞争机制的全面启动，以及企业各项生产经营自主权（包括劳动用工权）的真正落实，企业有的职工离厂待业，同有的职工进厂就业一样，应该是完全正常和常见的社会现象。

职工由在职变为待业后，首先碰到的是解决基本生活需要的问题。这个问题解决不好，一则使本人生活无着，陷于困境；二则给职工家庭增加负担，进而还会影响社会秩序的稳定和国家安定团结的大局。目前，在我国的有关法律、法规中，确有一些关于职工待业保险问题的规定，但由于它们是在计划经济体制下制定的，带有供给制的特点，依照这些规定，救济待业职工生活的负担，是压在职工所在企业身上的，再加上企业还要负责解决本单位职工生、老、病、伤、残、亡时的物质帮助问题，使得企业在经济上实在是不堪重负。这种企业职工社会保险制度的现状，在很大程度上限制了企业劳动用工和人事安排自主权的行使，堵塞了企业以技术进步、精简机构、减少职工等为手段，来降低产品成本、提高劳动生产率、增加利润获得的通路，使得不少企业不得不背着沉重的包袱，在高消耗、低效益的路上艰难跋涉，走向市场几近空谈。

为积极、妥善地解决企业职工社会保险，特别是待业保险中存在的问题，应健全和改革现行制度，加快制定统一的《社会保险法》的步伐。在立法中，既要尊重职工的劳动权，照顾他们的生活，又要维护企业的用工自主权，促进企业提高效益；既要规定国家和企业的责任，又要明确职工个人应承担一定保险费用的义务；既注意满足待业职工基本的生活需要，又注意支持社会劳动就业服务体系的建设，为待业职工重新就业广开门路，等等。但总的立法侧重点应向有利于减轻以至解除企业的后顾之忧，有利于鼓励企业开拓进取，有利于企业走向市场的方面倾斜。因为只有如此，才能促进市场经济体制的建立，才能不断拓宽职工就业的领域。

（三）市场秩序条件——建立和维护良好的市场竞争秩序

市场经济的突出特点是无处不存在竞争。对企业来说，竞争既是压力又是动力。既然是竞争就必定要有相应的竞争规则。否则，市场秩序就会一片混乱，企业也无法走向市场。有鉴于此，国家在提出建立市场经济体制的任务之后，就应该积极采取措施，根据我国具体实际，吸取国际立法经验，尽快制定有关竞争的法律、法规，以防范和惩治破坏市场的行为，建立和维护良好的市场竞争秩序，创造企业走向市场所不可或缺的外部条件。

对市场竞争秩序的破坏行为主要有两种：一种是某些垄断行为，另一种是所有的不正当竞争行为。我国的竞争立法应该规定以这两种行为的含义、构成以及行为人的法律责任等为基本内容。

　　某些垄断行为是指除国家的垄断经营行为之外的一切垄断行为，包括行政性垄断行为和经济性垄断行为。在我国，由于长期实行计划经济，改革后发展起来的企业联合又尚处初级阶段，因此，在短时期内，发生能造成普遍危害的经济性垄断的可能性不大，立法时可暂缓考虑，或只作一些原则性规定，待条件成熟后，再给予具体化。

　　行政性垄断行为是指国家经济主管部门和地方政府滥用行政经济管理权，限制和妨碍企业之间正当竞争的行为。行政性垄断行为对市场竞争秩序的破坏，多表现为不准外地企业的产品进入本地市场，也不准本地企业的产品流向外地；阻碍物资、资金、人才、技术等生产要素跨地区、跨部门交流；给企业规定特定的进货渠道和销售渠道，制定对内优惠、对外歧视的双重市场制度；用行政命令手段强制企业之间搞联合或合并；成立行政性公司，对企业正当竞争进行非法干预，等等。行政性垄断行为的危害在于它保护了落后企业，排挤了先进企业，限制了企业之间的正当竞争，破坏了国家统一的大市场。因此，在不断深化改革的过程中应采用行政的、经济的和法律的手段进行综合治理，尤其是重视法律手段的运用，抓紧制定以调整行政性垄断行为为主要内容的《反垄断法》，才能有效地抑制其发生，并减少其危害。

　　在我国，不正当竞争行为一般是指在社会经济活动中，以谋取经济利益为目的，违反公平合理、诚实信用原则和社会主义商业道德的竞争行为。不正当竞争行为侵犯社会公共利益以及其他企业和广大用户、消费者的利益，妨碍良好的市场竞争秩序的形成和巩固，是我国竞争立法应该首先和着重规范的问题。

　　长期以来，虽然我国也制定了一些有关反对和制裁不正当竞争行为的具体规范，但它们大都分散于不同的法律、法规之中，且互不衔接、孤单零散、不成系统。为彻底改变这种立法滞后、法律乏力的现状，必须抓紧制定我国统一的、专门的《反不正当竞争法》，并力求做到内容完整、规范严谨、结构合理、便于操作，以适应对不正当竞争行为进行系统防范和严厉打击的需要，适应建立和维护良好的市场竞争秩序的需要，为企业走向市场创造适宜的外部条件。

综上所述，我们的结论是建立市场经济体制的关键性问题是企业走向市场。具备真正的法人资格是企业走向市场的内部条件；政府转变职能、改革社会保险制度以及建立和维护良好的市场竞争秩序，是企业走向市场的重要外部条件。这些条件的具备和形成，都离不开法律的推动、确认和保障。

本文原载于《宁夏社会科学》1993 年第 3 期。

论政府干预经济与宏观经济立法

改革开放 20 多年特别是"九五"计划以来，我国的经济建设和社会发展取得了巨大成就。社会主义市场经济体制初步建立，市场机制在资源配置中日益明显地发挥着基础性作用。与此同时，适应社会主义市场经济体制的法律体系日趋完善，推进着依法治国、建设社会主义法治国家的步伐。实践表明，市场机制对资源配置的基础作用，只有在政府对宏观经济的适度干预下，才能得以更好发挥；而政府对宏观经济的干预只有依法进行才能克服任意性，实现总供给与总需求的平衡，促进国民经济的健康发展。

一　政府干预宏观经济是市场经济的必然要求

市场经济是以本体利益为动机，以市场为导向的经济。在市场经济中，资源的配置由市场机制进行调节。市场机制是价格机制、供给机制和竞争机制相互作用的总和。其中，竞争机制处于核心地位。市场经济的参加者即市场主体，具有独立的地位和自身的经济利益。他们按照自己的意志，根据市场的需求，自主决定自身的行为取向，决策生产要素的组合及经营运行，充分利用各种资源，节约物化劳动和活劳动，提高资源的使用配置效率，力争以最少的劳动消耗取得最大的劳动成果，实现利润最大化，以求得自身的生存和发展。如此相互竞争、优胜劣汰，从而推动整个资源配置和使用效益的不断提高。

市场经济较之高度集中的计划经济而言，在优化资源配置、促进国民经济发展方面具有显著的优越性。但市场并不是万能的，其自身也存在着一定的缺陷，市场机制有时也会失灵。这主要表现在：

1. 市场经济带有一定的盲目性。在市场经济中，由于市场主体从自身经济利益出发，按照自己的意志，凭借自己的知识能力和掌握的信息，去追求自己认为最大的个人利益，从而使市场经济受多元的、分散的利益所支配，自由放任，必然导致盲目性。

2. 市场调节带有明显的滞后性。由于市场价格形成的信号反馈到商品的生产环节需要一定的时间，所以市场调节只有在市场经济运行中已经产生了偏差和失衡时，才起纠正作用。可见，市场调节是事后调节，仅靠市场机制是不能保证国民经济健康、稳定发展的。

3. 市场经济带有严重的不公平性。虽然，市场交易的原则是公平竞争，双方当事人法律地位平等。但是，应当看到：其一，交易中双方当事人的经济地位却是不平等的。往往一方是资金雄厚的商业银行，另一方是广大的小储户；一方是规模巨大的企业，另一方是单个、分散的消费者。其二，由于竞争机制的强制作用，优胜劣汰，促使两极分化，富者越来越富，贫者越来越贫，会危及社会稳定。

然而，市场经济的缺陷市场机制自身无法克服，受自身利益驱使的市场参加者也不可能以自觉的行为来补救。为了克服和补救市场经济的缺陷，纠正市场机制的失灵，维护公平的市场竞争秩序，保障国民经济供求总量的基本平衡，调节社会公共需求，节约社会资源，保护自然环境，以使国民经济健康发展，由政府对经济进行适度干预，建立和维护自由、公平的市场竞争秩序和宏观经济管理秩序是绝对必要的。这已被当今世界各国的实践证明和正在证明着。

在发达的西方国家，自19世纪末特别是20世纪30年代以来，市场机制的缺陷、失灵情况，以及"看不见的手"原理的局限性，被越来越多的人所认识。于是，政府从过去对经济的不干预或很少干预开始转变为比较积极的干预。不论是美国的所谓"自由市场经济"，或者日本的"政府主导型的市场经济"，都存在着政府对经济积极的干预。在落后国家、发展中国家发展市场经济尤其必须加强和健全政府的宏观经济管理。因为在这些国家中的市场经济本质上是一种政府主导型的市场经济。托达罗在总结发展中国家的经验后写道："不管你喜欢不喜欢，第三世界政府不可避免地应比比较发达国家的政府为他们国家的美好将来承担更主动的责任。"目前，我国正在建立社会主义市场经济体制，作为市场经济就不能不具有一切市场经济的相同共性，必然也会存在市场机制的缺陷和有时失灵。因此，政府对宏观经济进行适度干预是完全必要的。更重要的原因还在于，我国是发展中国家，我国的社会主义市场经济是采取否定行之多年的计划经济、确定市场经济的改革方式来建立的。这一改革是体制上的根本性变化，必须由政府领导，自上而下，渐进进行。因此，政府适度干预宏观经济在我国更具有特殊的意义。

二　宏观经济立法是政府适度干预经济的保障

在市场经济条件下，政府对宏观经济的干预与计划经济条件下政府对经济的全面管理是截然不同的。我国改革开放前实行的计划经济，政府代表国家以公权者和财产所有者的双重身份直接管理经济，行使无所不包的经济职能，直接插手企业的经营活动，造成"政企不分"，使企业成为行政机关的附属物。而市场经济所要求的政府对经济的干预则是政府只基于公权力体现社会公共利益，以社会公共管理者的名义对市场进行管理和对宏观经济进行调控，即对经济进行适度干预。

而要保障政府对经济干预的适度，就必须使政府干预经济的行为依法进行。这是因为：

其一，政府对宏观经济进行干预，弥补市场机制的缺陷和纠正市场机制的失灵，使市场机制的作用得到充分发挥，其前提是这种干预必须适度。众所周知，政府的权力是很强的，如果政府的权力不受制约，其对经济的干预就会出现任意性，主观武断，甚至滥用权力，必然导致资源浪费和经济效益低下。而法律具有规范性、权威性和强制性的特点。

为防止、制止和禁止政府对经济不适当的和不必要的干预，就必须运用法律在维护政府干预宏观经济权威的同时，约束政府的行为，将政府对宏观经济的干预限制在合理的界限内。

其二，我国的社会主义市场经济是法治经济，是依照反映市场经济客观规律的法律来治理的经济。构成市场内容的商品交换关系，决定了市场经济不可能通过行政手段来组织，而是受法律的规范、引导、制约和保障，严格按照法律来运作。所以，在市场经济条件下，政府干预经济的行为直接表现为法律行为，其运作的手段为法律手段，这就是政府干预经济行为的法治化。

宏观经济立法就是确认和规范政府干预经济的法律。它不仅应确认政府干预经济的权力，而且应规定制约政府干预经济权力的措施。从宏观经济法律的内容看，主要应规定政府管理经济的权限，权力行使的方式、程序及法律责任等。从宏观经济法律体系的构成看，主要应包括市场管理法律制度和宏观调控法律制度。政府只有依照宏观经济法律对市场进行管理和对宏观经济进行调控，才能克服和纠正市场机制的缺陷和失灵，维护正当的经济秩序，充分发挥市场机制对资源配置的基础性作用，使国民经济持续健康地发展。

三　我国宏观经济法律制度亟待完善

应当看到，改革开放 20 多年来，随着经济体制改革的不断深入，社会主义市场经济体制逐步建立，我国宏观经济立法工作取得了很大的进展，为确认和规范政府适度干预经济起到了积极作用。比如，1993 年 12 月实施的《中华人民共和国反不正当竞争法》和 1994 年 1 月实施的《中华人民共和国消费者权益保护法》等法律，为确认和规范政府适度管理市场，创造公平竞争秩序，维护消费者合法权益，提供了法律保障。又如，1995 年 1 月施行的《中华人民共和国预算法》以及 1998 年 5 月施行的《中华人民共和国价格法》等法律，保障了政府适度调节和控制宏观经济，实现社会供求总量的平衡，促进了国民经济沿着健康、高效的方向发展。但也必须看到，目前我国宏观经济立法还很不完善，还不能很好地适应政府依法对宏观经济进行干预的需要，亟待完善。最突出地表现在以下两点：

第一，规范政府经济管理权限立法欠完善。现行有关法律对政府经济管理权限的规定过于原则简单，缺乏可操作性。首先，现行的《中华人民共和国国务院组织法》是1958年制定的，内容过于简单，仅11条。其中涉及国务院职权的规定仅1条，只规定了"国务院行使宪法第89条的职权"。而我国《宪法》第89条中对国务院经济职权的规定仅一款，即"领导和管理经济工作和城乡建设"。其次，国务院的组成部门除中国人民银行、审计署和监察部的组织和职权由相关法律作出规定外，对外贸易经济合作部、国家经济贸易委员会、国家工商行政管理总局等经济管理部门的任务、职责等是由国务院的行政文件予以规定的，缺乏规范性、稳定性和权威性。现行的《中华人民共和国地方各级人民代表大会和地方各级人民政府组织法》采取的是将地方各级人民代表大会组织法与地方各级人民政府组织法合二而一的立法形式，内容庞杂。上述立法状况不利于政府依法行使经济管理职能。

因此，国家立法机关应当抓紧修改《国务院组织法》，从内容上对其进行扩充。尤其是关于国务院的职能，应在不违背宪法有关规定的前提下，根据建立市场经济体制的需要，尽可能具体地作出规定。同时，国务院其他部门组织法也要尽快制定，将各部门的地位、性质、职能以及责任等纳入法制轨道。此外，还应当改变目前地方各级人民政府组织法与地方人民代表大会组织法合二而一的立法形式，单独制定地方各级人民政府组织法。该法除保留现有法律中地方政府的地位、性质、组成、与国务院的关系、任期等内容外，还要有为发展市场经济所需要的政府职能部门的内容，以进一步规范地方各级人民政府的工作。

第二，规范市场秩序的立法欠缺。我国虽于1993年底实施了《中华人民共和国反不正当竞争法》，对制止不正当竞争行为，创造公平竞争的良好环境起到了积极作用。但至今还没有制定反限制竞争协议、滥用市场优势等经济垄断法，而且对以地方封锁、部门分割为主要表现形态的政府和政府部门滥用权力限制竞争的行政垄断也缺乏有效的规范。限制竞争行为的存在有碍于统一开放、竞争有序市场的建立，市场对资源配置的基础性作用不能有效发挥。

由于垄断造成市场结构不合理，导致竞争机制失效。笔者认为，我国制定的反垄断法除了切合我国实际，通过一系列规定禁止通过协议、滥用优势、过度合并并导致限制竞争的经济垄断，禁止政府和政府部门滥用权力限制竞争的行政垄断外；还应通过一系列规定，禁止严重影响市场竞争的国际卡特尔，限制跨国公司在我国的外部扩张，禁止跨国公司在我国滥用市场支配地位，等等，以建立公平竞争的市场经济秩序。

此外，计划法、税收法、产业法等有关宏观经济方面的法律也应尽快制定、修改和完善，使政府有法可依，实现对经济的适度干预，从而推动和保障国民经济的健康发展！

本文原载于《法学杂志》2001 年第 3 期。

加入 WTO 与政府干预经济的法治化

WTO 是一个国际贸易和管理组织。它以促进世界自由贸易和鼓励公平竞争为宗旨，贯彻最惠国待遇原则、国民待遇原则、透明度原则、法制统一原则、司法审查原则以及一系列多边贸易规则。我国加入 WTO，就要保证 WTO 的协议和规则在我国得到统一的实施，这是 WTO 成员的一项基本义务。这必然对我国经济法制建设产生重要的影响。其中，完善政府干预经济方面的法律，使政府干预经济严格法治化，则是当前我国适应"入世"要求，健全社会主义经济法治急需进行的一项工作。下面就加入 WTO 与政府干预经济法治化问题谈谈自己的一些看法。

WTO 的基础是市场经济，因此，我国加入 WTO 后，政府在市场经济中如何发挥作用则是一个突出的问题。世界各国特别是较完善的市场经济国家的实践都表明：在社会经济生活中政府权力无制约的存在，是对竞争市场经济的破坏。政府只有遵循经济规律，享有适度干预经济的权力，才能有利于市场经济的发展。因此，我们要防止政府行政权力干扰市场机制正常作用的发挥，使之更好地服务于市场的运行，这就必须做到以下两点：第一，国家要通过立法将市场经济的规则法律化；第二，政府要在法律所设定或授予的职权范围内，依照法律所确立的规则去履行职责。也就是说，政府应对经济进行适度干预，政府干预经济必须法治化。

一　政府干预经济职能必须由法明定

要使政府干预经济法治化，首先要解决政府根据什么获得干预经济的权力问题。回答只能是依据法律,即政府干预经济的职权应当由法律设定或者依照法律规定由有权部门授予。例如:国务院行使干预经济的职权由宪法、国务院组织法设定,或由全国人民代表大会及其常务委员会直接授予。

但是,目前我国规范政府干预经济职权的法律是不完善的。现行有关法律对政府经济管理权限的规定,过于原则简单,缺乏可操作性。首先,现行的《中华人民共和国国务院组织法》是 1958 年制定的,内容过于简单,全文仅 11 条。其中涉及国务院职权的规定仅 1 条,只规定了"国务院行使宪法第 89 条的职权"。而我国《宪法》第 89 条中对国务院经济职权的规定仅一款,即"领导和管理经济工作和城乡建设"。其次,国务院的组成部门除中国人民银行、审计署和监察部的组织和职权由相关法律作出规定外,对外贸易经济合作部、国家经济贸易委员会、国家工商行政管理总局等经济管理部门的任务、职责等是由国务院的行政文件予以规定的,缺乏规范性、稳定性和权威性。最后,现行的《中华人民共和国地方各级人民代表大会和地方各级人民政府组织法》采取的是将地方各级人民代表大会组织法与地方各级人民政府组织法合二而一的立法形式,内容庞杂。上述立法状况不利于政府依法行使经济管理职能。

因此,国家立法机关应当抓紧修改《国务院组织法》,从内容上对其进行扩充。尤其是关于国务院的职能,应在不违背宪法有关规定的前提下,根据建立市场经济体制的需要,尽可能具体地作出规定。同时,对除已有法律规定的外,国务院其他部门组织法也要尽快制定,将各部门的地位、性质、职能以及责任等纳入法制轨道。此外,还应当改变目前地方各级人民政府组织法与地方人民代表大会组织法合二而一的立法形式,单独制定地方各级人民政府组织法。该法除保留现有法律中地方政府的地位、性质、组成、与国务院的关系、任期等内容外,还要增加为发展市场经济所需要的政府职能部门的内容,以进一步规范地方各级人民政府的工作。

二　政府干预经济行为必须依法进行

这里是要在政府干预经济职权法定化的基础上，来解决政府如何实施干预经济行为的问题，这涉及政府干预经济不仅必须依法律规定作出抽象行为和具体行为，而且还应当严格按照法律规定的程序办理。在这方面，除宪法和立法法等法律对政府干预经济的抽象行为即有行政立法权的机关制定行政法规、部门规章和地方规章的行为作出原则规定外，2002 年 1 月 1 日起施行了《行政法规制定程序条例》和《规章制度程序条例》，其他方面几乎一片空白。这必然导致政府干预经济的一些行为无法可依，无章可循。比如：关于规范性文件制定问题，就没有法律规定。当然，从法理的角度讲，规范性文件应当不得与宪法、法律和行政法规相抵触。但由于无法可依，在实践中就出现了相抵触的问题。例如：证监会颁行的关于在上市公司中建立独立董事制度的规范性文件，就明显与我国公司法的规定相抵触。这样的规范性文件是否有效？上市公司不执行行不行？等等。所以，为了使政府干预经济的行为有法可依，也为了符合 WTO 规则的要求，笔者建议，国家应当抓紧制定《行政法》和《行政程序法》。仅就规范政府干预经济行为方面看，在这两部法律中应体现以下主要原则。

1. 公正原则。政府在行使职权对市场经济进行干预时，应当以社会公共管理者的身份，对所有市场主体，不分内资企业、外资企业都要平等对待，一视同仁。

2. 效率原则。要促进政府职能向经济调节、社会管理和公共服务方面转移，要增强政府效率意识，相同或者相近的职能应由一个政府行政机关承担；办事拖拉、相互推诿的政府机关工作人员，应承担相应的法律责任。

3. 透明度原则。在有关经济行政法规、规章的制定过程中，应当采取多种方式广泛听取各方面人士的意见；已经制定的行政法规、规章，特别是涉及或影响国际投资、产品贸易、服务贸易和知识产权保护的应当尽快公布，以便人们了解和掌握，这也有利于督促政府机关依法办事。

三　对政府干预经济行为必须进行监督

为了确保政府干预经济法治化，除依靠政府机关工作人员主观上的自觉依法行为外，对政府干预经济的行为进行监督也是非常必要的。在我国，对政府干预经济行为的监督来自外部和内部两个方面。来自外部的监督包括：人民代表大会的权力监督；人民法院和人民检察院的司法监督以及公民、社会团体和大众传媒的社会监督。来自内部的监督包括：上下级政府机关之间的业务监督，监察机关的法纪监督以及审计机关的财务监督。

当前，为更好地规范和保障对政府依法干预经济工作的监督，最迫切地要做好以下两项工作：

1. 尽快制定好两部法律。首先是制定好《人民代表大会监督法》。该法应将人民代表及其常务委员会、各专门委员会、人民代表大会代表对政府的监督内容、方式、结果和程序等，均纳入较为系统、完整和明确的法律规定的范围。其次是制定好《行政监督法》。现行的 1990 年国务院制定颁行的《行政监督守则》显然与行政监察工作的特殊地位、重要意义和它的艰巨性、复杂性对法律的需求不相适应。因此，应抓紧制定《行政监督法》，将行政监察中的各方面社会关系都列入该法律的规定范围。同时要提高监察机关的地位，对监察部门工作人员的生命健康给予特殊的保护；监察部门的具体监察行为应当接受人民法院通过行政诉讼进行监督。

2. 进一步贯彻司法审查原则，把政府干预经济的抽象行为也置于法院的司法审查之下。在我国行政诉讼法确立的人民法院应当事人的请求，审查政府干预经济具体行为合法性的基础上，还应当由法律确立，人民法院应当事人的请求，对有行政立法权的机关制定行政法规、部门规章和地方规章的抽象行为的合法性进行审查，以确保政府干预经济的法治化。

本文原载于《安徽大学法律评论》2002 年第 2 卷第 1 期。

企业信用与银行风险

　　我国正在发展的社会主义市场经济，从一定意义上讲是信用经济。参与交易的当事人之间是不是讲信用，是否能够信任对方或被对方所信任，是否真诚地履行自己的承诺，是市场经济能否存在的基础。特别是在作为现代经济核心的金融活动中，商业银行与企业之间的信贷关系更需要借助信用机制。为此，本文就这个问题从企业信用的价值，企业信用与商业银行风险之间的关系以及企业信用的提高和商业银行风险的防范方面作些探讨。

一　企业信用的价值分析

　　信用是人类区别于动物而形成文明社会的最重要标志之一。在现代社会，信用是一个使用频率较多的词汇。从语义上讲，信用是指能够履行跟人约定的事情而取得的信任；不需要提供物资保证，可以按时偿付的贷款；银行借贷或商业上的赊销、赊购。① 从行为规范的角度说，信用既是道德规范，也是法律规范。那么，什么是企业的信用呢？笔者认为，企业是市场经济活动的参加者，它作为市场经济的重要主体，其信用应当从企业的静态和动态两个方面来理解。从静态看，企业信用是指企业

---

① 参见中国社会科学院语言研究所词典编辑室编《现代汉语词典》（修订本），商务印书馆，1998，第 1405 页。

的素质，即指一个企业具有在其承诺事务中能实现自己的诺言，被他人信任的品格和能力。从动态看，企业信用是指企业履行自己承诺的实际表现，即指一个企业在交易过程中，按照约定实际履行义务的情况。企业信用有何用途，或是说企业信用的作用、意义，构成了我们所关注的企业信用的价值问题。

企业信用关系着市场经济的成败。我国正在进行着社会主义市场经济。市场经济与计划经济不同，它是商品经济，是一种以交换为直接生产目的和联系方式的经济形态。[①] 构成市场内容的经济关系不是计划分配和无偿调拨关系，而是商品交换关系。商品交换得以进行的前提是，应有商品生产者和经营者，也就是说，市场参加者的存在是市场经济发生的首要条件。企业则是重要的市场参加者，它作为商品生产者和经营者是市场经济的基本要素。同时，市场经济又是市场在资源配置中起基础作用的经济。资源的配置是由市场规律进行调节，通过企业的有效活动来实现的。因此，供求规律、价值规律和竞争规律在市场经济中起着主导和支配的作用。依照价值规律，商品生产者在价值量相等的基础上，等量劳动产品进行交换，以实现经济利益的平衡。这必然要求参与交易的当事人遵守已经做出的约定，真诚地履行自己的承诺，即守信用。只有参与交易的各方当事人都守信用，才能保持当事人之间以及当事人与社会之间经济利益的均衡，交易得以安全、顺利进行，用来交易的商品的价值和使用价值得以实现，从而推动整个社会资源的配置和使用效益的不断提高。因此，从事商品生产或商品经营以及提供劳务或服务经营活动的企业，必须守信用，在交易过程中遵守交易规则，真诚地履行自己的诺言。

企业有效而充满活力的经营活动，构成了市场经济发展的微观基础。反之，企业缺乏信用则会影响市场主体的活动频率、交往深度，使商品交换减少或者延续交易，严重影响社会的投资和消费，进而影响整个社会经济的发展。可见，企业信用的社会价值就在于，企业信用是商品交

---

① 王峨岩、王保树主编《市物经济法律导论》，中国民主法制出版社，1996，第4页。

易安全、顺利进行的前提，是市场经济健康发展的基础。

企业信用维系着企业的生命。企业是连续从事经营活动，以营利为目的的组织。在市场经济条件下，由于竞争规律的作用，企业之间相互竞争，优胜劣汰是不可避免的。而企业的信用，则是企业得以生存和发展的必备条件。常言道：人无信不立，企业无信不长。[①] 古今中外无数成功企业的实践都有力地证明：信用对于一个企业来说，是一笔巨大的无形财产，一个企业的信用是与该企业的商号和其商品商标或服务标识（或称服务商标）紧密相连的。换言之，企业的商号和其商品商标或服务商标中凝结着企业的信用。其一，一个企业如果在每次交易中都能守合同、讲信用，这个企业便在人们的心目中享有极高的信誉。一提到这个企业的商号人们马上会联想到这是一个有着良好信用的企业，都愿意与它进行交往，这就使有着良好信用的企业，客户来源稳定，经营活动能够正常运转。其二，企业的信用还体现在企业产品或服务的质量上。一个企业生产的商品质量一直好，得到消费者的认可，消费者愿意购买其商品，信任这个企业，那么标有该企业生产的品牌商品就会在市场上畅销，企业就会收到良好的经济效益。其三，一个企业有良好的信用就能够在商业银行得到所需要的贷款，使企业自身的发展获得物质上的支持。其四，在西方一些国家，企业的信用还可以作为出资，以金钱来衡量其价值。显而易见，信用对企业的价值就在于，信用是企业实现利润最大化，求得自身生存和发展的重要条件。

二　企业信用与银行风险的关系

笔者认为，要探讨企业信用与商业银行风险之间的关系，先对商业银行风险的成因作简要阐析是很有必要的。毋庸置疑，市场经济是竞争

---

① 梁彦军等：《信用塌方，毁损经济》，《北京晚报》2001 年 4 月 13 日。

经济就必然与风险联系在一起。① 在市场经济中，商业银行所从事的金融活动与其他经济活动相比更具有高风险性。这是因为：首先，商业银行经营的商品具有风险。商业银行所经营的商品与一般商品不同，它不是实物而是特殊商品（即货币）。货币作为一般等价物具有支付工具和价值尺度等职能。而货币本身的价值又常会因外在的原因时高时低，例如，货币会受利率和汇率的影响。所以商业银行从事的货币运营始终附随着高度风险。其次，商业银行的地位具有风险。在金融活动中，商业银行作为资金的供给者与资金的使用者之间的中介，即处于中介地位。也就是说，通过商业银行的运作，把储户的流动性债权转化为借款人的非流动性债权，使得其内在体系较为脆弱，具有导致银行风险的突发和扩散的可能性。最后，商业银行的业务具有风险。经营信贷业务是目前我国商业银行的主要业务之一。信贷是指货币持有者即贷款人将货币暂时借出，借款人按合同在约定的时间内还本付息的一种信用形式。② 这项金融业务的服务对象具有广泛性，资金的使用者能否按期还本付息，商业银行是要承担一定风险的。

那么企业信用与商业银行风险之间的关系如何呢？我国企业资金的80%以上来自银行贷款。③ 在社会经济生活中，企业与商业银行的关系，主要表现在信贷关系上，即商业银行作为贷款人，企业作为借款人，前者给后者提供贷款。银企之间缔结的信贷关系促进了货币资金的融通，满足了企业资金的需求，提高了社会资源的使用效率。与此同时，这也给商业银行带来了风险，因为贷款是商业银行所期待的，得到其贷款企业按期还本付息处于一种不确定的状态。因此，只有接受商业银行贷款的企业讲信用，全面履行借款合同，才能使商业银行避免或减少贷款风险。信用的作用就在于使将来的给付行为变得更加可以预期，更为确

---

① 江平：《现代企业的核心是资本企业》，《江平文集》，中国法制出版社，2000，第396页。

② 刘隆亨：《银行法概论》，北京大学出版社，1996，第129页。

③ 孟钊兰：《产权制度改革是防范金融风险的关键》，《金融与保险》2001年第4期。

定。① 反之，得到商业银行贷款的企业信用观念淡薄，不守信用，即不按期或不如数归还贷款，则会导致商业银行不良信贷资产的出现，影响商业银行经营活动的正常开展。在我国，2000 年末仅改制企业逃废银行贷款本息就高达 1850 亿元，② 造成商业银行信贷资产风险居高不下。据有关金融专家估称，四大国有商业银行大约有 2 万亿坏账，不良信贷资产占全部信贷资产总额的 25% 以上，其中 6%—7% 无法收回。③ 从上述分析可以看出，企业的信用与商业银行的信贷风险有着直接的关系。作为商业银行信贷对象的企业失信，是导致商业银行出现信贷风险的重要原因之一。历史和现实一再证明，市场经济越发展越要求诚实守信。从一定意义上讲，企业信用越高，商业银行信贷风险就越小；企业信用越低，商业银行信贷风险就越大。

而企业作为经济组织，其信用不仅体现在企业经营者要有信用意识和信用观念，而且还体现为资产信用，即企业的资产是企业守信用、实现自己诺言、履行义务和承担责任的物质保证。例如，作为现代企业典型组织形式的股份有限公司，就是以资产信用为基础的公司，它要以其全部资产对公司的债务承担责任。对一个企业特别是对具有法人资格的企业来说，企业资产的多少关系着企业履约能力及偿还债务能力的大小。正因为如此，企业的资产便成为社会对企业可信度进行评价的主要依据。具有法人资格的企业，其资产信用包括企业注册资本信用和企业全部资产信用两部分。企业的注册资本是指，企业设立时，在企业登记机关登记的全体设立人出资的总额。我国现行法律规定，绝大多数企业的注册资本实行资本确定原则。如《公司法》规定，"股东应当足额缴纳公司章程中规定的各自所认缴的出资额"，"有限公司的注册资本为在公司登记机关登记的全体股东实缴的出资额"。④ 企业注册资本的信用表现为：第一，企业注册资本是企业设立人的出资信用；第二，

---

① 江平、程合红：《论信用》，《江平文集》，中国法制出版社，2000，第 512 页。
② 梁彦军等：《信用塌方，毁损经济》，《北京晚报》2001 年 4 月 13 日。
③ 郝丽华：《强化银行信贷管理的法律思考》，2001 年北京市经济法研究学术讨论会论文。
④ 《中华人民共和国公司法》第 25 条、第 23 条。

企业注册资本是该企业成立时它所拥有的原始资本的信用；第三，企业注册资本是企业盈余还是亏损的界限，它是一个企业对外信用的组成部分。① 而企业的全部资产是指，企业存续期间的净资产。企业全部资产是具有法人资格的企业对外信用的重要物质保证。因为法人企业是以其全部资产对企业债务承担责任的。《公司法》明确规定，有限责任公司和股份有限公司均以其全部资产对公司的债务承担责任。② 这就意味着，法人企业的净资产越多，该企业资产信用程度就越高，反之就越低。

在谈论企业信用与商业银行信贷风险之间关系的话题时，国有企业的信用问题更应当引起我们的重视。由于商业银行绝大多数的资金是借贷给国有企业的。所以，接受贷款的国有企业讲不讲信用，能否按期还本付息对商业银行是否能避免或减少贷款风险影响极大。长期以来，我们的国有企业是凭借其全民所有制身份向银行借款的，也可以说，全民所有制身份在很大程度上成了国有企业信用的代名词。这不仅助长了一些国有企业过度运用资金，盲目向银行借款，甚至出现了国有企业发不了工资也可以从银行借款、没有偿还债务能力仍可以得到银行贷款的怪现象，使银企之间的信贷关系变成了资金供给关系。造成一些国有企业没有为维护信誉和生存，借款到期必须偿还的信用意识；企业信用严重不足，长期拖欠银行贷款，致使企业逃废商业银行债务已成为商业银行资产安全运行的一大隐患。笔者认为，一些国有企业失信的深层次原因，或是说一些国有企业不守信用的根源则在于，这些国有企业还不是真正独立的市场经济主体，即在法律上这些国有企业不是真正能独立的法人，国有企业财产所有权主体代表不确定，企业决策者的利益与他所决策的企业的信用之间没有直接的关系，对国有企业经营者缺乏有效的激励与约束等，致使一些国有企业没有承担借款责任的观念，也就不会产生对企业信用的追求。

---

① 参见江平《现代企业的核心是资本企业》，《江平文集》，中国法制出版社，2000，第387页。
② 《中华人民共和国公司法》第3条。

三 企业信用的提高与银行风险的防范

为避免或减少因企业失信给商业银行带来的信贷风险，笔者主张，提高企业信用和加大商业银行风险防范力度，双管齐下。

企业信用的提高，理所当然应由企业自身做起。这主要包括两个方面：第一，每个企业都应当树立守信为荣、失信为耻的信用意识和信用观念。每个企业的经营者都应当具备守信用的美德。守信用是企业经营者应当恪守的商业道德，是市场经济对经营者应具有素质的基本要求。守信用作为商业道德，是在人们的意识中自然形成，为社会成员所认可的，与经营者相适应的，制约和调整人们相互关系的社会行为规范。守信用作为规范企业经营者的道德规范，对经营者的要求不仅仅是行为，而且是行为动机本身。它要求企业的经营者要有诚实善良的美好心灵。人们希望每个经营者都能具有守信用的商业道德，但要使之变为现实，只能靠经营者的内心信念和社会舆论的力量来实现。这体现在银企信贷关系中，每个接受商业银行贷款的企业，其经营者内心都要树立依照贷款合同，按期如数归还贷款的信念，并要付诸行动。与此同时，每个企业都必须知晓守信用是其应履行的法定义务。我国的《民法通则》、《合同法》、《反不正当竞争法》、《消费者权益保护法》等法律都将诚实信用作为经济活动应当遵循的原则加以规定。这表明，守信用是企业必须履行的法律规定的义务。守信用作为法律规范着重要求企业行为的合法，着眼于企业的行为及其后果。所以，法律不仅将诚实信用作为基本原则加以规范，而且还就人们如何遵循这一原则作出具体规定，更便于企业遵守。例如，《合同法》规定，"当事人在订立合同过程中有下列情形之一，给对方造成损失的，应当承担损害赔偿责任：（一）假借订立合同，恶意进行磋商；（二）故意隐瞒与订立合同有关的重要事实或者提供虚假情况；（三）有其他违背诚实信用原则的行为。""当事人应当按照约定全面履行自己的义务。当事人应当遵循诚实信用原则，根据合同的性质、目的和交易习惯履行通知、协助、保密等义务。""合同的权利义务终止后，当事人应当遵循诚实信用原则，根据交易习惯履行通知、协助、保密等义务。"① 上述规定告诉企业，在与商业银行建立信贷关系时，诚实信用不仅在订立借款合同阶段、履行合同阶段，而且在合同终止后阶段，都必须遵守。如果企业失信，不按期归还贷款就要受到相应的法律制裁。《商业银行法》规定，"借款人到期不归还贷款的，应当按照合同约定承担责任。"②

第二，每个企业都应当提高资产信用度。前面已述及，企业特别是具有法人资格的企业，其信用主要体现为资产信用。提高企业资产的信用度是企业信用提高的物质基础。而企业资产信用度的根基是企业拥有资产的数量和质量。因此，每个企业应当做到：其一，企业在设立登记时，注册资本必须真实到位，企业成立后，投资人不得抽回其出资；其二，企业已确定了的资本总额，非依严格的法律条件和法定程序不得随意减少；其三，企业在存续过程中，必须维持资本的充实，即经常保持与其资本额相当的财产。只有企业拥有了充实的资产，其资产信用度得到了提高，才能为企业守信用，全面履行与商业银行签订的借款合同提供可靠的物质保障。

这里，特别要强调的是，国有企业信用的提高除了上面所谈及的外，还要从源头抓起，即要加快国有企业改革，建立现代企业制度的步伐，建立和健全投资主体多元化的企业法人治理结构，在企业内部形成所有者和经营者权、义、责相统一的企业自我约束和持续发展机制，使国有企业的信用日益提高。

作为商业银行，为避免或减少因企业失信带来的信贷风险，应当采取有效措施加大防范和制裁企业失信的力度。这主要有：

第一，采取有效措施防范企业失信。商业银行开展信贷业务时，应当依法对借款企业进行全方位的审查和监管，以防止因企业失信而造成的资产损失。其措施为：首先，商业银行应当对申请贷款企业的情况，

---

① 参见《中华人民共和国合同法》第42条、第60条、第92条。
② 《中华人民共和国商业银行法》第42条。

包括企业资格、企业资信、借款用途、偿还能力、还款方式等进行严格审查①。申请贷款企业必须符合法律规定的以下资格和条件：借款企业应当是经工商行政管理机关核准登记的企业，企业的产品有市场，生产经营有效益，不挤占挪用信贷资金，恪守信用；有按期还本付息的能力。原应付贷款利息和到期贷款已清偿；没有清偿的，已做了商业银行认可的偿还计划；其资产负债率符合商业银行的要求等②。不符合上述资格和条件的企业，不对其发放贷款。其次，商业银行应当与借款企业订立书面合同。合同应当约定贷款种类、借款用途、金额、利率、还款方式、违约责任和双方认为需要约定的其他事项③。同时，商业银行还应当要求借款企业提供与借款有关的业务活动和财务状况的真实情况④。再次，商业银行应当要求借款企业提供担保，以增强企业的信用。商业银行还应当对保证人的偿还能力、抵押物、质权的权属和价值，以及实现抵押权、质权的可行性进行严格审查⑤。最后，商业银行应当对已获得贷款的企业执行借款合同情况及企业的经营情况进行追踪和检查。要求企业定期提供有关财务会计报表等资料⑥。对未按约定的借款用途使用借款的企业，商业银行可以停止发放借款，提前收回借款或者解除合同⑦。此外，商业银行还应当在短期贷款到期一个星期前，中长期贷款到期一个月前，向借款企业发送还本付息通知单，以督促借款企业守信用，及时筹备资金，按时还本付息⑧。

第二，对失信企业进行有力制裁。商业银行在防范企业失信的同时，应当对失信企业予以制裁，即对于不能按借款合同约定期限归还贷款的企业，商业银行应当按照规定加罚利息；对于不能归还或不能落实还本

---

① 参见《中华人民共和国商业银行法》第 35 条。

② 参见中国人民银行 1996 年 2 号令《贷款通则》第 17 条。

③ 参见《中华人民共和国商业银行法》第 37 条。

④ 参见《中华人民共和国合同法》第 199 条。

⑤ 参见《中华人民共和国商业银行法》第 36 条。

⑥ 参见中国人民银行 1996 年 2 号令《贷款通则》第 31 条；《中华人民共和国商业银行法》第 202 条。

⑦ 参见《中华人民共和国商业银行法》第 203 条。

⑧ 参见中国人民银行 1996 年 2 号令《贷款通则》第 32 条。

付息事宜的企业，商业银行应当依法向人民法院提起诉讼；对于不守信用、不履约及逃废银行债务的企业，商业银行应当将其上"黑名单"。1999 年 6 月，中国人民银行广州分行向社会发布公告，对粤、桂、琼三省区 105 户涉及贷款本息 59.9 亿元的逃废金融债务企业的名单予以公开曝光，并表示对在限定日期内不偿还贷款本息的企业实行停止授信、不开新户、不办理对外支付的联合制裁措施[1]。上述制裁措施，可以减少因借款企业失信给商业银行带来的资产损失，对资信不良企业也能起到警戒作用。

本文原载于《中国商法年刊》第二卷（2002）。

---

[1] 刘克谦等：《欠债不还钱请上黑名单》，《中国保险报》1999 年 8 月 31 日。

保障商业银行信贷安全的几项措施

商业银行（以下简称"银行"）信贷通常是指，银行作为贷款人将货币发放给借款人，借款人按照合同的约定还本付息的一种信用方式。目前，信贷是我国银行经营的主要业务之一。由于银行所期待的，得到其贷款的借款人按期还本付息处于一种不确定的状态，因此，这项业务会给银行带来一定的风险。而银行的信贷安全是金融安全的重要组成部分，作为现代经济核心的金融能否安全运营，对国家经济安全具有至关重要的影响。所以，从一定意义上讲，我国银行信贷安全关系着我国金融乃至经济的安全。笔者认为，保障信贷安全主要措施有以下几个方面。

一　严格贷款调查、审查制度

对申请贷款的借款人进行调查、严格审查，是银行审慎贷款，保障信贷安全的源头性步骤。这也是银行能否把住放款关口，对申请贷款人进行的主体判断和行为预测的一项重要工作。

首先，对借款人的主体资格进行审查。按照法律规定，借款人应当是经工商行政管理机关（或主管机关）核准登记的企（事）业法人、其他经济组织、个体工商户或具有中华人民共和国国籍的具有完全民事能力的自然人；企业法人和其他经济组织应当经过工商部门办理年检手续。①

---

① 中国人民银行 1996 年 2 号令《贷款通则》第 3 条。

其次，对借款人的信用进行调查、审查。由于向银行申请贷款的借款人，目前绝大多数是企业，所以下面就以作为借款人的企业为例，谈谈这个问题。

为做好对借款企业信用审查工作，银行先要对影响借款企业运营的外部环境和企业自身情况进行调查。前者包括：调查借款企业所在行业的特点和发展趋势，国家对此行业的经济及产业政策，借款企业在该行业中所处位置以及同业竞争情况等。后者包括：借款企业的基本情况及借款企业经营者品德情况等。

在调查掌握借款企业上述信息的基础上，对借款企业信用进行审查，主要是对借款企业的偿债能力和偿债意愿进行审查。从分析借款企业的资产情况及经营能力状况来审查借款企业的偿债能力。对一个企业特别是对具有法人资格的企业来说，企业资产的多少和企业经营能力的好坏关系着企业履约能力及偿债能力的大小。正因为如此，企业的资产便成为社会对企业可信用度进行评价的主要依据。具有法人资格的企业，其资产信用包括企业注册资本信用和企业全部资产信用两部分。企业的注册资本是指，企业设立时，在企业登记机关登记的全体设立人出资的总额。企业注册资本的信用表现为：第一，企业注册资本是企业设立人的出资信用；第二，企业注册资本是企业成立时它所拥有的原始资本的信用；第三，企业注册资本是企业盈余还是亏损的界限，它是一个企业对外信用的组成部分。[1] 而企业的全部资产是指，企业存续期间的净资产。企业全部资产是具有法人资格的企业对外信用的重要的物质保证。因为法人企业是以其全部资产对企业债务承担责任的。这就意味着，法人企业的净资产越多，企业经营成就越大。此外，高新技术企业的经营能力还表现在企业的技术竞争能力和企业的成长性。一些高新技术企业目前虽然净资产并不多，但该企业有发展前途。上述两种情况都预示着企业资产有进一步增加的可能，这样的企业资产信用程度就高，偿债能力就强。再从借款企业经营者的品德分析入手审查借款企业是否有还款意愿。

---

① 江平：《现代企业的核心是资本企业》，《江平文集》，中国法制出版社，2000，第15页。

这不仅要审查借款企业经营者的信用意识和信用观念，而且还要审查借款企业以往归还债务的情况，以此来判断借款企业是否有强烈的按期归还贷款的愿望。

最后，对借款用途进行审查。银行应依照法律规定对借款人的借款用途进行严格审查。借款的使用应当符合国家的法律、行政法规和中国人民银行的行政规章的要求，必须符合国家产业政策，不得将借款用于生产经营或投资国家明文禁止的产品和项目，如将借款用于牟取非法收入或在有价证券、期货等方面的投机经营等。

银行只有在对借款人的主体资格、信用程度以及借款用途进行严格审查后，才能作出对借款人贷与不贷的决定。

二　建立强制贷款担保制度

贷款担保是保证银行实现债权，督促借款人履行债务，防范信贷风险，提高资金效益的一项法律制度，是保障银行信贷安全的重要措施。我国《商业银行法》规定，商业银行贷款，借款人应当提供担保。[①] 贷款担保有以下三种形式：

1. 保证。这是指，银行和借款人以外的第三人即保证人，承诺在借款人不能偿还贷款时，按照约定向银行偿付贷款或承担连带责任的贷款方式。这种贷款担保形式要通过由银行与保证人签订保证合同来进行。银行在与保证人签订合同前应当对保证人的资格及偿债能力进行审查。保证人必须是具有代为清偿债务能力的法人、其他组织或者公民。国家机关、学校、幼儿园、医院等以公益为目的的事业单位、社会团体不得为保证人。企业法人的分支机构、职能部门也不得为保证人。但有法人书面授权的企业法人分支机构，可以在授权范围内提供保证。[②]

2. 抵押。这是指，借款人或第三人作为抵押人，银行作为抵押权人，

---

① 《中华人民共和国商业银行法》第 12 条。
② 参见《中华人民共和国担保法》。

抵押人将一定的不转移占有的不动产作为抵押物，用以作为偿还贷款的担保，借款人不履行偿还贷款时，银行有权以抵押物折价或者以拍卖、变卖抵押物的价款优先得到清偿的贷款担保方式。采用抵押作为贷款担保方式时，银行要对借款人或第三人提供作为抵押物的财产进行严格审查。能够作为抵押物的财产必须具备以下条件：（1）必须是法律规定的可用以抵押的财产；（2）必须是抵押人所有的或者有权处分的财产；（3）其财产的价值应相当于或高于借款人申请的贷款本息总额。此外，在银行与借款人或第三人签订抵押合同后，还必须到有关机关进行抵押物登记。抵押物的登记，一是宣示着抵押物登记之日是抵押合同生效之时，[①] 二是防止该财产的重复抵押，以保护作为抵押权人银行的权益。

3. 质押。这是指，借款人或第三人作为出质人，将其动产或权利作为质物，移交给银行即质权人占有，以此作为偿还贷款的担保。借款人不履行偿还贷款时，银行有权将质物折价或者以拍卖、变卖质物的价款优先得到清偿的贷款担保方式。采用质押作为贷款担保时，为了保障银行的权益，以权利作为质物的应向有关部门办理出质登记；此外，如果质物有损坏或者有明显减少可能足以危害银行的权利时，银行可以要求借款人提供相应的担保。[②]

需要特别指出的是，目前我国现行法律规定的银行贷款担保是一种选择性制度。例如：我国《商业银行法》第 36 条就是这样规定的，"商业银行贷款借款人应当提供担保"，"经商业银行审查、评估、确认借款人资信良好，确能偿还贷款的，可以不提供担保"。笔者认为，我国经济正处在由计划经济向市场经济转轨时期，企业作为银行贷款的主要贷款人，其现代企业制度、企业治理结构正在逐步建立，诚信体系还不完善，而市场经济瞬息万变，借款人的资信未必都能保持良好状态。上述情况表明，当前银行发放贷款会存在较大的风险。为了防范风险、保障贷款安全，笔者主张，修改我国现行法律关于银行贷款担保的选择性规定，实行强制贷款担保制度，即规定："商业银行贷款，借款人必须提供

---

① 参见《中华人民共和国担保法》。
② 参见《中华人民共和国担保法》。

担保。"

此外，交通银行北京分行与中投信用担保有限公司联合开展贷款与担保的审核工作，使银行的信贷业务与担保公司专业的信用方式相结合，既方便了企业融资，又能有效防范信贷风险。这种做法值得推广。[①]

三　强化贷款监督制度

银行发放贷款后，应当对借款人执行借款合同及借款人的经营情况进行追踪调查和检查。强化贷款监督是保障借款人按时足额归还贷款本息，防范信贷风险的最后屏障。银行特别要做好以下工作：

第一，在贷款存续期内，银行要与借款人保持紧密的合作关系。不仅要对借款人执行借款合同及其经营状况进行实地查看，而且要争取参与借款人经营发展战略的制定，帮助借款人提高管理能力及资金有效运用能力，发现问题，与借款人共同商讨解决办法，谋求共同发展。此外，银行还应当在短期贷款到期一个星期前，中长期贷款到期一个月前，向借款人发送还本付息通知单，以督促借款人及时筹备资金，按时还本付息。[②]

第二，在贷款存续期内，借款人出现合并、破产或进行公司制改造等情况时，银行应及时做好贷款债权的保全和清偿工作。对处于合并或进行公司制改造的借款人，银行要参与其债务的重组工作，要求借款人落实贷款还本付息事宜；对于破产的借款人，银行应当按照有关法律参与借款人破产财产的认定与债权债务的处置工作，以便贷款债权依法得到全部或部分清偿。

第三，银行在贷款发放后对借款人进行监督过程中，发现借款人有不执行借款合同行为时，为尽量避免银行权益遭受损害，防范信贷风险。应针对不同情况采取以下救济措施：（1）借款人未按约定的借款用途使

---

① 《交行联手担保公司拓宽企业融资渠道》，《北京晚报》2002 年 12 月 13 日。
② 《贷款通则》第 32 条。

用贷款的，银行可就其部分或全部贷款加收利息；情节特别严重的，银行应停止支付借款人尚未使用的贷款，并提前收回部分或全部贷款。（2）借款人不按约定期限归还贷款的，银行应当加罚利息。（3）借款人不归还贷款的，银行应当向人民法院提起诉讼，寻求司法救济。

虽然上述措施对银行信贷安全起着重要的作用，但我们还必须看到，银行信贷安全是一个系统工程。除了上述措施外，银行自身的建设特别是国有银行公司制改造，建立现代企业制度，完善法人治理结构；进一步规范政府行为，防止政府干预银行的信贷活动；创建全国统一的信用体系；企业特别是国有企业公司化改建，提高企业信用等措施都要有效协同配合，才能收到良好的效果。

本文原载于《法学杂志》2003 年 7 月 15 日第 24 卷。

简论市场公平竞争环境

竞争是商品经济社会必然存在的现象。当今世界绝大多数国家实行的市场经济其本质上就是竞争经济。然而，只有公平竞争，才能达到通过市场实现资源优化配置的目的。本文从公平竞争的重要性，宏观、微观的建构以及国家的作用几个方面，对市场公平竞争环境问题作些探讨。

一　公平竞争是实现资源优化配置的重要手段

市场经济是商品经济发展到一定阶段的产物。它是一种与计划经济体制相对应的，以市场对资源配置起基础性作用的经济体制。在市场经济体制下，由供求规律、价值规律和竞争规律所形成的市场机制维持着市场经济的运行。可见，资源的配置主要是通过市场机制来完成的。在市场机制中，竞争规律对实现资源优化配置起着重要的作用。

竞争从字义上讲，是指为了自己方面的利益而跟人争胜①。从法律意义上看，我国台湾地区"公平交易法"第4条规定："本法所称竞争，谓二人以上事业在市场上以较有利之价格、数量、品质、服务或其他条件，争取交易机会之行为。"日本《确保公正交易法律》第2条（4）也规定："本法所称的竞争，是指两个以上事业者在其通常的事业活动范围内，对

---

① 中国社会科学院语言研究所词典编辑室编《现代汉语词典》（修订本），商务印书馆，1998，第671页。

该事业活动的设施或形态不作重要变更而进行和可能进行下述行为之一的状态：（1）向同一需要者提供同种或类似的商品和劳务；（2）从同一供给者那里接受同种或类似的商品或劳务。"上述规定表明，在市场经济中，竞争是从事商品经营或营利性服务的法人、其他组织和个人即经营者①之间为自身的利益而进行的较量。经营者的自身利益是竞争的目的，竞争则是经营者实现自身利益的手段。

竞争是商品经济的强制规律。它既不是商品经济发展到某一阶段特有的规律，也不是商品经济某一领域专有的现象，只要存在商品经济就必然有竞争。而市场经济就是商品经济，所以竞争在市场经济中无处不在、无时不有。众所周知，价值规律是市场对资源配置起调节作用的核心。由于竞争规律在市场经济中无所不在，因此，它便成为价值规律得以实现和发挥作用不可或缺的条件。商品的价值是由社会必要劳动时间决定的，商品交换按照等价交换的原则进行。商品的价值在市场上表现为商品的价格。市场机制对资源的配置以商品的价格为引导信号，商品的价格会随着供求关系的变化，围绕着商品的价值上下波动。市场中的经营者往往是按照商品价格的升降来决定自身的行为取向，决定生产要素的组合及经营运行。每个经营者为求得自身的生存和发展，实现利润最大化，都力图以最少的成本、最低的价格、最高的质量、最优的服务取悦消费者，于是，经营者之间必然展开相互竞争，竞争充分激发经营者的积极性和创造性，从而优化整个社会的资源配置，发展社会生产力，增加社会财富。

但是，我们也必须看到，由于竞争的基本法则是优胜劣汰，所以在市场经济中，竞争发挥积极作用的同时也会带来负面影响，那就是会出现垄断和不正当竞争。因为在激烈的市场竞争中，一些经营者由于实力雄厚、技术先进、产品适销对路等原因，不断发展壮大，形成在某一生产、流通或服务领域处于垄断地位，控制或支配着市场；还有些经营者为了在竞争中维持生机或牟取暴利，不惜采取假冒他人注册商标、低于

① 《中华人民共和国反不正当竞争法》第2、3、5、7、8、9、11、14、17条。

成本价格销售商品等不正当手段，损害其他经营者的合法权益，扰乱社会经济秩序。可见，垄断和不正当竞争行为的出现，必然阻碍了公平竞争。因此，要发挥竞争的积极作用，即有效竞争，使竞争不致受到阻碍或被扭曲，我们必须创造公平的竞争环境，制止垄断和不正当竞争行为，让经营者在公平条件下参与竞争。只有这样，才能激发经营者的积极性和创造性，才能使社会资源得到优化配置，消费者的利益得到维护，从而促进社会经济的发展和持久繁荣。由此可见，市场公平的竞争环境是经营者开展有效竞争，实现市场对社会资源优化配置的前提和条件。

二 市场结构的竞争性是公平竞争环境的宏观基础

西方学者认为，评价市场竞争是否有效，其标志是市场机制是否在社会资源配置中发挥了基础性作用。其衡量标准有二：（1）资源配置效率，即实现国民经济的资源最佳配置，具体来说，就是按价格等于边际成本的竞争价格提供竞争均衡最大产量；（2）生产效率，即企业内部资源的有效利用，具体来说，就是达到规模效益最大化和交易成本最低[1]。笔者认为，要想达到上述标准，其前提是要有一个公平竞争的市场环境。而影响市场公平竞争的因素主要是市场结构和市场行为。我们应当借鉴西方发达国家的经验，在宏观上主要从规范市场结构的竞争性出发，创建公平竞争的市场环境。

从宏观上看，竞争在一定程度上是结构问题。市场结构是指，一个市场的组织结构特征。主要衡量标志有：（1）市场集中度，可以通过市场上的买者或卖者的数量和大企业所占比例表达出来；（2）产品差别化，是指同一市场不同企业生产同类商品在质量、款式、性能等方面的差异

---

[1] 王忠宏：《哈佛学派、芝加哥学派竞争理论比较及其对我国反垄断的启示》，《经济评论》2003 年第 1 期。

性；（3）新企业的进入壁垒，是指阻止新竞争者进入市场的因素或障碍[1]。笔者认为，市场结构要合理，应体现市场保持适度的竞争强度。依照上述衡量市场结构的标志，结合我国市场的现状，建立优化的市场结构，保持市场结构的竞争性，应当做到：（1）市场上竞争者的数目应当适度，既不能太多也不能太少；（2）要保持适度的产品差异，因为消费者通常是在两个十分近似的产品之间进行选择；（3）让新的竞争者容易进入市场参与竞争，消除对进入市场的人为限制。其中，市场上竞争者数目应当适度是目前我国规范竞争性市场结构的关键所在。

其一，市场上竞争者的数目不能太多。这意味着，作为市场上竞争者的企业不应都是众多的小企业，而应当多是数目不太多，但具有一定规模的企业。也就是说，要实行规模经济，这有利于竞争性市场结构的形成。对于中国大陆来说，当前强调适度扩大企业规模，实现规模经济有着非常重要的意义。由于我国长期实行计划经济体制，规模经济的总体水平比较低，虽然改革开放 20 多年来，由计划经济体制向市场经济体制转变，国民经济高速发展，但规模经济的程度与西方发达国家相比仍有较大差距。特别是随着世界经济的一体化和我国加入世界贸易组织，我们要参与国际竞争，企业的规模更不能过小，所以，必须实现规模经济，鼓励通过市场的有效竞争提高市场的集中度，形成具有国际竞争力的大公司、大企业集团。这样做，一方面，通过规模经济可以节约个别企业的生产成本，提高经济效益，进而节约整个社会的生产成本，提高整体经济效益。同时，也能减少管理层次，提高管理效率；另一方面，通过规模经济可以集中调配科研人员及相关资源，增加科研开发投入，提高科技创新能力，开发新技术和新产品，以提高整体经济效益和国民经济的综合实力。

其二，市场上竞争者的数目不能太少。这表明，市场集中度不能过高，必须保持一定数目的竞争者，否则就破坏了市场结构的竞争性。如果作为市场竞争者的企业规模过大，甚至达到支配市场或处于垄断地位

---

[1] 王忠宏：《哈佛学派、芝加哥学派竞争理论比较及其对我国反垄断的启示》，《经济评论》2003 年第 1 期。

的时候，市场上竞争者的数目就会变得很少。其结果是个别垄断或占据市场支配地位的企业，利用自己的市场优势，通过对商品随意降价或涨价等手段，对社会财富进行不公平的剥夺，以提高自己的收益。同时，在市场集中度过高，企业规模过大的情况下，企业没有了市场的压力，便缺少了创新愿望和开发新技术、新产品的动力，会导致技术水平停滞和社会整体效益下降。我国的邮政企业是由国家垄断经营的，没有竞争，其资费在20年内上升了10倍，但邮政企业仍处于亏损状态，就是一个例证[①]。

由此可见，在知识经济、高科技产业迅猛发展，全球经济一体化和国内竞争国际化的时代背景下，要维护市场公平竞争环境，在宏观上，就要处理好规模经济与市场结构的竞争性之间的矛盾。笔者认为，适当扩大企业规模，实现规模经济，是拓展对外贸易，增加我国企业在国际市场竞争力的需要。因此，应当允许在市场上存在一定的垄断因素。我们反垄断反的不应该是竞争的成功者，而应是破坏竞争的行为，所以，在判断某个企业是否在市场上形成垄断时，就不能仅以其占有的市场份额作为判断的唯一标准，而是应当更注重经济效益、竞争条件以及是否采取了垄断行为等诸多实际因素的参考[②]。另外，随着我国加入世界贸易组织，履行 WTO 承诺的义务，对外开放的深入，外国企业和外国商品会不断进入中国大陆市场，它们必然与我国的企业和商品展开竞争。这就要求我们必须从有利于整体经济效益出发，根据不同的行业或商品的特性来决定市场上竞争者的数目，保持竞争性市场结构，维护公平竞争的市场环境。

三　经营者行为的合法性是公平竞争
环境的微观保障

如前所述，影响市场竞争的因素主要是市场结构和市场行为。市场

---

① 王忠宏：《哈佛学派、芝加哥学派竞争理论比较及其对我国反垄断的启示》，《经济评论》2003 年第 1 期。

② 沈蕾：《跨国竞争对反垄断的抑制作用》，《中国工业经济》2003 年第 6 期。《中华人民共和国反不正当竞争法》第四章"法律责任"部分。

行为是指，经营者在根据市场供求条件并考虑与其他经营者关系的基础上，为取得竞争优势所采取的各种决策行为。它包括价格策略、产品策略、排挤手段等①。由于经营者数量众多，其市场行为多样复杂，因此，对每个经营者的市场行为进行规范，是维护市场公平竞争环境的微观保障。

经营者之所以从事商品经营或营利性服务，无疑是追求自身的经济利益，这是无可厚非的。但是，有些经营者为谋取自身的经济利益则采取损害社会公共利益的不正当手段，这严重破坏了公平竞争的市场秩序。所以，必须不断解决经营者的营利性与社会公益性的矛盾，规范经营者的行为，维护市场公平竞争环境，才能实现国民经济的良性运行和协调发展。为此，经营者应当做到以下两点：

第一，经营者应当恪守商业道德，不得损害社会公共利益。商业道德是在人们的意识中自然形成并经世代相传，为社会成员所认可的，与经营者这种职业相适应的，制约和调整人们相互关系的社会行为规范。商业道德是市场经济对经营者应具素质的基本要求。它涉及两种利益关系，即经营者之间的利益关系和经营者与社会公众之间的利益关系。人们希望每个经营者都能讲商业道德，不实施损害其他经营者及消费者的不正当竞争行为。例如，诚实信用就是经营者应恪守的商业道德。它是人们评价经营者行为的善与恶、正义与非正义的尺度。诚实信用作为规范经营者的道德规范，对经营者的要求不仅仅是行为，而且是行为动机本身，要求经营者要有诚实善良的美好心灵。而要使经营者遵循商业道德规范变为现实，只能靠经营者的内心信念和社会舆论的力量。

第二，经营者应当遵守法律，不得实施不正当竞争行为。要维护正常的社会经济秩序，保障市场公平竞争环境，经营者在遵守商业道德的同时，更应当遵守法律，履行法律规定的义务，这是对经营者行为标准的最低要求。法律和道德虽然都是制约和调整人们相互关系的社会行为规范，但是法律规范比道德规范更具体。由于法律着重要求的是经营者

---

① 王忠宏：《哈佛学派、芝加哥学派竞争理论比较及其对我国反垄断的启示》，《经济评论》2003 年第 1 期。

行为的合法，着眼于经营者的行为及其后果，所以法律就经营者如何遵守要作出具体规定，即规定可以做什么、必须做什么和不准做什么，更便于经营者遵守。例如，《中华人民共和国反不正当竞争法》第2条就是规定经营者必须做什么，即："经营者在市场交易中应当遵循自愿、平等、公平、诚实信用的原则，遵守公认的商业道德。"而该法第2章则规定的是经营者不准做什么，即经营者不得实施不正当竞争行为，具体为：经营者不得采取不正当手段从事市场交易损害竞争对手；不得采用财物或者其他手段进行贿赂以销售或者购买商品；不得利用广告或者其他方法对商品作引人误解的虚假宣传；不得以排挤竞争对手为目的，以低于成本的价格销售商品；不得捏造、散布虚伪事实，损害竞争对手的商业信誉、商品声誉等①。法律规范比道德规范更具有强制性。法律是由国家以强制力来保证实现的，也就是说，法律规范强制性的维持和实现是以国家权力为后盾的，人们实施了违反法律的行为，一般都要受到相应的法律制裁。这种制裁是由国家强制力来保证实施的。如果经营者做出了法律不准做的行为，就是违反法律的行为，就要受到相应的法律制裁。比如《中华人民共和国反不正当竞争法》规定，经营者不得实施不正当竞争行为。如果经营者不遵守该法规定，实施了不正当竞争行为，就违反了该法的规定，就要受到相应的法律制裁，根据不同情况，给予没收违法所得；处以罚款；情节严重的，可吊销营业执照；构成犯罪的，依法追究刑事责任②。

另外，在由计划经济体制向市场经济体制转轨，政府转变职能的情况下，笔者认为，应当加快培育行业协会。行业协会是为实现共同意愿由同一行业的经营者所组成的，非营利性的社会团体法人。发挥行业协会在自律、协调方面的作用，有利于更好地维护市场公平竞争环境。

首先，自律是行业协会最重要的功能。行业协会通过其组织机制和自律规则来约束其成员的行为。因此，接受行业协会的约束是经营者入会的首要条件。行业协会通常采用会员制组织形式，会员在行业协会中

---

① 《中华人民共和国反不正当竞争法》第2、3、5、7、8、9、11、14、17条。
② 《中华人民共和国反不正当竞争法》第2、3、5、7、8、9、11、14、17条。

地位平等，其权力机关为全体会员组成的会员大会。此外，行业协会在遵守国家法律和政策的前提下，通过制定和实施团体章程、业务规则和职业道德等自律规则，来约束全体会员的交易行为，提高行业产品或服务的质量水平和交易效率，从而提高社会资源的利用效益。可见，行业协会的自律功能可以使入会成员的行为符合法律和道德规范的要求，进而与公平竞争的市场环境相协调。

其次，协调功能是行业协会在防止不正当竞争、抑制恶性竞争方面发挥作用的重要体现。行业协会为了解决经营者在竞争过程中的利益冲突，通过建立行业协会之间以及行业协会内部利益协调机制，协调其成员的经营业务活动，避免或解决其利益冲突，实现竞争适度与利益之间的平衡。这主要是根据本行业和相关行业的发展状况，制订利益协调方案，实现利益协调的目的。例如：制定并实行行业性专业标准，约束全体会员的行为，以协调本行业协会内部成员的行为和本行业协会内部的利益冲突。行业协会通过协调功能的发挥，使其成员自觉地将追求自我利益限制在社会许可的合理限度内，把个体利益与相关团体及社会整体利益协调起来，有利于市场公平竞争的开展。

目前，我国关于规范行业协会的法律主要是 1998 年 10 月国务院发布的《社会团体登记管理条例》。笔者认为，该项法规对规范行业协会来讲，显得过于原则，缺乏可操作性。主张对行业协会进行专项立法，更有利于其健康发展。

在此要特别提及的是，为维护市场公平竞争环境，每个经营者还应当增强自我保护意识，要学会运用法律武器与损害其他经营者合法权益，扰乱社会经济秩序的不正当竞争行为作斗争，受侵害的经营者可以向人民法院提起诉讼。

四 国家是市场公平竞争环境的缔造者和维护者

中外市场经济的实践表明，市场经济作为竞争经济，其本身却不能维护公平竞争的市场环境。这是因为，市场经济虽然较之高度集中的计划经济在优化资源配置，促进国民经济发展方面具有显著的优越性，但是，它不是万能的，市场本身也存在一定的缺陷，主要是：经营者以自身的经济利益为本位，按照自己的意志依照商品价格的升降从事经营活动，自由放任，会导致市场经济的盲目性；又由于一些经营者为了追求个人利益最大化，在竞争过程中会实施不正当竞争行为。特别是他们会利用自己的垄断地位或控制支配市场的优势，对社会财富进行不公平的剥夺，使许多经营者的经济利益受到损害，造成不公平。然而，市场经济的缺陷，其机制自身无法克服；受自身经济利益驱使的经营者也不可能以自觉的行为来补救。为克服和补救市场经济的缺陷，维护公平有效的市场竞争，就要靠国家有意识地运用政策和法律进行引导，因此，国家对市场经济进行适度干预是必然的，不可缺少的。

国家对市场经济进行干预，维护市场公平竞争环境，主要是通过制定和实施经济方针政策，颁行相关法律来引导、规范和监督经营者的行为，从而创建竞争性的市场结构和促使经营者的行为合法化。可见，国家既是公平竞争规则的制定者，又是强制推行公平竞争规则的执行者。

我国早在改革开放初期，于1980年国务院就颁布了《关于开展和保护社会主义竞争的暂行规定》的行政法规，指出社会主义的竞争对加快"四化"建设的步伐有重大的作用，应当逐步改革现行的经济管理体制，积极地开展竞争，保护竞争的顺利进行，并规定："竞争要严格遵守国家的政策法令，采取合法的手段进行。"1992年10月中共十四大报告也指出："我们要建立的社会主义市场经济体制，就是要使市场在社会主义国家宏观调控下对资源配置起基础性作用，使经济活动遵循价值规律的要求，适应供求关系的变化；通过价格杠杆和竞争机制的功能，把资源配置到效益较好的环节中去，并给企业以压力和动力，实现优胜劣汰……同时也要看到市场有其自身的弱点和消极方面，必须加强和改善国家对经济的宏观调控。""加强市场制度和法规建设，坚决打破条条块块的分割、封锁和垄断，促进和保护公平竞争。"无论是颁行的行政法规还是国家的大政方针，都充分肯定了竞争在市场经济中的重要作用，并要求竞争应公平地进行。

特别是 1993 年 9 月国家颁布了《中华人民共和国反不正当竞争法》，规定了禁止不正当竞争行为及其制裁措施；并规定了为创造市场公平的竞争环境，政府的职责和职权①。用法律形式鼓励和保护公平竞争。之后，国务院又颁行了一些行政法规对《中华人民共和国反不正当竞争法》进行补充和完善。例如 1993 年 12 月发布的《关于禁止有奖销售活动中不正当竞争行为的若干规定》，1995 年 7 月发布的《关于禁止仿冒知名商品特有的名称、包装、装潢的不正当竞争行为的若干规定》，1998 年 1 月发布的《关于禁止串通招标投标行为的暂行规定》等。此外，《中华人民共和国商标法》《中华人民共和国广告法》、《中华人民共和国产品质量法》以及《中华人民共和国消费者权益保护法》等法律中也有关于禁止不正当竞争行为的规定。上述法律、法规的颁布和实施，有力地维护和保障了公平竞争的市场环境。

需要指出的是，政府维护公平竞争的市场环境必须依法行使职权，不得滥用行政权力限制竞争，即不得进行行政垄断。行政垄断与我国过去长期实行计划经济体制，行政权力广泛干预经济，政企不分等密不可分，时至今日行政权力与经济力量仍有着千丝万缕的联系②，滥用行政权力的情况仍然存在。例如：行业保护，以行业自律为名排斥非会员企业；地区封锁，限制外地商品进入本地市场，限制本地商品流入外地市场等，致使行政性垄断的影响和危害在一定程度上超过经济性垄断，成为维护公平竞争市场秩序的严重障碍。因此，国家发布了相关的法律法规，明确规定禁止政府滥用行政权力限制竞争。例如：1980 年国务院发布的《关于开展保护社会主义竞争的暂行规定》就写明："开展竞争必须打破地区封锁和部门分割，任何地区和部门都不准封锁市场，不得禁止外地商品在本地区、本部门销售。"尤其是 1993 年颁布的《中华人民共和国反不正当竞争法》明确规定："政府及其所属部门不得滥用行政权力，限制外地商品进入本地市场，或者本地商品流入外地市场。"③ 2001 年国务

① 《中华人民共和国反不正当竞争法》第 2、3、5、7、8、9、11、14、17 条。
② 《中华人民共和国反不正当竞争法》第 2、3、5、7、8、9、11、14、17 条。
③ 孙晋：《反垄断法适用除外制度构建与政策性垄断的合理界定》，《法学评论》2003 年第 3 期。

院又发布了《关于禁止在市场经济活动中实行地区封锁的规定》，进一步强调："禁止各种形式的地区封锁行为。""任何地方不得制订实行地方封锁或者含有地方封锁内容的规定，妨碍建立和完善全国统一、公平竞争、规范有序的市场体系，损害公平竞争环境。"① 这些禁止行政性限制竞争行为的规定，对制约政府滥用行政权力，维护公平竞争的市场环境起了重要的作用。

但是，我们也必须看到，我国现行对禁止行政性垄断和经济性垄断的法律规定是不够完善的。主要表现在：其一，有关禁止行政性垄断和经济性垄断的规定绝大多数采用的是行政法规形式，法律地位低，缺乏一定的权威性；其二，现行法律、法规中对违法者的制裁或者没有规定，或者制裁不力，特别是缺乏对受害者法律救济手段的规定；其三，工商行政管理部门作为反行政性垄断和经济性垄断的主管机关，缺乏独立性和一定的权威性。为履行加入 WTO 承诺的义务，保障市场竞争的公平性，笔者主张，国家应尽快出台反垄断法，禁止经济性垄断和行政性垄断，与反不正当竞争法及相关的法律法规一起共同形成完整的规范市场公平竞争环境的法律体系，树立法律的绝对权威。同时，借鉴西方国家有益经验，设立一个像德国联邦卡特尔局、日本公平交易委员会这样的统一、独立、专门、有较高权威的反垄断执法机关，以进一步建立有效竞争的市场结构，规范经营者的市场行为，真正发挥市场机制对资源配置的基础性作用。

本文原载于《甘肃社会法学》2005 年第 4 期。

---

① 《关于禁止在市场经济活动中实行地区封锁的规定》第 3、5 条。

探寻规模经济与限制竞争之间的平衡

——对企业并购反垄断规制的思考

企业并购是市场经济中存在的普遍现象。它是一把"双刃剑",既有利于规模经济的形成,又容易导致限制竞争。本文以企业并购的反垄断规制为视角,从市场经济的本质、企业并购与规模经济和可能导致限制竞争的关系,以及适度控制企业并购等几个方面,对因企业并购所引发的规模经济和限制竞争,如何通过企业并购的反垄断规制,使两者之间平衡的问题作些探讨。

一 市场经济其本质是竞争经济

竞争是商品经济社会必然存在的现象。当今世界绝大多数国家实行的市场经济其本质就是竞争经济。

竞争从字义上讲,是指为了自己方面的利益而跟人争胜。[①] 从法律意义上看,我国台湾地区《公平交易法》第 4 条规定:"本法所称竞争,谓二人以上事业在市场上以较有利之价格、数量、品质、服务或其他条件,争取交易机会之行为。"日本《确保公正交易法律》第 2 条(4)也规定:"本法所称的竞争,是指两个以上事业者在其通常的事业活动范围内,对该事业活动的设施或形态不作重要变更而进行和可能进行下述行为之一

---

① 中国社会科学院语言研究所词典编辑室编《现代汉语词典》(修订本),商务印书馆,1998,第 671 页。

的状态：（1）向同一需要者提供同种或类似的商品或劳务；（2）从同一供给者那里接受同种或类似的商品或劳务。"上述规定表明，在市场经济中，竞争是从事商品经营或营利性服务的法人、其他组织和个人即经营者①之间为自身的利益而进行的较量。经营者的自身利益是竞争的目的，竞争则是经营者实现自身利益的手段。

竞争是商品经济的强制规律。它既不是商品经济发展到某一阶段特有的规律，也不是商品经济某一领域专有的现象，只要存在商品经济就必然有竞争。而市场经济就是商品经济，所以竞争在市场经济中无处不在、无时不有。

在市场经济中，每个经营者为求得自身的生存和发展，实现利润最大化，都力图以最少的成本、最低的价格、最高的质量、最优的服务取悦消费者。于是，经营者之间必然展开相互竞争，竞争充分激发经营者的积极性和创造性，从而优化整个社会的资源配置，发展社会生产力，增加社会财富。

二 企业并购是一把"双刃剑"

企业并购是企业合并和收购的总称。前者是指，通过吸收或者新设方式导致两个或两个以上各自独立的企业，被一个企业所吸收或者被组成一个新企业的行为。后者是指，一个公司通过收购另一个公司的股份或资产，或者通过协议等方式，取得该公司控制权的行为。它作为一把"双刃剑"表现如下。

其一，企业并购是形成规模经济的快捷方式。众所周知，在市场经济条件下，随着市场的竞争，必然会产生经济的集中，即形成规模经济。从宏观方面讲，作为市场上竞争者存在的企业不应都是众多的小企业，而应当多是数目不太多，但具有一定规模、有足够竞争力的企业。也就

---

① 《中华人民共和国反不当竞争法》第 2 条第 3 款。

是说，实行规模经济有利于竞争性市场结构的形成。从微观方面说，竞争的基本规则是优胜劣汰。在激烈的市场竞争中，作为市场上竞争者的企业，为求得自身的生存，摆脱竞争压力，必然要不断发展壮大，扩大企业规模，提高市场占有率，而企业并购则是企业进行外部扩张形成规模经济的快捷方式。因为它可以使企业较快地获得资金、专利技术等其他紧缺型资源，改善企业的经营管理，扩大企业规模。[①] 所以，对于企业来说，企业并购这种外部扩张方式比企业内部增长方式，实现规模效益要迅速得多。上述原因致使在实行市场经济的国家，企业并购成为一种普遍的现象。

企业并购在大陆于 1993 年 9 月宝安集团上海公司大规模收购上海延中实业股份有限公司的股票开始，至今方兴未艾。笔者认为，对于大陆来说，当前强调适度扩大企业规模，采用并购方式，对实现规模经济有着非常重要的意义。由于大陆长期实行计划经济体制，企业规模普遍较小，企业竞争力不强，规模经济的总体水平较低。虽然改革开放 20 多年来，由计划经济体制向市场经济体制转变，国民经济高速发展，但规模经济的程度与西方发达国家相比仍有较大差距。特别是随着世界经济的一体化和我国加入世界贸易组织，我们要参与国际竞争，企业的规模不能过小。所以，必须实现规模经济，鼓励通过市场的有效竞争提高市场的集中度。而企业并购则成为大陆企业实现规模经济，提高企业竞争力的主要途径。企业采取并购的方式，形成具有国际竞争力的大公司、大企业集团。这样做，一方面通过规模经济可以节约个别企业的生产成本，提高经济效益，进而节约整个社会的生产成本，提高整体经济效益。另一方面通过规模经济可以集中调配科研人员及相关资源，增加科研开发投入，提高科技创新能力，开发新技术和新产品，以提高整体经济效益和国民经济的综合实力。

其二，企业并购可能导致限制竞争的出现。企业并购作为一把"双刃剑"，它在给企业带来规模经济效益的同时，也会产生经济力量的过

---

① 参见王玉荣《论我国企业合并的反垄断控制》，《经济经纬》2005 年第 1 期。

度集中，破坏了市场竞争秩序，导致排除或限制市场竞争即垄断的后果。

1. 同行业的企业之间的并购，即横向并购导致出现：（1）产生企业市场支配地位。特别是竞争对手之间的并购，以彻底消灭竞争者的方式形成结构性垄断。① 例如：2001 年 3 月底，四川联通寻呼公司兼并四川星光寻呼台。兼并后，四川联通寻呼公司占领四川省内市场份额的 75% 左右，使得其他的寻呼台无法与之相竞争。② （2）加强企业市场支配地位。已经处于市场支配地位的企业，通过并购进一步扩大规模，控制市场，形成更加稳固的垄断地位。③

2. 企业通过并购将市场产销关系转化为企业内部关系即纵向并购，产生或加强企业市场支配地位，导致排除或限制竞争。例如：产品生产企业与原材料供应企业合并，以保证自己的原材料供应；产品生产企业与销售企业合并，以保证自己产品的销路。其结果都会增加进入市场的障碍，使得其他企业难以进入市场。④

当企业通过并购导致规模过大，甚至达到支配市场或处于垄断地位的时候，市场上竞争者的数目就会变得很少。其结果是个别垄断或占据市场支配地位的企业，会利用自己的市场优势，通过对商品降价或涨价等手段，对社会财富进行不公平的剥夺，以提高自己的收益，获取垄断利润，损害了消费者的合法权益和社会公共利益。同时，在市场集中度过高，企业规模过大的情况下，企业没有了市场的压力，便缺少了创新愿望和开发新技术、新产品的动力，会导致技术水平停滞和社会整体效益下降。大陆的邮政企业是由国家垄断经营的，没有竞争，其资费在 20 年内上升了 10 倍，但邮政企业仍处于亏损状态，就是一个例证。⑤

---

① 参见李磊《论企业合并的法律控制——以反垄断法为视角》，《前沿》2004 年第 12 期。
② 王玉荣：《论我国企业合并的反垄断控制》，《经济经纬》2005 年第 1 期。
③ 参见李磊《论企业合并的法律控制——以反垄断法为视角》，《前沿》2004 年第 12 期。
④ 参见赵金龙等《论反垄断立法对企业并购的规制》，《当代法学》2000 年第 6 期。
⑤ 王忠宏：《哈佛学派、芝加哥学派竞争理论比较及其对我国反垄断的启示》，《经济评论》2003 年第 1 期。

三　适度控制企业并购是有效竞争的保障

西方学者认为，评价市场竞争是否有效，其标志是市场机制是否在社会资源配置中发挥了基础性作用。其衡量标准有二：（1）资源配置效率，即实现国民经济的资源最佳配置。具体来说，就是按价格等于边际成本的竞争价格提供竞争均衡最大产量。（2）生产效率，即企业内部资源的有效利用。具体来说，就是达到规模效益最大化和交易成本最低。[①] 要达到上述标准，必然要求：一方面企业具有一定的规模，以实现规模经济效益，保证企业具有足够的竞争力；另一方面市场上有足够多的企业参与竞争，使企业保持足够的竞争压力，从而刺激和迫使企业不断改进生产技术，提高产品质量。[②] 而企业并购对于企业实现规模经济效益，保证其有足够竞争力方面的作用是显而易见的。但企业并购容易导致限制竞争的弊端也不能忽视。笔者认为，通过反垄断立法适度控制企业并购，是实现规模经济与限制竞争之间平衡的有效途径。为此，借鉴国外成功经验，结合目前大陆企业并购的现实，必须明确以下两点：

第一，我们不是对所有的企业并购都予以控制，而只是控制排除或限制竞争的企业并购。当今大陆的大多数企业还远远没有形成规模。在优胜劣汰的市场竞争中，优势企业往往会凭借自身的实力，借助并购方式，适当扩大企业规模，实现规模经济。这既是国内市场开展有效竞争的要求；也是拓展对外贸易，增加我国企业在国际市场竞争力的需要。所以，我们反垄断反的不应该是竞争的成功者，而应是破坏竞争的行为。

与此同时，我们对企业并购也不能放任自流，当可能出现产生或加强市场支配地位，并将排除或限制市场竞争的企业并购时，必须进行控制，以避免产生限制竞争的结果。特别是我们要看到，在全球经济一体

---

① 王忠宏：《哈佛学派、芝加哥学派竞争理论比较及其对我国反垄断的启示》，《经济评论》2003 年第 1 期。

② 参见王玉荣《论我国企业合并的反垄断控制》，《经济经纬》2005 年第 1 期。

化和国内竞争国际化的时代背景下，在华跨国公司通过企业并购方式，在软件、感应材料、手机、照相机、轮胎、软包装等行业已具有明显的市场优势地位，甚至占据绝对垄断地位。例如，柯达通过1998年的"98协议"几乎完成了对中国感光材料的全行业并购，市场份额占50%。2003年10月又通过柯达（中国）公司控制国内唯——家生产感光材料企业——乐凯20%的股权，进一步增强其优势地位。以致跨国公司在我国滥用优势地位限制竞争行为时有发生。① 因此，从一定意义上讲，控制企业的过度合并，防止经济的过度集中，也是保护民族工业，维护国家经济安全的需要。

第二，我们要尽快颁布《反垄断法》，依法控制企业并购。笔者认为，依法对企业并购进行控制是适度控制企业并购的保障。

目前大陆关于企业并购的有关规定主要见于：1989年国家体改委、计委等发布的《关于企业兼并的暂行办法》，1992年国家国资局、财政部和工商总局发布的《国有资产产权登记管理试行办法》，1993年国务院颁布的《股票发行与交易管理条例》和八届人大常委会第五次会议通过的《中华人民共和国公司法》，1998年九届人大常委会第六次会议通过的《中华人民共和国证券法》，2002年中国证监会发布的《上市公司收购管理办法》和2003年对外经济贸易合作部、国家税务总局发布的《外国投资者并购境内企业暂行规定》（以下简称《暂行规定》）等。对上述关于企业并购规定的法律、法规和规章，从控制企业并购的角度看，存在着以下缺陷：在立法形式上，多以法规或部门规章的形式出现，法律位阶低。对企业并购的规定零散，缺乏完整的法律体系。在立法内容上，除《暂行规定》中有关于企业并购申报方面的程序性规定外，其他法律、法规和规章都不是从规制哪些可能造成排除或限制竞争的企业并购的角度立法，往往是对企业并购行为本身具体操作的规定。即便是《暂行规定》也没有对企业并购实体标准的明确规定，缺乏可操

---

① 参见蔡一飞《首次调查跨国公司限制竞争，国家工商总局助推"反垄断法"》,《柯达为何被点名》,《21世纪经济报道》2004年第5期。转引自刘和平《欧美并购控制法实体标准比较研究》,《法律科学》2005年第1期。

作性。笔者认为，大陆现行企业并购立法状况，无法适应依法控制企业并购的需要。当务之急是抓紧制定和颁布反垄断法，对控制企业并购问题作出明确具体的规定。值得庆幸的是，制定反垄断法早在1994年就列入了第八届全国人大常委会立法规划。1998年又列入第九届全国人大常委会立法规划。1994年5月由国家经贸委和国家工商总局牵头成立了"反垄断法起草小组"。后因国家经贸委撤销，反垄断法的起草工作便由商务部和国家工商总局负责。在反垄断法草案几易其稿的过程中，起草小组不仅征求过国内反垄断法专家的意见，而且也得到了经济合作发展组织、世界银行、联合国贸易发展会议、亚太经合组织等国际组织以及德国、美国、日本、澳大利亚、韩国等一些发达市场经济国家的支持和帮助。① 2004年2月由商务部和国家工商总局向国务院法制办报送了《中华人民共和国反垄断法（送审稿）》。国务院法制办组成工作组对该送审稿进行审查，在此基础上于2005年7月提出了《中华人民共和国反垄断法（修改稿）》［以下简称《反垄断法（修改稿）》］，目前正在征求各方意见进行修改中。

四　明确实体标准和程序是适度控制企业并购的关键

我们上面提到要依法对企业并购进行控制，首要的是反垄断法要对控制企业并购的实体标准和程序标准作出明确规定。这是适度控制企业并购的关键所在。从各国和地区反垄断立法对控制企业并购的规定看，无不包括实体法和程序法两个方面。从实体法来说，实体标准是实体法的核心。所谓实体标准是画线标准，② 即对一项企业并购判断是否应禁止的准绳。

---

① 涂卫：《反垄断法规制企业合并的控制程序比较：美国与德国——评〈反垄断法〉草案的相关规定》，《长安大学学报》2004年第6卷第3期。
② 刘和平：《欧美并购控制法实体标准比较研究》，《法律科学》2005年第1期。

各国和地区立法一般将"产生或加强市场支配地位，并将实质性限制竞争"作为禁止企业并购的实体标准。① 例如，欧盟经修改 2004 年初通过的《理事会关于企业之间集中控制条例》就规定了新的实体标准——"严重妨碍有效竞争"标准，如果一项并购尤其是因其产生或增强企业的支配性地位而严重妨碍共同体市场或其相当部分地域的有效竞争的，则应当宣布该并购与共同体市场不相容，并予以阻止，相反则不应阻止。② 我国《反垄断法（修改稿）》对控制企业并购的实体标准也作了规定，即经营者的集中可能产生或加强市场支配地位，并且将排除或者限制市场竞争的，国务院反垄断主管机关应当作出禁止集中的决定。③可见，在反垄断法中，对控制企业并购的实体标准作出规定，就为反垄断机关依法对企业并购进行审查提供了明确的判断标准，这是适度控制企业并购的重要保障。

为依法对企业并购进行适度控制，反垄断法除要对控制企业并购的实体内容作出规定外，还必须对其程序作出规定。因为对企业并购的控制程序实际上是防止和制止垄断性企业并购的一种预警和危机处理系统。④ 也就是说，只有按照反垄断法规定的控制企业并购的程序执行，反垄断法所规定的控制企业并购的实体内容才能得以实现。

反垄断法应当规定的企业控制程序主要包括申报和审查两部分。企业的并购申报，通常指的是事先申报，它是计划进行并购的企业，应在并购行为实施前，在法定时间内，由参与并购的企业向反垄断机关进行申报的一项制度。美国、德国、日本等国家的反垄断法都规定了这一制度。

需要指出的是，企业并购事先申报制度并非针对一般的企业，只有

---

① 参见王玉荣《论我国企业合并的反垄断控制》，《经济经纬》2005 年第 1 期。
② 参见《理事会关于企业之间集中控制条例》（2004 年 1 月 20 日欧盟部长理事会最终通过），转引自刘和平《欧美并购控制法实体标准比较研究》，《法律科学》2005 年第 1期。
③ 《中华人民共和国反垄断法（修改稿）》第 30 条（禁止集中的情形）。
④ 参见涂卫《反垄断法规制企业合并的控制程序比较：美国与德国——评〈反垄断法〉草案的相关规定》，《长安大学学报》2004 年第 6 卷第 3 期。

符合法律规定的大企业并购才适用，以达到控制企业并购，预防市场垄断的目的。例如：美国 1976 年的《哈特—斯科特—罗迪诺反垄断修订法》就规定，企业并购有下列情形之一的，应在并购前向联邦贸易委员会或司法部的反垄断局申报：并购企业的年销售额或资产超过 1 亿美元，且被并购企业的年销售额或资产超过 1000 万美元的企业并购，或合并至少要取得被并购企业 15% 的股份或资产，或者被取得的股份或财产至少达到 1500 万美元。① 我国《反垄断法（修改稿）》也采纳了企业并购事先申报制度，规定经营者集中有下列情形之一的，应当事先向国务院反垄断主管机构申报：（1）集中的交易额超过 3 亿元人民币，并且参与集中的经营者在世界范围内的资产或者上一年度总销售额超过 50 亿元人民币，至少一个经营者在中国境内的资产或上一年度总销售额超过 30 亿元人民币；（2）在中国境内的集中交易额超过 5 亿元人民币的；（3）参与集中的一方当事人在中国境内相关市场上的占有率已达到 20% 以上的；（4）集中将导致参与集中的一方当事人在中国境内相关市场上的占有率达到 25% 以上的。计算第一款规定的销售额或者资产总额及市场份额时，应当将与该经营者具有控制或者从属关系的经营者的销售额、资产总额以及市场份额一并计算。②

　　笔者认为，为使企业并购申报制度真正发挥作用，使它成为反垄断机关进行实质性干预的基础，科学合理的界定企业并购申报标准是至关重要的。由于社会经济在不断发展，市场状况在不断变化，要适度控制企业并购，就必须使企业并购申报的标准随之变化，而法律又具有相对稳定性。为既使企业并购申报标准更具合理性，又能保证反垄断法的相对稳定性，笔者建议，借鉴美国司法部和联邦贸易委员会联合发布企业并购指南的做法，授权国务院反垄断主管机构根据经济发展水平和市场状况对企业并购申报标准进行调整并定期公布。

　　企业并购的审查是在企业事先申报的基础上进行的，是反垄断机关

① 参见陈宝刚《反垄断法对企业并购的规制》，《河南政法管理干部学院学报》2002 年第 5 期。
② 《中华人民共和国反垄断法（修改稿）》第 24 条（申报的标准及销售额等的计算）。

对欲进行企业合并的申报企业依法提供的资料进行审查，依照反垄断法规定的标准和其他相关因素作出批准或禁止并购决定的程序。可见，企业并购审查是防止和制止垄断性企业并购的实质性程序。

对企业并购的审查，我国《反垄断法（修改稿）》采纳了德国的做法，将其分为初步审查和实质审查两个阶段。初步审查的期限为，自反垄断机关收到企业提交的申报并购资料之日起45个工作日，申报企业在此期间不得实施并购行为。如果反垄断机关在45个工作日内未作出进一步审查决定的，申报企业可以实施并购。① 如果反垄断机关认为有必要对该并购作进一步审查的，应当自收到企业提交的申报并购资料之日起45个工作日内以书面形式通知申报企业。这说明，这个并购进入实质审查阶段。实质审查的期限为，自作出进一步审查决定之日起90个工作日。反垄断机关应当在90个工作日内作出批准并购或禁止并购的决定，并可以在批准决定中附加限制性条件。有下列情形之一的，反垄断机关可以延长时限，但最长不得超过180个工作日：（1）经申报企业同意再延长期间的；（2）企业申报的材料不准确、需进一步核实的；（3）企业申报后出现其他重大情况的。② 笔者认为，对企业并购的审查分为上述两个阶段，一方面，可以使那些明显不具有限制竞争影响的并购，在很短的时间内得到反垄断机关的批准；另一方面，达到制止垄断性企业并购的目的。这是既能节约成本，又能提高效率的举措。

反垄断机关对企业并购审查的内容，通常是根据合理的原则对个案进行分析。最重要的是根据一定的标准判断某一企业并购在一定范围内是否会实质性地限制竞争，从而决定对该企业并购是否给予许可。

在对企业并购进行审查的过程中，反垄断机关还要考虑市场集中度、市场份额、市场进入障碍、经济效益、对消费者利益的影响、破产危险以及国际竞争力等各种相关因素。其中界定相关市场、确定市场份额和市场集中度是具体认定时应着重考虑的因素。这就要求反垄断机关首先界定某一企业并购所涉及的产品市场、扩大产品市场和抵御市场即相关

---

① 《中华人民共和国反垄断法（修改稿）》第27条（等待期间）。
② 《中华人民共和国反垄断法（修改稿）》第29条（实质审查）。

市场。其次，在确定某一企业并购相关市场的基础上，根据欲合并企业产品在相关市场上所占的比例，以及市场结构情况，确定该并购后的企业是否具有支配市场、控制产品价格、排除或限制市场竞争的能力，从而作出许可或禁止企业并购的决定。

最后需要说明的是，世界上任何事物都不是绝对的，对企业并购的控制也是如此。我们在普遍地禁止排除或限制市场竞争的企业并购的同时，也应当例外地允许在一定范围内的垄断性企业并购的存在，以求得竞争的利益和限制竞争的利益之间的平衡。为此，各国和地区的反垄断法都规定了适用除外制度。例如：我国台湾地区"公平交易法"第 12 条规定，对企业结合的申报，如其结合，对整体经济之利益大于限制竞争之不利益者，"中央主管机关"得予许可。《中华人民共和国反垄断法（修改稿）》第 30 条也规定，对可能产生或加强市场支配地位，并且将排除或限制市场竞争的经营者集中，对国民经济发展和社会公共利益确有重大利益的，国务院反垄断主管机构可以作出批准集中的决定。

针对目前大陆市场结构状况和企业规模程度，借鉴国外有益经验，笔者认为，适用除外制度应主要适用于以下两种情况：其一，对中小企业之间的并购予以豁免。目前大陆中小企业数目仍然较多，通过中小企业的并购，可以增强企业的资金实力、科研能力、实现规模经济，使资源得到优化配置，提高生产效率。在一般情况下，中小企业的并购不会过多地影响市场竞争，反而有利于实现有效竞争。因此，对中小企业的并购应不受限制。其二，对提高国际竞争力的企业并购给予许可。随着全球经济一体化进程的加快，国内市场与国际市场已融为一体，国际竞争不断加剧。对为参与国际竞争，提高我国企业国际竞争力的企业并购应当给予豁免，以增强我国的经济实力。

本文原载于 2005 年 10 月东吴大学法学院建院九十年庆《海峡两岸企业并购与公平交易法学术研讨会论文集》。

论政府对金融的干预与
金融风险的防范

金融活动是指货币的移转、资金融通的活动。政府对金融活动的干预是指政府通过特定的机构和机制，对金融活动的运行以及参与经济活动的主体及其行为制定规则，并对金融活动进行调节、管理和服务的行为。而金融风险主要是指金融资本在经营和交易过程中，因其预期收益的不确定性而导致的风险。本文将从政府对金融活动干预的原因、原则和方式几个方面，对防范金融风险的问题作些探讨。

一　政府干预金融活动是防范金融
风险的必然选择

当今世界大多数国家都实行市场经济。市场经济作为一种体制是与计划经济相对应的概念，市场经济是以市场对资源配置起基础性作用的经济体制。在市场经济中，金融活动是必不可少的。

（一）市场经济需要政府干预

为进一步阐析在市场经济条件下，政府为防范金融风险干预金融活动的原因，先从宏观上对市场经济与政府之间的关系进行简要的研讨。

我国实行的是社会主义市场经济。作为市场经济就具有一切市场经济相同的共性，即存在市场经济的缺陷和市场机制有时也会失灵，这就需要政府代表社会公共利益对市场经济予以干预，加以克服和纠正。

此外，我国市场经济的特点及形成的原因，也决定了我国的市场经济更需要政府予以干预。市场经济总是与各国的社会制度和具体历史条件联系在一起的。我国实行的市场经济之所以称为社会主义市场经济，就是因为它是与社会主义的社会制度结合在一起运行的，致使我国的社会主义市场经济具有以下两个主要特征：其一，我国社会主义市场经济是建立在以公有制为主体，多种所有制经济共同发展基础之上的。这是由我们国家的社会主义性质所决定的。其二，我国社会主义市场经济以实现共同富裕为原则，在分配制度上，实行以按劳分配为主，其他分配方式为补充，兼顾效率与公平的原则。而要使我国市场经济体现上述两个特征，政府必须干预市场，才能使国有经济控制国民经济命脉，鼓励、引导非公有制经济健康发展；也只有政府介入市场，才能既促进效率又防止形成两极分化，逐步实现社会全体成员的共同富裕。再者，我国的社会主义市场经济与发达资本主义国家市场经济的形成道路是大相径庭的。资本主义市场经济是自然而然、逐步形成的。而我国的社会主义市场经济是在否定行之多年的计划经济基础上逐步建立的。正因为如此，我国的社会主义市场经济只能通过由计划经济向市场经济转变，否定计划经济，确定市场经济的改革方式来建立。这一改革是体制上的根本性变化，必须由政府进行领导，以渐进的方式自上而下地进行。

金融活动就其本质而言，是一种市场经济活动，它融于生产、消费、分配、交换的各个环节之中。[1] 由此看来，以上阐述的市场经济存在的缺陷需要政府予以克服，以及我国市场经济更需要政府干预的理由，同样适用于金融活动。因为，作为市场经济不可缺少的金融活动，也会存在市场经济所固有的缺陷，以及我国的金融体制也要由计划向市场转变，这些同样需要政府干预的介入，以便克服和推进。

（二）金融活动的特殊性决定政府必须干预

如果说，上述政府行使管理经济职能和市场经济必然要求政府干预，

---

[1] 参见刘鸿主编《金融安全与法制建设》，法律出版社，1999，第1页。

是从宏观角度来分析金融活动应由政府予以干预的话，那么，这里则是从微观角度，也就是说，从金融活动自身即金融活动的特点及在国民经济中的地位和作用，来探讨为防范金融风险政府干预金融活动的原因。

金融作为一种经济活动与其他经济活动相比，具有高风险性。这主要是指，金融资本在经营和交易过程中，因其预期收益的不确定性而导致的金融风险。金融业通常可划分为银行业、证券业、保险业和信托业四大类。下面着重以银行业和证券业的活动为例，对金融活动具有高风险的特点进行阐述。

其一，金融活动中的商品，其本身具有风险。金融业所经营的商品与一般商品不同，它不是实物而是特殊商品，即货币或股票、债券等资本证券。穆勒在他所著的《政治经济学原理》第三卷中指出："货币是交易的一种媒介与尺度。"[1] 这表明，货币作为一般等价物具有支付工具和价值尺度等职能。而货币本身的价值，常会因外在的原因变得时高时低。例如：货币会受到利率和汇率的影响。20世纪90年代初，我国以美元计价的日元外债到期，而此时正值日元汇率上升，由签约时大约200多日元兑1美元，剧升为200日元兑90多美元，企业由此遭受巨大损失，国家因汇率变动而偿付了比原始债务高出近一倍以上的债务。[2] 所以，货币的运营始终附随着高风险。而股票作为资本证券是"能在资本市场上流通和转让，持券人有权依券面额按期取得一定收益的证券"[3]。可见，股票与资本市场是密不可分的。一方面，资本经营本身就具有风险性。另一方面，由于股票可以使实物资产虚拟化。虚拟化的经济会伴随着投机和泡沫经济的产生，从而导致股票预期收益的不确定性。

其二，金融活动中的融资具有风险。融资有间接融资和直接融资两种。间接融资主要是指，商业银行作为资本的供给者和资本的使用者中介的融资方式。在这种融资方式中，资本的使用者能否按期还本付息，商业银行是要承担一定风险的。直接融资主要是指，股份公司等通过发

---

① 周大中：《现代金融会》，北京大学出版社，2000，第14页。

② 参见刘飏主编《金融安全与法制建设》，法律出版社，1999，第66页。

③ 周友苏主编《证券法通论》，四川人民出版社，1999，第3页。

行股票或债券形式，在证券市场上筹措资金的融资方式。对股票或债券的投资者来说，公司发布的信息是否真实，其筹措资金后的运营能否盈利，自己能否分得股息和红利，或自己能否按期实现自己的债权，对此，都要承担一定的风险。

其三，金融活动中的风险具有突发性和扩散性。由于金融体系本身具有内在的脆弱性，会导致风险的突发和扩散。以商业银行为例。商业银行作为中介，是把零散存款人即储户的存款，借贷给资金使用者即借款人的。也就是说，商业银行是通过借贷把储户的流动性债权转化为对借款人的非流动性债权的。一则荒谬的传闻可能会突然爆发挤兑狂潮，银行危机在所难免。而一家银行发生风险所带来的后果，往往超过对其自身的影响，可能会在整个金融体系乃至全社会引发"多米诺骨牌"效应，导致整个金融体系的动荡甚至崩溃。例如：1930~1933年美国就有9000家银行倒闭。[1] 需要特别提及的是，当前经济全球化，世界经济金融一体化，金融自由化已成为必然的发展趋势，导致各国或地区在金融业务、金融政策等方面相互依赖、相互影响，使得金融风险在国家之间相互转移、扩散的趋势不断加强。例如：1997年7月泰国发生的金融危机就触发了东南亚国家150多家金融机构的倒闭等。[2]

通过以上对金融活动具有高风险点的分析不难看出，为了维持社会经济秩序，保障广大存款人、投资者的权利和合法利益，政府必须干预金融活动，以使金融活动安全进行。

金融活动除具有高风险的特点外，它还是一项专业性很强的活动。无论是银行、证券、保险、信托等金融机构的设置，还是上述机构中的从业人员，都必须具备一定的条件和资格。这都需要政府对金融机构的市场准入以及从业人员的资格和条件作出明确规定，以保障金融活动的健康发展。

再者，金融活动的地位和作用也决定政府必须干预。金融在市场经济中的地位和作用为何？对此，邓小平同志曾精辟地指出："金融很重

---

[1] 参见刘飏主编《金融安全与法制建设》，法律出版社，1999，第58页。
[2] 参见刘飏主编《金融安全与法制建设》，法律出版社，1999，第58页。

要，是现代经济的核心，金融搞好了，一着活，全盘皆活。"① 无论是从我国还是从其他国家的经济发展情况看，金融已经渗透到社会生活的各个领域，经济发展离不开金融，金融在现代市场经济中处于核心地位，它在促进各国经济发展中起着越来越重要的作用。这是因为，从微观上看，金融机构和资本市场提供的资金是企业资金的主要来源。正如米什金所指出的，"当它（金融）正常运行时，可以将拥有富裕储蓄的人的资金导向需要资金进行生产性投资的人"②。从宏观上看，金融的发展直接影响着国民经济的发展。由于金融资源是一种特殊的资源，它既有作为资源的一般属性，是资源配置的对象，又有其特殊性，是配置其他资源的手段。所以，金融资源本身配置结构的优化，使用效率的提高，会同步提高金融对自然资源和社会资源的配置效率，更好地促进社会经济的健康发展。③

可见，金融与经济发展息息相关，进而金融的安全与发展，对一国经济全局的稳定与发展至关重要。由于金融渗透到社会经济生活的各个领域，它作为市场配置资源的主要渠道，是市场经济的动脉。而金融又具有高风险的特点，一旦金融机构出现危机，很容易在整个金融体系中引起连锁反应，引发全局性、系统性的金融风波，其后果往往殃及整个经济生活，导致经济秩序的混乱，甚至引发严重的政治危机。④

当前，随着经济全球化的发展，国际合作与竞争日趋宽广和激烈，维护国家经济安全已成为各国优先考虑的问题。在经济全球化时代，一个国家提高国家经济安全的主要目的，是为了不断增强自身的经济实力并保持在一个相对领先的地位，从而提高其在经济全球化中的生存技能，进而以经济实力为手段来获取政治、军事安全。⑤ 由于金融在社会经济生

---

① 《邓小平文选》第3卷，人民出版社，1994，第366页。

② 米什金：《亚洲金融危机的教训及政策启示》，转引自唐建新等《从金融中介透视公司治理》，《证券市场》2001年8月号。

③ 参见白钦生等《加入WTO对我国金融资源配置和金融可持续发展的影响》，《金融与保险》2001年第4期。

④ 曹建明：《金融安全与法制建设》，《人民日报》1998年6月18日。

⑤ 参见刘飏主编《金融安全与法制建设》，法律出版社，1999，第68页。

活的各个领域中占据主导地位，金融安全对一国经济安全和国家安全具有至关重要的影响，所以，金融安全则是经济安全的核心。这可从前几年东南亚的金融风暴及近二十年来世界上发生的金融危机得到反面的印证。1997 年 7 月爆发的东南亚金融危机，使东南亚诸国积蓄了 10 多年的 2 万多亿美元财富，在金融风暴中消失殆尽。[①] 自 1980 年以来，世界上已先后有 120 个国家发生过严重的金融风险和危机，这些国家为解决金融问题所直接耗费的资金高达 2500 亿美元。尤其值得关注的是，在东南亚金融危机中，日本、印度尼西亚、泰国因本国经济的剧烈震荡而引发政坛事变、人事更迭已有多起。[②]

因此，各国政府都注重规范和维持金融秩序，防范和化解金融风险，以维护国家经济安全。我国也不应例外。江泽民同志在主持中央第七次法制讲座时曾说过，金融在经济工作全局中至关重要。发展社会主义市场经济，必须充分发挥金融的作用。同时，金融安全关系到国家经济的安全……必须高度重视金融安全工作。[③] 特别是我国已于 2001 年 12 月 11 日成为世界贸易组织第 143 个成员后，我国包括金融在内的经济更加融入世界经济之中。为维护经济安全，我国政府必须干预金融活动，以防范和化解金融风险，发挥金融在市场经济中的核心作用，保障经济发展和社会稳定。

二　政府干预金融活动遵循的原则是防范金融风险的基本要求

原则是基于正义、公平要求的一种行为准则。换言之，原则是为行为人的行为设定的一定的标准和要求。政府为防范金融风险干预金融活动的行为，应当遵循为其设定的标准和要求，即遵循一定的原则。这既

---

① 周大中：《现代金融学》，北京大学出版社，2000，第 67 页。
② 曹建明：《金融安全与法制建设》，《人民日报》1998 年 6 月 18 日。
③ 《江泽民主持中央第七次法制讲座并发表重要讲话》，《人民日报》1998 年 5 月 13 日。

是市场经济的要求，也是依法治国方略的体现。政府干预金融活动应遵循的原则主要如下。

（一）法定原则

从一定意义上讲，市场经济就是法治经济，一切活动都要依法进行。政府干预金融活动也不例外。政府干预金融活动的权力来自全国人民代表大会及其常务委员会制定的法律。所以，政府干预金融活动必须遵循法定原则。这包括：主体法定、内容法定、程序法定和责任法定。

其一，主体法定。政府哪些部门或者说哪些政府机关享有干预金融活动的职权，应当由法律明确授权。即由法律设定或是依照法律规定由有权部门授予。例如《中华人民共和国银行业监督管理法》规定："国务院银行业监督管理机构负责对全国银行业金融机构及其业务活动监督管理工作。"① 又如《中华人民共和国证券法》规定："国务院证券监督管理机构依法对全国证券市场实行集中统一监督管理。"② 上述规定表明，中国银行业监督管理委员会（以下简称"银监会"）和中国证券监督管理委员会（以下简称"证监会"）是由法律设定的，享有干预金融活动职权的政府部门。而一切无法律明确授权的政府部门无权对金融活动进行干预，这样的政府部门即使实施了干预金融活动的行为，也被认定无效。

其二，内容法定。政府干预金融活动享有职权的内容和范围，应当以法律规定或依法律授予为限。例如《中华人民共和国证券法》就规定了证监会干预金融活动享有职权的内容和范围：（1）依法制定有关证券市场监督管理的规章、规则，并依法行使审批或者核准权；（2）依法对证券的发行、上市、交易、登记、托管、结算，进行监督管理；（3）依法对证券发行人、上市公司、证券公司、证券投资基金管理公司、证券服务机构、证券交易所、证券登记结算机构的证券业务活动，进行监督管理；（4）依法制定从事证券业务人员的资格标准和行为准则，并监督实施；（5）依法监督检查证券发行和交易的信息公开情况；（6）依法对

---

① 《中华人民共和国银行业监督管理法》第 2 条。
② 《中华人民共和国证券法》第 7 条。

证券业协会的活动进行指导和监督；（7）依法对违反证券市场监督管理法律、行政法规的行为进行查处；（8）法律、行政法规规定的其他职责。①

对于法律没有明确授权的事项，政府任何部门都不得干预。政府部门超越职权范围干预金融活动的行为，一律无效。之所以对政府干预金融活动的职权内容、范围，要由法律明确授权加以界定，是为了防止公权力所具有的天然腐蚀性、天然扩张性，可能造成对金融活动干预不当，并危害金融市场的正常运行。②

其三，程序法定。以上所说的主体法定和内容法定，是从实体法的角度即政府干预金融活动的根据以及职权的内容、范围，来阐述政府干预金融活动应遵循法定原则的。而实体法的正确实施，需要程序法的保障，因此，政府干预金融活动的程序也应当由法律作出明确规定。

2000年7月1日起施行的《中华人民共和国立法法》，就对国务院制定行政法规的程序作出规定，以保证行政法规的质量。其具体步骤为：第一步报请立项。国务院有关部门认为需要制定行政法规的，应当向国务院报请立项。第二步听取意见。行政法规在起草过程中，应当采取座谈会、论证会、听证会等多种形式广泛听取有关机关、组织和公民的意见。第三步进行审查。行政法规起草完成后，起草单位应将草案及其说明、各方面对草案主要问题的不同意见和其他有关资料送国务院法制机构进行审查。第四步作出决定。国务院法制机构应当向国务院提出审查报告，对草案的主要问题作一说明，同时提交草案的修改稿。行政法规的决定程序依照《中华人民共和国国务院组织法》的有关规定办理。第五步签署公布。行政法规由总理签署，国务院公布。行政法规签署公布后，应及时在国务院公报和全国范围内发行的报纸上刊登。③ 凡是政府有关部门为规范金融活动，需要制定行政法规的，必须依照上述法定程序办理。

其四，责任法定。政府在干预金融活动中出现的违法行为，对其责任

---

① 《中华人民共和国证券法》第179条。
② 参见王学政《政府依法干预市场的基本原则》，《中国工商管理研究》2001年第3期。
③ 参见《中华人民共和国立法法》第57条至第62条。

的追究，应当由法律作出明确规定。也就是说，法律必须对政府违法干预金融活动应承担责任的范围、承担责任的种类和方式等予以规定，将政府承担责任问题纳入法制轨道。当政府机关违法干预金融活动侵害了相对人权利即公民、法人和其他组织财产权时，以向受害人支付赔偿金为主要赔偿方式。能够返还财产或者恢复原状的予以返还财产或者恢复原状。①

这里需要特别指出的是，政府机关实施的干预金融活动的违法行为，往往是通过该政府机关的工作人员进行的。所以，因政府机关的违法行为给公民、法人和其他组织造成损害时，实施该违法行为的工作人员也应当承担相应的法律责任。我国《国家赔偿法》明确规定："赔偿义务机关赔偿损失后，应当责令有故意或者重大过失的工作人员或者受委托的组织或个人承担部分或者全部赔偿费用。""对有故意或者重大过失的责任人员，有关机关应当依法给予行政处分；构成犯罪的，应当依法追究刑事责任。"② 我国对行政工作人员的行政处分，是依照《国家公务员暂行条例》的规定进行的。该条例规定，给予政府机关工作人员即国家公务员行政处分的形式为警告、记过、记大过、降级、撤职、开除。③ 受撤职处分的，同时降低级别和职务工资。

（二）公平原则

公平是指处理事情合情合理，不偏袒哪一方。④ 公平是人们所追求的一种理想状态，一种伦理观念，它随着时代的变化而变化，永恒的公平是不存在的。换言之，"这个公平始终只是现存经济关系在其保守方面或革命方面的观念化、神圣化的表现。"⑤ 当今，我国实行的是社会主义市场经济体制，社会主义市场经济中的经济关系所表现的公平为社会公平。这一方面是指，社会制度本身应当公平即实质公平。我国的社会主义制

---

① 参见《中华人民共和国国家赔偿法》第 25 条。
② 《中华人民共和国国家赔偿法》第 14 条。
③ 参见《国家公务员暂行条例》第 33 条。
④ 中国社会科学院语言研究所词典编辑室编《现代汉语词典》，商务印书馆，1998，第 436 页。
⑤ 《马克思恩格斯选集》第 2 卷，第 539 页，转引自孙国华主编《法理学教程》，中国人民大学出版社，1994，第 107 页。

度是最公平的社会制度，是广大人民群众公平观的体现。另一方面是指，执行这种社会制度的形式和保障应当公平，即形式公平。我们这里所说的，政府在干预金融活动中应当遵循公平的原则，是从形式公平这个意义上说的。政府如何实现形式公平？

首先，要解决市场经济条件下，政府的角色定位问题。众所周知，在传统计划经济体制下，我国的金融企业都是国有企业，政府作为国家的代表是金融企业的所有者，直接参与企业具体的经营活动，金融企业成为政府的附属物。同时，政府又是社会金融活动的管理者，包办一切金融活动，形成政企不分的局面。在这种情况下，无公平不公平可言。改革开放以来，随着经济体制改革的深入，扩大国有企业自主权，实行政企分开，进而建立现代企业制度的进行，我国的国有金融企业逐步改建为公司，成为独立的企业法人。国家通过持有金融企业股权的方式，成为金融企业的股东，享有股东权，而不再直接参与企业的具体经营活动。与之相适应的是，政府在市场经济条件下，只担当社会管理者的角色。

其次，要解决在金融企业投资主体多元化形势下，政府干预金融活动如何体现公平原则的问题。随着我国经济由计划经济体制向市场经济体制的转变，社会经济基础从单一公有制的形式逐步形成以公有制为主体，多种经济成分共同发展的格局，致使金融企业呈现出投资主体多元化，以及组织形式和经营方式多样化的态势。在这种情况下，作为社会管理者的政府，在干预金融活动中遵循公平原则，主要表现在两个方面：第一，政府所制定的干预金融活动的法规和政策要体现公平，不得厚此薄彼。第二，政府在行使职权时，对所有金融企业应平等对待，不偏不倚，一视同仁。既不能因金融企业所有制不同而有所偏袒，也不能将内资金融企业与外资金融企业区别对待。

为了实现政府公平干预金融活动，还应当注重政府政治信息的公开化，强调政府行使职权的民主化和科学化。政府干预金融活动遵循公平原则，有利于促进实质公平的实现。

（三）透明度原则

政府干预金融活动遵循透明度原则，是要求政府提高透明度，将干预金融活动的信息适度公开。政府适度公开相关信息,是公民、企业及其他组织享有知情权和监督权的基础。

在我国,人民是国家的主人,有权利了解政府信息。也就是说,公民的知情权是公民享有公权利的具体体现。而我们的政府是人民选举的政府,政府中的工作人员是人民的公仆,政府的公权力是基于公民的公权利并以保障和支持公民权利的实现为己任的。因此,政府应将有关干预金融活动的法规制定、法规条款、政策制定、政策实施、相关行政机关的职责、办事制度、办事程序等信息,形成文字备置于办公场所。任何单位和个人都有权前去查阅、复印,政府工作人员应给予热情接待,并提供便利条件。与此同时,政府还应将有关干预金融活动的相关信息,通过政府公报、相关报纸、广播、电视以及互联网等各种传媒,及时、全面、真实地向社会公布,以使民众知晓。只有这样,金融企业才能了解和掌握相关的法规、政策,以遵守这些规则。

特别是我国加入了世贸组织,要遵守世贸组织的协议和规则。而透明度原则作为一般性原则,各缔约方政府都必须遵守。就拿证券市场的透明度来说,除了紧急情况之外,每一缔约方政府必须将其与证券市场有关的法律、法规、行政命令及所有的其他决定、规定以及习惯做法,最迟在生效之前予以公布,以便给国内外市场主体有充分的时间予以了解和掌握,尽量使得市场环境变得可以预见,并进而决定自身行为。① 我国政府按照透明度的要求,成立了 WTO 通报咨询局。②

(四)效率原则

政府干预金融活动应当体现效率原则,即政府应当实现权力资源的最优配置,以实现权力资源使用价值在质上的极优化和量上的极大化③,从而对金融活动的干预快捷并有效。为了提高政府干预金融活动的效率,首先,要科学而合理地解决金融管理机关组织机构的设置和工作人员的编

---

① 参见唐利民等《证券业如何面对 WTO 的挑战》,《金融研究》2000 年第 1 期。
② 参见《中国百姓蓝皮书 13 法制建设》,《北京青年报》2002 年 9 月 23 日。
③ 陈富良:《放松规制与强化强制》,上海三联书店,2001,第 41 页。

制问题。因为，政府干预金融活动的职能是要靠具体的组织机构和工作人员去实现的。一方面，机构设置和工作人员编制的数量同实现政府干预金融活动职能的需要相比，不宜过少或短缺。过少或短缺必然出现有事无人管，从而贻误工作，影响政府职能的实现。另一方面，机构设置和人员编制的数量更不宜过多或超标。过多或超标必然会使工作中相互推诿、拖拉扯皮、无人负责等形成风气。因此，金融管理机关的设置应当合理，避免机构臃肿；工作人员的配置应当精干，避免人浮于事。金融管理机关内部要主动进行内部调节，注重整体效率的提高。目前，我国的金融管理机关主要有：中国银行业监督管理委员会（简称"银监会"）、中国证券监督管理委员会（简称"证监会"）和中国保险监督管理委员会（简称"保监会"），分别对银行业、证券、信托业和保险业进行监督管理。笔者认为，我国上述金融管理机构的设置是否科学合理，值得探讨。

其次，要全面提高政府机关工作人员的素质，增强效率意识，并应对办事拖拉、相互推诿的政府机关工作人员进行相应的处罚。例如：2002 年以来，青岛市政府要求机关工作人员在七天之内应办完事项，不得拖拉，并开通效能投诉热线电话对其进行监督。仅 2002 年第一季度，因办事拖拉被解聘的公务员就达 79 人。[①]

最后，要最大限度地降低政府干预金融活动的成本。这主要包括：为制定法规或政策而进行的调研成本，法规或政策制定成本，组织法规或政策实施成本，以及对法规或政策实施进行监督的成本等。政府干预金融活动应力争做到，以最小的资源消耗取得同样多的效果，或用同样多的资源消耗取得较大的效果。[②]

三　政府干预金融活动的方式是防范
金融风险的有力举措

在市场经济条件下，政府作为社会管理者不参与金融企业日常的经

---

① 2002 年 4 月 11 日中央电视台《新闻联播》报道。
② 陈富良：《放松规制与强化强制》，上海三联书店，2001，第 41 页。

营活动，主要是通过宏观调控和微观规制两种方式，对金融活动进行干预，其目的是抑制通货膨胀，防范金融风险，保持经济总量平衡，推动国民经济可持续发展。

（一）政府对金融活动的宏观调控

政府通过宏观调控方式对金融活动进行的干预，着眼于金融活动的整体运行，减少宏观金融经济的波动。政府对金融活动的宏观调控，采用的手段主要有：

1. 计划诱导。计划是人们对未来的预测和合理行事的方案。政府在国家制定的经济和社会发展战略、方针的基础上，制订金融行业发展计划，调整布局，以诱导金融企业调整组织结构和产品结构，达到控制总量平衡。

2. 规则制定。金融企业从事金融活动是在市场经济大环境下进行的，竞争是市场经济的核心。而市场竞争不是放任无序地进行，必须遵循游戏规则。政府则既是竞争规则的制定者，又是解释和强制执行这些已决定的规则的裁判者。[1] 政府制定的竞争规则，创造公平的竞争环境，引导金融企业健康有序相互竞争，促进社会经济发展。

3. 政策调节。政府借助财政、货币等政策对金融活动进行调节，也是政府宏观调控金融活动的重要举措。财政政策是政府通过对一部分社会产品进行分配和再分配活动，达到资源的合理配置以实现社会总供求的平衡。它是国家调控经济运行的重要手段。当然，财政政策在政府对金融活动干预中的运用也不例外。比如：为了解决国有商业银行不良资产问题，财政部直接拨款成立了中国信达、东方、长城、华融四家金融资产管理公司，每家公司注册资本为100亿元人民币。这些金融管理公司负责收购国有商业银行的不良贷款，管理和处置因收购国有商业银行不良贷款形成的资产。[2] 这项财政政策的实施，剥离了国有商业银行的不良

---

[1] 弗里德曼：《资本主义与自由》，商务印书馆，1986，第16页。转引自邱本《自由竞争与秩序调整》，中国政法大学出版社，2001，第336页。

[2] 参见《金融资产管理公司条例》第5条、第2条。

资产，有助于银行降低金融风险，提高银行资产质量，稳定宏观经济。而货币政策主要是指，中国人民银行为实现其特定的经济目标，而采取的各种控制和调节货币供应的方针和措施。政府对货币供应量的控制，是其借助货币政策对金融活动进行宏观调控的集中体现。中国人民银行运用存款准备金制度、再贴现政策以及公开市场业务等货币政策工具，来保持货币币值稳定，既使货币不过度收缩，也使货币不过度膨胀，以此促进经济的增长。

可见，政府对金融活动的宏观调控是间接的经济总量上的调控，它借助一系列宏观调控手段，间接影响金融企业的行为，实现对金融活动的干预。

（二）政府对金融活动的微观规制

政府通过微观规制方式对金融活动进行的干预，着眼于金融活动的个体运行，促进每个金融企业稳健发展。政府对金融活动的微观规制采用的手段主要有：

第一，审查行业准入。由于金融业在国民经济中的特殊地位和作用，政府实行特许制度，依照法律规定，要求进入金融业的企业必须符合法定条件，否则不得进入。例如，设立商业银行就必须符合《中华人民共和国商业银行法》的规定，即设立商业银行应具备下列条件：（1）有符合本法和《中华人民共和国公司法》规定的章程；（2）设立全国商业银行、城市商业银行和农业商业银行的注册资本最低限额分别为十亿元人民币、一亿元人民币和五千万元人民币；（3）有具备任职专业知识和业务工作经验的董事、高级管理人员；（4）有健全的组织机构和管理制度；（5）有符合要求的营业场所、安全防范措施和与业务有关的其他设施。同时，设立商业银行还应当经符合其他审慎性条件并经中国人民银行监督管理委员会审查批准。[①]

第二，规范监督业务。政府依法对金融机构的业务活动进行规范和

---

① 参见《中华人民共和国商业银行法》第11、12、13条。

监督，是政府对金融活动进行微观规制的主要手段。政府有关部门依照法律规定通过制定规章等方法规范金融企业的业务活动。例如：保监会依法有权对商业保险的主要险种的基本保险条款和保险费率制定规章，进行规范；① 并有权检查保险公司的业务状况、财务状况及资金运用状况，有权要求保险公司在规定的期限内提供有关的书面报告和资料。② 又如：银监会依法有权对银行金融机构业务范围内的业务品种作出规定并公布。③ 此外，金融监督管理部门依法对金融企业的业务活动进行监督。又如：银监会有权对银行业金融机构的业务活动及其风险状况进行现场检查或非现场监管，有权要求银行业金融机构按照规定报送资产负债表、利润表和其他财务会计、统计报表、经营管理资料以及注册会计师出具的审计报告。④

第三，提供服务保障。政府不仅仅是规范监督金融企业的行为，而且要为它们提供多方位的服务，以保障金融企业的稳健运行，这也是政府对金融活动进行微观规制的重要方面。政府对金融企业提供的服务，主要包括：及时提供与金融企业决策和经营活动密切相关的信息及咨询；负责协调金融企业与其他单位之间的关系，清除不正当干预，维护金融企业正常经营秩序；尽快完善失业保险、医疗保险、养老保险等社会保险制度，使金融企业特别是老的国有金融企业，摆脱企业办社会的职能，轻装上阵。

综上所述，政府对金融活动的微观规制主要是借助有关的法律、规章直接作用于金融企业，以规范和约束其行为，实现对金融活动的干预。

最后需要指出的是，对政府防范金融风险干预金融活动必须进行监督。政府对金融活动进行的干预，一般是由所在政府机关的工作人员来实施的。为确保政府干预金融活动的合法性，除依靠政府机关工作人员主观上的自觉依法行为外，对政府干预金融活动的行为进行监督也是非常必要的。因为，没有监督的权力必然导致滥用、产生腐败。从一定意

---

① 参见《中华人民共和国保险法》第 106 条。
② 参见《中华人民共和国保险法》第 107 条。
③ 参见《中华人民共和国银行业监督管理法》第 18 条。
④ 参见《中华人民共和国银行业监督管理法》第 23、24、33 条。

义上讲，任何个人总有其缺点和弱点，作为政府机关的工作人员也不例外，他们的缺点和弱点可能会表现在其干预金融活动的行为中。所以，必须健全能够及时发现和纠正政府及其工作人员不依或不完全依法办事行为的监督机制，才能保障政府干预金融活动的合法性和适度性，更好地防范金融风险，以维护国家经济安全。

本文系提交于 2007 年 2 月 4 日召开的"金融风险的防范与化解法制论坛"的论文。

关于 WTO 与中国经济法
教学的几点看法

    湖南大学法学院在新年伊始举办"WTO 与中国经济法教学高级论坛"具有重要意义。笔者能够有机会参加这次会议感到很荣幸。在此，对湖南大学法学院的盛情邀请和周到的接待表示衷心的感谢。

    当前世界经济全球化不断发展，特别是我国于 2001 年 12 月 11 日成为世界贸易组织第 143 个成员后，我国的经济更加融入世界经济之中。世界贸易组织的基本宗旨是通过建立一个开放、完整、健全和持久的多边贸易体制，促进世界货物和服务贸易的发展，有效而合理地利用世界资源改善生活质量、扩大就业、确保实际收益和有效需求的稳定增长。从法律角度讲，WTO 的核心是规则，是符合市场经济发展客观需要的国际贸易法律体系。我国加入世界贸易组织就意味着我国的法律要与 WTO 规则接轨，这就需要对我国相关的法律进行修改、完善，使我国的国内法与 WTO 协议及规则相适应。这必然会对我国经济法学教育产生影响，为了适应新的形势，我国的经济法学教育必须进行改革。下面就这个问题谈谈自己的一些想法。

一　经济法教学的内容应当改革

    1. 缩减内容、突出重点。据笔者了解，当前经济法教材有好几种版本，内容也不大相容，特别是分论部分内容非常多。由于课时有限，分论部分的内容不可能详细讲解，这会影响教学质量，笔者想是否可对分论部分的内容作适当的缩减，突出重点。缩减是否可以遵循以下两个原则：第一，特别明显不属于经济法内容的（如知识产权法等）应删去；第二，我国现行法律很不完善的法律制度（如计划法）可暂不讲。

2. 适当增加案例教学内容，提高学生解决实际问题的能力。

3. 增加经济法学前沿课题教学内容，特别是对研究生的教学在这方面更应该加强。

4. 各单位可根据各自的条件突出各具特色的教学，如外语教学等。

二　经济法基础理论的研究应当加强

经济法学作为一门较年轻的学科，笔者认为，基础理论的研究仍然显得薄弱。为此，各院校以及研究机构都应在这方面投入一定的力量，加强对经济法基础理论的研究和探讨。

为使经济法基础理论教学更好地进行，笔者建议经济法学界应当针对目前经济法教材基础理论部分存在的分歧，相对集中力量，本着求同存异的精神，力争在较短的时间内编写出一本统一的教材，以供各院校使用。

三　经济法专业人才的培养应当适应
新形势的要求

在对学生做好思想政治教育的前提下，提高学生的综合素质，以适应我国入世后经济法专业人才的要求。这里着重谈谈对研究生的培养问题，笔者想是不是应从以下几方面入手。

1. 夯实基础知识，要求研究生在学习期间进一步学好法学基础理论、民商法学以及经济学、哲学等。

2. 掌握两门外国语，要求较好地掌握第一外语，要求学生具有较好的读、说、听、写能力。并初步掌握第二外语，要求学生能借助词典阅读本专业资料。

3. 重点研读经济法学，要求学生在较扎实掌握经济法基础知识的基础上，对某一领域中的一方面问题有较深入的研究。

4. 提高研究生的科研能力、解决实际问题的能力和文学素养，写好毕业论文。

由于笔者既没有教过本科生，又给研究生上课不多，对 WTO 与中国经济法教学问题本是没有发言权的。以上所说，仅供参考，不对的地方请批评指正。

本文原载于《岳麓法学评论》2002 年。

图书在版编目（CIP）数据

崔勤之文集/崔勤之著. —北京：社会科学文献出版社，
2014.2
ISBN 978 - 7 - 5097 - 5576 - 1

Ⅰ.①崔… Ⅱ.①崔… Ⅲ.①经济法 - 中国 - 文集
Ⅳ.①D922.294 - 53

中国版本图书馆 CIP 数据核字（2014）第 012556 号

崔勤之文集

著　　者／崔勤之

出 版 人／谢寿光
出 版 者／社会科学文献出版社
地　　址／北京市西城区北三环中路甲 29 号院 3 号楼华龙大厦
邮政编码／100029

责任部门／社会政法分社（010）59367156　　　责任编辑／王京美
电子信箱／shekebu@ ssap. cn　　　　　　　　责任校对／李有江
项目统筹／刘晓军　　　　　　　　　　　　　　责任印制／岳　阳
经　　销／社会科学文献出版社市场营销中心（010）59367081　59367089
读者服务／读者服务中心（010）59367028

印　　装／北京季蜂印刷有限公司
开　　本／787mm×1092mm　1/16　　　　　　印　　张／25.25
版　　次／2014 年 2 月第 1 版　　　　　　　　字　　数／370 千字
印　　次／2014 年 2 月第 1 次印刷
书　　号／ISBN 978 - 7 - 5097 - 5576 - 1
定　　价／79.00 元